法官视域下的
认罪认罚从宽制度

黄伯青　李杰文◎著

法律出版社
LAW PRESS · CHINA
北京

图书在版编目(CIP)数据

法官视域下的认罪认罚从宽制度 / 黄伯青，李杰文著. -- 北京：法律出版社，2023
ISBN 978-7-5197-7373-1

Ⅰ. ①法… Ⅱ. ①黄… ②李… Ⅲ. ①刑事诉讼-司法制度-研究-中国 Ⅳ. ①D925.210.4

中国版本图书馆CIP数据核字(2022)第231087号

法官视域下的认罪认罚从宽制度
FAGUAN SHIYU XIA DE RENZUI RENFA CONGKUAN ZHIDU

黄伯青　李杰文 著

责任编辑 蒋潆莹　吴　昉
装帧设计 鲍龙卉

出版发行 法律出版社
编辑统筹 法律教育出版分社
责任校对 王　丰　郭艳萍
责任印制 刘晓伟
经　　销 新华书店

开本 710毫米×1000毫米　1/16
印张 26.25　　字数 404千
版本 2023年3月第1版
印次 2023年3月第1次印刷
印刷 北京盛通印刷股份有限公司

地址：北京市丰台区莲花池西里7号(100073)
网址：www.lawpress.com.cn
投稿邮箱：info@lawpress.com.cn
举报盗版邮箱：jbwq@lawpress.com.cn
销售电话：010-83938349
客服电话：010-83938350
咨询电话：010-63939796

书号：ISBN 978-7-5197-7373-1
定价：88.00元
凡购买本社图书，如有印装错误，我社负责退换。电话：010-83938349

作者简介

黄伯青

1980年11月生，福建泉州人，北京师范大学法学博士，研究方向：刑法、刑事诉讼法、司法改革、审判管理，现任上海市第二中级人民法院审判委员会委员、研究室（审判管理办公室）主任、三级高级法官，上海法院审判业务骨干。在《政治与法律》《社会科学》《法律适用》《法治研究》《人民司法》《法治日报》《人民法院报》等期刊、报纸上发表论文100余篇。出版专著《国际刑事司法合作中的一事不再理原则》，译著《英国国际刑事司法合作法》，合著《妨害司法罪专题整理》《合同诈骗罪专题整理》；参编《侵犯财产罪办案一本通》（副主编）、《贪污贿赂罪办案一本通》（副主编）等10余部著作。主持或参加国家社科基金重大项目、最高人民法院重点课题、上海市高级人民法院党组重大课题、重点调研课题及报批课题、上海市法学会课题、民主法治建设课题等10余项。

李杰文

1982年2月生，河北衡水人，法学硕士、上海财经大学在读法学博士，研究方向：刑法、刑事诉讼法、金融法、刑事司法制度，现任上海市第二中级人民法院四级高级法官、青年审判业务带头人，上海法院审判业务骨干，执笔或参加最高人民检察院课题、陕西省社科基金项目、上海市高级人民法院课题，参编《中国司法审判报告》，在《法律适用》《人民司法》《法治论丛》《理论导刊》等刊物发表论文10余篇。

序

《法官视域下的认罪认罚从宽制度》一书正式出版问世了，该书是与我合作的博士后学生，现任上海市第二中级人民法院研究室（审管办）主任黄伯青法官与其同事李杰文法官的合著。作者从法官的角度，对认罪认罚从宽制度的基础理论与审判实践运行问题进行了系统、全面、深入的分析与研究，提出了自己的独到见解，为认罪认罚从宽制度的司法适用作出了理论贡献。作为黄伯青法官的合作导师，看到学生的学术成果出版问世，我很是高兴。自己能够受邀为本书作序，也很感欣慰，在此郑重向各位读者推荐。

宽严相济一直以来都是我国刑事法律坚持贯彻的刑事政策。可以说，它不仅是我国的基本刑事政策，贯穿于刑事立法、司法和刑罚执行的全过程，也是惩办与宽大相结合政策在新时代的继承、发展和完善，同时，更是司法机关惩罚犯罪、预防犯罪、保障人权，及正确实施国家法律的指南。认罪认罚从宽制度是我国宽严相济刑事政策的制度化、程序化，它包括了实体法上从宽和程序法上从宽两个方面。一直以来，我国刑法对认罪认罚从宽作了一系列规定，如自首、坦白、立功、退赃退赔等法定或酌定从轻处罚情节，但是，刑事诉讼法中却没有明确规定。党的十八届四中全会提出，完善刑事诉讼中认罪认罚从宽制度。之后，全国人大常委会于 2014 年 6 月 27 日通过了《关于授权最高人民法院、最高人民检察院在部分地区开展刑事案件速裁程序试点工作的决定》，随即北京、天津、福州、厦门等 18 个城市开展了程序试点工作，即对事实清楚、证据充分、被告人自愿认罪，当事人对适用法律没有争议的危险驾驶、交通肇事、盗窃、诈骗、抢夺、伤害、寻衅滋事等情节较轻，依法可能判处 1 年以下有期徒刑、拘役、管制的案件，或者单处罚金的案件，进一步简化刑事诉讼法规定的简易程序而适用速裁程序予以处理。2016 年 9 月 3 日，全国人大常委会又通过了《关于授权最高人民法院、最高人民检察院在部分地区开展刑事案件认罪认罚从宽制度试点工作的决定》,即在上述18个城市进行试点,对犯罪嫌疑人、被告人自愿如实供述自己的罪行,对指控的犯罪事实没有异议,同意人民检察院量刑建议并签署具结书的案件,可以依法从宽处理。2018年10月26日,全国人大常委会在总结试点工作经验的基础上,通过修改《刑事诉讼法》,规定认罪认罚的犯罪嫌疑人、被告人可以从宽处理(第15条)、值班律师制度(第36条),规定了侦查、审查起诉、审判环节认罪认罚程序(第162条第2款、第173条第2款、第174条、第201条),且在第一审程序中增设了"速裁程序"(第222~226条),在刑事诉讼法中对认罪认罚从宽制度作了系统的规定,从而使这一制度在刑事诉讼法中正式确立。

认罪认罚从宽制度自从在刑事诉讼法中被明确规定并实施以来,一直是学术界和实务界专家学者们关注与研究的热点问题,先后发表了大量的相关论著,其中包括有从法官视角来分析和研究该制度的论文,但是没有法官撰写专著,本书的出版问世,可谓是法官所写的第一本有关认罪认罚从宽制度的专著。

本书分为上编基础理论和下编实践运行。上编包括我国认罪认罚从宽制度的由来和发展、法理基础、价值取向、实践原则、内涵和外延、与辩诉交易制度的比较以及与庭前认罪答辩制度的比较等共七章;下编则包括认罪认罚从宽制度的实证考察、适用范围、适用阶段、认罪认罚案件的审判程序、认罪认罚合法性的审查、自愿性的审查、认罪认罚案件的证明标准问题、量刑建议问题、上诉权与抗诉权、法律帮助与辩护,以及认罪认罚从宽制度的司法适用等共十一章。令我欣喜的是,作者在广泛收集文献资料、统计数据、典型案例的基础上,运用历史、比较、分析、实证等多种研究方法,对认罪认罚从宽制度的理论与司法实务问题进行了较为全面、系统和深入的研究与阐述,构建了一个比较完整的认罪认罚从宽制度的理论体系与实践运行模式。综观全书,主要有以下几方面的特点:

第一,理论与实践并重。认罪认罚从宽制度本质上是一个实践性极强的课题,选择这样一个主题,本身就具有十分重要的理论研究价值和实践指导价值。作者从当事人主义诉讼模式的合理借鉴、协商性司法制度的本土化移植、恢复性司法理念的实践化运用和庭审实质化改革的实现等四个维度对认罪认罚从宽制度的法理基础作了充分阐述,并且将这一中国特色的刑事司法制度与英美法系的辩诉交易制度、大陆法系的法国庭前认罪答辩制度作了较为深入的比较研究，揭示了该制度的价值取向、内涵与外延，从而比较完整地论述了“认罪”“认罚”“从宽”各要素之间的关系，得出了“认罪”是“认罚”的前提，“认罪”“认罚”又是“从宽”的基础，认罪认罚从宽随着刑事诉讼的进行而不断推进，实体性从宽和程序性从宽是可以独立实现的，但是，实体性从宽需要由法院的最终判决予以确认，程序性从宽却是从被追诉人认罪之时就陆续实现的独特见解。然而，作者不单单满足于理论上有所建树，还充分发挥自身的工作优势，即曾担任上海市第二中级人民法院刑庭副庭长亲自主办多起认罪认罚从宽案件，积累了丰富的司法实务经验，将理论与实践紧密结合，着力回应司法实务面临的难题与困境，如认罪认罚案件审判程序因案件定性问题、量刑问题或自愿性瑕疵引起的转换问题，证明标准问题和确定性量刑建议的合理性把握问题，单位犯罪案件、未成年人犯罪案件、共同犯罪案件认罪认罚从宽制度的司法适用规范问题等，避免了单纯空洞的理论说教和泛泛而谈，而是立足来自审判实践的第一手素材与实例，做到了理论与实践的融合和并重，分析问题有根有据，解决问题有章有法，使本书更具说服力和可读性。我相信本书的研究结论（成果）对于我国认罪认罚从宽制度的司法实践是具有重要参考价值的。

第二，多维与一体相融。开展学术研究应当兼容并蓄、博采众长，才能拓宽研究视野，继而推陈出新。作者在本书中虽然是以一名法官的视角来审视认罪认罚从宽制度的理论与实践问题，但是，对该制度所涉及的理论与实践问题，又不仅限于审判环节（阶段）所遇到（看到）的理论与实践问题，而是兼顾了审前程序，如侦查阶段、审查起诉阶段适用认罪认罚从宽制度的规范问题，认罪认罚案件中法律帮助与律师辩护问题。同时，在理论分析与阐述上，作者也兼顾了历史与现实、应然与实然、国际与国内、个体与整体、实体与程序等多重视角，在研究方法上也采取了多元化的手段，使得本书避免在单一领域内的故步自封，大大地提升了理论研究的深度与实践指导的广度，很好地关照了公安机关、检察机关和犯罪嫌疑人、被告人及其辩护律师等诉讼参与主体在该制度中的权力权利规范与运行规范问题，从而为构建一个结构完整、层次清楚、协调一致、运行规范的认罪认罚从宽制度的理论体系提供了可行的论证和方法论支持。

第三，实体法与程序法并重。作者在本书中明确提出“认罪认罚从宽制度是通过实体从宽、程序从简的制度设计，实现宽严相济基本刑事政策的法治化”的思想观点，并将这一思想观点贯彻于全书。实体法方面，作者在上编的第四章阐述了“罪责刑相适应原则在认罪认罚案件中的适用”、在第五章阐述了“认罪、认罚、从宽的概念、类型和判断标准”，在下编的第九章阐述了“轻罪案件、重罪案件、敏感且复杂的特定案件适用认罪认罚从宽制度的刑法问题”，第十五章则全面地阐述了“认罪认罚从宽制度中的量刑建议问题”；在程序法方面，无论是在上编基础理论还是在下编实践运行中，作者对刑事诉讼法规定的认罪认罚从宽原则、证据裁判原则、证明标准在认罪认罚案件中的适用问题、速裁审判程序适用问题，以及认罪认罚案件中当事人的上诉权和检察机关的抗诉权问题、辩护权保障及实现问题等，都结合具体的案例、数据，一一给予了分析阐述，并提出了自己解决问题的对策思考。这也反映了作者所具有的深厚刑法学理论功底，加之多年从事刑事审判实务工作，对刑事程序法的操作适用与控辩双方当事人平等对抗之重要性的深刻把握，使其在研究认罪认罚从宽制度法治化的思考中，始终坚守实体法与程序法并重理念，精准地把握住了认罪认罚从宽制度的核心要义，即“实体从宽、程序从简”两者相辅相成、不可偏废，得出了“唯有如此，才能彰显认罪认罚从宽制度的效率价值和公正价值”的论断。

当然，由于本书所研究的主题是“显学”，学术界与实务界已有大量的论著公开发表，对认罪认罚从宽制度法治化的构建给出了不少理论框架“设计图”和“立法修改建议稿”，观点纷呈。作者从法官的视角来审视和研究认罪认罚从宽制度法治化，难免有其局限性，如下编第十四章对“认罪认罚从宽案件的证明标准问题”中的“维持说”“降低说”“限定说”三种代表性的争议观点的产生与偏颇之处分析不深入，所以，造成“为何在认罪认罚案件办理时应当坚持证据裁判原则”的说理不够充分。但是，瑕不掩瑜，我对两位法官工作之余仍笔耕不辍、勤于思考的精神特别欣赏和肯定，对他们积极参与到这一“显学”的研究中来，敢于亮出自己思想观点理论的勇气表示钦佩。

我深感，作为身处审判实务一线的法官，白天工作十分繁忙，几无时间用于写作，加之，家庭的责任和义务，写作的时间只能在深夜时分，可以说，该书的写就问世是其勤奋刻苦、孜孜不倦的努力结果，实属不易，一定程度上讲，也是心血之作，我作为伯青的合作导师，深以感佩，热烈祝贺之。希望他在未来的日子里能够继续保持对学术的敬畏之心、对实践的探索之心,做一位新时代优秀的专家型法官,写出更多更好的论著,为法治中国建设作出更大的贡献!

是为序。

叶　青

2022 年 7 月 31 日于华政园

目　录

第一编　基础理论

第一编　基础理论

第一章　我国认罪认罚从宽制度的由来和发展

2018 年 10 月 26 日修订的《刑事诉讼法》正式确立了认罪认罚从宽制度。该制度是在立法层面上推动国家治理体系和治理能力现代化、提高刑事诉讼科学性的重大举措。认罪认罚从宽制度既满足了我国刑事诉讼的实践需要,又契合了刑事诉讼的价值追求和规律特征,深刻影响了刑事诉讼中的权力配置和权利结构,随着实践的发展,也必将持续推动刑事诉讼的观念更新、机制创新与犯罪治理模式的变革。但任何一项制度的确立都不能一蹴而就,认罪认罚从宽制度也经历了从酝酿、试行到正式确立的复杂过程。考察认罪认罚从宽制度的由来、发展和确立的过程,对于更清楚地理解其内涵和外延、更准确地体悟其精髓和价值具有重要意义。

第一节　认罪认罚从宽制度的政策根基

纵观人类的文明发展史和法治进步史,一国的刑事诉讼制度和其他社会制度一样,经历了从感性走向理性、从野蛮走向文明、从恣意走向约束的发展过程。在这一历史进程中,因世界政治、经济、文化方面的显著差异和不断融合,刑事诉讼制度也呈现门派分立和相互渗透的动态过程。刑事诉讼制度与一国的社会制度、发展水平、历史文化、执政者的治国方略、具体的刑事政策息息相关,其发展变化受制于国家的整体发展。认罪认罚从宽作为一项重要的刑事诉讼制度,其萌芽和发展同样离不开宏观政策的"温床",其中两大支柱当属社会治理模式和犯罪控制体系。

一、社会治理模式的新发展孕育了认罪认罚从宽制度

认罪认罚从宽制度作为一项重要的刑事诉讼制度,一度被视为在刑事

司法领域贯彻落实党中央重大决策部署、推进国家治理体系和治理能力现代化的战略举措。认罪认罚从宽制度所蕴含的减少社会对抗、修复社会关系、提高司法人权保障水平等目标追求,与国家、社会治理一体同心。因此,社会治理过程中的观念进步和制度革新,对认罪认罚从宽制度的诞生具有重要影响。

(一)社会治理的本体论问题

在谈社会治理之前,先明确另一概念,即社会管理。其是指将社会看作一个完整的有机系统,依靠计划、沟通、协调、控制、引导等手段,推动社会系统呈现和谐有序、良性运行的状态。[1] 在我国,社会管理是政府的重要职能,中华人民共和国成立以来国家根据社会政治、经济形势的变化,采取了多种多样的社会管理措施。随着长期的社会管理实践,2002 年,党的十六大报告正式将社会管理确定为政府的四大职能之一,提出要"完善政府的经济调节、市场监管、社会管理和公共服务的职能",要"坚持打防结合、预防为主,落实社会治安综合治理的各项措施,改进社会管理,保持良好的社会秩序"。随后的几届中央全会,又分别对社会管理的内容、方式、重要性进行了一系列的规划和部署,不断将社会管理精细化。

相较于社会管理而言,社会治理的内涵更加深刻。自 20 世纪 90 年代以来,社会治理理论在全球范围内如日方升。作为治理理论的主要创始人之一的詹姆斯·N. 罗西瑙将"治理"界定为一种强调协作、参与和互动,有别于依赖统治权威的活动,并强调其主体不一定是政府,也无需依靠国家强制力保证实施。治理理论的本质在于强调发挥作用的主体具有多元性,政府不再是唯一的治理主体,治理目标的实现也不再完全依靠政府的权威。治理模式也可以划分为政府主导、社会主导、国家与社会合作治理等。[2]

在西方国家,自启蒙运动以来,资本主义的发展过程经历了自由资本主义、垄断资本主义和金融资本主义三个主要历史阶段。其中,自由资本主义崇尚亚当·斯密提出的自由放任学说,认为"干预最少的政府就是最好的政府""法官只是一架法律的宣读机器",社会治理中出现了放任行政和机

〔1〕 参见风笑天等编著:《社会管理学概论》,华中理工大学出版社 1999 年版,第 6 页。
〔2〕 参见许月娇:《习近平社会治理理论研究》,北方工业大学 2020 年硕士学位论文,第 5 页。

械司法的倾向。[3] 政府被比喻为“看不见的手”和“守夜人”。随后,1929年至1933年的经济大萧条为资本主义的发展带来了严重的经济危机和社会矛盾,由此催生了“罗斯福新政”。新政以增加政府对经济直接或间接干预的方式大大缓解了大萧条所带来的严重后果,同时以凯恩斯为代表的国家干预经济理论也由配角提升到主角地位,国家垄断资本主义时期由此开启。在社会治理层面,政府的职能极大扩张,司法的功能逐渐突出其能动性,注重对社会秩序的防卫。20世纪70年代以后,随着一系列的理论反思和剧烈的社会变革,以新自由主义经济学为基础的金融资本主义逐渐成为资本主义社会、经济形态的主宰力量。但由此产生的各种社会风险为社会治理模式的选择带来了新命题,风险社会所面临的社会治理问题越来越值得关注。

(二)我国社会治理模式转变和调整

我国的社会治理模式,自中华人民共和国成立以来经历了多次转变调整,无论在社会治理理念上,还是在具体的治理方略上,均发生了质的变化。

1. 在治国理念上,经历了从管理本位到治理本位的变迁。中华人民共和国成立初期,国内外局势错综复杂,一方面是国内外敌对势力一刻不停地针对我国政权进行破坏和瓦解,另一方面是国内各行各业百废待兴。在当时的历史条件下,党领导人民建设社会主义新中国的首要任务,就是迅速稳固新生的人民政权,稳定社会秩序,恢复社会生产,发展国民经济。因此,在中华人民共和国成立到改革开放之前的时期,我国建立了以计划经济体制为特征,实行高度集中统一管理的行政管理模式,治国方略上表现出了强烈的管理本位。国家管理、社会管理、经济管理、人员管理,各行各业都带有行政化色彩和计划性特征,全体社会成员都被纳入统一的管理体制。从实际效果来看,这种高度集中的统一管理体制适应了当时的国情需要,维护了人民政权的稳定和社会秩序的平稳,发展了社会经济,提高了人民群众的生活水平,迅速提高了我国的综合国力,为我国做出了重要的历史贡献。但随着改革开放的脚步来临,社会资源的配置和流动性需求越来越大,计划经济模式以及由此带来的管理体制也迎来了改革发展。1992年,党的十四大正式

---

〔3〕 参见田宏杰:《现代社会治理与认罪认罚从宽制度完善》,载《检察日报》2020年5月13日,第3版。

确立了将社会主义市场经济作为我国改革的目标和方向。从此以后，政府职能转变、社会管理体制创新、治国方略等问题不断成为各类政策文件的重要内容，理论界也逐步将其作为研究的热点问题进行讨论，国家和社会治理的方略和方法也不断走向制度化、法治化、科学化。2002 年，党的十六大将政府的职能明确界定为“经济调节、市场监管、社会管理、公共服务”。2004 年，党中央正式提出“党委领导、政府负责、社会协同、公众参与”的社会管理格局，突出了社会各界和人民群众在社会管理中的重要作用。2013 年，党的十八届三中全会第一次提出要推进国家治理体系和治理能力现代化，并将其作为新时期全面深化改革的目标，体现了党的执政理念发生了根本性变化，社会管理正式发展成为社会治理，并开始强调社会治理的系统性和治理能力建设。2019 年，党的十九届四中全会通过了《中共中央关于坚持和完善中国特色社会主义制度　推进国家治理体系和治理能力现代化若干重大问题的决定》，明确了“社会治理是国家治理的重要方面”，将社会治理的重要性提到了新的高度。2020 年，党的十九届五中全会通过了《中共中央关于制定国民经济和社会发展第十四个五年规划和二〇三五年远景目标的建议》，明确了“十四五”时期的社会发展目标，在国家治理和社会治理方面，要求“完善共建共治共享的社会治理制度”“加强和创新社会治理”。归纳社会治理的核心特征，就是要坚持党委领导、政府负责这一基本前提，同时要重视协商和参与，形成“人人有责，人人尽责，人人享有的社会治理共同体”。正如习近平总书记指出的那样，“治理和管理一字之差，体现的是系统治理、依法治理、源头治理、综合施策”。

2. 在治理主体上，突出了共建、共治、共享。计划经济时代是政府管理本位时期，国家和社会管理的主体具有单一性，即各级政府部门在党委领导下统一社会管理，人民群众参与社会管理的渠道和方法有限，群众的主体性地位除了受到宪法保障之外，并未完全体现在国家和社会管理的各个过程中。改革开放以后，政府职能转变问题逐渐步入历史舞台，政府管理职能逐步由之前的全面管控、计划管理，转变为宏观调控型管理，并伴随着实践的发展，变得更加“有所为，有所不为”，不断实现由管理型政府向服务型政府、法治型政府的转变。如上所述，自 2004 年党中央提出社会协同、公众参与的社会管理格局以后，治理主体的多元化特征越发明显。党的十八届三中全会提出社会治理“要坚持系统治理，加强党委领导，发挥政府主导作用,鼓励和支持社会各方面参与,实现政府治理和社会自我调节、居民自治良性互动”。2020年的“十四五”规划,更是提出了完善共建、共治、共享的社会治理制度,提倡民主协商、社会协同、公众参与、法制保障,强调利益协调、人民调解、多元纠纷解决机制,目的就是努力化解社会矛盾,实现国家治理的现代化转型。

3. 在治理方略上,更加强调依法治国。自党的十五大明确提出依法治国的基本方略以后,建设社会主义法治国家成为国家治理中的共识和奋斗目标。依法治国就是广大人民群众在党的领导下,依照宪法和法律规定,逐步实现社会主义民主的制度化、规范化、程序化,使这种制度和法律不因领导人的改变而改变,不因领导人看法和注意力的改变而改变。1999年,九届全国人大二次会议通过《宪法修正案》,《宪法》(1999年修正,已被修改)第5条第1款明确规定:“中华人民共和国实行依法治国,建设社会主义法治国家。”这标志着我国治国方略实现了重大转变。此后,党和国家领导人在不同场合多次强调法治国家建设的纲领、目标和方式。2014年,党的十八届四中全会首次以全会的形式专题研究部署全面推进依法治国这一基本治国方略,并审议通过了《中共中央关于全面推进依法治国若干重大问题的决定》。全面推进依法治国,总目标是建设中国特色社会主义法治体系,建设社会主义法治国家。这就是,在中国共产党领导下,坚持中国特色社会主义制度,贯彻中国特色社会主义法治理论,形成完备的法律规范体系、高效的法治实施体系、严密的法治监督体系、有力的法治保障体系,形成完善的党内法规体系,坚持依法治国、依法执政、依法行政共同推进,坚持法治国家、法治政府、法治社会一体建设,实现科学立法、严格执法、公正司法、全民守法,促进国家治理体系和治理能力现代化。

由此,一场以治理主体多元化、治理决策民主化、治理方式柔性化、治理空间社会化为路径,以“政府掌舵—社会共治—公民自治”为共治共享模式的社会治理体系和治理能力现代化建设,在我国波澜壮阔地展开。[4]

(三)社会治理模式的新发展孕育了认罪认罚从宽制度

推进国家治理体系和治理能力现代化、形成共建共治共享的社会治理

---

〔4〕 参见田宏杰:《现代社会治理与认罪认罚从宽制度完善》,载《检察日报》2020年5月13日,第3版。

新格局、进一步推进依法治国基本方略，这一系列关于社会治理模式的顶层设计孕育了我国的认罪认罚从宽制度。

随着风险社会的来临，犯罪日益复杂，社会矛盾的形式越来越多样化并且层出不穷，传统的国家刑罚权及其实现方式在犯罪治理中的弊端逐渐显露，国家与被告人之间、被告人与被害人之间存在对立的刑事诉讼模式在化解社会矛盾方面有时力不从心，日益增多的刑事案件与有限的司法资源之间的矛盾也日益凸显，这些现实问题要求刑事诉讼制度必须与时俱进地进行变革和发展。自 2001 年以来，我国司法机关就开始尝试刑事和解措施，后正式在 2012 年《刑事诉讼法》（已被修改）中确认刑事和解制度。刑事和解制度开启的被告人与被害人之间的“合作”模式和理念，正是对风险社会中犯罪治理模式的积极探索。时至今日，共治共享的社会治理模式逐渐成熟，其提倡民主协商、社会协同、公众参与、法制保障，强调利益协调、人民调解以及建立多元纠纷解决机制，目的就是努力化解社会矛盾，实现国家治理的现代化转型。而犯罪治理作为社会治理的重要组成部分，其理念和方法集中体现在刑事诉讼制度中。无论是刑事和解，还是理论上广泛研究的恢复性司法制度，以及今天的认罪认罚从宽制度，其包含的多元参与、控辩协商、努力恢复被犯罪破坏的社会关系等价值目标，与共治共享社会治理模式具有高度契合性。尤其是认罪认罚从宽制度，在一定程度上打破了刑事诉讼中传统的“国家—被告人”二元对立模式，转而由代表国家的检察机关与被告方、被害方进行“合作”。这种“合作”既节约了国家的司法资源，提高了追诉犯罪的效率，又为被告人带来了从宽处理的直接利益，更为重要的是，被害人的地位得到了重视，被犯罪破坏的社会关系有望得以弥补。这种合作型的犯罪治理模式有利于缓和社会矛盾、促进犯罪预防、实现社会和谐。所以说，国家治理体系和治理能力现代化的进程，也是刑事诉讼制度和犯罪治理模式的发展过程，认罪认罚从宽制度将在这一历史进程中被真正确立并发展成熟。

二、宽严相济的刑事政策催生了认罪认罚从宽制度

在有关认罪认罚从宽制度的官方论述和学界研究中，宽严相济刑事政策通常被视为基础和核心，而认罪认罚从宽制度当属于对宽严相济刑事政策的法治化表达。宽严相济刑事政策和认罪认罚从宽制度之间存在政策和

制度、理念和方法的关系。

“刑事政策”是一个舶来词,费尔巴哈最早对刑事政策下了定义,即“国家据以与犯罪作斗争的惩罚措施的总和”[5]。之后,李斯特教授在此基础上增加了刑事政策的内涵,使其范围更广,这就是“国家借助于刑罚以及与之相关的机构来与犯罪作斗争的、建立在对犯罪原因以及刑罚效果进行科学研究基础上的原则的整体”[6]。这种界定就在之前单一地“与犯罪作斗争”的基础之上,加入了“犯罪原因”和“刑罚效果”。之后,刑事政策的含义在此基础上不断完善。当前,学界对于刑事政策概念的主流观点是:刑事政策不仅是与犯罪作斗争的科学,还包括对犯罪现象及其对策的研究。[7]

刑事政策是刑法的灵魂与核心,刑法是刑事政策的条文化与定型化。长期以来,党领导下的各项政策在国家治理体系中占据重要地位,发挥了重要作用,积累了宝贵经验。社会主义法治的发展,必然包含对法律政策的实现。在全面推进依法治国的今天,法律政策的实现最终要回归到法律制度和法律程序上来,将法律政策由后台引入前台,透过具体的法律制度探寻法律政策,为法律制度确立逻辑原点,再循着法律政策完善法律制度,从而顺利实现政策向制度的演进,达成全面依法治国的目标要求。所以说,政策的治理与法律的治理可以相辅相成,互相实现。而所谓刑事政策的法治化,就是刑事政策向制度转换的过程,将刑事政策所表现出的价值在立法或者司法过程中体现出来。[8]

我国当下所采取的宽严相济刑事政策是基于我国国情、适合我国现状的刑事政策。我国在历史上虽然没有明确的“宽严相济”说法,但是“宽严相济”的思想由来已久。春秋时期,郑国政治家子产即采取了“宽猛相济”的治国主张,受到了孔子的高度赞扬。《左传》记载,“政宽则民慢,慢则纠之以猛,猛则民残,残则施之以宽。宽以济猛,猛以济宽,政是以和”。[9] 所

〔5〕 陈兴良:《刑法教义学与刑事政策的关系:从李斯特鸿沟到罗克辛贯通 中国语境下的展开》,载《中外法学》2013 年第 5 期。

〔6〕 [德]冯·李斯特:《论犯罪、刑罚与刑事政策》,徐久生译,北京大学出版社 2016 年版,第 212 页。

〔7〕 参见卢建平主编:《刑事政策学》(第 2 版),中国人民大学出版社 2013 年版,第 11 页。

〔8〕 参见黄京平、李翔:《刑事政策概念的结构分析》,载陈兴良主编:《刑事一体化与刑事政策》,法律出版社 2005 年版。

〔9〕 参见马克昌:《宽严相济刑事政策的演进》,载《法学家》2008 年第 5 期。

谓的宽猛相济与宽严相济的内容虽有所不同(一方为政事,一方为刑事),但其基本精神是一致的,即采用其中一个方面均难以达到预期目的,而只有两者相济即两者相互补益调节,才可能达到预期的效果。中华人民共和国成立初期,由于当时各种社会关系错综复杂,面临镇压反革命,巩固新生政权的艰巨任务,很长一段时间内,刑事政策扮演着准刑事法律的角色。针对肃反的问题,当时先后提出了"镇压与宽大相结合""惩办与宽大相结合"的刑事政策,而当时"惩办与宽大相结合"因其内容更为丰富,以致成为我国的基本刑事政策,后来又被写入了 1979 年《刑法》(已被修改)第 1 条,即"中华人民共和国刑法……依照惩办与宽大相结合的政策……制定"。20 世纪 80 年代,改革开放带来了剧烈的社会转型,社会矛盾凸显,社会治安形势严峻。在这种背景下,为了维护社会秩序,并且基于传统的"治乱世用重典"的思想,我国采取了"严打"的刑事政策。这些刑事政策都体现了刑法严厉性的一面。进入 21 世纪后,由于社会治安不断好转,法治建设不断完善,2004 年 12 月 22 日,中央政法工作会议指出"正确运用宽严相济的刑事政策,对严重危害社会治安的犯罪活动,严厉打击,绝不手软。同时要坚持惩办与宽大相结合,才能取得更好的法律和社会效果"。这是第一次提出宽严相济的刑事政策,但是与"惩办与宽大相结合"相比,其尚未作为独立的刑事政策被提出。2005 年12 月 5 日至 6 日,全国政法工作会议上第一次将"宽严相济"作为独立的刑事政策提出。2006 年,最高人民法院、最高人民检察院在各自的工作报告中均强调了宽严相济的刑事政策。2010 年,最高人民法院出台了《关于贯彻宽严相济刑事政策的若干意见》,在该意见中明确将宽严相济刑事政策作为我国的基本刑事政策予以确定。这一政策有利于最大限度地预防和减少犯罪,化解社会矛盾。从宽严相济刑事政策的演进过程可以看出,宽严相济刑事政策有深厚的历史渊源,是在经历了相当长时期的发展变化后形成的,是对惩办与宽大相结合的刑事政策的继承和发展;又是在构建社会主义和谐社会的历史条件下,作为独立的刑事政策提出的,是取代惩办与宽大相结合的新的历史条件下的基本刑事政策。[10] 刑事政策的变化,是国家在罪与罚的问题上选择的变化,而这种选择必然在很大程度上影响刑事立法。

---

〔10〕 参见卢建平:《刑事政策学》(第 2 版),中国人民大学出版社 2013 年版,第 11 页。

认罪认罚从宽制度是宽严相济刑事政策的制度化和体系化，二者在价值取向上具有同一性。2008 年，《最高人民法院工作报告》中提出“严格执行宽严相济刑事政策，做到该宽则宽，当严则严，宽严相济，罚当其罪”。2008 年，《最高人民检察院工作报告》中提出“认真贯彻宽严相济的刑事政策，坚持该严则严，当宽则宽，区别对待，注重效果，制定并实施在检察工作中贯彻宽严相济刑事政策的意见”。马克昌先生将宽严相济刑事政策的主要内容总结成六点，即“该严则严、当宽则宽、严中有宽、宽中有严、宽严有度、宽严审时”〔11〕。其中，所谓“严”是指对于严重危害社会治安的犯罪、严重破坏市场经济秩序的犯罪、贪污贿赂犯罪等情节严重的犯罪，应当判处重刑的，依法判处重刑，应当判处死刑的，依法判处死刑。所谓“宽”是指刑法的轻缓，对于未成年人犯罪案件、因人民内部矛盾引发的轻微刑事案件、初次实施轻微犯罪的人员等应当依法从宽处理。对于上述犯罪，根据条件可以免予处罚，也可以适当多判处一些缓刑或者适用社区矫正。对于初犯、从犯、预备犯、中止犯、防卫过当、避险过当、未成年人犯罪以及亲友、邻里、同学同事等纠纷引发的案件，符合不起诉条件的，可以不起诉。而“严中有宽、宽中有严”是指刑事政策中“宽”和“严”的两个方面要相互配合、相互协调，共同服务于这一政策目标。〔12〕宽严相济刑事政策的实质就是根据犯罪的严重程度和性质进行区别对待，以尽可能减少社会对抗，实现法律效果和社会效果的统一。司法主体在保障社会秩序的过程中，不仅要严格遵循罪刑法定的原则，也要保持刑法的谦抑，考虑刑法的正当性、必要性。而认罪认罚从宽制度是我国基本刑事政策法治化的结果，与我国的基本刑事政策密不可分，体现了“从宽”思想从隐性刑事政策向显性法律制度的转化。政策驱动制度创新，由政策演进为制度，符合认知规律和逻辑体系。〔13〕我国的基本刑事政策无论是在本体层面还是在观念层面，都对整体形态的认罪认罚从宽制度产生了关键性影响。认罪认罚从宽制度呈现从政策化到制度化演进的路径，推行认罪认罚从宽，不仅是出于诉讼经济效率的考量，还有

---

〔11〕马克昌：《宽严相济刑事政策研究》，清华大学出版社 2012 年版，第 75 页。

〔12〕参见祖心弛：《宽严相济刑事政策下轻罪制度研究》，中南财经政法大学 2019 年硕士学位论文，第 11 页。

〔13〕参见卢建平：《刑事政策视野中的认罪认罚从宽》，载《中外法学》2017 年第 4 期。

实体法上实现刑罚的特殊预防、修复社会关系、彰显宽恕精神等依据。实体方面,对于选择认罪认罚的被告人,给予其较轻的宣告刑,体现从宽处理;程序方面,对于适用认罪认罚从宽制度的犯罪嫌疑人、被告人,可以视情采取取保候审等非监禁措施,以及采取不起诉措施等,还可以通过缩短办案期限、简化办案程序使其感受到真心悔罪所获得的“优惠”,有助于坚定其认罪伏法、重新做人的决心和信心。所以说,认罪认罚从宽制度是对宽严相济刑事政策的贯彻和深化,通过“实体从宽、程序从简”的制度设计,实现宽严相济基本刑事政策的法治化。宽严相济中的“宽”,在认罪认罚从宽制度中体现的就是刑罚的宽缓和程序的简化,根据犯罪嫌疑人、被告人的认罪悔罪态度,做到不同情况不同对待,宽严相济、罚当其罪,这体现了司法的威严和宽容,突出了刑法对犯罪人的教育、感化功能。陈卫东教授指出:“认罪认罚从宽制度是充分体现刑事政策精神的制度样本。”〔14〕认罪认罚从宽制度是认罪认罚从宽政策的下位概念,“制度”旨在落实“政策”。从发展脉络上看,认罪认罚从宽政策与之相互交结的坦白从宽政策早已有之,认罪认罚从宽制度从其中脱胎,是由认罪认罚从宽政策演化而来,是刑事政策的制度化。〔15〕

而正是因为刑事政策的催生,我国刑事司法制度中很早就出现了认罪认罚从宽制度的实体轮廓,最为典型的就是自首、立功、退赃退赔等作为法定或者酌定从轻的情节在司法实践中的适用。而这一初级形态的认罪认罚从宽制度的雏形也在刑事政策中被重视。2006 年与 2010 年最高人民检察院、最高人民法院分别发布了关于贯彻落实宽严相济刑事政策的指导意见,均要求对自首或虽不能认定自首但系亲属促使被告人到案、认罪、悔罪、对被害人积极进行赔偿并认罪悔罪的情形“从宽”。因此,才有了 2014 年《中共中央关于全面推进依法治国若干重大问题的决定》中要求“完善刑事诉讼中的认罪认罚从宽制度”这一要求。由此可见,认罪认罚从宽制度脱胎于我国宽严相济的基本刑事政策,是对基本刑事政策的贯彻实施。

---

〔14〕 陈卫东:《认罪认罚从宽制度研究》,载《中国法学》2016 年第 2 期。

〔15〕 参见卢建平:《认罪认罚从宽:从政策到制度》,载《北京联合大学学报(人文社会科学版)》2017 年第 4 期。

第二节　认罪认罚从宽制度的实践需求

制度的形成和发展必须具备适宜的土壤,以及来自社会实践的迫切需求。一项新制度的诞生过程,是统治阶层直面现实困境并不断寻找出路的过程,体现了统治阶层想要提倡的价值理念和想要实现的目标追求。认罪认罚从宽制度作为协商性司法的中国模式,同样体现了立法者对我国刑事诉讼制度的期许和规划。认罪认罚从宽制度充分考虑了我国的社会环境和刑事司法实践,其必将极大推进刑事司法实践的创新和发展。

一、公正与效率的矛盾调和需要认罪认罚从宽制度

(一)公正与效率的相互关系

公正与效率是现代司法的两大终极追求。长期以来,司法公正与司法效率的关系问题纠缠不清,在有的情况下强调司法公正优于司法效率,在有的情况下又认为司法效率更具有紧迫性,在更多情况下人们期望通过某种制度设计或信仰培育来实现司法公正与效率的有机统一。虽然公正与效率应当和谐相处,但有时难免出现矛盾对立。

在追求极致公正的观点看来,通过细致严谨的刑事诉讼程序,客观真实的刑事诉讼证据,以及合乎法理的刑事裁判,实现刑事诉讼的全面公正,是对人权和自由的最大保障,是文明社会的精神信仰,体现了法治发展的正确方向。然而,现实与理想总是有差距的。而且所谓的理想,有时并非唯一正确。

在追求诉讼效率的观点看来,效率价值本身就是司法活动的应然价值。久拖不决的刑事诉讼程序,与其说体现了司法者的细致入微,不如说是对程序正义的伤害和司法资源的浪费。况且,在风险社会已然来临的背景下,各类社会矛盾层出不穷,案件数量屡创新高,法律关系错综复杂,办案难度日益增大,案多人少的矛盾愈演愈烈。面对这样的社会现实和司法现状,如何更快速有效地解决层出不穷的矛盾纠纷,常成为立法者和司法者优先考虑的目标。尤其是在法治建设已经日益成熟的当下,强调效率价值并不必然损害公正价值,因为司法的公平公正其实已经深入人心,并逐渐成为一种司

法底线和思维习惯。反而是案多人少的矛盾,常常令司法者难以喘息,迫切希望能够通过制度创新来提高诉讼效率,并实现公正与效率的有机统一。

在我国的刑事诉讼中,一方面,受司法资源有限性的制约,公正与效率在外在表现上存在一种此消彼长的关系;另一方面,二者也具有内在的协调一致性:迟来的正义非正义,简单案件的拖沓处理也会给当事人造成极大的精神和物质压力。[16] 因此,不讲效率的刑事司法也不是公正的司法,刑事司法必须兼顾公正与效率。

自法律经济学作为一门新兴学科风靡全球,广大法律从业者逐渐意识到,自由、公平、正义等公认价值不再是研究的终点,这些价值背后还有支撑其得以实现的条件,最直接的就是社会经济基础,即国家司法体制能为追求公平正义所付出的成本。[17] 正如波斯纳法官所言:对于公平正义的追求,不能无视代价。虽然司法审判活动旨在伸张正义,但在司法资源捉襟见肘的情况下,世界各国的实践都突出了对司法公正的绝对追求已不再是司法的主流价值导向,而调和司法公正与诉讼效率逐渐成为各国刑事司法制度的迫切需求。这种面对社会物质条件的让步并非司法活动对于打击犯罪、追求公义的妥协,而是人类社会进化到一定程度对于犯罪行为的客观认识和理性抉择。

(二)公正优先兼顾效率的辩证认识

一般来讲,公正优先、兼顾效率是我国刑事立法及司法实践中一以贯之的改革目标。在刑事司法制度的现代化进程中,一个最主要的挑战就是在加速司法进程的同时保持公正。[18] 以我国《刑事诉讼法》的历次修改为例:1979 年《刑事诉讼法》将我国的刑事诉讼程序分为公诉案件程序和自诉案件程序,公诉案件必须经过立案、侦查、起诉、审判和执行几大环节;而自诉案件只有立案、审理、执行环节。当然,这种公诉、自诉的划分尚难以真正与公正和效率的价值追求建立必然联系。但当刑事司法实践伴随着经济增

---

〔16〕 参见李健:《认罪认罚从宽试点:更高层次实现公正与效率相统一》,载《检察日报》2017 年 12 月 25 日,第 5 版。

〔17〕 参见[美]罗伯特·考特、[美]托马斯·尤伦:《法和经济学》,张军等译,上海人民出版社 1994 年版,第 14 页。

〔18〕 参见[英]麦高伟、[英]杰弗里·威尔逊主编:《英国刑事司法程序》,刘立霞等译,法律出版社 2003 年版,第 13 页。

长方式的转变而日益面对案件数量的增长、案件类型的增多，以及案件难度的增大时，刑事诉讼制度就必须作出反应。1996 年修改的《刑事诉讼法》扩大了自诉案件的审理范围，并增设了专门针对轻微刑事案件的简易程序，以实现司法资源的优化配置。简易程序的设立，明显就是出于诉讼效率的考量。2012 年《刑事诉讼法》的修改，进一步扩大了简易程序的适用范围，提升了司法审判的效率，刑事诉讼的效率追求进一步彰显。从《刑事诉讼法》的修改历程中可以看出，公正与效率的关系越来越得到立法关注，在保证公正价值的同时，效率价值逐渐得到体现。多数国家长期面临的问题通常是刑事案件高发，而司法资源又是极度紧张，经济基础决定上层建筑的马克思主义原理，使得国家的法律制度必然要体现其所处特定历史时期的经济基础和现实需求。但事实上，在案件高负荷的情况下，通过优化的制度设计提高诉讼效率，不但对国家司法资源的有效配置意义重大，更有助于实现更高层次的司法公正。

公正优先、兼顾效率，虽然已经在司法实践中深入人心，但从“优先”与“兼顾”的表述中，仍然可以看出二者的位阶差别。公正自然是永恒的主题，但效率也并非附属品，效率价值同样是公正价值的重要组成部分，有时也可以成为优先实现的目标。因此，如何更进一步地诠释公正与效率的关系，需要更开放的思维和更开阔的视野。

（三）认罪认罚从宽制度中的公正与效率

随着新一轮司法体制改革到来，认罪认罚从宽制度似乎在公正与效率问题上提供了新答案。以是否认罪认罚为区分，在刑事诉讼中引入控辩协商机制，在权利配置上对公诉权进行了适当扩权，其直接目的就是在更高水平上实现刑事诉讼的效率价值。在新的刑事诉讼架构下，对认罪认罚案件，更加强调刑事诉讼的效率价值，对于非认罪认罚案件，更加强调刑事诉讼的公正价值，这具有充足的合理性。

一方面，认罪认罚从宽制度并未动摇刑事诉讼的公正底线。刑事诉讼制度的工具价值在于辅助刑事实体法的实现，使犯罪嫌疑人罚当其罪，同时通过程序构建有效避免公权力的肆虐，以达到无辜之人不受追诉、有罪之人的合法权益同样能受到保障的效果。这其实就是刑事诉讼的公正价值。认罪认罚案件追求司法效率，并没有折损司法公正，追求效率只是案件性质和司法理念使然。若案情本就简单，被告人对事实、证据均无异议，自愿与国家和被害人达成认罪认罚协议和刑事和解协议，自愿甚至恳请司法机关对其适用更简易的程序迅速审结案件，就可以尊重被告人的意愿。2018年修订的《刑事诉讼法》在之前的基础上，增设了速裁程序，不仅简化了程序，更大幅度地缩短了审理期限。可以这样说，司法机关若仍然以公正为由对上述事实清楚，证据确实、充分，可能判处3年有期徒刑以下刑罚的案件适用普通程序审理，将会使得被告人经历漫长的刑事诉讼进程，如此一来并不会因此增加公正性，反而会显得死板和不懂变通。认罪认罚从宽制度的适用，并不必然损害司法公正，还因为其并不改变刑事实体法对犯罪构成要件的刚性规定，仍需要严格贯彻罪刑法定、证据裁判、罪责刑相适应等刑事诉讼基本原则，所不同的只是程序的进一步简化、诉讼模式的适度改变和职权配置的适度调整，这在2018年《刑事诉讼法》中均予以明确和体现。

另一方面，认罪认罚从宽制度的适用，在传统的刑事诉讼模式中加入控辩协商基因，在一定程度上增加了犯罪嫌疑人、被告人对抗国家公权力的机会，对于实现控辩双方实力的平衡、防止司法权力擅断具有正面意义。作为以协商为最大特色的认罪认罚从宽制度，其协商的重点在于在被追诉人真诚悔过的前提下，对其采取刑罚宽缓策略，而不涉及案件证明标准的降低，在实体上实现了司法底线正义。在程序上，认罪认罚从宽制度缩短了各阶段的审理期限，提高了诉讼效率，即在满足司法底线公正的前提下实现了对诉讼效率的最大化追求。正因如此，认罪认罚从宽制度在我国刑事司法实践中具有扎实的实践基础。

二、推动刑事案件繁简分流需要认罪认罚从宽制度

随着社会经济的不断发展，各类刑事案件急剧增多。在现代刑事诉讼体制对诉讼效率价值重新认识的基础上，世界各国纷纷将视线投向传统普通程序之外的诉讼程序，即在普通程序之外建立更加简易的诉讼程序，以实现不同的目标追求，我国自然也不例外。自改革开放以来，我国的社会物质经济条件发生了显著变化，伴随而来的是各类刑事案件的高发，刑事司法系统长期面临案多人少的困境。数据统计显示，近年来，我国的犯罪现象呈现明显的“双降”“双升”的趋势，即8类严重暴力犯罪的数量和占比逐年下降、刑事犯罪的重刑率也逐年稳步下降，而以危险驾驶罪为代表的轻微犯罪数量与占比稳步上升、轻刑率也一路上扬。面对犯罪现象的结构性变化，我

国刑事立法显得应对不足，突出体现在“严有余而宽不足”，应对重罪有余而治理轻微犯罪不足。这说明，目前我国刑事轻罪案件占了很大比例。[19]在这样的背景下，刑事诉讼中的繁简分流问题不断得到立法者和司法者的重视。繁简分流也成为刑事诉讼程序划分的直接目的，而繁简分流的依据或者标准问题，恰恰是影响分流效果的根本问题。

在我国刑事诉讼发展史上，案件繁简分流大概经历了起步、发展和不断完善 3 个阶段。

（一）起步阶段

刑事案件的繁简分流最早出现在 1979 年颁布的第一部《刑事诉讼法》（已被修改）。根据 1979 年《刑事诉讼法》第 108 条的规定，案件繁简分流主要考虑 3 种情况：第一种是法院应当开庭审理的案件；第二种是法院可以退回人民检察院补充侦查的案件；第三种是法院可以要求人民检察院撤回起诉的案件。[20] 1979 年《刑事诉讼法》虽然有了案件繁简分流的规定，但是存在许多弊病。原因在于这种分流标准建立在证据是否充分的基础上，对于证据充分的案件，进行开庭审理；对于证据欠缺的案件，退回补充侦查；对于不能证明犯罪的案件，可以要求撤回起诉。以证据做划分，弊端在于仅仅节省了庭审时间，除此之外，人民法院对全案事实、证据均应进行实质审查。甚至很多案件连庭审时间都没有节约，而是在多次开庭之后，才最终作出退回补充侦查的决定。因此，当时的规定只能算作处于繁简分流的初始阶段。

（二）发展阶段

随着实践的发展，繁简分流制度也不断发展。1979 年《刑事诉讼法》施行之后，在繁简分流方面主要产生了以下变化。

1. 简易程序法定化。1983 年，全国人大常委会通过了《关于迅速审判严重危害社会治安的犯罪分子的程序的决定》（已失效），提出建立速决程序，即“对杀人、强奸、抢劫、爆炸和其他严重危害公共安全应当判处死刑的犯罪分子，主要犯罪事实清楚，证据确凿，民愤极大的，应当迅速及时审判，可以不受刑事诉讼法第一百一十条规定的关于起诉书副本送达被告人期限

---

〔19〕 参见卢建平：《我国犯罪治理的大数据与大趋势》，载《人民检察》2016 年第 9 期。

〔20〕 参见田力男：《论公诉审查程序中法官角色的改革》，载《中国刑事法杂志》2013 年第 5 期。

以及各项传票、通知书送达期限的限制”。这条规定可以看作刑事诉讼中简易审理程序的雏形。1996年《刑事诉讼法》(已被修改)对于简易程序的规定更加完善,专节规定了简易程序的适用问题。尤其是规定了简易程序审理案件检察机关可以不派员出席法庭,可以不受关于讯问被告人、询问证人、鉴定人、出示证据、法庭辩论程序规定的限制,并要求在20日内审结等。这是首次在刑事诉讼法上正式规定简易程序。此后,1998年施行的最高人民法院《关于执行〈中华人民共和国刑事诉讼法〉若干问题的解释》(已失效)对简易程序作出了更系统的规定。〔21〕 然而,简易程序在司法实践中发挥的作用并不够,可操作性也不高。原因在于1996年《刑事诉讼法》对简易程序的规定较为原则,适用范围也较窄。适用范围的限制防止了片面追求简单便捷而忽视案件质量的后果,也使司法的公平与效率价值在简易程序的适用中达到平衡,确保了司法的公正和法律的权威,立法作出如此设计有其合理性。但从另一方面来说,由于改革开放后案件数量增长速度的加快,属于轻罪的刑事案件占据大部分,而可适用简易程序的案件范围十分有限,这就导致简易程序在司法实践中的可利用率并不高。因此,2003年最高人民法院、最高人民检察院、司法部又颁布了《关于适用简易程序审理公诉案件的若干意见》(已失效),规范了简易程序的适用范围和程序,具体表现在将案件的适用范围修改为基层人民法院管辖的依法可能判处3年以下有期徒刑、拘役、管制或者单处罚金的案件;将被告人同意适用简易程序作为条件之一;规定被告人应当承认自己所犯罪行,且对指控其犯罪的事实没有异议。规范简易程序的适用范围和程序,使司法实践中无论在理念上还是在可操作性上,都有利于简易程序在更大范围内进行适用,从而增加了简易程序审理案件的数量,使更多的司法资源可以配置到重大复杂疑案中去。同时,又对不能适用简易程序的情形进行了明确规定,在提速的同时不忘保质,有利于维护刑事诉讼的公平、公正。

2. 普通程序“简化审”。由于简易程序的适用范围限制在3年以下法定刑范围,客观上还是限制了简易程序的适用。很多普通刑事案件,也可能存在案情简单、证据充分、被告人认罪,但法定刑却是3年有期徒刑以上的

---

〔21〕 参见刘斌、王勇、浩达:《刑事诉讼简易程序的实施构想——繁简分流》,载《行政与法》1996年第4期。

情形。根据案件情况,对其适用简易程序审理并不会产生影响公平公正的后果,但鉴于缺乏法律规定,因此只能适用普通程序审理。随着实践发展,司法实践中对部分普通程序案件进行适当简化的呼声越来越强烈。在这种历史背景下出现了普通程序"简化审"制度。其发端于2003年最高人民法院、最高人民检察院、司法部联合发出的《关于适用普通程序审理"被告人认罪案件"的若干意见(试行)》(已失效,以下简称《被告人认罪意见》)出台。[22]《被告人认罪意见》规定,对于被告人对被指控的基本犯罪事实无异议,并自愿认罪的第一审公诉案件,一般适用该意见审理。对于指控被告人犯数罪的案件,对被告人认罪的部分,可以适用该意见审理。这意味着,实践中的大部分一审普通程序案件,实际上均可以简化审理。至于简化的程度,《被告人认罪意见》规定:(1)被告人可以不再就起诉书指控的犯罪事实进行供述。(2)公诉人、辩护人、审判人员对被告人的讯问、发问可以简化或者省略。(3)控辩双方对无异议的证据,可以仅就证据的名称及所证明的事项作出说明。合议庭经确认公诉人、被告人、辩护人无异议的,可以当庭予以认证;对于合议庭认为有必要调查核实的证据,控辩双方有异议的证据,或者控方、辩方要求出示、宣读的证据,应当出示、宣读,并进行质证。(4)控辩双方主要围绕确定罪名、量刑及其他有争议的问题进行辩论。从以上规定可以看出,《被告人认罪意见》对司法效率的追求十分迫切。当然,一个基本立场仍然是,追求司法效率并不必然损害司法公平,司法效率的规定总是与案件事实清楚、证据确实充分这一定罪量刑的根本原则捆绑在一起的。

3. 轻微刑事案件的快速办理机制。2007年1月30日,最高人民检察院发布了《关于依法快速办理轻微刑事案件的意见》(已失效,以下简称《轻微刑事案件意见》),从检察业务层面提出了轻微刑事案件快速办理机制的探索命题。根据《轻微刑事案件意见》规定,适用快速办理机制的轻微刑事案件,应当同时符合以下条件:(1)案情简单,事实清楚,证据确实、充分;(2)可能判处3年以下有期徒刑、拘役、管制或者单处罚金;(3)犯罪嫌疑人、被告人承认实施了被指控的犯罪;(4)适用法律无争议。

---

[22] 参见刘春梅:《论我国量刑程序的改革》,载《山西高等学校社会科学学报》2012年第10期。

同时,对于符合上述规定的下列案件,也应当依法快速办理:(1)未成年人或者在校学生涉嫌犯罪的案件;(2)70 岁以上的老年人涉嫌犯罪的案件;(3)盲聋哑人、严重疾病患者或者怀孕、哺乳自己未满 1 周岁婴儿的妇女涉嫌犯罪的案件;(4)主观恶性较小的初犯、过失犯;(5)因亲友、邻里等之间的纠纷引发的刑事案件;(6)当事人双方已经就民事赔偿、化解矛盾等达成和解的刑事案件;(7)具有中止、未遂、自首、立功等法定从轻、减轻或者免除处罚情节的案件;(8)其他轻微刑事案件。《轻微刑事案件意见》还要求,"各地检察机关要加强与公安机关、人民法院的联系与配合,共同建立依法快速办理轻微刑事案件的工作机制。有条件的,可以与当地公安机关、人民法院等部门联合制定快速办案机制的规范性文件,以实现对轻微刑事案件在侦查、批捕、起诉、审判各个诉讼环节依法快速办理"。从上述规定可以看出,轻微刑事案件既从刑期上考量,又从被害人态度和法律适用难易程度上进行考量,同时还考量了特殊主体、特殊案件、法定情节等情形,相较于简易程序和普通程序"简化审"制度,对诉讼效率的追求更加明确。轻微刑事案件快速办理机制的学理依据是程序分流,即针对不同案件情节、是否认罪等适用不同的程序。据统计,检察机关施行轻微刑事案件快速办理机制以后,从刑事诉讼程序的启动到最后法院作出判决的时间由之前的 100 多天缩短到了 43 天,减少了超过一半的时间,大大提高了诉讼效率。[23]

4. 认罪轻案办理程序的试点运行。认罪轻案办理程序也是一种轻微刑事案件的快速办理程序。2008 年最高人民检察院出台了《认罪轻案办理程序实施方案》《认罪轻案办理程序实施细则》。从 2008 年 8 月 1 日起,认罪轻案程序开始在全国 8 个基层检察院展开试点工作。根据媒体报道,参与试点的单位纷纷感叹,该程序"有中国式辩诉交易的味道"。适用认罪轻案办理程序的刑事案件,要同时符合 3 个条件:事实清楚,主要证据确实充分;犯罪嫌疑人、被告人自愿认罪;依法可能判处 3 年以下有期徒刑、拘役、管制或者单处罚金。单从上述 3 个条件来看,似乎并无新意,但其另一规定却十分具有创新性,也就是对认罪轻案的犯罪嫌疑人,一般不宜适用拘留或者逮捕的强制措施。人民检察院认为必须提起公诉的案件,应当在犯罪嫌疑人及其律师在场的情况下,进行证据开示,同时告知犯罪嫌疑人被指控罪名以

---

〔23〕 参见孟昭文:《依法快速办理轻微刑事案件的实践操作》,载《人民检察》2008 年第 18 期。

及量刑建议的幅度,听取犯罪嫌疑人及其律师的意见,意见一致的,由承办人制作认罪答辩笔录。人民法院对认罪轻案的审理,参照简易程序的有关规定进行,认罪答辩笔录经核实确认无误的,应当当庭宣判。从上述规定可以看出,认罪轻案办理程序已经具备了当前认罪认罚从宽制度的精神内核。落实宽严相济的刑事政策,是认罪轻案办理程序的目的之一和精髓所在。"宽"和"严"是宽严相济刑事政策辩证统一的两个方面,要求必须做到该严则严,当宽则宽。"宽"就是坚持区别对待,对较轻的犯罪或者具有从宽情节的被告人予以从宽处理,该依法从轻的一律从轻处罚。认罪轻案程序充分体现了宽严相济的刑事政策"宽"的一面,对罪行较轻,犯罪以后有认罪、悔罪情节的犯罪嫌疑人,采取从轻量刑、减少羁押和快速办理等处理方式,是法律效果和社会效果的高度统一。〔24〕

(三)不断完善阶段

无论是简易程序,还是普通程序简化审,在促进繁简分流方面功不可没,但是他们均局限于案件难易和被告人认罪态度,尚未从刑事诉讼制度的高度考虑繁简分流的依据问题。2008 年最高人民检察院试行的认罪轻案快速办理机制,则不单单对事实清楚的轻微认罪案件进行程序简化,还规定了起诉中的证据开示、控辩协商、认罪答辩,以及以审核认罪答辩效力为主要内容的庭审确认程序。诚然,该机制在当时的司法环境中难以全面推行,但该机制的试行已经敲开了控辩协商的大门。繁简分流的进一步发展,依靠的是 2014 年开始试点的刑事速裁程序和 2016 年开始试点的认罪认罚从宽制度。

1. 刑事速裁程序。2014 年,全国人民代表大会常务委员会发布《关于授权最高人民法院、最高人民检察院在部分地区开展刑事案件速裁程序试点工作的决定》(以下简称《速裁程序试点决定》),宣布在全国部分地区对事实清楚,证据充分,被告人自愿认罪,当事人对适用法律没有争议的危险驾驶、交通肇事、盗窃、诈骗、抢夺、伤害、寻衅滋事等情节较轻,依法可能判处 1 年以下有期徒刑、拘役、管制的案件,或者依法单处罚金的案件,进一步简化《刑事诉讼法》规定的相关诉讼程序进行试点运行。试点说明指出,当

---

〔24〕 参见沈慧珍:《宽严相济刑事政策背景下的认罪轻案程序试点》,载《中国市场》2009 年第 1 期。

前我国正处于经济结构调整、矛盾纠纷多发、刑事犯罪高发期。进一步推动刑事案件繁简分流,优化司法资源配置,是当前司法实践的迫切需要,也是更好满足人民群众对司法正义期盼的必然要求。建立刑事案件速裁程序,有利于及时惩治犯罪,维护社会秩序,促进社会和谐稳定;有利于优化司法资源配置,解决司法实践中案多人少的矛盾;有利于贯彻宽严相济、惩办与教育相结合的刑事政策,教育矫治犯罪人。经过2年试行,2018年《刑事诉讼法》将速裁程序法定化,并进一步扩大了适用范围,规定"基层人民法院管辖的可能判处三年有期徒刑以下刑罚的案件,案件事实清楚,证据确实、充分,被告人认罪认罚并同意适用速裁程序的,可以适用速裁程序,由审判员一人独任审判。人民检察院在提起公诉的时候,可以建议人民法院适用速裁程序"。适用速裁程序审理案件,不受送达期限的限制,一般不进行法庭调查、法庭辩论,且应当当庭宣判,案件审限规定为10日,最多不超过15日。

2. 认罪认罚程序。认罪认罚程序是对简易程序、速裁程序的升级,也是对于当下刑事司法困境的破解。认罪认罚从宽制度进一步促进了案件繁简分流,推动繁简分流走向更高层次。首先,认罪认罚从宽制度对于简单案件的范围进行了扩充,从案件性质、罪刑轻重、被告人态度、控辩协商等不同角度对刑事案件进行解构,使简单、复杂刑事案件的划分标准更加科学,破解了司法实践中的困境。其次,认罪认罚从宽制度能够适用到刑事诉讼审前程序的全部诉讼阶段,程序适用率显著提升,量刑激励效果充分,分流效果显著。最后,认罪认罚从宽有利于保障人权、减少不必要的羁押。近年来,"不必要羁押"的观点逐渐影响了立法和司法,2018年《刑事诉讼法》最终规定了羁押必要性审查制度。司法实践中,长期以来存在羁押率高、一押到底、羁押轻刑化等问题,而这种羁押率过高的情形也使轻罪案件的犯罪嫌疑人与重罪案件的犯罪嫌疑人交叉感染成为必然,上述这些问题对于保障人权、维护司法的公正都造成了不小的冲击。认罪认罚从宽制度通过对轻罪案件的早期分流,通过程序从简、实体从宽,让被告人尽快结束诉讼程序,回归正常的社会生活,同时也可以缓解司法资源不足的现状,减少司法资源浪费,提高司法的效率,在更高层次上维护司法的公正。

因此,繁简分流进一步发展的需求构成了认罪认罚从宽制度的现实基础。

三、破解刑事诉讼固有弊端需要认罪认罚从宽制度

长期以来,我国的刑事司法体制受报应刑思想的影响,“重实体、轻程序”现象突出,对于刑事诉讼两大基本价值理念,即实体正义与程序正义之间的平衡关系把握不到位,导致司法实践一味追求如何更有力地打击刑事犯罪。换言之,我国的刑事诉讼构造曾一度被称为“流水线”模式,立案、侦查、起诉、审判、执行程序按部就班,存在侦查机关权力独大、庭审虚置,进而导致冤假错案的情况,一次次刺痛公众的神经。随着司法人权观念不断深入人心,程序正义逐渐受到重视。为改变这一刑事诉讼情形,党的十八届四中全会旗帜鲜明地提出了构建以审判为中心的诉讼制度改革,让案件裁判形成于法庭,努力让每一位公民在个案中感受到司法的公平与正义。

为破解难题,自 2014 年以来,新一轮司法体制改革如火如荼地展开。为构建以审判为中心的刑事诉讼制度进行了诸多有益的尝试,如通过司法责任制改革,确立了法官审理案件终身负责制;推进省级以下司法机关统一管理改革,破解了司法体制内长期存在的行政化问题;探索设立跨行政区划法院,意在改革长期以来司法审判的地方化问题等。而认罪认罚从宽制度的铺开,赋予了刑事被害人、被追诉人更多的程序参与权,倒逼国家公权力更加规范化地行使,是实现以审判为中心的诉讼制度改革的重要保障。

一方面,认罪认罚从宽制度是程序正义的鲜明体现,刑事司法不再以追求打击犯罪为唯一目标,转而关注被追诉人和被害人自身的选择,与以审判为中心强调的对犯罪双方当事人权利的全面保护一脉相承,被追诉人可以通过控辩协商充分表达自己的意愿,通过签署认罪认罚具结书达成与公诉机关的“交易”,通过放弃部分诉讼权利获得程序从简的“优惠”,通过真诚认罪悔罪获得从轻处理。

另一方面,以审判为中心的诉讼制度改革需要司法机关在办理案件中投入更多的司法成本,但对于在刑事案件总量中占据多数的简单、轻罪刑事案件,投入更多的司法成本无疑与司法体制改革的整体导向背道而驰,认罪认罚从宽制度的繁简分流制度设计很好地区分了案件的轻重复杂程度,使得司法机关能将更多的时间精力投入复杂案件的侦办审理中,为以审判为中心提供了程序的适用空间。

认罪认罚从宽制度也充分保障了双方当事人的诉讼权利。一是被追诉

人通过如实供述自己的罪行,减少审查起诉阶段以及审判阶段不必要的羁押,同时放弃部分诉讼权利换取较低的刑罚,这是其对于自身权利的有效行使;二是被害人在经济、精神等方面可以获得一定的补偿。从长远来看,在诉讼程序中充分地保障双方当事人的权利,能更好地化解犯罪人与被害人的矛盾,修复社会关系,有利于双方服判息诉。

第三节 认罪认罚从宽制度的试点运行

马克思曾经说过:"社会不是以法律为基础的,那是法学家们的幻想。相反地,法律应该以社会为基础。"[25] 法律是社会的治理,法律在遵循自身内在演化逻辑的同时,更应当积极适应整个社会的发展变化。认罪认罚从宽制度作为实现宽严相济刑事政策,推动刑事诉讼制度和犯罪治理模式创新的重要制度,更应当积极适应不断变化的社会实践和转型时期的社会需求,经历从理论到实践,再由实践升华理论的发展过程。在正式立法确立认罪认罚从宽制度之前,我国司法机关也通过试点运行的方式对认罪认罚从宽制度进行了实践摸索。

2016 年,第十二届全国人大常委会授权最高人民法院、最高人民检察院,指定北京、上海、天津、杭州等 18 个城市率先开展认罪认罚从宽制度的试点工作。同年 11 月,最高人民法院、最高人民检察院、公安部、国家安全部、司法部(以下简称两高三部)联合印发了《关于在部分地区开展刑事案件认罪认罚从宽制度试点工作的办法》(以下简称《认罪认罚从宽制度试点办法》),认罪认罚从宽制度的试点运行工作正式启动。各试点地区在中央顶层设计的指导下,结合地区实际,稳步开展试点工作,截至 2018 年 7 月,18 个试点地区法院共适用认罪认罚从宽制度审结刑事案件 181,177 件,占试点法院同期审结刑事案件的 52.3%。

各试点地区在《认罪认罚从宽制度试点办法》的指导下,结合地区实际,制定了相应的实施细则,为认罪认罚从宽制度的试点工作提供了依据和指引。认罪认罚从宽制度试点工作从无到有、由少及多,试点案件的数量和

---

〔25〕 马克思、恩格斯:《马克思恩格斯全集》(第 6 卷),人民出版社 1961 年版,第 291 ~ 292 页。

比例稳步上升，相关制度和机制也在不断完善，为及时有效惩治犯罪、加强人权司法保护、促进公平正义、优化司法资源配置提供了支持。

各地在开展认罪认罚从宽制度试点工作中，也积累了大量有益经验。

一是认罪认罚从宽制度涉及侦查、起诉、审判、辩护等多项工作内容，需要多方主体共同进行探索、协作，才能保证制度实施的效果。从试点运行情况来看，多个试点地区都通过召开联席会议、会签实施细则等方式，对认罪认罚从宽制度的试运行作了详细规定，保证了试行效果，同时也突出了认罪认罚从宽制度的“合作”特征。

二是充分利用快审机制，优化司法资源配置。有的试点地区采用人民法院与公安机关、检察机关联合建立刑事执法办案中心的模式，并设立速裁办公区和刑事速裁审判法庭，各部门都在办案中心配备相对固定的办案人员，有效缩减了案件流转、在途时间，提高了沟通协调效率，推动了办案全流程简化，实现了各办案机关的无缝隙衔接，大大节约了司法资源。

三是成立专业化审判团队，推进案件繁简分流，构建普通程序、简易程序、速裁程序有序衔接的多层次诉讼体系。对进入审判阶段的认罪认罚案件，适时推行集中受理、集中告知、集中送达、集中审理、集中宣判的“一站式”集约化速裁模式，确保认罪认罚案件实现全程提速。积极探索远程视频提讯开庭，充分借力信息化助推认罪认罚案件提速增效，节约司法资源。

四是构建阶梯式、标准化、可操作的认罪认罚案件量刑规范化体系。各试点地区根据审判实践，结合以往的量刑规范化文件，制订了针对认罪认罚案件的量刑标准，对处于不同阶段、有不同情节的案件，进行有针对性的精准量刑，确保罪责刑相适应。一方面便于公、检、法各部门把握量刑标准，从而有针对性地适用认罪认罚从宽制度，另一方面也提高了公诉机关精准量刑建议的科学性和可采纳性，提高了公诉机关对被告人量刑承诺的权威性，提高了认罪认罚从宽制度的适用比例。对于被告人来讲，规范化的量刑尺度，也有助于其真心悔过，积极参与认罪认罚，争取获得从宽处理，并提高案件的服判息诉率。

第四节 认罪认罚从宽制度的立法确认

党的十八大以来,以习近平同志为核心的党中央协调推进“四个全面”战略布局,在深化国家监察体制改革、反腐败追逃追赃、深化司法体制改革等方面作出了一系列的重大决策部署。而总结认罪认罚从宽制度、速裁程序试点工作经验,将其可复制可推行的行之有效的做法上升为法律规范,被列入全国人大常委会《2018 年立法工作计划》。[26] 经过试点以来的调研、总结、沟通、协调,在各方面基本达成共识的基础上,形成了《刑事诉讼法(修正草案)》,并于 2018 年 10 月 26 日最终表决通过。2018 年《刑事诉讼法》在总结认罪认罚从宽制度试点经验的基础上,系统吸收了速裁程序、值班律师制度等规定,以法律形式巩固了改革成果。认罪认罚从宽制度正式上升为法律,其被分别规定在 2018 年《刑事诉讼法》第一编第一章“任务和基本原则”中第 15 条:“犯罪人、被告人自愿如实供述自己的罪行,承认指控的犯罪事实,愿意接受处罚的,可以依法从宽处理。”2018 年《刑事诉讼法》第 174 条:“犯罪嫌疑人自愿认罪,同意量刑建议和程序适用的,应当在辩护人或者值班律师在场的情况下签署认罪认罚具结书……”这两条规定界定了认罪认罚从宽制度的适用范围和适用程序,尤其是认罪认罚具结制度,在司法实践中逐渐成为认罪认罚从宽制度的程序性标志。同时,为了保障犯罪嫌疑人、被告人认罪认罚的自愿性,2018 年《刑事诉讼法》第 36 条、第 120 条、第 173 条及第 190 条作出了相应的规定,规定适用认罪认罚从宽制度时,应当保障犯罪嫌疑人、被告人获得有效法律帮助、听取意见的权利,并对其认罪认罚的自愿性进行审查。在程序适用上,尤其体现了速裁程序在认罪认罚案件中的重要作用,以实现认罪认罚从宽制度的效率价值。对此,2018 年《刑事诉讼法》第 222 条至第 226 条完善了刑事速裁程序的适用条件、程序启动、办案期限以及庭审流程。

---

〔26〕 参见沈春耀:《关于〈中华人民共和国刑事诉讼法(修正草案)〉的说明——2018 年 4 月 25 日在第十三届全国人民代表大会常务委员会第二次会议上》,载《中华人民共和国全国人民代表大会常务委员会公报》2018 年第 6 期。

《认罪认罚从宽制度试点办法》以及2018年《刑事诉讼法》、2019年两高三部《关于适用认罪认罚从宽制度的指导意见》(以下简称两高三部《认罪认罚指导意见》)以及2021年《关于适用〈中华人民共和国刑事诉讼法〉的解释》(以下简称2021年《刑事诉讼法解释》)关于认罪认罚从宽制度的规定有着一脉相承的价值基础和政策指向,在内容上具有延续性。对上述规范性文件进行动态研究,有助于揭示认罪认罚从宽制度的本质与特征。〔27〕将认罪认罚从宽制度确立为刑事诉讼法的重要原则,也在诉讼程序和操作规范中作出了相应规定,形成认罪认罚案件中的制度激励与程序保障,从程序法角度丰富了认罪认罚从宽制度的内涵。2018年《刑事诉讼法》所确立的认罪认罚从宽制度,主要包含以下内容:

首先,确立了对认罪认罚案件在程序上的依法从简。如简化了案件的审判程序,基层人民法院受理的认罪认罚案件,可以适用简易程序或者速裁程序进行审判;对于其他认罪认罚案件,适用普通程序简化审理,充分体现了对认罪认罚案件从简、从快处理的特征。如此一来,对于被告人特别是被采取羁押措施的被告人,在确保获得公正审判的前提下可以获得迅速审判,在确保案件质量的同时简化了诉讼程序,能够有效减少讼累,缩减审前羁押时间,避免"实报实销"的量刑异象。〔28〕另外,认罪认罚案件中的强制措施也将变得更为宽缓,鉴于犯罪嫌疑人、被告人认罪认罚,其人身危险性明显降低,可优先适用非羁押性强制措施,而这也有助于避免重罪、轻罪一概羁押造成的交叉传染等弊端,不断推进司法的文明和进步。值得一提的是,对于犯罪嫌疑人、被告人自愿如实供述涉嫌犯罪事实有重大立功或者案件涉及国家重大利益的,经最高人民检察院核准,公安机关可以撤销案件,人民检察院可以作出不起诉决定,也可以对涉嫌数罪中的一项或者多项不起诉,也就是附条件地提前终止诉讼程序。这些程序性规定,大大减轻了认罪认罚犯罪嫌疑人、被告人的刑罚负担,有利于促进其积极认罪、悔罪,更好地实现刑法的目的。

---

〔27〕参见徐阳、王崇:《认罪认罚从宽制度的程序属性解读——从两个试点办法到〈认罪认罚从宽制度的指导意见〉的文本分析》,载《求是学刊》2020年第5期。

〔28〕参见最高人民法院刑一庭课题组、沈亮:《刑事诉讼中认罪认罚从宽制度的适用》,载《人民司法(应用)》2018年第34期。

其次，确立了对认罪认罚案件在实体上的依法从宽。《刑事诉讼法》规定，犯罪嫌疑人认罪认罚的，人民检察院应当根据犯罪的事实、性质、情节和对社会的危害程度以及认罪认罚情况，依法提出从宽处理的建议。人民法院作出判决时，一般应当采纳人民检察院指控的罪名和量刑建议，但被告人不构成犯罪或者不应当追究刑事责任、违背意愿认罪认罚、否认指控犯罪事实、起诉指控罪名与审理认定罪名不一致以及其他可能影响公正审判的情形除外。

最后，确立了对认罪认罚的自愿性保障制度。这一制度体现在规范告知权利程序，要求侦查人员在讯问时以及人民检察院审查案件时告知犯罪嫌疑人享有的诉讼权利、如实供述自己罪行可以从宽处理的法律规定和认罪认罚的法律后果；体现在强化认罪认罚自愿性的审查上，人民法院在开庭时应当告知被告人享有的诉讼权利和认罪认罚的法律后果，审查认罪认罚的自愿性与认罪认罚具结书内容的真实性与合法性；体现在强化律师参与和法律帮助，在犯罪嫌疑人签署认罪认罚具结书时，应当有辩护人或者值班律师在场，指派值班律师为没有辩护人的犯罪嫌疑人、被告人提供法律帮助，确保犯罪嫌疑人、被告人获得有效法律帮助、自愿认罪认罚，防止无辜者受到错误追究。

总之，从定位来看，认罪认罚从宽制度的目的是确保公安机关、人民检察院、人民法院依法、及时、公正履行法定职责。犯罪嫌疑人、被告人通过认罪认罚来争取从宽处理，并不是就定罪量刑讨价还价，而是坚持以事实为依据、以法律为准绳，贯彻证据裁判原则，按照法律规定和政策要求，在综合考量认罪悔罪态度和社会危害性、人身危险性等影响量刑的因素的基础上，对被告人适当从宽处理。所以说，认罪认罚从宽制度是宽严相济、坦白从宽刑事政策的深化发展和制度化演进，也是我国刑事法治发展进步的必然结果。

第二章 认罪认罚从宽制度的法理基础

认罪认罚从宽制度的确立，经过了从理论研究到试点运行，最终制定成法的发展过程。其经过多年的酝酿和充分的实践检验，不但具有鲜活的生命力，而且具有深厚的理论基础，符合刑事诉讼发展的客观规律，也代表着我国刑事诉讼的进步方向。认罪认罚从宽制度涉及很多刑事诉讼理念，这些理念对于指导审判实践具有重要作用。因此，单纯的制度入法以及较高的认罪认罚适用率，并不代表认罪认罚从宽制度已经真正在我国刑事诉讼中生根发芽。实践中，就有观点认为认罪认罚从宽制度只是自首、立功等法定和酌定从轻、减轻处罚情节的“升级版”，是一种体现被告人认罪悔罪态度的量刑情节，是更加简化的案件处理程序等。这些观点，反映出实践中有些审判人员并未真正认识到认罪认罚从宽制度的价值所在，甚至存在某些细节上的认识谬误，在审判理念上也需要不断与时俱进。同时也说明，认罪认罚从宽制度的科学发展，需要稳固的理论支撑。总体来讲，认罪认罚从宽制度不但具有深厚的刑事诉讼理论根基，而且着眼于解决许多实践难题，具有重大的实践价值和时代意义。

第一节 当事人主义诉讼模式的合理借鉴

长期以来，刑事诉讼法学界热衷于围绕职权主义诉讼模式与当事人主义诉讼模式的优劣与问题来研究我国刑事诉讼领域中的具体制度，并认为我国《刑事诉讼法》的历次修订，都在某种程度上吸收了英美法系当事人主义诉讼模式的要义和精髓，更有论者呼吁对我国刑事诉讼法进行当事人主义的制度化改造。从认罪认罚概念的提出，到后来的试点运行、立法确认过程中，有关认罪认罚从宽制度对我国刑事诉讼模式影响的讨论始终存在，尤其是认罪认罚从宽制度与具有明显当事人主义特征的辩诉交易制度之间的关系问题,毫无疑问成为讨论的焦点。当然,无论是在诉讼法学界,还是官方的论述中,都明确声明认罪认罚从宽制度并非国外法中的辩诉交易制度,"国外的辩诉交易,是当事人主义诉讼模式的产物……一定要明确这两者之间存在本质区别,把握好这项改革试点(笔者注:指认罪认罚从宽制度试点)的正确方向"[1]。方向问题至关重要,坚持正确的改革方向是理论研究与司法实践的共同使命,但认罪认罚从宽制度所体现出的控辩协商、被告人的选择权以及被告人、被害人的权利保护等内容,一定程度上体现了当事人主义的刑事诉讼思潮。正视并研究这种转变,有利于夯实改革的理论基础,明确改革的本意初衷,从而更好地指导司法实践。

一、刑事诉讼模式概述

1963 年,美国学者哈伯特·帕克(Herbert L. Packer)提出了犯罪控制模式与正当程序模式两种不同的刑事审判模式。[2] 此后,刑事诉讼法学界展开了长期的探讨,对帕克的理论从分析视角和前提假设等方面进行了批判和修正,学术界又出现了很多新的构想和观点。如 1970 年美国学者约翰·格利菲斯(John Griffiths)提出了第三种诉讼模式——"家庭模式",即刑事诉讼除了双方的对抗,还存在一种国家通过审判与矫正让犯人重新回归社会的非对抗模式。格利菲斯教授在《耶鲁法律评论》中批评帕克的两种模式殊途同归,实际上是一个模式——"争斗模式",而与"争斗模式"对应的合理模式即"家庭模式",其强调权力与权利的妥协、合作,并不认同二者的争斗,"家庭模式"以利害调整的可能性和爱的理念为前提,同时也注重发挥刑事诉讼的教育功能。[3] 但批判者认为"家庭模式"过于理想化,片面强调国家与被告人利益的调和。[4] 另外,美国学者亚伯拉罕·S. 戈尔茨坦

---

[1] 2016 年 11 月 8 日最高人民法院原副院长张述元在刑事案件认罪认罚从宽制度试点工作部署会上的讲话。

[2] 参见[美]哈伯特 L. 帕克:《刑事制裁的界限》,梁林根等译,法律出版社 2008 年版,第 35 页。

[3] 参见梁欣:《刑事诉讼家庭模式的再评价——从对抗到合作》,载《国家检察官学院学报》2005 年第 6 期。

[4] 参见梁欣:《刑事诉讼家庭模式的再评价——从对抗到合作》,载《国家检察官学院学报》2005 年第 6 期。

(Abraham S. Goldstein)又指出帕克的理论是基于美国刑事司法中的对抗制因素,但美国司法实践中同样存在大量的纠问制因素,因此其前提假设是否正确就值得怀疑。在这种研究思路的影响下,各国学者更加注重刑事诉讼模式研究中的本土文化、法律制度和司法实践因素。[5]

在我国,"刑事诉讼"这一概念最初由清朝末期的沈家本修律时从日本传入,清末修律受到日本和德国的影响较多,故刑事诉讼制度带有较明显的职权主义色彩。中华人民共和国成立后,苏联的法律制度被大举引入中国,苏联时期的法律意识形态在一定程度上主导着中华人民共和国成立之初的社会主义刑事诉讼制度。改革开放以后,刑事诉讼领域的意识形态色彩逐渐弱化,对刑事诉讼制度的研究进入新的发展阶段。外国刑事诉讼的译著渐次出版,一些通用的研究范式开始在刑事诉讼的论文及著述中出现,并成为时下刑事诉讼法学最为重要的原理论。[6] 其中,美国的刑事诉讼模式学说,经过学者的引介后被我国刑事诉讼法学界所知悉。受此影响,我国刑事诉讼法学界对刑事诉讼模式问题进行了系统研究,形成了许多学术共识:世界存在两大主要的刑事诉讼模式,即以德国为代表的大陆法系职权主义诉讼模式和以英、美为代表的英美法系当事人主义诉讼模式。当事人主义诉讼模式强调诉讼双方权利平等、程序正当,职权主义诉讼模式强调寻求事实真相,追究犯罪。[7] 当事人主义诉讼模式以人权保障为优先价值理念,注重程序的正义和正当性,职权主义诉讼模式强调职权原则,以犯罪控制为指导性理念,其程序的运作更注重追究实质真实和有效惩罚犯罪。[8] 正因如此,若回到帕克的论述中,世界范围内确实存在普通法系的正当程序模式和大陆法系的犯罪控制模式两种主要的刑事诉讼模式。

两大诉讼模式的形成,因有着深刻的政治、经济、历史以及本国法传统等诸多因素影响,从而使得两大诉讼模式呈现不同特征。这种差别体现在侦查、起诉、审判全过程,尤其是在审判过程中。普通法系国家奉行当事人

---

[5] 参见梁欣:《刑事诉讼家庭模式的再评价——从对抗到合作》,载《国家检察官学院学报》2005 年第 6 期。

[6] 参见施鹏鹏:《"新职权主义"与中国刑事诉讼改革的基本路径》,载《比较法研究》2020 年第 2 期。

[7] 参见程味秋:《两大法系刑事诉讼模式之比较》,载《比较法研究》1997 年第 2 期。

[8] 参见徐静村:《刑事审判模式之比较与改革》,载《现代法学》1994 年第 6 期。

主义，庭审的对抗性特征十分明显。控辩双方都是刑事诉讼的参与主体，控辩双方围绕有争议的问题进行举证、质证并且展开辩论，最具特点的是双方的地位平等、权利相同。法官只负责主持庭审和辩论，不主动调查证据，不做预判性假设，同时引入陪审团制度，在陪审团作出有罪裁断之后，法官负责根据法律进行量刑。大陆法系国家实行职权主义，虽然其庭审中吸收了普通法系的辩论原则，但其采用的是审问制，即法官指挥整个审判过程，法官可以依照职权主动询问当事人，收集调查证据，追查犯罪，而不受诉讼双方所传唤的证人和所出示证据的限制，法官的裁断范围既包括事实、证据，又包括最终的定罪量刑。在长期的司法实践中，绝对的职权主义和绝对的当事人主义越来越少，尤其是随着第二次世界大战以后的国际交流与民主人权观念的融合，刑事实体法中的罪刑法定、罪责刑相适应等观念，以及刑事程序法中的正当程序、权利保障、权力制约与平衡等理念逐渐成为各国刑事司法制度中的通用法则。在此背景下，各国刑事诉讼模式也在不断地学习和交融，战后很多国家都对本国的刑事诉讼法进行了修订和增补，传统的职权主义诉讼模式更加注重当事人的诉权保障，当事人主义诉讼模式则更加注重防卫社会和打击犯罪。因此，就整体的制度架构和文化偏向来讲，刑事诉讼模式的理论划分仍具有科学性，但就具体法律制度而言，则难以将其绝对化地归类为任何一种诉讼模式。刑事诉讼制度由一系列的具体法律制度和规范组合而成，结构不同则性质不同，体现了唯物主义哲学的基本原理。

二、我国刑事诉讼模式的探索与演变

通说认为，我国的刑事诉讼模式与英美法系当事人主义诉讼模式存在显著区别，比较接近于职权主义，但具有自身特色。陈光中教授认为，中国刑事诉讼法大体经历了 3 个阶段："文化大革命"以前虽然也颁布了一些条例，但总体来说还是一种内部政策；1979 年"文化大革命"结束后制定了中华人民共和国第一部《刑事诉讼法》，自 1980 年 1 月 1 日起开始实施，从此进入有法可依的阶段；经历过若干年实施，随着国家形势发展变化，立法部门开始着手进行修改，也就是 1996 年的《刑事诉讼法》修订，法律条文从 164 条增加到 225 条，在民主化、科学化方面有较大进步，1996 年的法律修改采取了英美法系当事人主义的某些做法,形成职权主义框架。[9] 由此可见,我国刑事诉讼制度也并非绝对的职权主义或当事人主义模式,而是在职权主义框架基础上不断吸收当事人主义的合理要素,以契合不断变化的政治、经济、社会状况和刑事司法实践。

我国大多数学者主张,中国的刑事诉讼制度具有较强的职权主义特征,应当吸收当事人主义的合理要素,强化程序的对抗性。在不断借鉴学习的过程中,我国的刑事诉讼制度形成了自己的发展脉络和特有模式。从中华人民共和国成立之初颁布的一系列法令到1979年颁布第一部《刑事诉讼法》,从1996年《刑事诉讼法》的第一次修订到2012年和2018年的再次修订,我国《刑事诉讼法》的发展变化始终体现了对包括当事人主义具体制度在内的一切优秀法律制度、理念的合理借鉴与吸纳,体现了我国法律文化的开放性与创新性。例如,我国1979年第一部《刑事诉讼法》带有鲜明的职权主义色彩,无论是刑事案件的审判方式和诉讼程序,还是国家机关与当事人在刑事诉讼中的诉讼地位、享有权利的差别,都体现出强烈的职权性和行政性特征。侦查、公诉机关的权力较大,侦查手段多样化且很少受到限制,被追诉人的主体地位较弱,没有确定无罪推定原则,辩护权也存在没有得到很好地保障的情况。[10] 而作为审判机关的人民法院则带有行政色彩,案件请示制度的存在使得法官难以实现独立裁判,庭审程序对案件最终裁判结果并不具有决定性作用,人民法院存在在案件审理前已经对案件实体问题形成了倾向性或结论性意见的情况,庭审常被虚置。[11] 因此,有学者认为我国当时的刑事诉讼模式,既非大陆法系的职权主义模式,又不同于传统的纠问模式,它是一种介于二者之间的审判结构,因此可以称为强职权主义模式或"超职权主义"模式。[12] 随着经济、社会的发展与司法文明的进步,1996年我国对《刑事诉讼法》进行了第一次修订时,增加了大量关于人权保障的制度规范,刑事诉讼更加注重惩罚犯罪与保障人权的双重目标,体现了

---

〔9〕 参见《陈光中解读刑诉法修改:刑事诉讼法更侧重于保障人权》,载凤凰网2012年2月27日,http://news.ifeng.com/opinion/special/chenguangzhong/。

〔10〕 参见熊秋红:《"两种刑事诉讼程序"中的有效辩护》,载《法律适用》2018年第3期。

〔11〕 参见张松:《论我国案件请示制度的存与废》,载《学习与实践》2018年第8期。

〔12〕 参见张斌:《论我国刑事审判中的"超职权主义"因素》,载《中国人民公安大学学报(社会科学版)》2006年第4期。

“刑事诉讼法不仅是追究犯罪的有力工具，而且还是保障公民人权、抑制滥用刑罚权的重要法宝”〔13〕。在这次《刑事诉讼法》修订中，相继确立了未经审判不得定罪、疑罪从无、发挥辩护人作用、增强庭审的对抗性、保障审判的中立性等刑事诉讼重要原则，同时对公、检、法机关的职能定位进行了调整，对侦查、检察、审判程序进一步完善。取消了公安机关的收容审查权和检察机关的免予起诉权，侦查、控诉的权力受到了限制；〔14〕提高了诉讼当事人的主体地位，尤其是对辩护制度进行了较大调整，辩护人介入诉讼的阶段提前，对辩护权也进行了明确和完善；在庭审方式上实行对抗式庭审，举证责任交由控辩双方承担，淡化了审判者的职权色彩，强化了其“仲裁者”角色。整体来看，1996 年修订的《刑事诉讼法》弱化了刑事诉讼的职权主义色彩，吸收了大量当事人主义诉讼模式中的具体制度和理念，更加凸显了刑事诉讼中的权力制约和权利保障。但是，回归司法实践层面，当时的职权主义诉讼模式仍然较为明显，法官积极地参与法庭调查和辩论，在事实查明过程中仍起主导作用，并且可以依职权主动调查案件事实和收集证据。控辩双方的力量对比依旧悬殊，辩方举证质证能力并未获得明显提高。虽然笔者并不主张两种诉讼模式的截然对立与优劣对比，但就类型划分与学理分类而言，当时的诉讼模式本质上仍属于职权主义的范畴，但具有了当事人主义的积极因素，因此也被称为“混合型”的刑事诉讼模式。为更好地适应不断变化的社会形势与司法实践，2012 年我国对《刑事诉讼法》进行了第二次修改，主要包括恢复庭前证据全卷移送模式，增设庭前会议制度，适当调整简易程序适用范围，尤其是增加了尊重和保障人权的专门规定等，此次修改是对当时社会转型期犯罪控制与刑事司法实践的积极回应。在这次修改中，尊重和保障人权成为刑事诉讼的指导原则之一，并进一步强化了辩护制度，完善了侦查讯问制度、证据制度，增设了特别诉讼程序等。2012 年《刑事诉讼法》修订，一方面延续了 1996 年修法的理念，在职权主义基础上进一步落实尊重和保障人权的理念；另一方面又进一步强化了惩罚犯罪，增加了技术

---

〔13〕 陈光中：《坚持惩治犯罪与保障人权相结合立足国情与借鉴外国相结合——参与刑事诉讼法修改的几点体会》，载《政法论坛》1996 年第 6 期。

〔14〕 参见谢佑平：《“混合型”刑事诉讼模式评论——〈刑事诉讼法修改决定〉随想》，载《法学》1996 年第 5 期。

侦查规定，强化了侦查能力，加大了对腐败犯罪和恐怖犯罪的打击力度等。由此可见，这次修法更加注重务实和有效，不再通过简单移植当事人主义的立法经验而追求所谓的国际接轨，而是立足于中国的具体实际和本土经验，体现了刑事诉讼立法上的制度自信。这也意味着，我们已经在理论与实践各层面逐步统一认识，一些在我国司法实践中根深蒂固的问题，并不能仅靠制度移植与诉讼模式改造就得到解决，无论是所谓的职权主义，还是当事人主义，没有一种是放之四海而皆准的原理，我们应当放弃理论桎梏，探索具有中国特色的本土化刑事诉讼法律制度。

2012 年《刑事诉讼法》修订，还标志着我国的刑事诉讼改革已经突破了庭审方式等具体制度的改革框架，转而向更具根本性的司法体制改革迈进，部分改革举措已经超出了刑事诉讼法的范畴，上升到了司法权力配置这一政治体制改革高度。尤其是 2014 年开始的司法体制改革，通过立法和制定一系列法律文件，着力落实司法责任制和法官、检察官员额制。在刑事诉讼领域，2016 年开始的认罪认罚从宽制度试点工作，开始探索在充分保障犯罪嫌疑人、被告人诉讼权利的前提下，优化公、检、法、司各机关的职能配置，这场权力再分配的改革过程，是司法体制改革的重要组成部分。2018 年修订的《刑事诉讼法》正式确立认罪认罚从宽制度，构想变为现实，该制度所具有的控辩协商、当事人权利保护等内容，进一步丰富了我国刑事诉讼法中的当事人主义内涵，对构建具有中国特色的刑事诉讼制度具有重要促进作用。

三、认罪认罚从宽制度与我国当事人主义的新发展

刑事诉讼既关乎国家的安全与稳定，又关乎公民的自由、财产和安全。因此，刑事诉讼程序的合理构建能够体现一国的文明程度和法治化水平。认罪认罚从宽制度的确立，对于在刑事诉讼中平衡国家权力与当事人权利具有重要作用。正是由于该制度确立了控辩协商机制，注重保护各方当事人的选择权以及更加注重辩护权的充分实现等内容，使得我国刑事诉讼法具有了更多当事人主义的基因。但正如学界和实务界的基本共识，并不能据此认为我国刑事诉讼法已经确立或选择确立了当事人主义诉讼模式，我国的刑事诉讼模式仍然兼有职权主义和当事人主义的特征。

在认罪认罚从宽制度的司法实践中，职权主义仍然起到主导作用。在

试点运行过程中,有关认罪认罚从宽制度是否属于司法机关尤其是检察机关的法定职权的讨论就已经十分热烈。这种讨论从认罪认罚程序的启动权、控辩协商的主导权、值班律师的见证权、量刑建议的提出和调整权、人民法院的审查确认和裁判权,甚至上升到公、检、法、司等国家机关互相配合、互相制约的权力再配置高度。可见,在认罪认罚从宽制度的理论研究和司法实践中,职权主义因素仍然十分突出。有学者将认罪认罚从宽制度中的职权性概括为以下几个方面:一是认罪认罚程序启动权的职权性,检察机关独享认罪认罚程序的启动权,被追诉人即使自愿认罪,是否适用认罪认罚从宽制度仍是检察机关的权力,被追诉人无法自主启动认罪认罚程序,立法上也未规定被追诉人申请启动认罪认罚从宽程序的机制;二是被追诉人承担着认罪悔罪的前置性义务,在履行前置性义务后,再由检察机关审查决定是否适用认罪认罚从宽制度;三是认罪认罚具结书的运作具有较强的检察主导性和行政性,例如,具结书的条款内容由检察机关制定,被追诉人只需签字确认,目的是进一步收集和固定检察机关认定的犯罪事实、情节和被追诉人的认罪悔罪态度,在签署过程上采用检察机关讯问被追诉人的方式,被追诉人始终处于被动状态,具结书更像是被追诉人单方面的承诺和保证;四是量刑建议由检察机关依职权自主决定,虽然需要听取被追诉人和值班律师的意见,但整个过程仍由检察机关主导。因此,认罪认罚从宽制度在实践中被定位成确保司法机关依法惩治犯罪的制度,被追诉人只不过是通过认罪认罚来争取从宽处理,认罪认罚从宽制度被作为检察机关的一项权力看待。〔15〕 还有学者从认罪认罚利益不确定性、利益范围有限、不降低证明标准、缺乏独立程序等方面进一步论证了认罪认罚从宽制度中的职权性因素。〔16〕 我们认为,认罪认罚从宽制度中的职权性因素是显而易见的,司法机关作为刑事诉讼的职能机关,必然会在刑事诉讼的各阶段起主导作用,但讨论认罪认罚从宽制度的进步意义,并非要否定司法机关的主导性,而是要分析该制度对司法理念和司法实践的推动。

---

〔15〕 参见杜磊:《认罪认罚从宽制度适用中的职权性逻辑和协商性逻辑》,载《中国法学》2020年第4期。

〔16〕 参见闫召华:《听取意见式司法的理性建构——以认罪认罚从宽制度为中心》,载《法制与社会发展》2019年第4期。

认罪认罚从宽制度,具有当事人主义的积极因素。认罪认罚从宽制度对于平衡国家权力与被追诉人权利具有积极作用。当事人主义诉讼模式下的刑事司法,重在控辩双方充分、平等对抗,这也是我国刑事司法改革的不断追求。保障司法人权是现代刑事司法的核心理念之一,尤其是保障被追诉人的人权。究其原因,盖因在刑事案件中国家对被追诉人启动刑事司法程序的力量是无穷的,相比之下,被追诉人天然处于弱势地位。一方面,在查明事实不能做到万无一失的情况下,刑事冤假错案难以完全避免,每一位无辜之人均有可能深陷刑事诉讼之囹圄。从这个角度来说,强调刑事诉讼中的人权保护功能其实就是保障每一位公民的私权利不被随意侵犯。另一方面,对确实触犯刑法而需要对其进行刑罚处罚的被追诉人而言,刑事追诉活动也需要在司法机关掌握充分证据的前提下,作出罪责刑相当的处罚,且应当充分保障其为自己辩护的权利。因此,刑事诉讼中需要充分重视被追诉人的主体地位和意见表达。而且充分重视被追诉人的主体地位,才能凸显国家追诉的正当性,维护司法的公信与权威。换句话说,确保控辩双方进行平等、充分的对抗是国家对手无寸铁的公民行使刑罚权的基本前提。为此,历次刑事司法改革均十分重视保障被追诉人的辩护权,刑事辩护全覆盖的努力基本变为现实。在充分保障被追诉人辩护权的基础上,刑事司法活动需要向更深层次发展,通过保障被追诉人的全流程参与权甚至赋予其程序和实体的选择权,来真正体现被追诉人的主体意志。认罪认罚从宽制度的正式立法确认,有利于较全面保护被追诉人的权利,体现其主体性,保护其诉权,从而更加体现刑事诉讼的科学性和刑罚的正当性。认罪认罚从宽制度的核心要义是控辩双方在法定框架下进行控辩协商,从而缓和被追诉人的对抗情绪,恢复被犯罪破坏的社会秩序,呼唤社会的和谐。更进一步说,在认罪认罚案件中,刑事程序和定罪量刑不再由司法机关单方面决定,被追诉人可以通过真诚悔罪,积极认罪认罚,与司法机关进行“交易”,从而获得程序选择权与量刑优惠权。被追诉人的地位从原来的刑事追诉对象,逐渐变为具有自主意识的参与主体,这有利于刑事司法中的人权保障。积极发挥认罪认罚从宽制度的作用,司法机关节约的是追诉成本,被告人获得的是程序从简和实体从宽,人民群众收获的是更加稳定的社会秩序。

第二节　协商性司法制度的本土化移植

自20世纪中叶以来,世界范围内的刑事犯罪率呈现持续上升趋势,各国应对犯罪的司法资源捉襟见肘。在此背景下,为兼顾被追诉人的司法权利保障,不少国家开始探索平衡公共利益、被追诉人及被害人利益的全新刑事司法制度模式——协商性司法制度。

一、协商性司法制度概述

协商性司法制度也被称为合作性司法制度,其是一种与对抗性司法相对的刑事诉讼模式。[17] 二者存在千丝万缕的联系。首先,无论是对抗性司法还是协商性司法,其最终的目标都是一致的。对抗性司法在本质上是通过保证对抗的公平性来实现程序和实体的双重公正,而协商性司法则是借协商的有效性来确保案件处置结果的可接受性。前者虽有程序公正的过程性考量,但最终结果仍是为了保证处置结果的适当性。[18] 其次,二者存在损益互补的情况。传统的对抗性司法更关注实质公正,协商性司法则更具有效率方面的考量。虽然存在公正与效率的重心差异,但协商性司法具有弥补对抗性司法中价值保护平衡性欠佳的功能。协商性司法虽然侧重于追求效率,但是其通过对司法资源更为合理的配置,促使更多、更优质的司法资源倾向于对公正的追求胜于对效率追求的刑事案件,进而确保价值的平衡能够更好地实现。

就内涵而言,广义上的合作性司法有两大类:一是私力合作模式,二是公力合作模式。[19] 前者与西方国家的恢复性司法制度或者我国的刑事和解制度更为贴近,后者更接近于西方国家的协商性司法制度,一般仅指控辩

〔17〕 参见陈瑞华:《司法过程中的对抗与合作——一种新的刑事诉讼模式理论》,载《法学研究》2007年第3期。

〔18〕 参见陶焜炜:《论认罪认罚从宽制度中"协商性基因"激活之路》,载《江苏警官学院学报》2020年第1期。

〔19〕 参见陈瑞华:《刑事诉讼的私力合作模式——刑事和解在中国的兴起》,载《中国法学》2006年第5期。

双方的协商与合作。“刑事司法领域中的协商性司法可以初步定义为，诉讼主体通过对话与相互磋商，达成互惠的协议，以此来解决刑事争端的一种司法模式。”〔20〕

协商性司法模式的典型代表是美国的辩诉交易制度，德国的协商性司法模式、法国的庭前认罪答辩程序在某些方面可与之相比。根据《美国布莱克法律大辞典》的界定：“辩诉交易是指在刑事被告人就较轻的罪名或者数项指控中的一项或几项做出有罪答辩，以换取检察官的某种让步，通常是获得较轻的判决或者是撤销其他指控的情况下，检察官和被告人之间经过协商达成的协议。”辩诉交易包括3种类型：检察官和被告以“刑期”交换、以“较轻之罪”交换、以“罪数”交换。〔21〕 据统计，目前美国的司法实践中，超过95%的刑事案件都是通过辩诉交易程序处理的。德国的协商性司法模式在实践操作中包含协商、协议、谅解，与美国的辩诉交易制度类似，所不同的是德国的协商性司法模式中的协商目的是结束刑事诉讼程序。法国的庭前认罪答辩程序又称为和解程序，于1999年规定在《法国刑事诉讼法典》中，2004年对其做了进一步规定：“刑事和解指通过第三者的引导将犯罪行为实施者与受害人召集会见，以在两者之间建立联系并就赔偿的具体细则和重新修复关系上达成合意，尽可能促进确立不再重新犯罪的条件。”〔22〕可见，庭前认罪答辩程序主要目的是促成被害方和加害方的和解，修复被犯罪行为破坏的社会关系，同时起到预防再犯罪的作用，本质上属于恢复性司法的范畴。

我国的协商性司法模式最早萌生于本土的刑事司法实践。21世纪初，黑龙江省牡丹江铁路运输法院审理了一起被称为“国内辩诉交易第一案”的故意伤害案件，在处理具体案件时引入辩诉交易的基因，从而被学界关注并不断总结经验。根据牡丹江铁路运输检察院的指控，2000年12月18日晚，被告人孟某虎在黑龙江省绥芬河火车站北场内，因车辆争道与吊车司机王某杰发生争执。随后，孟某虎和王某杰等数人争吵。因感到势单力薄，孟某虎打电话叫来了6个人，与王某杰等人发生互殴，最后致被害人王某杰脾

〔20〕 马明亮：《协商性司法——一种新程序主义理念》，法律出版社2007年版，第26页。

〔21〕 参见王兆鹏：《美国刑事诉讼法》，北京大学出版社2005年版，第536～537页。

〔22〕 顾世鹏、和博：《协商性司法初探》，载《天府新论》2008年第S2期。

脏破裂、小腿骨骨折,经法医鉴定为重伤。这是一起共同犯罪案件。但公安机关没能抓获与孟某虎同案的其他犯罪嫌疑人。牡丹江铁路运输检察院欲以故意伤害罪起诉孟某虎。孟某虎的辩护人认为,由于本案的其他犯罪嫌疑人在逃,无法确定被害人的重伤后果是何人所为。公诉机关则认为,由于本案系多人参与混战的特殊背景,即使抓获所有犯罪嫌疑人,证据收集也将困难重重,但无论如何,被告人孟某虎对找人行凶造成被害人重伤后果理应承担重要或全部责任。公诉方建议辩护人同意采用案件管辖法院准备试用的"辩诉交易"方式审理此案。辩护人在征得被告人同意后,向公诉机关提出了"辩诉交易"申请。而后,控辩双方进行了协商,达成3点合意:被告人承认自己的行为构成故意伤害罪,愿意接受法院的审判,自愿赔偿被害人因重伤而遭受的经济损失,请求法院对其从轻处罚;辩护人放弃本案具体罪责事实不清、证据不足的辩护观点,同意公诉机关指控的事实、证据及罪名,要求对被告人从轻处罚并适用缓刑;公诉机关同意被告人及其辩护人的请求,建议法院对被告人从轻处罚并可适用缓刑。控辩双方达成协议后,公诉机关在开庭前向法院提交了"辩诉交易"申请,请求法院对双方达成的"辩诉交易"予以确认。牡丹江铁路运输法院受理了该申请后,合议庭对双方达成的"辩诉交易"进行了严格的程序性审查,认为该"辩诉交易"协议及申请文本内容齐全,签字、印鉴清晰,格式规范,决定受理。同时,法院又组织被告人和被害人双方就附带民事赔偿进行庭前调解,并达成了由被告人赔偿被害人人民币4万元的协议。在开庭审理中,合议庭对双方达成的"辩诉交易"实体内容进行了认真的审查。首先由公诉人向法庭陈述与辩方就被告人的刑罚进行"辩诉交易"的过程以及"辩诉交易"的主要内容。法官当庭询问被告人是否委托其辩护人就其刑罚问题与控方交易,对"辩诉交易"内容是否清楚,是否明确法院一旦确认"辩诉交易"其将面临的刑罚后果,是否基于自愿,在交易过程中是否存在贿赂交易和强迫交易的情况等。同时,因本案被害人出庭参加诉讼,法官当庭询问被害人是否已就附带民事赔偿与被告人达成协议,该协议是否已经实际履行,对被告人的刑事处罚有什么意见等。法庭最终对控辩双方达成的"辩诉交易"予以确认,并判处被告人孟某虎缓刑。至此,国内第一例试用"辩诉交易"方式审理的刑事案件宣告结束。事后证明,对于该案的处理结果,公诉人、被告人、被害人、辩护人都表示满意。[23] 对此案件,学界和实务界广为研究和评论。

我们认为,无论从理论研究,还是后来的历次司法改革和司法实践来看,孟某虎案都具有个案偶然因素。该案源于司法机关的创新驱动,但并未被理论和实践广泛认可,在我国也尚不具备推广基础。该案中的控辩交易,已经超出了控辩协商的范畴,具有真正的“交易”特征,其带来的一系列理念和操作层面的冲击,与我国刑事诉讼中一贯坚持的打击犯罪保护人民的价值目标,以及证据确实充分的证明标准等难以融合。但该案所提倡的重视被告人主体地位、保护被告人权利、恢复社会秩序的理念,也被我国立法和司法实践所吸收和消化,并转化成众多具体的制度措施。

在合作性司法模式的理论体系中,与公力合作模式相对应的,是私力合作模式。也就是被追诉人自愿认罪,放弃诉讼对抗,司法机关会对其作出从轻量刑的裁决。但是司法机关对被追诉人从宽处理的根据,主要不是其选择了与司法机关的合作,而是其与被害人达成了和解协议。这种私力合作模式,同样包含了协商、妥协、交易等内容,但其通常发生于被追诉人和被害人之间,而不是控辩之间的积极协商。[24] 司法机关关注的是被追诉人和被害人之间协商的结果,并将这种结果转化为具有法律意义的认罪态度较好、积极赔偿被害人损失、获得被害人谅解等量刑情节,从而决定对被追诉人从轻处罚。私力合作模式在我国刑事诉讼中的典型表现即刑事和解制度。实践中,有观点将我国的刑事和解制度与协商性司法制度等同,认为我国已经规定了较为完备的协商性司法制度。在被害人与被追诉人之间的和解活动中,被追诉人获得了被害人的谅解,司法机关因此对其从轻处罚,这种刑事和解制度,本质上类似于国外刑事诉讼中的恢复性司法制度。因为被害人、被追诉人的协商结果需要得到司法机关的认可,因此在形式上可能会表现为控辩双方之间的“交易”,但这种“交易”并无辩诉交易制度的交易实质,也无协商性司法制度的协商实质。2012 年《刑事诉讼法》确立了被害人与被追诉人之间的刑事和解制度,规定了对于可能判处 3 年以下徒刑的民间

---

〔23〕 参见张景义等:《聚焦国内“辩诉交易”第一案》,载中国法院网 2002 年 8 月 8 日,https://www.chinacourt.org/article/detail/2002/08/id/9780.shtml。

〔24〕 参见陈瑞华:《司法过程中的对抗与合作——一种新的刑事诉讼模式理论》,载《法学研究》2007 年第 3 期。

纠纷等案件,可以进行刑事和解,并规定了和解的程序、条件、后果等内容,虽然学界对刑事和解制度是否代表着恢复性司法制度在我国的正式确立仍存在争议,但其的确已初步体现了恢复性司法的理念。不过,刑事和解制度中的控辩协商基因,与协商性司法制度所强调的控辩协商仍有本质差异。

二、认罪认罚从宽制度中的协商性基因

协商性司法模式所蕴含的合理价值已经被越来越多的国家所认可,其突破了传统的对抗性司法模式,转而强调控辩双方的依法合作,实现诉讼利益的互惠。自 2014 年党的十八届四中全会提出"完善刑事诉讼中认罪认罚从宽制度"的要求以后,我国协商性司法理念在理论界和司法实践中逐渐生根发芽。认罪认罚从宽制度内含协商性基因,是我国当前协商性司法理念的集中体现。

1. 通过明确各诉讼主体的权利义务,营造出浓厚的协商合作氛围。根据两高三部《认罪认罚指导意见》的规定,就侦查机关而言,在侦查过程中应当告知犯罪嫌疑人享有的诉讼权利,如实供述罪行可以从宽处理的法律规定;将犯罪嫌疑人认罪认罚的意思表示及时记录在案;侦查过程中同步开展认罪教育;在起诉意见书中写明认罪认罚情况,并可提出从宽处理的建议等。就检察机关而言,人民检察院应进一步履行权利告知义务,保障犯罪嫌疑人的程序选择权;听取犯罪嫌疑人和辩护人、值班律师关于认罪认罚的意见;对犯罪嫌疑人的认罪认罚表示进行审查;向犯罪嫌疑人进行证据开示;符合条件的积极签署具结书等。就辩护人和值班律师而言,应积极为有认罪认罚意愿的犯罪嫌疑人提供法律咨询,提出程序适用建议,帮助申请变更强制措施,对罪名、量刑等提出建议。就人民法院而言,应当对认罪认罚案件进行依法审查,对检察机关的量刑建议依法采纳,通过依法确认控辩协商的成果,积极推动认罪认罚案件的审理。上述规定,构成了认罪认罚从宽制度适用过程中的基本程序规定,其中尤以被追诉人的权利性规定为主,体现了被追诉人在刑事诉讼中的主体地位之提高。被追诉人权利的实现必然需要司法机关的回应与认可,也代表了控诉双方的协商合作。

2. 通过提高被追诉人的主体地位和全流程参与度,奠定了控辩协商的坚实基础。认罪认罚从宽制度实施以后,在刑事诉讼理念上,不再将被追诉人仅作为刑事诉讼的客体和对象,而是将其作为刑事诉讼的重要主体,承认

其主体地位,保障其诉讼权利,赋予其一定的决定权和选择权,从而为控辩双方奠定协商基础。在法律规定上,构建了较为完善的被追诉人权利保障和全流程参与机制,尤其是有关被追诉人获得法律帮助,检察机关在审查起诉过程中听取被追诉人、辩护人或值班律师关于认罪认罚意愿、程序选择、事实证据、量刑建议等方面的意见,并通过签署认罪认罚具结书的法定形式确认一系列认罪认罚结果,这些程序性规定和权利性规定,构成了认罪认罚从宽制度中控辩协商与合作的基础。

3. 通过明确认罪认罚的法律后果,保障控辩协商的有序进行。概言之,认罪认罚的法律后果包括被追诉人将被认定为有罪,但在法律程序上可以获得适用简易程序处理的权利,缩短刑事诉讼期限,减少不确定性和长时间等待;在强制措施上可以获得适用非羁押性措施的更多机会;在实体处理上可以获得更大程度的从宽处理,刑罚更加轻缓,非监禁刑适用机会更多,甚至被不起诉等。立法和相关的司法解释、指导意见通过明确规定认罪认罚过程中一系列法律后果的方式,为控辩双方的协商合作提供信任保障,使被追诉人不用担心认罪认罚后所期待的从轻结果的有无,其只要积极认罪认罚,就能够获得国家的政策优待。被追诉人需要更多考虑的或许是如何通过自己尽早、真诚、彻底地认罪认罚,为自己争取更多的有利结果。

三、认罪认罚从宽制度与刑事和解制度的比较

刑事和解制度在我国刑事诉讼中出现已久。有学者认为我国刑事诉讼中的自诉制度,已经包含了刑事和解的纠纷解决方式。[25] 1996年《刑事诉讼法》规定,自诉人在宣告判决前,可以同被告人自行和解或者撤回自诉。该规定在一定程度上支持了自诉制度中包含了刑事和解制度的观点。此后,我国在刑事诉讼司法实践中多次试行对公诉案件进行刑事和解。2012年《刑事诉讼法》正式规定了当事人和解的公诉案件诉讼程序,刑事和解制度正式确立。

(一)两种制度的相似性分析

认罪认罚从宽制度的价值追求中,同样包含了被追诉人通过积极认罪

---

〔25〕 参见陈瑞华:《司法过程中的对抗与合作——一种新的刑事诉讼模式理论》,载《法学研究》2007年第3期。

悔罪，积极赔偿被害人损失，积极恢复被犯罪行为破坏的社会关系，从而获得被害人的谅解等内容。这些内容构成了认罪认罚从宽制度的核心价值目标。其中，通过积极赔偿被害人损失获得被害人的谅解与刑事和解存在交叉，需要进行分辨。

1. 适用条件方面具有相似性。两种制度在适用条件上都要求案件事实清楚、证据确实充分，这是定罪量刑的基础和前提，也是《刑事诉讼法》规定的证明标准。两种制度都要求被追诉人自愿认罪，真诚悔罪，如认罪认罚从宽制度要求被追诉人如实供述自己的罪行，承认指控的犯罪事实，愿意接受处罚；刑事和解制度要求被追诉人真诚悔罪，承认自己所犯罪行，对指控的犯罪没有异议。

2. 从宽处罚方面具有相似性。认罪认罚与刑事和解两种制度都可以产生对被追诉人从宽处理的效果。在程序适用上，两种制度都能够影响非羁押性强制措施的适用，都可以适用较为简化的侦查、审查起诉和审判程序，尤其是都可以适用简易程序或速裁程序进行审理。《刑事诉讼法》还专门规定了“当事人和解的公诉案件诉讼程序”，对和解协议的适用范围、审查与制作以及效力问题进行了规定。在实体方面，两种制度都可以作为对被追诉人从轻处理的依据，侦查机关都可以向检察机关提出从宽处理的建议，检察机关可以向人民法院提出从宽处理的建议，也可以依法不起诉，人民法院可以依法对被追诉人从宽处理。

（二）两种制度的差异性比较

1. 法律理念和制度属性不同。刑事和解制度是恢复性司法理念的体现，鼓励各利害关系主体的充分参与，强调对被害人权益的救济和保护。而认罪认罚从宽制度是合作性司法理念的体现，旨在以从宽处罚激励被追诉人放弃对抗，与国家协商、合作，尽早认罪认罚和选择简化审理程序，以实现提高诉讼效率、节约司法资源的最终目的。[26] 但合作性仅能体现认罪认罚从宽制度的部分理念和价值，恢复社会关系，达成被告方与被害方的和解，消除社会对抗，更是认罪认罚从宽制度的最终追求。从这个意义上讲，认罪认罚从宽制度与刑事和解制度具有理念上的包容关系。从制度属性来讲，刑事和解程序是刑事诉讼中的一种特别程序；而认罪认罚从宽制度是一项

---

〔26〕 参见赵恒：《认罪认罚与刑事和解的衔接适用研究》，载《环球法律评论》2019 年第 3 期。

集合性制度,它吸收了实体法中一些法定从宽处罚情节与程序法中的简化程序以及部分特殊程序,从这个意义上看,二者也呈现出一种包容关系。

2. 适用范围不同。根据2018年《刑事诉讼法》第288条的规定,对于因民间纠纷引起,涉嫌《刑法》分则第4章、第5章规定的犯罪案件,可能判处3年有期徒刑以下刑罚的,以及除渎职犯罪以外可能判处7年有期徒刑以下刑罚的过失犯罪案件,如果犯罪嫌疑人、被告人真诚悔罪,通过向被害人赔偿损失、赔礼道歉等方式获得被害人谅解,被害人自愿和解的,双方当事人可以和解。而认罪认罚从宽制度法律的适用范围,原则上并没有明确的范围限制,只要符合法律规定的认罪认罚条件,均可以适用认罪认罚从宽制度。

3. 参与主体不同。刑事和解的双方当事人是实施犯罪行为的被追诉人与犯罪行为直接作用的被害人,检察机关在此充当中立角色,一方面要保护被害人的利益,审查被害人和解是否出于自愿;另一方面也要保障被追诉人的权利,防止其诉讼权利受到不正当侵害。在此过程中,被害人的和解意愿不可或缺,被害人不同意和解,或者并非自愿和解的,双方即不能达成和解协议,并且司法机关负有对双方和解自愿性的审查责任。而认罪认罚从宽制度是被追诉人与国家公诉机关之间的协商与合作,检察机关既主导着认罪认罚从宽程序的进行,其自身又是认罪认罚从宽程序的一方主体,因此认罪认罚的自愿性审查更侧重于被追诉人的权利有无受到应有保障。在此过程中,被追诉人赔偿被害人的损失,获得被害人的谅解,仅是能否对其适用认罪认罚从宽制度的重要考虑因素,被害人的意志并不能对认罪认罚从宽制度的适用产生决定性影响。

4. 协商范围不同。在当事人和解的公诉案件中,被追诉人和被害人不得对案件的事实认定、证据采信、法律适用和定罪量刑等依法属于公安司法机关职权范围内的事项进行协商。双方的协商范围仅限于被追诉人对被害人作出赔偿的方式、数额、期限以及是否能够获得谅解等。而认罪认罚从宽制度的最主要特征就在于控辩双方的协商与合作,控辩双方可就量刑问题以及程序适用问题进行协商,并通过认罪认罚具结书等形式确认协商结果。但是,根据认罪认罚从宽制度的性质,认罪认罚案件中控辩双方同样不能对案件的事实认定、证据采信、法律适用等问题进行协商,不能依据协商的结果决定指控的事实、采信的证据和适用的法律。

第三节 恢复性司法理念的实践化运用

一、恢复性司法理念概述

20世纪六七十年代,面对居高不下的犯罪率和刑事司法系统的重重困境,北美兴起了一项新的刑事司法改革运动——恢复性司法。[27] 恢复性司法理念自诞生以来,迅速在西方国家得到了发展和应用,并为世界上许多国家的立法和司法所采用。1999年7月28日,联合国作出《制定和实施刑事司法调解和恢复性措施》第1999/26号决议,充分肯定了恢复性司法的作用和优势,并鼓励各成员积极予以适用。2000年7月27日,联合国作出了第14号决议即《关于在刑事事项中采用恢复性司法方案的基本原则》。2002年,联合国预防犯罪和刑事司法委员会又通过了《关于在刑事事项中采用恢复性司法方案的基本原则》,该文件系统阐述了联合国关于恢复性司法的基本立场和基本原则,对推动恢复性司法在实践范围内的发展产生了十分积极的影响。

关于恢复性司法的定义,目前英国犯罪学家马歇尔所提供的表述最受国际社会的认可,即"恢复性司法是一种过程,在这一过程中,所有与犯罪有关的当事人走到一起,共同商讨如何处理犯罪造成的后果及其对未来的影响"[28]。恢复性司法理念与传统的报复性司法理念不同,其通过中立的第三方促进被害人、犯罪人面对面地交流沟通,并达成相应赔偿协议,使被害人因犯罪受到的精神及身体、财产损失得到补偿,也使犯罪人真心认罪悔罪,使社会恢复原有秩序。

在程序上,恢复性司法通过将利害关系人聚集到一起,被追诉人和被害人有机会进行面对面的协商,被追诉人有机会向被害人表达其真诚的悔悟,

---

〔27〕 参见王平:《恢复性司法在中国的发展》,载《北京联合大学学报(人文社会科学版)》2016年第4期。

〔28〕 陈晓明:《修复性司法的理论与实践》,法律出版社2006年版,第11页;[英]格里·约翰斯通:《恢复性司法:理念、价值与争议》,郝方昉译,中国人民公安大学出版社2011年版,第3页。

被害人也有机会真正清楚自己为何以及如何被害,被追诉人的真实想法和现实处境是什么,从而决定是否原谅被追诉人,并思考避免自己再次被害的方案等。在恢复性司法理念的指引下,被追诉人、被害人和司法机关可以共同努力重塑一个和谐的社会,努力恢复被犯罪行为侵害的社会关系。恢复性司法理念重视社区对于预防犯罪和控制犯罪的重要性,强调建设"有成效的社区"(working community),即有助于犯罪人顺利复归社会,能够帮助被害人并有利于犯罪预防与控制的社区。有学者认为,恢复性司法的特征包括:广泛参与、促进愈合、直接责任、修补裂痕、保卫社区。[29]

在价值取向上,恢复性司法重视对受害人损失的赔偿,全面关注被害人的需求,不仅是物质上的需求,而且关注情感上的需求以及被社会认可的需要,积极治愈因犯罪而造成的创伤。与报复性司法理念不同,恢复性司法认为犯罪不仅给被害人造成伤害,而且给犯罪人自身也造成了伤害,如其将面临刑事制裁、处于恐惧之中、被所在的社区抛弃等。因此,恢复性司法积极寻求治愈因犯罪而对被害人和犯罪人造成的创伤,并非只是对犯罪人进行简单的惩戒。与报复性司法相比,恢复性司法具有恢复性、参与性、社会性、合意性、灵活性、前瞻性等特征,迅速被世界各国所接受。

二、我国恢复性司法理念的理论萌芽

我国传统法律文化中早就有"和为贵"的法律思想,建设社会主义和谐社会与这种文化传统密切相关。这些都为恢复性司法理念在我国的生根发芽提供了优良土壤。几千年来中国社会始终以农耕文明为基础,人口稠密,流动性小,这使得人与人之间的联系较为密切。即使近年来经济结构发生了重大变化,但是这种重视人与人之间关系的传统观念依旧植根于老百姓心中,所谓"熟人社会""关系社会"即源于此。同时,在儒家"无讼"法律思想的影响下,我国在社会治理层面追求"礼法"结合,以礼为主,强调"冤家宜解不宜结",不希望自己始终处于矛盾纠纷中。面对矛盾冲突时首先选择的是双方私下协商解决,或者由第三人居中调解。更重要的是,"以德化民""息讼止争"系当时对官员政绩进行考核的一项重要内容,导致部分官

---

〔29〕 参见张庆方:《恢复性司法研究》,载王平主编:《恢复性司法论坛》,群众出版社 2005 年版。

员不断压制老百姓的诉求。“兴讼则是道德败坏的表现，是对社会稳定的威胁，诉讼率低是官员良好政绩的佐证，反映出他们在教导人们遵守‘礼’方面取得的成功。”〔30〕所以，无论是几千年的封建社会，还是当今的村规民约，都十分重视协商解决矛盾纠纷，追求通过和谐的方式恢复被犯罪行为破坏的社会关系。在这种文化背景下，恢复性司法理念自然能够与我国传统法律思想相契合。

恢复性司法理念从传统法文化走向司法实践，源于法学家们对外国理论的积极引进，以及在结合我国国情基础上的不断创新，这些努力推动了恢复性司法在我国的萌芽和发展。有论者在反思西方国家传统刑事司法无力应对犯罪的基础上，通过对比恢复性司法与报应性司法两种范式的优缺点，指出刑罚改革的未来走向是恢复性司法。此外，论者还就恢复性司法的概念、历史渊源、程序特征、责任形式、基本主张、实践目标、程序设计、理论内核、实际效果、可能面临的挑战、理想类型及未来的发展趋向等问题进行了介绍与评析。〔31〕 随后，不断有介绍与评价国外恢复性司法理论与实践的文章发表。2004 年 6 月，中国政法大学恢复性司法研究中心成立，这是中国第一个专门研究恢复性司法制度的机构。2006 年 7 月，南京大学犯罪预防与控制研究所与南京市人民检察院建立了恢复性司法研究基地，促进了恢复性司法从理念走向实践。

在刑事政策层面，2004 年中央政法工作会议提出，“争取运用宽严相济的刑事政策，对严重危害社会治安的犯罪活动严厉打击，决不手软，同时要坚持惩办与宽大相结合，才能取得更好的法律和社会效果”〔32〕。随后，在 2005 年召开的全国政法工作会议上，宽严相济刑事政策被明确为中国维护社会治安的基本刑事政策。“当宽则宽、当严则严”的宽严相济刑事政策，成为我国适用恢复性司法理念坚实的政策基础。

三、我国恢复性司法理念的实践运用

恢复性司法作为一种现代化刑事改革思潮，体现着公平、民主、效益等

〔30〕 张晋藩：《中国法律的传统与近代转型》，法律出版社 2009 年版，第 302 页。

〔31〕 参见吴宗宪：《恢复性司法述评》，载《江苏公安专科学校学报》2002 年第 3 期。

〔32〕 卢建平、刘春花：《刑事政策与刑法的二重协奏——1949 年以来中国刑事政策的演进与刑法的变迁》，载《河北学刊》2011 年第 4 期。

时代精神。[33] 随着社会文明的发展进步和以国家本位为核心的刑事司法理念的逐渐弱化,公众的本体意识、权利观念越发强烈,对司法人权保障与打击犯罪平衡的期待也日渐高涨。"如果法律不能充分地解决由社会和经济的迅速变化所带来的新型争端,人们就不会再把法律当做社会组织的一个工具加以依赖。"[34] 在此背景下,我国在少年刑事审判领域首先尝试了恢复性司法理念。1984 年,上海市长宁区人民法院设置了未成年人刑事案件合议庭。此后,各地先后建立了处理未成年人犯罪的一系列制度措施,如刑罚宽缓、圆桌会议、心理辅导等。2003 年,中共北京市委政法委员会出台文件,把刑事和解适用范围由人民检察院扩大到各区县的公安机关、检察机关和审判机关。[35] 刑事和解制度作为恢复性司法的核心制度得以确立,并且在浙江、安徽、湖南、海南等多个省份进行试点。目前刑事和解制度已经在全国范围内普遍适用,并且相关部门先后出台了多个规范性文件。2008 年 11 月,中共中央政治局会议原则同意中央政法委员会《关于深化司法体制和工作机制改革若干问题的意见》,要求各地刑事司法机关要积极探索对刑事自诉案件和其他轻微刑事犯罪案件适用刑事和解,明确适用范围和法律后果。《中央政法委员会、中央维护稳定工作领导小组关于深入推进社会矛盾化解、社会管理创新、公正廉洁执法的意见》指出,对因民间纠纷引起的一般治安案件、轻微刑事案件、交通事故类案件要探索运用和解方式进行处理。2011 年 1 月,最高人民检察院发布《关于办理当事人达成和解的轻微刑事案件的若干意见》,对人民检察院针对轻微刑事案件适用刑事和解必须遵循的原则、适用的条件以及和解协议达成的步骤、和解协议的法律效果等事项作出规定,为地方检察机关依法适用刑事和解处理轻微刑事案件提供了依据。2012 年《刑事诉讼法》明确了当事人和解的公诉案件的适用条件、处理程序、处理结果等,刑事和解制度正式成为一项法定的刑事诉讼制度。

刑事和解制度的确立,标志着恢复性司法理念在我国获得了极大发展。

---

〔33〕 参见陈晓明:《修复性司法的理论与实践》,法律出版社 2006 年版,第 5 ~ 6 页。

〔34〕 [美]罗纳德·德沃金:《认真对待权利》,信春鹰、吴玉章译,上海三联书店 2008 年版,第 12 页。

〔35〕 参见王平:《恢复性司法在中国的发展》,载《北京联合大学学报(人文社会科学版)》2016 年第 4 期。

虽然有观点认为，中国的刑事和解制度与恢复性司法制度仍有实质性区别，刑事和解制度主要以解决被害方民事赔偿问题为目标，而恢复性司法意在真正恢复因犯罪行为而破坏的社会关系。[36] 但这仅说明刑事和解制度需要有更高的目标追求，要贯彻真正的恢复性司法理念，需要进一步完善相应的制度措施，如认罪认罚从宽制度等。与之相适应的是建立在恢复性司法及刑罚轻缓基础上的社区矫正制度的发展。2002 年，社区矫正制度进行试点运行，后经过多年的摸索，最终在《刑法修正案（八）》中得到立法确认，使这种非监禁的刑罚执行方式经历了"理念转变到实践实施、司法试点到立法确认的渐进过程"[37]。社区矫正充分利用社区资源，将社区作为化解矛盾纠纷的重要主体，既关注社区因犯罪行为而遭受的损害，又积极发挥社区功能化解纠纷，教育帮助犯罪人顺利回归社会，实现了恢复性司法的双赢目标。社区矫正具有监禁刑所不具有的优势，克服了监禁刑存在的弊端，防止监禁场所内的"交叉感染"，有利于犯罪人员尽快回归社会。2012 年 1 月 10 日，最高人民法院、最高人民检察院、公安部、司法部联合印发了《社区矫正实施办法》（已失效），这标志着社区矫正制度在我国步入了正规化、法治化轨道。根据司法部的统计，截至 2014 年 6 月，社区矫正工作已在全国 31 个省（区、市）和新疆生产建设兵团的 342 个地（市）、2830 个县（市、区）、4 万多个乡镇（街道）开展。[38] 截至 2014 年年底，各地累计接收社区服刑人员 2,237,526人，累计解除矫正 1,505,324 人，在册社区服刑人员 732,202 人。2014 年全年共新接收社区服刑人员 480,134 人，解除 428,933 人，净增 51,201人，每月平均新接收 40,011 人，月均解除 35,744 人，月均净增 4267 人。[39] 社区矫正工作开展以来，矫正期间再犯罪率持续控制在较低水平，截至 2014 年年底，社区服刑人员在矫正期间再犯罪累计 3974 人，再犯罪率为 0.18%，与 2013 年年底统计的再犯罪率持平。社区矫正制度的成功，也

[36] 参见陈瑞华：《司法过程中的对抗与合作——一种新的刑事诉讼模式理论》，载《法学研究》2007 年第 3 期。

[37] 徐俊驰：《社区矫正的刑事政策意义：兼论恢复性司法进路的局限》，载《中国刑事法杂志》2012 年第 3 期。

[38] 参见郭波：《司法部长：中国社区服刑人员超 70 万，矫正期间再犯率 0.2%》，载澎湃新闻 2014 年 8 月 26 日，https://www.thepaper.cn/newsDetail_forward_1263744。

[39] 参见周斌：《全国累计接收社区服刑人员近 200 万》，载新浪网，https://news.sina.com.cn/o/2014-08-13/065930675820.shtml。

反映了恢复性司法理念以及相关的制度措施在我国日益成熟。

四、认罪认罚从宽制度中的恢复性司法理念

认罪认罚从宽制度的确立，进一步完善了恢复性司法的内涵，促进了恢复性司法在我国的进一步发展。认罪认罚从宽制度蕴含更多的主体意识和对恢复社会秩序的价值追求。首先，认罪认罚从宽制度尊重当事人的主体价值，在刑事诉讼中并不排除当事人的意见表达，而是赋予当事人一定的参与权，以及对刑事判决结果的影响力。被害人的权利得到更多的关注，罪过和责任不再单由国家确定，而是更多地考虑被追诉人和被害人的意志。其次，认罪认罚从宽制度尊重社会秩序，鼓励当事人以理性、平和的态度积极参与纠纷解决过程，促使双方产生新的共识，彼此之间达成谅解。最后，认罪认罚从宽制度与传统的恢复性司法相比，更加提倡国家和犯罪人、被害人之间的三角关系，国家更加尊重犯罪人、被害人的自主决定，并站在公共利益的立场评价双方合意的合法性、合理性、可行性，从预防犯罪和防卫社会的专业角度出发，积极对此作出法律评价。因此，认罪认罚从宽制度契合和发展了我国传统的恢复性司法理念。

认罪认罚从宽制度与刑事和解制度在程序设计上存在很多共性。首先，二者都贯穿于刑事诉讼的全过程。2018 年《刑事诉讼法》从侦查、审查起诉、审判各阶段对认罪认罚进行了规定，充分说明该制度是贯穿于整个刑事诉讼过程的制度，是一系列措施的集合体。2018 年《刑事诉讼法》又规定，公、检、法机关在办理刑事案件过程中均可以主持刑事和解，听取当事人和其他人员的意见，这说明刑事和解制度同样适用于刑事诉讼各阶段。其次，认罪认罚从宽制度同样追求刑事和解。两高三部《认罪认罚指导意见》规定，对于民间纠纷引起的刑事案件中达成和解的，应该积极适用认罪认罚从宽制度，犯罪嫌疑人、被告人认罪认罚的，如果案件同时符合刑事和解的条件，公安司法机关都应当积极促进当事人在自愿的情况下达成和解。即使不属于刑事和解案件的其他犯罪嫌疑人、被告人的认罪认罚案件，公安司法机关也可以敦促犯罪嫌疑人、被告人积极采取向被害人弥补损失、赔偿道歉等方式求取谅解，被害人提出的谅解意见应当随案移送。最后，二者都属于合作型的司法制度。认罪认罚从宽制度更多强调的是国家与被追诉人之间的合作，但是其中内含着被追诉人与被害人之间的沟通和协调，以及注重

引导被追诉人重新回归社会,恢复被害人所遭受的犯罪损害。而刑事和解制度则更多体现为被追诉人与被害人之间的谅解关系。无论如何,两种制度均体现了协商合作思想。

综上所述,认罪认罚从宽制度与恢复性司法理念一脉相承,该制度的确立进一步丰富了恢复性司法理念的理论和实践。

第四节 庭审实质化改革的进一步实现

一、庭审实质化改革概述

庭审实质化改革是以审判为中心的诉讼制度改革的核心内容和主要实现方式。2013 年,最高人民法院院长周强在第六次全国刑事审判工作会议上强调,要突出庭审的中心地位,真正做到事实调查在法庭、证据展示在法庭、控诉辩护在法庭、裁判说理在法庭,通过高质量的庭审确保司法公正,提高司法公信力。[40] 2014 年,十八届四中全会通过的《关于全面推进依法治国若干重大问题的决定》中提出,“推进以审判为中心的诉讼制度改革,确保侦查、审查起诉的案件事实证据经得起法律的检验。全面贯彻证据裁判规则,严格依法收集、固定、保存、审查、运用证据,完善证人、鉴定人出庭制度,保证庭审在查明事实、认定证据、保护诉权、公正裁判中发挥决定性作用”。2015 年,最高人民法院《关于全面深化人民法院改革的意见——人民法院第四个五年改革纲要(2014—2018)》中又提出,要“建立以审判为中心的诉讼制度”“确保庭审在保护诉权、认定证据、查明事实、公正裁判中发挥决定性作用,实现诉讼证据质证在法庭、案件事实查明在法庭、诉辩意见发表在法庭、裁判理由形成在法庭”,要“强化庭审中心意识,落实直接言词原则,严格落实证人、鉴定人出庭制度,发挥庭审对侦查、起诉程序的制约和引导作用”。2017 年,最高人民法院《关于全面推进以审判为中心的刑事诉讼制度改革的实施意见》中正式出现了“庭审实质化改革”的提法,将“庭审实质化”予以规范化,提出“要以庭审实质化改革为核心,以强化证人、鉴定

〔40〕 参见陈学勇:《构建以庭审为中心的刑事诉讼格局》,载《人民法院报》2013 年 10 月 19 日,第 2 版。

人、侦查人员出庭作证和律师辩护为重点,着力推进庭审制度改革”。

关于庭审实质化的概念,理论界从不同侧面有不同概括:

有观点认为,庭审实质化是指应通过庭审的方式认定案件事实并在此基础上决定被告人的定罪量刑。其基本要求包括两个方面:一是审判成为诉讼中心阶段,二是审判案件以庭审为中心。[41]

也有观点认为,“以审判为中心”包含外部关系和内部关系两层内涵。在外部关系上,审判相较于侦查、起诉处于中心地位,侦查、起诉应服务于审判;在内部关系上,庭审尤其是第一审法庭审理在整个审判阶段处于中心地位。在此基础上,庭审实质化就是对审判程序内部关系的梳理与调整,要求力戒庭审的形式化,保证庭审在查明事实、认定证据、保护诉权、公正裁判中发挥决定性作用。[42]

还有观点认为,庭审实质化是一个描述开庭程序与庭前程序、庭后程序关系的概念,仅是倚重审判环节的技术性修正,而以审判为中心强调三机关分工的外部关系,故以审判为中心并不必然要求或导致庭审实质化,推行庭审实质化也不必然实现以审判为中心。[43]

以上 3 种观点均着眼于庭审实质化和以审判为中心的关系问题,对于庭审实质化本身的理解差异不大。庭审实质化的核心要义就是要让法官的判断和心证形成于庭审中,实现诉讼证据质证在法庭、案件事实查明在法庭、诉辩意见发表在法庭、裁判理由形成在法庭。实现这些要求就需要在刑事审判中落实直接言词原则和质证原则,强化证人、鉴定人、侦查人员出庭作证,促进控辩双方平等对抗。

二、认罪认罚从宽制度与庭审实质化的实现

认罪认罚从宽制度与庭审实质化的关系,自试点运行以来就争议不断。庭审实质化是司法体制改革和刑事诉讼运行机制改革的核心要义,认罪认罚从宽制度的顺利推行,应当符合庭审实质化的改革方向。因此,考察认罪认罚从宽制度与庭审实质化的关系以及实现方式问题,对于正确适用认罪

---

〔41〕 参见汪海燕:《论刑事庭审实质化》,载《中国社会科学》2015 年第 2 期。

〔42〕 参见卫跃宁、宋振策:《论庭审实质化》,载《国家检察官学院学报》2015 年第 6 期。

〔43〕 参见吴卫军:《刑事庭审实质化改革:解析与检视》,载《江海学刊》2017 年第 6 期。

认罚从宽制度,解决制度运行中的种种纷争具有重要意义。

(一)观点争鸣

实践中,大多数认罪认罚案件均适用速裁程序或简易程序审理。根据2018年《刑事诉讼法》的规定,适用简易程序审理的案件,可以组成合议庭审理,也可以由审判员一人独任审判,不受普通程序中关于送达期限、讯问被告人、询问证人、鉴定人、出示证据、法庭辩论程序的限制。适用速裁程序审理案件在程序上更加简单,一般不进行法庭调查、法庭辩论,且应当庭宣判。因此,在简易程序和速裁程序中,要实现庭审实质化所要求的"诉讼证据质证在法庭、案件事实查明在法庭、诉辩意见发表在法庭、裁判理由形成在法庭",表面看来似乎不具有可行性。即使是适用普通程序审理的认罪认罚案件,控辩双方也已就指控的事实和量刑达成一致,双方对抗减弱而合作增强,导致定罪和量刑问题不再是控辩双方争议的焦点。故有观点认为,认罪认罚从宽制度不符合庭审实质化的要求,或是庭审实质化改革不适用于认罪认罚案件。[44] 认罪认罚从宽制度在适用速裁程序时省去法庭调查和法庭辩论环节,在适用简易程序时简化上述程序的实际操作无疑弱化了法庭在查明案件事实和进行证据认定中的作用,违背了庭审中心主义的要求。[45]

认罪认罚从宽制度是否背离庭审实质化改革的要求,关系该制度是否合理和是否能够得到有效推行。对此,最高人民检察院副检察长陈国庆指出,庭审实质化的目的是客观公正地认定案件事实和审查证据的合法性,其本身并未要求所有案件均经历实质化的庭审。繁简分流也是推动庭审实质化的重要举措。认罪认罚案件其实是以控辩审三方意见一致来实现实质化,并且可以依法随时转为普通程序,在这个意义上认罪认罚从宽制度也符合庭审实质化的要求。[46] 最高人民法院原副院长姜伟也指出,尽管认罪认罚案件对庭审环节进行了一定程度的简化,但并不意味着两者互相冲突,因

---

〔44〕 参见李文军:《庭审实质化改革案件适用范围研究——基于案件类型和审级制度的分析》,载《交大法学》2018年第4期。

〔45〕 参见李海峰、邓陕峡:《认罪认罚案件集中化审理的正当性基础与制度完善——基于S省基层人民法院的试点》,载《江西社会科学》2019年第10期。

〔46〕 参见陈国庆主编:《认罪认罚从宽制度司法适用指南》,中国检察出版社2020年版,第77页。

为法院的定罪裁判权未发生改变；法庭查明案件事实真相的责任没有减少；认定犯罪的证明标准没有降低；维护被告人合法权益的程序正义要求没有发生改变。程序简化尊重了被告人的程序选择权，体现了诉讼繁简分流的要求。[47]

（二）认罪认罚从宽制度顺应了庭审实质化的要求

我们认为，认罪认罚从宽制度与庭审实质化的核心要义并不矛盾。若认为适用简易程序和速裁程序审理案件就会导致庭审虚化的话，则得出的结论应当是为了实现庭审实质化而放弃简易程序和速裁程序的适用。因此，不能将庭审实质化与刑事诉讼繁简分流、提高庭审效率对立起来。

1. 认罪认罚从宽制度同样可以体现庭审在查明事实、认定证据中的决定作用。虽然认罪认罚案件的审理程序适当简化，但如后文所述，庭审程序的简化是以庭审审查重心的转移为前提的，办案工作量大量向审判前程序转移。但是认罪认罚案件的庭审，是在控辩双方对事实、证据、量刑均达成一致的前提下展开的，法庭采用不同于普通程序的认罪认罚自愿性审查的方式，既节约了庭审时间，提高了庭审效率，又契合了认罪认罚案件的特点。与此同时，对案件事实和证据的审查认定、量刑建议都必须经过法庭开庭审查，是否合适和采纳还是由法院审判以后才能最终决定，法院有权变更罪名和调整量刑等，这种庭审方式与庭审实质化并无根本矛盾。诚如有的学者认为，庭审实质化的要求是分层次的，在处理不认罪认罚案件中，普通程序是庭审实质化的最典型的表现，认罪之后的简易程序与认罪认罚之后的速裁程序可以对程序中的某些环节进行简化和省略，既可以满足个人的需求，也可以促进司法效率，追求司法公正。[48] 更为重要的是，认罪认罚案件的证明标准并未因为程序的简化而有所降低，庭审的作用仍然是查明和认定事实、审查和认定证据，从而为最终裁判提供依据。

2. 认罪认罚从宽制度顺应了保障被告人诉权的要求。庭审实质化通过公开和实质化的庭审，使法庭充分查明案件事实，审查在案证据，听取控辩

---

〔47〕 参见陈国庆主编：《认罪认罚从宽制度司法适用指南》，中国检察出版社 2020 年版，第 22 ~ 24 页。

〔48〕 参见李婷婷：《认罪认罚从宽制度与“以审判为中心”的关系研究》，载施伟东主编：《上海法学研究》2021 年第 2 卷。

双方的意见，听取被告人的最后陈述，从而保障被告人的各项诉讼权利。在认罪认罚从宽制度下，被告人有程序选择权，获得公正审判是被告人的权利，被告人有权要求在各项诉讼权利得到保障的前提下，以实质性的方式对自己的案件进行公正审判，也可以根据自己的情况，自愿选择放弃部分诉讼权利，选择简化的审理程序来获得相应的从宽处理。[49] 因此，只要充分保障了被告人的程序选择权，就必然能够从根本上保障被告人的各项诉讼权利。除此之外，有些被告人自愿认罪认罚，主动甚至迫切要求适用简易化的审理程序，若能够合法依规满足被告人的要求，则是对其诉讼权利的更高层次的保障。

3. 认罪认罚从宽制度更有利于实现公正裁判，其本质上体现了庭审实质化的要求。庭审实质化要求庭审在公正裁判中发挥决定性作用。在认罪认罚案件中，控辩双方已就案件的事实、证据以及量刑问题达成一致，并签订了认罪认罚具结书，经过庭审查明，法庭确认了被告人认罪认罚的自愿性、合法性和有效性，并依据法定程序确认控辩双方的量刑协商结果，因而适当的程序简化并不会影响裁判的公正性。相反，如果对此类案件仍按照普通审理程序开展庭审，控方对经过证据展示且被告人无异议的证据材料再次逐一举证，被告人则一一表示无异议，这样的庭审实质上更加流于形式。一味追求庭审程序的齐备和完整恰恰是对庭审实质化的僵化理解，一定程度上也是另一种不公正的表现，迟来的正义非正义。

4. 认罪认罚从宽制度体现了案件繁简分流的改革方向。认罪认罚从宽制度诞生的现实背景是日益突出的案多人少矛盾。刑事诉讼要兼顾公平与效率，在适用简易程序即可保证公平的前提下，适当强调诉讼的效率价值并无不当。对于认罪认罚案件，适用较简化的审理程序，对于疑难复杂案件，适用普通程序审理，这能够在最大限度上统筹整个刑事诉讼的公正与效率问题。将有限的诉讼资源更多地分配到重大、复杂、疑难案件，实现繁简分流，本身也是庭审实质化的应有之义。如有观点指出，对于简单、轻微以及被告人自愿认罪认罚的案件，不宜也没有必要实行庭审中心主义，严格意义上讲，庭审中心主义应当主要存在于重大、复杂、疑难以及被告人不认罪的

---

〔49〕 参见顾永忠：《关于“完善认罪认罚从宽制度”的几个理论问题》，载《当代法学》2016 年第 6 期。

案件中。[50] 认罪认罚从宽制度主要对案件起到一个繁简分流的效果,实现对重罪以及复杂案件等不认罪认罚案件的全面审理。[51] 我国实际上也并未存在贯穿诉讼全过程的简易程序,案件分流与简化审理均集中于审判阶段,导致审前阶段缺乏有效的分流。[52] 而认罪认罚从宽制度的出现将弥补审前程序中案件分流机制的缺失。在认罪认罚案件的庭审中,人民法院仍然起到主导作用,其通过对被告人认罪认罚的自愿性、合法性、真实性进行审查,决定是否适用认罪认罚的规定开展庭审,或者转换庭审程序,保证了人民法院根据案件情况进行繁简分流、繁简转换的主动权,其本质上仍是以庭审为中心,只不过此类案件中庭审审查的重点发生了转移。

综上,认罪认罚从宽制度根植于我国轻缓化的司法实践及诉讼主体意识的觉醒,是一项具有中国特色、适应中国社会现实的协商性司法体制。认罪认罚从宽制度的正式确立,是我国刑事司法领域多年来不断改革创新形成的重要成果。但面对社会变革期的矛盾多发现象,认罪认罚从宽制度的具体运行还需要理论与实践的不断摸索、优化。

---

〔50〕 参见段明学、宋能君:《重罪案件如何适用认罪认罚从宽制度》,载《检察日报》2020 年 1 月 9 日,第 3 版。

〔51〕 参见陈瑞华:《论刑事诉讼的全流程简化——从刑事诉讼纵向构造角度的分析》,载《华东政法大学学报》2017 年第 4 期。

〔52〕 参见叶青、吴思远:《认罪认罚从宽制度的逻辑展开》,载《国家检察官学院学报》2017 年第 1 期。

第三章　认罪认罚从宽制度的价值取向

在适用认罪认罚从宽制度时如何协调公正与效率的关系问题，理论界和实务界争议较多，甚至涉及谁是认罪认罚从宽制度的首要价值问题，这也关系到认罪认罚从宽制度的价值基础。有观点认为，认罪认罚从宽制度在诉讼程序上是以简易程序和速裁程序为主，追求效率价值乃立法之本意。中央司法机关关于认罪认罚从宽制度试点情况的报告即开宗明义指出认罪认罚从宽制度的效率价值，有关文件和讲话也将推动刑事案件繁简分流、节约司法资源作为推进认罪认罚从宽制度的首要目标。另有观点认为，公正才是刑事诉讼法之根本，一切以牺牲公正为代价的效率提升均偏离了刑事诉讼的价值目标，认罪认罚从宽制度亦不例外。理想情况下，我们努力追求公正与效率的有机统一。但在实践中，公正与效率总是存在难以调和的矛盾，似乎诉讼效率的提高总是以牺牲一定的公正为代价，所以说，在贯彻落实认罪认罚从宽制度的实践过程中，如何把握公平与效率的价值统一，以及如何平衡二者之间的矛盾，值得我们去进一步地研究和探索。

第一节　认罪认罚从宽制度的效率价值

认罪认罚从宽制度无疑具有明确的效率价值。从内在驱动力来讲，实行认罪认罚从宽制度，直接目的就是推动刑事诉讼繁简分流，提高诉讼效率，节约司法资源。之所以强调认罪认罚从宽制度的效率价值，主要基于以下两个原因：

一、顺应立法之本意

认罪认罚从宽制度是在我国犯罪数量和犯罪结构发生变化，人民群众对及时、有效打击犯罪提出更高期待,同时被害人的权利保护、犯罪人的权利保障日益受到重视,社会主义和谐社会建设需要更高层次的制度与之相适应的情况下提出和确立的。它通过构建速裁程序、简易程序、普通程序有序衔接的具体诉讼制度,实现案件繁简分流、简案快审、难案精办,从而优化资源配置、提高办案效率,在更高层次上实现公平与效率的有机统一。因此,效率价值是认罪认罚从宽制度的直接追求,有观点甚至认为适用认罪认罚从宽制度应当坚持效率优先原则。认罪认罚从宽制度的本意在于为简易程序和速裁程序的适用提供正当机制和动力,提高其适用率,从而在行动层面优化司法资源配置。就这一点而言,认罪认罚从宽制度服务于纾解案件压力的目标,这是它所具有的外在价值,将认罪认罚从宽制度归结为三个关键词:审前分流、繁简分化和程序激励。[1] 这种观点认为实践层面应当配合立法者实现降低成本、加快程序进程的立法目标,同时也希冀通过程序从简、实体从宽的处置促进被追诉人能够自主认罪并进行程序的选择,以达到息诉服判节约司法资源的目的。

二、满足程序公正的要求

对于在认罪认罚从宽制度中优先追求效率价值,有学者从实体公正和程序公正的关系着眼,提出就我国刑事司法体系而言,对于公正的过度追求将造成司法资源的浪费,降低诉讼效率。而缺乏效率的公正是难以满足社会发展需要的,其本质上也是一种对程序公正的违背。[2] 所谓迟到的正义非正义,刑事诉讼中不可避免地需要考虑效率需求,被追诉人厌恶案件久拖不决,使自身命运长期处于未知状态,被害人也期待尽早实现正义的审判,弥补自身伤痛,挽回受损的权益。认罪认罚从宽制度能够在一定程度上起到诉讼程序繁简分流的效果,其由控辩对抗向一定程度的控辩协商和合作进行转变,能够通过协商性司法的优势提高刑事诉讼的效率。

但是,实践中有观点提出为了进一步提高审判效率,认罪认罚案件应有限性地呼应庭审实质化的要求,意图使庭审虚化;亦有观点提出为了提高诉

---

〔1〕 参见魏晓娜:《完善认罪认罚从宽制度:中国语境下的关键词展开》,载《法学研究》2016年第4期。

〔2〕 参见陈卫东:《认罪认罚从宽制度研究》,载《中国法学》2016年第2期。

讼效率可以适当限制被追诉人获得法律帮助、辩护、程序选择等权利，尤其是反悔权、上诉权，甚至提出可以实行一审终审制；还有论者将认罪认罚从宽制度与简易程序和速裁程序互相等同，认为认罪认罚从宽制度就应当适用简化审理程序。这些主张片面强化了认罪认罚从宽制度的效率价值，而忽视了其更高层次维护公平公正、进一步保障和保护人权、实现社会和谐的价值目标。

第二节　认罪认罚从宽制度的公正价值

相对于效率价值给人们的深刻印象，公正价值则稍显内敛。相关报告和讲话中将认罪认罚从宽制度对公正的追求表述为在更高层次上实现公正与效率的统一。但毫无疑问，作为法治文明发展的最重要成果，公正已经成为刑事诉讼的首要价值追求，也应当成为认罪认罚从宽制度的重要价值追求。其应当成为认罪认罚从宽制度得以顺利施行的前提和根基，如果公平与效率发生矛盾，认罪认罚从宽制度应当首先保证司法公正的实现，否则必将失去正义性。之所以强调认罪认罚从宽制度的公正价值，主要基于以下三个原因。

一、维护公平正义之底线

尽管认罪认罚具有优化刑事案件的分流机制、优化司法资源配置的程序价值，但是认罪认罚从宽的制度改革不应以侵犯刑罚裁量正义为底线。[3] 认罪认罚从宽制度包含程序从简和实体从宽两个方面，其中，程序从简对于被追诉人来讲可以使其免于对自身命运的长期等待，减少诉累；对于司法机关来讲可以提高诉讼效率，缓解案多人少的矛盾；对于被害人来讲可以快速实现权利救济，这是认罪认罚从宽制度的效率价值所在。但是，认罪认罚从宽制度中的程序简化，是建立在案件事实清楚、证据确实充分的基础上的。简易程序和速裁程序是认罪认罚从宽制度最主要适用的法律程

〔3〕 参见王瑞君：《“认罪从宽”实体法视角的解读及司法适用研究》，载《政治与法律》2016 年第 5 期。

序,而这两种程序的适用前提均是案情较简单,事实证据容易把握,这说明认罪认罚从宽制度在设计过程中考虑到对案件质量的要求,即始终把案件质量、公平公正、防止冤假错案放到简化审理程序的前面,程序的简化以保证案件质量为前提,若采用简化诉讼程序可能无法实现公平正义,则应当果断转为普通程序处理。为了实现减少矛盾对抗、积极促进认罪悔罪的目的,即使转为普通程序处理,仍可以适用认罪认罚从宽制度,可见,公平正义相对于一味求简求快,始终处于优先地位。

二、程序正义的必然要求

有学者提出,要承认可以对程序进行简化,但是也应当对简化的正当性作出保障,要以普通程序的正当化为基本目标。[4] 倘若以被告人放弃审判的正当性作为程序简化的代价,这是与实质真实原则相冲突的,倘若对被告人坚持主张权利的行为予以不利后果的威胁,恐怕只会损害制度的目标。[5] 现代诉讼理论认为,程序正义是实体正义的基础和前提,没有程序正义就难以从根本上实现实体正义,从某种意义上来讲,程序正义才是最大的正义。我国刑事诉讼法设计了一整套旨在保障认罪认罚从宽制度公正性、公平性的制度措施,形成了所谓的"认罪认罚程序"。只有根据认罪认罚案件的特点,认真履行认罪认罚的程序性要求,在适用范围、适用条件、适用步骤、适用后果等方方面面严格遵守程序要求,才能保证认罪认罚从宽制度最大限度发挥其制度价值。以认罪认罚从宽制度的程序正义来更好地实现实体公正,程序正义和实体公正都是认罪认罚从宽制度公正价值的体现。

三、权利保障的现实需要

保障被追诉人和被害人的合法权益,是刑事诉讼的价值目标之一。认罪认罚从宽制度施行过程中,有关被追诉人的主体地位、程序选择权、法律帮助权、辩护权、反悔权、上诉权等的讨论十分热烈,关于被害人在认罪认罚案件中的主体地位、权利保障等问题,亦进行了热烈讨论。对于被追诉人,

---

〔4〕 参见顾永忠:《关于"完善认罪认罚从宽制度"的几个问题》,中国刑事诉讼法学研究会第二次会员代表大会暨2016年年会论文。

〔5〕 参见熊秋红:《认罪认罚从宽的理论审视与制度完善》,载《法学》2016年第10期。

要充分地保障其知悉权、证据开示、获得律师帮助、获得法官严格的审查以及上诉权和反悔权等作为认罪认罚从宽制度适用的基础的权利,也即权利保障,以充分确保认罪的自愿性,同时追求案件实现实体公正。[6] 刑事诉讼中的权利保障属于公平公正价值目标的必要组成部分,没有对被追诉人和被害人合法权利的依法保障,就无从谈论刑事诉讼的公平公正。因此,公正理所应当作为认罪认罚从宽制度的价值目标。

第三节　公正与效率的冲突与调和

在认罪认罚从宽制度运行过程中,公正价值与效率价值的矛盾冲突不可避免,但公正与效率的更高层次的有机统一又是认罪认罚从宽制度所追求的终极目标。因此,在司法实践中,需要进一步调查研究,从理念、制度、行动上进一步完善认罪认罚从宽制度。

一、认罪认罚提升效率的功能不达预期

“诉讼效率是人类社会在司法过程中永远无法回避的一个问题,但刑事诉讼中的效率尤为重要。”[7]“若是采行不分案件轻重的齐头并进式平等来分配有限诉讼资源,司法机关恐怕因而瘫痪。”[8]繁重的司法压力、居高不下的案件数量以及始终不足的办案力量,是新时代刑事司法实践中的“老大难”问题。为此,我国也在不断探索刑事诉讼全流程简化的方案。1979 年《刑事诉讼法》并未规定简化审理程序,所有的刑事案件不分类型,一律适用普通程序审理。1996 年《刑事诉讼法》为了适应市场经济条件下刑事案件数量激增,但是案件相对较为简单的形势,增设了简易程序,适用于可能判处 3 年有期徒刑以下刑罚的简单、轻微刑事案件,但当时适用简易

〔6〕 参见谢雯:《程序何以正义:认罪认罚从宽制度改革的进路——以被追诉人权利保障为核心的展开》,载贺荣主编:《深化司法改革与行政审判实践研究(上)——全国法院第 28 届学术讨论会获奖论文集》,人民法院出版社 2017 年版。

〔7〕 陈宏、洪良:《新〈刑事诉讼法〉特别程序对诉讼效率价值的坚持与完善》,载《西南政法大学学报》2012 年第 5 期。

〔8〕 林钰雄:《刑事诉讼法(下册——各论编)》,中国人民大学出版社 2005 年版,第 197 页。

程序并不以被告人认罪为前提。随着新时期刑事案件的多样化以及诉讼主体利益多元化的情况,需要在刑事诉讼中构建多元诉讼程序,以满足司法实践的需要。为合理配置司法资源,实现案件繁简分流,同时兼顾公正、效率、和谐等多元价值追求,最高人民法院、最高人民检察院、司法部于2003年下发《被告人认罪意见》,进一步规范被告人认罪案件的审判程序,即所谓的“普通程序简化审”,明确了可能被判处3年有期徒刑以上刑罚,包括可能判处无期徒刑、死刑的公诉案件,只要被告人认罪,在适用普通程序审理过程中,可以对审理程序进行适当简化。2012年《刑事诉讼法》对于简易程序的制度安排和程序设计作出了明确规定,不仅增加了被告人“认罪”这一必备条件,还合理吸收了2003年关于“普通程序简化审”的程序设计,将其适用范围扩大到除特殊情形之外的由基层人民法院管辖的所有刑事案件。随后,2014年全国人大常委会授权最高人民法院和最高人民检察院在部分城市开展“刑事案件速裁程序试点工作”,2016年全国人大常委会又授权在部分地区就“认罪认罚从宽制度”进行司法试点改革,直到2018年《刑事诉讼法》最近的一次修改,我国现行审判程序基本形成了普通程序、简易程序和刑事速裁程序并存的三元“递简式”审判格局。[9]

根据1996年到2018年的刑事司法实践,一个比较清晰的逻辑就是对事实清楚、证据充分、被告人又表示认罪的案件,不断简化诉讼程序,提高诉讼效率,以节约司法资源,将有限的司法资源投入对重大、复杂案件的处理中。其中,简化法庭庭审程序、压缩法庭审理时间、减少法庭审判周期等方式,是我国刑事诉讼全流程简化的基本思路。但是,相较于域外国家和地区的刑事审理程序,我国法庭审理程序本身就十分简单,很难有进一步简化的空间。假使沿着简化法庭审理程序的思路继续下去,那就只有走向完全的书面化法庭审理。[10]

若仅着眼于通过进一步简化审判程序,来解决司法资源紧张的矛盾,认罪认罚从宽制度似乎没有太大提升空间。各地法院的司法实践显示,面对

---

〔9〕 参见步洋洋:《认罪认罚从宽视域下刑事简化审理程序的本土化省察》,载《法学杂志》2019年第1期。

〔10〕 参见步洋洋:《认罪认罚从宽视域下刑事简化审理程序的本土化省察》,载《法学杂志》2019年第1期。

案多人少的压力,各地均积极推进简易程序、速裁程序的适用,对普通程序案件也大大简化了审理程序,目前刑事案件的审理期限和庭审时长已经大幅缩短。很多基层法院能够将案件的审理期限控制在10日左右,其中适用普通程序审理的案件由于送达起诉书等法定时限要求,审理期限大约10日,而适用简易程序和速裁程序审理的案件,审理期限则普遍压缩到1周以内。在法庭审理方面,很多简易程序案件的法庭审理时长普遍控制在10分钟左右,裁判文书也逐步走向"表格化",大大节省了撰写裁判文书的时间。从审理期限和庭审时间来看,认罪认罚从宽制度似乎已经没有进一步的提效空间。

况且,认罪认罚从宽制度并不必然带来全流程的简化效果。例如,尽管认罪认罚案件在形式上控制了庭审时间,但为了认罪认罚也付出了其他程序成本,如公安机关的认罪教育、权利告知和听取意见,值班律师的会见、阅卷、法律帮助,检察机关的权利告知和听取意见、自愿性和合法性审查、证据开示、签署具结书、提出量刑建议等。对于人民法院来说,除了实质性地审查事实和证据以外,还要在庭审中重点审查认罪认罚的自愿性、合法性、有效性,并对量刑建议进行审查,有时还需要启动量刑建议调整程序。有观点认为,由于刑事案件证据标准机械僵化、各阶段内部行政审批程序复杂、办案环节工作内容上的重叠交叉以及认罪认罚考核指标等问题的存在,[11]客观来讲认罪认罚案件在一定程度上反而增加了工作程序和工作量,合理配置资源的初衷在实践中很容易落空。除此之外,庭审程序的简化并不能省略对案件事实和证据的审查,认罪认罚案件无论适用普通程序审理,还是适用速裁程序、简易程序审理,实践中并无本质区别,如果一味追求缩短庭审时长,在不改变当前案件审查标准的情况下,只能将大量实质性审查放在庭审之外进行,反而导致庭审虚化,无法发挥庭审在查明事实、审查证据、保障诉权、作出裁判等方面的实质功能。因此,很多实证数据显示,程序面向的认罪认罚并未发挥预期效果。[12] 如何在认罪认罚从宽制度下将庭审重心的转移与对案件事实的全面审理相结合,进一步凸显诉讼经济的要求,反而

---

〔11〕 参见李勇:《认罪认罚案件"程序从简"的路径》,载《国家检察官学院学报》2019年第6期。

〔12〕 参见施鹏鹏:《认罪认罚从宽的类型化与制度体系的再梳理》,载《比较法研究》2021年第5期。

成了实践中的重点和难点问题。

二、认罪认罚服判息诉的功能不达预期

任何一种诉讼制度改革,都需要兼顾诉讼各方的利益,符合客观实际,这是改革取得成功的关键。美国确立辩诉交易制度时,围绕辩诉交易的争议同样十分激烈,美国联邦最高法院基于该制度所谓的"利益兼得原理",可以使各方利益都得到不同程度的满足,最终批准了其合宪性。同样地,德国对控辩协商制度的接受,以及这一制度的广泛适用,貌似违背了大陆法系对实质正义的追求和对罪刑法定基本原则的坚守,其背后也有对利益均衡原理的考量。〔13〕

完善认罪认罚从宽制度是党的十八届四中全会作出的重大改革部署,其不仅有助于大幅提高诉讼效率、节约司法资源,更有利于促进社会管理创新、推进国家治理体系和治理能力现代化。我们需要充分认识到这一制度在化解社会矛盾、减少社会对抗、促进社会和谐方面的重要作用。一方面,实施认罪认罚从宽制度,对完善刑事诉讼程序、合理配置司法资源、提高办理刑事案件的质量和效率、维护当事人的合法权益等方面具有重要意义;另一方面,认罪认罚从宽制度可以有效地促进犯罪嫌疑人、被告人真诚认罪悔罪,重燃生活希望,也有利于其获得被害人的谅解,从两方面促进社会矛盾化解,减少社会对抗,维护社会和谐稳定。在认罪认罚从宽制度中,最具特色的制度当属量刑协商,被告人的利益得到适度满足,一定比例的量刑优惠是促使被告人选择认罪认罚的内心动力。被告人在此过程中,大都会选择作为一个保持"经济上的理性人",追求自身利益的最大化,将自己的权利和程序保障的让渡作为一种与司法机关谈判的"筹码"。〔14〕 因此,从理论上来讲,公诉机关和犯罪嫌疑人、被告人之间进行充分协商后所确定的量刑结果,如果得到人民法院最终确认,被告人的反悔或者上诉概率可以接近于零。

但实践中的情况可能与理论推导存有差异。例如,某市 CN 区人民法院 2017 年 2 月至 6 月,共审理认罪认罚案件 229 件,其中上诉案件 19 件,

---

〔13〕 参见周维明:《德国刑事协商制度的最新发展与启示》,载《法律适用》2018 年第 13 期。

〔14〕 参见李勇:《认罪认罚案件"程序从简"的路径》,载《国家检察官学院学报》2019 年第 6 期。

上诉率为8.3%；2019年1月至9月，该院适用认罪认罚从宽制度办理的案件，被告人上诉率为3.5%。考虑到当时认罪认罚案件大多系危险驾驶罪、盗窃罪、故意伤害罪等轻罪案件，在经过充分的量刑协商后，仍然有部分被告人上诉，应当说其服判息诉的效果并不突出。究其原因，第一，我国刑事诉讼法为了充分保障被告人的诉权，防止冤假错案，采取二审终审制诉讼模式，并将上诉权设置为绝对权利，只要被告人不服一审判决，无需任何理由，均可在法定期限内提出上诉。因此，即使在认罪认罚案件中，被告人无论基于何种原因对控辩协商结果表示反悔，均可以提出上诉。第二，认罪认罚案件中被告人获得法律帮助的效果尚不理想。虽然2017年10月最高人民法院、司法部联合发布《关于开展刑事案件律师辩护全覆盖试点工作的办法》，扩大了审判阶段法律援助的适用范围，2018年《刑事诉讼法》又增加了值班律师制度，2020年9月两高三部又发布了《法律援助值班律师工作办法》（以下简称两高三部《值班律师工作办法》），对值班律师的地位、职责、适用条件、工作程序以及工作保障等方面作了详尽的规定，但是值班律师从定位上来讲始终不是"辩护律师"身份，不具有辩护人的地位，在提供有效法律帮助方面尚有欠缺。第三，保障认罪认罚自愿性、真实性的司法理念、制度设计以及司法实践尚不成熟。例如，审前程序中缺乏有效的司法审查机制，被追诉人面对侦查机关和检察机关的巨大调查压力，以及面临实质性法律帮助短缺、值班律师见证人化等客观情况，其认罪认罚的自愿性、真实性有时难以得到充分保障，客观上产生了被告人反悔、上诉等现象。第四，检察机关精准化量刑建议配套机制尚不完善，量刑建议的能力有待进一步提高，检察机关和人民法院对量刑规范化的理解、对量刑建议的认识等存在差距，客观上导致最终量刑结果可能与控辩协商的量刑建议存在差距，提高了上诉率。第五，实践中经常出现的"技术性上诉"现象在认罪认罚案件中也时有发生，同样提高了上诉率。无论哪种原因，都会对认罪认罚从宽制度的服判息诉功能产生负面影响，需要在实践中逐步摸索，多措并举提高认罪认罚从宽制度的实效性。

三、公正价值与效率价值的冲突

司法实践中，有时存在盲目求快的现象，如果从效率趋向出发，当启动认罪认罚机制以后，整个诉讼就将处于一种短平快的简化方式中，甚至近似于一种流水化作业。[15] 这种目标偏差往往弱化了认罪认罚从宽制度的公正价值,引发一系列问题。

(一)认罪认罚的自愿性难以保障

如前所述,在认罪认罚从宽制度的司法实践中,被追诉人经常面临司法机关强大的调查压力,以及缺乏实效的法律帮助和辩护制度,尤其是在重重考核指标的推动下,片面追求认罪认罚率和诉讼效率,司法机关与被追诉人及律师、辩护人平等而深入地协商,使被追诉人真正心服口服、认罪悔罪的目标往往难以实现。实践中,检察机关更多关注被追诉人是否认罪悔罪,然后将其认罪悔罪态度作为法定或酌定量刑情节,据此提出量刑建议,并要求被追诉人予以配合,签署具结书。从司法情感上讲,检察机关也很难将严肃的定罪量刑活动视为可以任由辩方"讨价还价"的场合。在这种情况下,被追诉人经常仅有认罪的自愿性,而缺乏认罚的自愿性,但若不认罚又不能签署认罪认罚协议,从而陷入矛盾之地,最终影响了认罪认罚案件的处理效果。

(二)律师难以真正发挥作用

在认罪认罚从宽制度的司法实践中,律师应发挥的作用至少在以下方面存在欠缺。

一是律师的参与度较低。有统计数据显示,在认罪认罚案件中,有51%左右的被追诉人没有得到律师帮助,而其中超过一半的被追诉人认为其并不需要接受法律帮助。[16] 虽然2018年《刑事诉讼法》确立了值班律师制度,规定"犯罪嫌疑人、被告人没有委托辩护人,法律援助机构没有指派律师为其提供辩护的,由值班律师为犯罪嫌疑人、被告人提供法律咨询、程序选择建议、申请变更强制措施、对案件处理提出意见等法律帮助",但正如上述统计数据显示,实践中仍有一半的被追诉人实际上未得到律师帮助。可能的原因包括,部分地区值班律师制度以及保障被追诉人获得值班律师帮助的机制不健全,值班律师"见证人"化较为明显,以及值班律师介入时

---

〔15〕 参见沈威、徐晋雄:《公正或效率:关于我国认罪认罚从宽制度探索的冷观察——以台湾地区认罪协商制度之实务运作为镜鉴》,载《海峡法学》2017年第2期。

〔16〕 参见胡卫列等主编:《认罪认罚从宽制度的理论与实践》,中国检察出版社2017年版,第285页。

间滞后等。

二是值班律师发挥作用的空间有限。根据《刑事诉讼法》及两高三部《认罪认罚指导意见》规定,犯罪嫌疑人、被告人在认罪认罚过程中可以获得"法律帮助"。实践中,法律帮助权与辩护权的差别问题也引起了广泛讨论。一般认为,提供法律帮助的律师不享有辩护律师的辩护人地位,难以享有实质性的阅卷权;提供法律帮助的律师由于执业能力、工作性质、激励机制以及与被追诉人的委托和信任关系等原因,难以实质性地为被追诉人提供帮助、争取权利;法律帮助权的内容一般限于法律咨询、程序选择建议、申请变更强制措施等,目的是使被追诉人了解认罪认罚的性质和法律后果,偏程序而轻实质,偏普法而轻辩护。

(三)庭审实质化难以完整实现

庭审实质化要求将庭审作为查明事实、采信证据、作出裁判的中心环节,刑事诉讼全流程均应围绕庭审的需求和标准开展相应活动。但在认罪认罚案件中,情况有两点不同,一是对诉讼效率的偏执追求,如前所述庭审时间以分钟计算;二是对庭审调查重心的把握,庭审注重对认罪认罚自愿性、合法性的审查,而对事实证据的把握反而转为庭下审查,出于对当庭宣判率的考虑,法官往往在开庭前即已完成事实证据审查和定罪量刑的全部工作。

在认罪认罚案件中,若一味地追求效率价值,则有可能会损害案件处理的公平公正,或者损害被追诉人的合法权利,甚至可能产生冤假错案,使得花费很长时间建立起来的刑事诉讼程序观念又要走回头路,得不偿失。若一味地追求案件的实质正义,则难以区分认罪认罚从宽制度与适用普通程序审理的其他刑事案件的区别,使得认罪认罚从宽制度失去活力。如对于可以简化的诉讼程序,却以保证案件质量为由不予简化,对于被追诉人上诉权、反悔权的无条件支持也会产生随时推翻认罪认罚协议的隐患,由其所产生的程序转换甚至重新开庭等问题,更加浪费了审判资源。当然,不能将效率和公平截然对立,追求效率并不必然损害公平,关键是如何认识二者的关系,如何设计合理的认罪认罚从宽制度。

四、实现公平与效率的有机统一

公正与效率并不是一对矛盾体。对于刑事诉讼来讲,在公正优先的基础上，应当不断追求诉讼效率的提高；对于认罪认罚从宽制度来讲，在不断追求提高诉讼效率的目标时，应当始终注意对案件质量和公平公正的把握。简化诉讼程序、提高诉讼效率是显而易见且可以量化的工作，保证公平公正则应当贯穿于整个诉讼过程，要在程序简化中实现公平与公正。

（一）侦查阶段公平与效率的实现

侦查机关履职细致、全面与否，直接关系后续审查起诉乃至审判结果的公正性。就此而言，似乎意味着在侦查阶段中可以简化的侦查程序是有限的。但在认罪认罚案件中，出于诉讼效率的考虑，可以在以下方面简化诉讼程序，同时努力实现司法公正。

首先，合理适用非羁押性强制措施。根据《刑事诉讼法》的规定，侦查机关在办理刑事案件时可以视情况对犯罪嫌疑人采取拘留、取保候审、监视居住等强制措施，也可以提请检察机关批准逮捕。这意味着侦查机关在对犯罪嫌疑人进行认罪教育过程中，可以视情况依法对犯罪嫌疑人采取较为轻缓的强制措施，以减轻犯罪嫌疑人的对抗情绪，促使其尽快认罪认罚，从而促进案件侦查效率的提升。但是，适用较为轻缓的强制措施有严格的法定条件，也应建立完善的评估、决策机制，不能为了追求认罪认罚数量而任意采取非羁押性强制措施。

其次，简化拘留、申请批准逮捕等法律手续。实践中，侦查机关在报请拘留、申请逮捕的时候需要准备较多的文字材料，并履行较为复杂的报批手续。在犯罪嫌疑人认罪认罚的情况下，可以探索通过简化相关的报批程序和批准手续的方式减少工作量，缩短工作时间，从而提高办案效率。在条件允许的地区，侦查机关也可以利用网络优势，通过交换电子数据的形式在计算机系统内完成各种事项的申请和审批手续。同样需要强调的是，拘留、逮捕手续作为严肃的法律程序，也是重要的案件侦破证据，同时又关系到犯罪嫌疑人的人权和切身利益，应当严格履行审批手续，维护程序正义。

最后，加强侦检协作力度。在捕诉一体化检察体制改革的背景下，进一步完善检察机关提前介入侦查工作的机制和方法，在羁押必要性审查过程中，引导侦查机关调查取证，统一取证标准，有效避免因沟通不畅造成的重复审查、反复取证。同时，积极总结“刑拘直诉”有益经验，使侦查、起诉和审判程序的衔接更加流畅，尽量避免因冗杂诉讼程序对被追诉人造成的长期羁押后果。这既是提高诉讼效率的要求，也是实现程序公正的要求。

（二）审查起诉阶段公平与效率的实现

检察机关在认罪认罚从宽制度中的作用十分重要，其担任着追诉犯罪、审查案件、程序分流、权利保障、诉讼监督等多项职能。检察机关在刑事诉讼中处于承上启下地位，可以运用起诉、不起诉、法律监督等职权确保案件公平、公正处理。因此，在审查批捕和审查起诉过程中，可以通过机制建设促进认罪认罚案件的诉讼效率进一步提升，同时确保公平公正价值目标的实现。

首先，可以探索认罪认罚案件的相对集中办理机制。在认罪认罚案件和普通刑事案件有效分流的基础上，指定检察人员或者由驻监所检察部门专职负责认罪认罚案件的批捕和审查起诉工作，并通过与公安机关、人民法院的互联互通，推动案件的集中统一处理。以北京市海淀区为例，该区通过"诉讼全流程简化模式"的运行，大幅提高了认罪认罚案件的办案效率。海淀区人民法院在看守所就刑事速裁案件设置"绿色通道"，会同公安、检察院、司法局 3 家单位在看守所设立速裁案件办公区，对该类案件进行统一集中办理。其中检察机关派驻"快速审查小组"，积极发挥认罪认罚协商、权利告知、证据审查和提起公诉的作用。"公检法司"四家机关就近办公，既能有效压缩案件流转的在途时间，又方便办案人员互相沟通，实现案件迅速流转也为其他环节的简化提供了有利条件。[17]

其次，科学把握法定不起诉条件，依法依规推进不起诉的适用。根据 2018 年《刑事诉讼法》第 16 条规定，对于满足 6 种条件的案件，检察机关应当不追究刑事责任；根据第 177 条的规定，对于犯罪情节轻微，依照刑法规定不需要判处刑罚或者免除刑罚的，人民检察院可以作出不起诉决定；根据第 182 条的规定，犯罪嫌疑人自愿如实供述涉嫌犯罪的事实，有重大立功或者案件涉及国家重大利益的，经最高人民检察院核准，人民检察院可以作出不起诉决定。不起诉制度有利于检察机关推进认罪认罚从宽制度顺利施行，其可以实现刑事诉讼程序和实体的"双分流"，既有利于提高诉讼效率，又是实现刑事诉讼实体公平、公正的重要工具。

最后，充分发挥科技力量在程序简化中的价值。对于认罪认罚案件，可

---

〔17〕 参见北京市海淀区人民法院课题组：《关于北京海淀全流程刑事案件速裁程序试点的调研——以认罪认罚为基础的资源配置模式》，载《法律适用》2016 年第 4 期。

以将司法程序中通用的文字材料、法律文书格式化,并充分利用信息技术,积极探索基于大数据处理平台、云计算技术以及智慧检务系统等科技支撑,通过网络平台履行换押手续,以"实物统一保管、单据移动流转"形式的涉案财物跨部门转移模式,通过文书表格化、文书数据化、文书无纸化等各种创新,减少文书制作和转送上所耗费的时间,实现刑事案件办理过程中的信息共享,降低认罪认罚案件的工作量。

(三)审判阶段公平与效率的实现

案多人少矛盾一直是我国刑事审判中面临的突出问题,我国也一直在探索和优化简化刑事审判程序的方案。2018 年《刑事诉讼法》正式立法确立了认罪认罚从宽制度,并在原有简易程序基础之上增设了速裁程序,形成了认罪认罚从宽制度框架下的速裁程序、简易程序和普通程序简化审的多元化诉讼格局。〔18〕 为避免出现"简易不简""速裁不速"的现象,可以在保证办案质量的前提下,从以下环节进一步优化审判程序。

首先,进一步探索认罪认罚案件集中办理制度。刑事审判部门,甚至立案部门,可以建立专门办案组织或专项合议庭,专门负责承办适用简易程序或速裁程序审理的认罪认罚案件。进一步调动审判资源,逐步探索认罪认罚案件集中立案、集中送达、集中阅卷、集中排期、集中开庭、集中宣判等制度措施,利用科学高效的审判机制实现审判效率的提升。上海市第二中级人民法院刑事审判庭速裁团队 2020 年在新型冠状病毒感染防控期间,通过上海法院在线庭审平台,视频连线看守所,对羁押于该所的 8 名上诉人进行集中提审,既防止了羁押场所的病毒输入风险,又确保了刑事审判工作高效有序进行,取得了较好的效果。以往,审判人员往返 100 多公里,仅路途上就需耗费 4 个多小时,而在线审判将"干警跑腿"转变为"信息跑路",5 名法官足不出院,1 小时 45 分钟就高效完成了 8 起案件的提审工作。

其次,构建分类递进简化模式,避免普通程序、简易程序与速裁程序之间存在的交叉和重合。在司法实践中,简易程序和速裁程序的重合范围过大,也没有针对认罪认罚案件适用简易程序的特殊规定,因此有些法院出于审限紧张和工作压力大的考虑,通过将速裁程序变更为简易程序的方式,达到延长审限,缓解办案压力的作用。根据 2018 年《刑事诉讼法》的规定,基

---

〔18〕 参见李勇:《认罪认罚案件"程序从简"的路径》,载《国家检察官学院学报》2019 年第 6 期。

层人民法院适用简易程序审理案件没有刑罚条件的限制,适用范围较广,如果不进行细化分类,可能违背比例原则,抵销简化效果,还可能导致适用中的任意选择、无所规制。具体来讲,符合简易程序条件但是不符合速裁程序条件的情形有:(1)可能判处3年以下有期徒刑的未成年被告人;(2)被害人与被告人及其法定代理人没有就附带民事诉讼赔偿等事项达成调解或者和解的;(3)被告人不愿意适用速裁程序而选择简易程序的;(4)其他法律规定不适合适用速裁程序的情形。除此之外,适用认罪认罚案件的简易程序可以参照速裁程序在法庭调查询问、质证、示证以及辩论环节进行进一步的简化处理。而速裁程序则可以分为可能判处有期徒刑1～3年的案件和可能判处有期徒刑(包括非羁押性刑罚)1年以下的案件。作出这种划分,既有比较法上的研究,也有现行法律规范的考量,在国际上速审实践的各种经验都是将可能判处有期徒刑1年以下的认罪认罚作为重点,也是探索24小时、48小时审判甚至是书面审的重点。〔19〕而我国2018年《刑事诉讼法》关于速裁程序的审理期限划分也是将1年有期徒刑作为分界,也就是说可能判处1年以下有期徒刑的认罪认罚案件有进一步简化的空间。

再次,向审判管理和文书生成过程挖潜增能。在员额制改革和司法责任制改革的背景下,案件处理的决定权越来越多地下放至员额法官手中,速裁程序案件的裁判权应该由员额法官独立行使,一般情况下无需进行层层审批。在案件的实体处理上,减少或者取消行政化的审批程序,自然就取消了"速裁程序审批表""速裁程序决定书""呈报表"等文书。〔20〕而简化文书制作有利于实现诉讼经济和提高诉讼效率。审判阶段的文书简化可以从判决书的简化改革着手,这在南京市建邺区人民法院试点中有了初步尝试,该区法院速裁程序的判决书制作与起诉书大致相同,省略了说理部分,大大降低了承办法官在审限下的文书制作压力,有效解决了法官"庭上办案、庭下写卷"的困境。对于适用速裁程序的认罪认罚案件,可以参照我国台湾地区的简易判决书样式,"得以简略方式为之,如认为之犯罪事实、证据及应适用之法条,与检察官声请简易判决书或者起诉书之记载相同者,得引用

〔19〕参见闵春雷:《认罪认罚案件中的有效辩护》,载《当代法学》2017年第4期。
〔20〕参见李勇:《认罪认罚案件"程序从简"的路径》,载《国家检察官学院学报》2019年第6期。

之”[21]。上海市第二中级人民法院刑事审判庭速裁团队根据刑事速裁团队结案数量多,需撰写大量裁判文书,且文书内容高度格式化的特点,采用表格式、要素式、填充式裁判文书样式撰写文书。团队在总结多年审判经验、借鉴外省市法院做法的基础上,经反复研究,创制了开庭驳回、书面驳回以及准予撤诉等几类刑事速裁案件专用文书样式,既涵盖了审判要素,又清晰明了;既便于撰写,又易于阅看;既提升了审判效率,又能有效减少文书差错,保证文书质量。

最后,积极发挥人工智能辅助办案系统的作用。当前,全国多个高级人民法院均在研发人工智能辅助办案系统。比如上海法院系统在已有的法官智能辅助办案系统(C2J 系统)基础上,又进一步研发了针对刑事案件的“智能辅助办案系统”(206 系统),系统可以实现单一证据校验、证据链条的审查判断、辅助庭审、案例检索、文书撰写等功能。新型冠状病毒感染防控期间,又积极利用“12368”网络庭审系统进行网络视频开庭,被告人在看守所设置的视频法庭受审,辩护人和其他诉讼参与人可以在任何有网络的环境中登录软件参与庭审,法官在法庭上通过视频方式远程审理案件。系统可以实现即时对话、全程录音录像、在线签字等功能,远程开庭的方式极大降低了审判成本,节约了司法资源,提高了审判效率。但鉴于远程开庭存在空间隔离,法官难以像当庭“面对面”方式审判那样及时、准确地观察被告人的表情、反应和状态等,在特定情况下可能会对庭审质量造成影响,尤其是对于重大、复杂案件的审理,耗时较长,需要质证的证据较多,有些证据还应当交由被告人阅看,因此该系统主要针对简易程序、速裁程序案件进行使用。即便如此,该系统仍然极大提高了案件审理效率。在庭审方面,上海法院系统利用音字转换技术,可以实现庭审的全程音字转换,帮助书记员提高庭审记录的效率。在某些条件允许、案情简单、可能判处较轻刑罚的案件中,甚至可以以庭审录像直接代替庭审笔录,这样不仅方便保存,同时也减少了一定的工作量,有利于进一步提高效率。

---

〔21〕 孔冠颖:《认罪认罚自愿性判断标准及其保障》,载《国家检察官学院学报》2017 年第 1 期。

第四章 认罪认罚从宽制度的实践原则

2019 年 10 月 24 日，两高三部《认罪认罚指导意见》对认罪认罚从宽制度的基本原则、当事人权益保障等作出了具体规定。认罪认罚从宽制度适用以来，全国法院审判质效明显提升，在依法及时惩治犯罪、加强人权司法保障、优化司法资源配置、促进社会和谐稳定、维护社会公平正义方面取得了显著成效。[1] 但在实践层面，有关贯彻宽严相济刑事政策、坚持罪责刑相适应原则、坚持证据裁判原则、坚持公检法三机关配合制约原则等适用的问题，仍需要进一步厘清思路、达成共识，以保障认罪认罚从宽制度的顺利运行。

第一节 宽严相济刑事政策在认罪认罚案件中的适用

2004 年 12 月，中央政法工作会议提出："正确运用宽严相济的刑事政策。"宽严相济刑事政策是惩办与宽大相结合刑事政策的维持和发展，是当前和今后相当长一个时期的基本刑事政策。不仅对于刑事立法，而且对于刑事司法均有重要意义。尤其是对于最大限度地预防和减少犯罪、化解矛盾、维护社会和谐稳定，具有特别重要的指导价值。2006 年最高人民法院、最高人民检察院工作报告明确指出，我国现阶段实行"宽严相济"的刑事政策。2006 年，党的十六届六中全会作出的《中共中央关于构建社会主义和谐社会若干重大问题的决定》提出要实施宽严相济的刑事司法政策。2014

[1] 参见沈亮：《凝聚共识 推进认罪认罚从宽制度深入有效实施》，载《人民法院报》2021 年 7 月 22 日，第 5 版。

年10月,党的十八届四中全会通过的《中共中央关于全面推进依法治国若干重大问题的决定》指出:“完善刑事诉讼中认罪认罚从宽制度。”认罪认罚从宽制度是实体规范和程序保障一体构建的刑事法律制度,其基本精神是对认罪认罚案件区别对待,分流处理,实体从宽,程序从简。推动宽严相济刑事政策制度化和深化发展。2016年8月,最高人民法院院长周强代表最高人民法院、最高人民检察院向全国人大常委会就试点授权决定草案进行说明时曾提到,认罪认罚从宽制度的试点是落实宽严相济刑事政策,加强人权司法保障的需要。2019年10月,两高三部《认罪认罚指导意见》指出,贯彻宽严相济刑事政策系认罪认罚从宽实施的基本原则之一。由此可见,认罪认罚从宽的制度设计是宽严相济刑事政策的具体化、制度化。〔2〕

一、认罪认罚从宽制度是宽严相济刑事政策的直接产物

我国刑事立法与司法面对近年来严重暴力犯罪的数量和占比逐年下降,刑事犯罪的重刑率也逐年稳步下降,而以危险驾驶罪为代表的轻微犯罪数量与占比稳步上升,轻刑率也一路上扬的结构性变化表明我国刑事立法与司法应对能力存在不足,主要是体现在“严有余而宽不足”:应对重罪有余而治理轻微犯罪不足。一方面刑罚体系偏重,过于传统单一;另一方面刑罚轻缓化程度在立法上体现不足,《刑事诉讼法》上的程序设计、惩罚机制等制度安排较为滞后。〔3〕

自2005年我国刑法第五次修正案以来的历次《刑法》修正,以及2012年《刑事诉讼法》出台之后,蕴含宽严相济刑事政策精神的法律制度、司法解释、指导案例等陆续发布,强调“以宽为主”的宽严相济刑事政策在刑事立法和司法实践中得以充分体现。但是,实践运行的效果与政策制度化的预期仍然存在很大的差距,其难以满足宽严相济刑事政策中宽缓化一面的制度需求。为切实增强贯彻执行宽严相济刑事政策的自觉性和主动性,确保政策的基本要求落实到刑事审判工作的每一个环节中,切实做到该宽则宽、当严则严、宽严相济、罚当其罪,实现裁判法律效果和社会效果的高度统

---

〔2〕 参见沈亮:《凝聚共识 推进认罪认罚从宽制度深入有效实施》,载《人民法院报》2021年7月22日,第5版。

〔3〕 参见卢建平:《刑事政策视野中的认罪认罚从宽》,载《中外法学》2017年第4期。

一,认罪认罚从宽制度就此孕育而生。

因此,完善我国的认罪认罚从宽制度不仅是助力宽严相济刑事政策推行过程中司法从宽的制度实践,更是满足实践中进一步从宽的制度需求。若要有效地推行宽严相济刑事政策,实现刑罚轻缓化,除了降低法定刑,另一路径则在于完善和丰富从宽的制度,即充分考量同认罪与认罚有关的从宽情节,并给予充分的从宽处罚。故此,也就认为认罪认罚从宽制度是宽严相济刑事政策的制度化、具体化,是该政策充实完善的重要内容和直接产物。

二、宽严相济刑事政策在认罪认罚案件中的演绎

2010 年 2 月,最高人民法院印发了《关于贯彻落实宽严相济刑事政策的若干意见》(以下简称《贯彻宽严相济政策意见》),该意见就人民法院在刑事审判工作中如何更好地贯彻落实宽严相济的刑事政策,提出了具体、明确的要求。结合《贯彻宽严相济政策意见》,我们认为,人民法院在推进认罪认罚从宽制度的司法实践中,贯彻宽严相济刑事政策应注意以下几点:

(一)从严的政策要求

一是厘清适用案件范围,认罪认罚从宽在适用主体范围上没有做任何限制,两高三部《认罪认罚指导意见》予以了明确,即不能因为罪的轻重,或者罪名的特殊性等原因而剥夺当事人自愿认罪认罚获得从宽处理的机会。对此,我们认为,两高三部《认罪认罚指导意见》更多的是一种政策性倡导、宣传,在理论上具有应然性。但是,司法实践中对于社会危害后果严重,主观恶性极大,犯罪手段残忍的案件,抑或根据不同地区、不同时间段的经济社会状况和社会治安形势,充分考虑人民群众的安全感以及打击犯罪的现实需要,注重从重从严打击严重危害国家安全、社会稳定以及人民群众利益的犯罪。例如,当前严厉打击的涉众型经济犯罪等严重危害金融秩序的犯罪、严重危害食品药品安全的犯罪、严重破坏环境资源的犯罪等。当然,对于特定时期需要从严打击的犯罪行为的圈定,法官应保持谨慎态度,做到以事实为依据、以法律为准绳、以政策为指引。故上述案件的处理,无论是从法律效果,还是社会效果,我们认为,均不宜对此类案件予以从宽处理,存有轻刑化思想。

正因如此,两高三部《认罪认罚指导意见》提出“可以”适用而不是一律

适用认罪认罚从宽制度。被追诉人认罪认罚后是否可以从宽处理,司法机关应该根据案件具体情况决定。而这样的规定,在前述案件中势必会造成当事人的心理预期与司法判决的天壤之别,而理论上的应然性在实践中因缺少生命力将会失去其权威性和公信力。故此,虽案件范围没有明确限制,但我们仍坚持法官在审查认罪认罚案件的过程中,首先要对案件的性质、情节、社会危害性以及被告人的态度进行综合评估,对于严重危害国家安全、社会治安以及人民群众利益的犯罪,如危害国家安全罪等,要注意避免轻刑化思想影响,即使犯罪分子存在认罪认罚情节,从宽性不足以达到标准,应注重从严打击,而不是从宽处理。

二是依法从严惩处累犯、毒品再犯。凡是依法构成累犯、毒品再犯的,即使犯罪情节较轻,也应体现从严惩处的刑事政策,尤其是对于前罪为暴力性犯罪或者前罪被判处10年以上有期徒刑的累犯,更要依法从严惩处。

三是注重综合运用各种刑罚手段,尤其是重视财产刑的适用,进而有效地惩治犯罪。对于有附加财产刑的犯罪,特别要通过经济上的严惩以限制其再犯可能性。而对于涉众型经济犯罪,如非法吸收公众存款罪以及集资诈骗罪,应将退赃作为量刑的重要情节参考依据,对于无法退赃的被告人,应予以严惩,体现从严处罚的精神。此外要切实加大财产刑的执行力度,确保刑罚的严厉性和惩罚功能得以实现。如《关于办理黑恶势力刑事案件中财产处置若干问题的意见》提出:“要彻底摧毁黑社会性质组织的经济基础,防止其死灰复燃。”

(二)从宽的政策要求

认罪认罚的从宽处理既包括实体上的从宽处罚,也包括程序上的从简处理。办理认罪认罚案件,应当依照《刑法》《刑事诉讼法》的基本原则,根据犯罪的事实、性质、情节和对社会的危害程度,结合法定的定罪量刑情节,综合考虑认罪认罚的具体情况,依法决定是否从宽,如何从宽。详言之:

一是予以从宽的情形。从宽的情形大致分为三类,首先是对情节较轻、社会危害性较小的(如醉驾类未造成交通事故犯罪)特定犯罪;其次是对具有法定、酌定从宽处罚(如自首立功,坦白交代,退赔退赃)等特定情节;最后是对主观恶性相对较小、人身危险性不大的被告人(如未成年人、老年人、妇女等)等特定主体。

二是羁押措施的适用。一般来说监禁刑的刑罚惩罚力度大于非监禁刑,因此对于非监禁刑的运用是从宽的一大特征。对于罪行较轻、人身危险性较小的初犯、偶犯,应当尽量适用缓刑或者判处管制、单处罚金等刑罚措施,对于情节显著轻微的,可以适用定罪免罚。值得注意的是,针对未成年人犯罪,应坚持“教育为主、惩罚为辅”的原则,“教育、感化、挽救”的方针和“儿童利益最大化”原则进行处理,结合《未成年人保护法》《预防未成年人犯罪法》的相关规定,做到“能宽则宽、应宽尽宽”,限制监禁刑的适用,加强对涉罪未成年人的矫正。

三是从宽幅度的把握。对于认罪认罚的被告人,法律规定是“可以”依法从宽处理,而对于不认罪认罚的被告人,不应无故加重处罚,应根据具体案件事实作出公正裁判。在非必须从严的情况下,应在量刑中充分体现从宽性。在刑罚处罚的法律评价上,秉持主动认罪优于被动认罪,早认罪优于晚认罪,彻底认罪优于不彻底认罪,稳定认罪优于不稳定认罪的原则,在《刑法》规定的法定刑幅度内,依据人民法院的审判实践和量刑规范化指导意见进行从宽量刑,人民法院在审查人民检察院提供的认罪认罚具结书时,应对量刑建议进行重点审查,必要时可进行类案检索,根据具体的案件事实以及同类案件的判罚结果,确保该量刑结果具有从宽性,即一般应当大于仅有坦白,或者虽认罪但不认罚案件的从宽幅度。

四是简易、速裁程序的运用。《刑事诉讼法》对于简易程序以及速裁程序的适用有着严格的界定,均要求案件事实清楚、证据充分,并且被告人认罪认罚且对适用程序无异议,速裁程序的适用更是要求可能判处 3 年有期徒刑以下的刑罚。另外,对于不适用简易、速裁程序的情形也作出了列举性规定,尤其强调在审理过程中出现不宜适用简易、速裁程序时,应按照普通程序重新审理。

(三)宽严相济的政策要求

宽严相济刑事政策最为重要的在于相济。相济是协调,结合文义,即不仅是对于犯罪的惩处应当有宽有严,而且宽与严选择适用之间还应具有一定的平衡,形成互相衔接、良性互动的局面,避免宽严政策的贯彻落实皆存在有误结果的发生。虽然宽和严是有区别,但这并不意味着二者是绝对地对立割裂。实际上并无绝对的宽,也无绝对的严,应当宽严并用。

一是严中有宽。涉从严罪名或情节,在依法严惩的同时,也应考虑被告人认罪是否构成坦白等从宽情节,认罚后是否积极退赔或得到被害人谅解,若构成且应当或可以从宽的,应在量刑中予以体现。

二是宽中有严。对于较轻刑事犯罪有酌定从严情形时,如构成累犯、再犯等,也应做到济之以严,切实达到改造效果。

三是宽严并行。若是同时具有酌定从宽以及从严情节时,则应全面考察犯罪事实、性质、情节以及被告的主观恶性、人身危险性等因素,综合作出分析判断。在认罪认罚从宽制度的司法适用中,在共同犯罪中,不同被告人认罪与否、认罪早晚也直接影响最终的个人量刑,一般不因是共同犯罪,而一律从严或一律从宽,对不同的犯罪和犯罪分子区别对待,做到严中有宽、宽以济严;宽中有严、严以济宽。

宽严相济刑事政策的内涵不是固定的、一成不变的,需要与时俱进地不断加以充实调整完善。作为人民法院贯彻落实宽严相济刑事政策的核心,认罪认罚从宽制度也要不断聚合提炼,从既往的刑事政策、立法以及各类司法解释、指导意见之中,将体现认罪认罚从宽精神的规定、制度和实践样本予以系统化,进而实现认罪认罚从宽政策自身的体系化。[4]

第二节　罪责刑相适应原则在认罪认罚案件中的适用

罪责刑相适应原则是我国《刑法》中明确规定的基本原则,它的基本内涵为:刑罚的轻重,应当与犯罪分子所犯罪行和承担的刑事责任相适应。概言之,罪责刑相适应原则就是要求"罪当其罚,罚当其罪",其体现的是罪责刑之间价值上的对称和协调关系。2019 年两高三部《认罪认罚指导意见》中将罪责刑相适应原则作为指导认罪认罚制度的一项基本原则。至于如何在认罪认罚从宽的实践中去具体贯彻罪责刑相适应原则,立法、司法解释均未明确。要回答这一问题,我们认为,需要进一步厘清罪责刑相适应原则的实质要求和认罪认罚从宽制度的性质。

我国《刑法》的罪责刑相适应原则要求预防刑的量刑情节应当受到报应刑的量刑情节的严格约束,这意味着,司法工作人员在量刑时应当优先考

---

〔4〕 参见卢建平:《刑事政策视野中的认罪认罚从宽》,载《中外法学》2017 年第 4 期。

虑与报应相关的各种量刑情节,再考虑与预防必要性相关的各种量刑情节。[5] 同时,认罪认罚情节属于预防刑的范畴,其对最终刑期的影响是有限的。[6] 因此,在确定犯罪分子刑罚的轻重时,犯罪行为本身和行为人具备的刑事责任能力、在犯罪过程中体现出的主观恶性和人身危险性等涉及报应刑的因素才是需要考察的首要对象,而认罪认罚作为预防刑情节只应当对刑罚起到适当调节作用。正如一些司法工作人员所言:“认罪认罚属于罪后情节,同时也是反映犯罪嫌疑人、被告人主观恶性大小的情节,影响刑罚的轻重。而犯罪的性质、实施犯罪的手段、造成的后果等,对决定刑罚轻重处于更为重要的位置。”[7]

一、认罪认罚实践中违反罪责刑相适应原则的表现

虽然我国《刑事诉讼法》明确规定对于认罪认罚的被告人可以从宽处理,但在具体案件中,从宽幅度如何裁量仍然是困扰司法实践的难题,一般存在两种倾向:一方面,在强调全部刑事案件、全部刑事诉讼过程均可以适用认罪认罚制度的背景下,实践操作往往更容易忽视案件自身的危害后果、犯罪性质等,对被追诉人从宽的适用存在肆意滥用的情形;而另一方面,因为担心适用认罪认罚的社会效果、诉判不一的考核等因素,实践中对被追诉人的从宽幅度给予严格限制。

(一)失之过宽

1. 存在因为没有查明案件事实,片面追求实体从宽、程序从快而出现漏罪漏犯的情况。[8] 由于案件事实上的“硬伤”,此种情形下显然难以实现罪刑均衡的目标。同时,存在因为没有妥当、全面评价案件事实,仅因被告人认罪认罚而对其过度从宽的情况。例如,对驾驶机动车追逐竞驶的案件,忽视相关行为发生的特定时间、特定地点,未能充分考虑到行为对其他正常

---

〔5〕 参见张峰铭:《论认罪认罚从宽的报应刑根据——化解从宽与罪责刑相适应原则的张力》,载《法制与社会发展》2022 年第 1 期。

〔6〕 参见周光权:《论刑法与认罪认罚从宽制度的衔接》,载《清华法学》2019 年第 3 期。

〔7〕 苗生明、周颖:《认罪认罚从宽制度适用的基本问题——〈关于适用认罪认罚从宽制度的指导意见〉的理解和适用》,载《中国刑事法杂志》2019 年第 6 期。

〔8〕 参见潘某某职务侵占案,上海市浦东新区人民法院(2019)沪 0115 刑初 2277 号刑事判决书。

行驶的车辆等不特定多数人所造成的危害，仅因被告人具备认罪认罚情节便在罪名认定时一味从宽，以致案件定性和处罚出现了较大偏差。[9] 再如，对于同时存在肇事逃逸、饮酒驾驶机动车两种特别恶劣加重情节的交通肇事案件，仅评价肇事逃逸行为，以“一事不再罚”“认罪悔罪态度好”为由未能依据另一加重情节（饮酒驾驶机动车）对被告人依法从重处罚，以致错误地适用缓刑，使得刑罚过于宽缓。[10]

2. 存在以认罪认罚情节完全覆盖主观恶性和人身危险性的评判，以致罪责刑失衡的情况。例如，以被告人认罪认罚为由认定其主观恶性较小，从而主张对被告人从宽处理。[11] 然而，在评价被告人主观恶性的大小时，主要的评价对象应当为其在犯罪过程中呈现的主观心理，而非罪后的投案行为及赔偿行为。这样的评价方式无疑是舍本逐末的。同时，存在认为过失犯罪的主观恶性当然地小于故意犯罪，对认罪认罚的过失犯简单从宽的情况。诚然，在故意犯罪中，行为人的主观恶性通常要比过失犯罪更大，但若仅因此便对过失犯罪的被告人从宽处罚，则忽视了对案件具体情况的考察。例如，交通肇事罪虽为过失犯罪，但是其同样属于危害公共安全类犯罪，我们无法单纯因为被告人真诚悔罪就忽视其对公共安全造成的危害，从而对该被告人从轻处理。总之，在认罪认罚案件中，最终的量刑从宽幅度仍应当联系案件的具体情况、涉及的罪名及其社会危害性来把握，而不能仅依据被告人主观罪过决定。

3. 存在没有考虑到被告人认罪认罚的主动性、稳定性、彻底性，在处理案件时一味追求宽缓的量刑效果，而致量刑建议或裁判结果违反比例原则、合理性原则的情况。例如，被告人交待犯罪事实时避重就轻，不配合公安机关审查的，应当认定该被告人认罪认罚态度不主动。因此，在确定该被告人量刑的从宽幅度时，应当持较为审慎的态度，将之与认罪认罚积极主动的被告人相区别，从严把握相关刑罚幅度和刑罚执行方式，而不应当提出适用缓

---

〔9〕 参见孙某中以危险方法危害公共安全案，上海市第二中级人民法院（2020）沪 02 刑终 247 号刑事裁定书。

〔10〕 参见余某平交通肇事案，北京市第一中级人民法院（2019）京 01 刑终 628 号刑事判决书。

〔11〕 参见余某平交通肇事案，北京市第一中级人民法院（2019）京 01 刑终 628 号刑事判决书。

刑的量刑建议。[12] 又如,被告人在审查起诉和庭审阶段反复推翻先前认罪认罚承诺的,应当认定该被告人认罪认罚态度不稳定,对其从宽的幅度就不应当过于宽缓。[13] 再如,被告人虽然对公诉机关指控的犯罪事实和提出的量刑建议表示认可,并自愿签署认罪认罚具结书,但却未缴纳罚金、退缴违法所得的,无益于案件追赃挽损,应当认定该被告人认罪认罚仅有外观而无实质,属于认罪认罚不彻底,在同等条件下不宜提出较为宽缓的量刑建议。[14] 总之,正确评估被追诉人认罪认罚的价值作用,需要结合被追诉人的表现,理性区分各种不同的认罪认罚情节,不能仅因被告人认罪认罚就"一宽到底"。

(二)失之过严

1. 存在被告人是否认罪认罚量刑结果均相同的情形。例如,司法实践中有些被告人能够在二审中表示认罪认罚,请求从轻处罚的,司法机关仍然会以被告人在共同犯罪中起到主要作用、犯罪情节恶劣、犯罪性质特殊等理由拒绝对被告人从轻处罚,进而维持一审判决中的量刑。我们认为,对于严重危害国家安全、公共安全、严重影响人民群众安全感等案情重大或较为敏感的案件,该重判的要坚决依法重判,绝不能简单化处理,[15] 但是,被告人能够认罪认罚也在一定程度上表明了其主观恶性与人身危险性的削减,这本是预防刑层面应当加以考虑的问题。因此,不能仅因被告人罪行严重、案件重大敏感、二审才认罪认罚可以不从宽处理等理由,一律拒绝适用认罪认罚从宽制度,这是走入了从宽幅度把握的另一个误区。对于此类案件,应当综合考虑被告人主客观因素以及被告人在二审程序中认罪认罚价值的大

---

〔12〕 参见王某臣销售假冒注册商标的商品案,山东省青岛市中级人民法院(2020)鲁02刑终183号刑事判决书。

〔13〕 参见龙某友、陈某文、唐某勇爆炸案,广东省清远市中级人民法院(2020)粤18刑终241号刑事判决书。

〔14〕 参见赖某、邓某宁盗窃、妨害信用卡管理案,江西省南昌市中级人民法院(2020)赣01刑终103号刑事判决书。相对而言,河南省高级人民法院在孟某镰、孟某智集资诈骗、非法吸收公众存款案,(2020)豫刑终125号刑事判决书中载明:"行为人在案发后退缴违法所得的情况更能体现其认罪认罚的真诚和彻底性,应作为重要量刑情节予以考虑。"该判决从追赃挽损角度考虑了认罪认罚情节对节约司法资源、提升诉讼效率的实际价值,正确地理解并适用了认罪认罚制度,因而使得罪责刑能够相适应。

〔15〕 参见沈亮:《凝聚共识 推进认罪认罚从宽制度深入有效实施》,载《人民法院报》2021年7月22日,第5版。

小，再决定是否对其从宽处罚，才能真正做到罪责刑相适应。

2. 存在被告人认罪认罚与认罪不认罚量刑结果无差异的情形。例如，实践中存在被告人在一审阶段自首、坦白，且在二审上诉过程中认罪认罚的，二审判决却以已充分确认并考虑了被告人的自首、坦白情节，被告人在二审中认罪认罚的作用并不大，故没有必要再适用认罪认罚制度对被告人做进一步从宽处理为由维持了一审判决的情况。然而，在理解并适用认罪认罚从宽制度时，不能简单认为该制度属于自首或坦白的"翻版"，而应当认识到，认罪认罚既要求被告人认可被指控的犯罪事实与罪名，又要求被告人认可具体的量刑建议，愿意接受处罚，同时将被告人是否退缴违法犯罪所得、是否积极赔偿被害人等因素纳入了考量范围。实践中，甚至出现某一盗窃罪案件，一审控辩协商系有期徒刑 10 个月，后被追诉人反悔，公诉机关对其不再适用认罪认罚，而一审判决的结果是有期徒刑 8 个月。一审判决后，被追诉人上诉要求认罪认罚，理由是之前控辩协商的量刑建议偏重。由此可见，认罪认罚对被追诉人提出了实体和程序上的双重要求，它与仅"要求被告人认事但未必认罪"[16]的自首、坦白制度存在根本区别。因此，当被告人满足认罪认罚要求时，理应给予其相较于自首、坦白更为宽缓的刑罚，而不应在从宽幅度的把握上过于严苛。

3. 在被告人一审认罪认罚但二审上诉的案件中，存在一些以"量刑情节发生变化""适用认罪认罚从宽制度的基础已不存在"为由提出抗诉，要求加重上诉人刑罚的情况。[17] 然而，现行刑事法律并未对认罪认罚被告人的上诉权利、上诉理由作出任何限制，认罪认罚从宽制度也并未撼动两审终审的刑事审级制度。不过，恶意上诉行为也确实浪费了司法资源，应当予以打击。这就对认为认罪认罚基础已丧失，想要加重上诉人刑罚的办案机关提出了要求：应当确保该上诉人在主观上是恶意的，只有此时以抗诉对上诉才能契合上诉不加刑和认罪认罚从宽制度的精神。但遗憾的是，实践中个别办案机关不能容忍在认罪认罚案件中出现任何类型的上诉情况，却忽视

〔16〕 易大庆、何朕：《对主观心态的辩解不影响如实供述的成立》，载《人民司法》2020 年第 8 期。

〔17〕 参见张某宇等非法拘禁案，北京市第二中级人民法院（2021）京 02 刑终 593 号刑事判决书；贾某宝寻衅滋事案，重庆市第二中级人民法院（2018）渝 02 刑终 142 号刑事裁定书。

了被告人上诉并不意味着必然拒绝认罪认罚的事实。尤其是在一些被告人上诉仅为留所服刑、方便与家人见面的案件中,被告人虽然在形式上违背了先前认罪认罚的承诺,但在行为上却仍然具备积极赔偿、取得被害人谅解等从宽处罚情节,并非恶意对抗法律。[18] 总之,以抗诉对抗上诉,加重原认罪认罚被告人刑罚的做法未能周详考虑其主观上的真实情况,在把握从宽幅度时过于严苛,从而一定程度上违背了罪责刑相适应原则,该做法应当予以调整。

二、罪责刑相适应原则在认罪认罚案件中的贯彻

(一)区别对待,个别化处遇

司法实践中,各认罪认罚案件的具体情况均有不同,犯罪情节、犯罪手段、社会危害性以及犯罪分子的主观恶性、人身危险性均存在差异,因此,罪责刑的认定也应当做到区别对待,因案而异、因人而异、因时而异、因地而异。

在具体认罪认罚案件中,区别对待就是要严格区分各种界限,即区分严重犯罪、一般犯罪与轻微犯罪,区分犯罪情节的严重、一般与轻微,区分主犯从犯、累犯惯犯与初犯偶犯,区分成年人犯罪和未成年人犯罪、又聋又哑的人犯罪、盲人犯罪,区分犯罪人主观恶性大小,区分犯罪的动机与目的,区分犯罪造成后果的严重程度,区分犯罪的既遂、未遂、中止,区分犯罪人犯罪后的认罪悔罪表现,使案件的处理结果做到该严则严、该宽则宽,尽可能符合案件事实、符合法律规定、符合政策要求,达到法律与社会效果的统一,如此方可将罪责刑相适应原则落到实处。值得提醒的是,在上述需要区别对待的情节中,既有法定情节,也有酌定情节,我们在关注法定情节的同时也要关注酌定情节,尤其在适用酌定情节时,其从宽的幅度应当明显区别于或者小于法定情节。

(二)以报应刑评价为主,预防刑评价为辅,防止本末倒置

上文已提出,在落实罪责刑相适应原则时,不仅要考虑到认罪认罚这一预防刑情节,更重要的是要考虑犯罪行为的客观危害、犯罪人的主观恶性、

---

[18] 参见罗某平盗窃案,四川省遂宁市中级人民法院(2020)川09刑终48号刑事判决书。

人身危险性等报应刑情节，将责任（报应）与预防做一体化的考量。换言之，认罪认罚在量刑过程中只应当起到调节作用，它的加入不应当引起报应刑的明显失衡。而若要提出适当的报应刑，首先，需要做到的就是查明案件事实，这样才能最大限度地避免漏罪漏犯情况的出现，从源头上防止罪刑失衡、罚不当罪。其次，在案件事实清楚，证据确实、充分的基础上，要注意全面妥当地对案件事实作出刑法上的评价，保障指控罪名的准确性。如果存在加重情节或者行为可能涉及多个罪名的，就更要对案件事实"抽丝剥茧"，结合相关刑法理论谨慎认定被告人行为性质。不能仅因为存在认罪认罚这一罪后情节，就罔顾具体案件的时空环境、犯罪手段，忽视行为本身的社会危害性和行为人在整体上体现的主观恶性、人身危险性，作出不当的量刑建议或裁判结果。也不能简单认为过失犯认罪认罚的，其主观恶性就相较于故意犯更小，从宽幅度就应当更高。在具体案件中，刑罚的轻重同样应当经过主客观因素的检视，而不能仅凭认罪认罚情节决定，更不能仅凭罪过形式决定。

此外，对于被告人认罪认罚后又上诉的二审案件，办案机关应当仔细考察上诉人真正的上诉目的，而非形式化地审查表面上的上诉理由。这样可以在整体上考察上诉人的主观恶性及人身危险性，以便对报应刑情节作出充分评价。对于确因案件事实不清、证据不足等严重影响公正审判的理由而提出上诉的认罪认罚被告人，不应当提出抗诉或通过二审程序加重其刑罚；对于只是出于留所服刑等目的提出上诉，且具备退赔表现，并非恶意对抗法律的被告人，由于其整体上的主观恶性和人身危险性并不大，因此在量刑幅度的把握上同样不应当过于严苛；对于恶意上诉，仍然适用认罪认罚将导致从宽量刑明显不当的被告人，才可以考虑以抗诉对抗上诉、加重上诉人刑罚，以达到罪刑均衡、罚当其罪的目标。

（三）以合法性审查为主，合理性审查为辅，确保罪责刑相适应的社会认同度

量刑建议具备合法性是认罪认罚案件科学贯彻落实罪责刑相适应原则的首要条件和基础。合法性原则要求认罪认罚案件的定罪、量刑、行刑之宽必须于法有据，宽不是法外开恩，严也不是无限加重，而是要依法并根据具体的案件情况确定个案的量刑从宽幅度。否则，认罪认罚从宽制度便会丧失其合法性基础，甚至趋于失序，宽严相济更无从谈起。

法院在审查量刑建议是否满足合法性原则时，首先，要注意的是指控罪名的准确性与合法性，上文对此已有论述，故在此不再赘言。其次，要注意在认罪认罚案件中刑罚种类的选择是否符合法律规定，特别是对于附加刑中的财产刑需要重点予以关注，因其履行情况能够直接体现被告人的悔罪态度，从而直接影响着从宽的后果，且认罪认罚案件的财产刑有着较大的协商空间，故应当成为合法性考察的侧重点之一。最后，要注意刑罚执行方式是否符合法律规定。特别是在对认罪认罚的被告人适用缓刑时，需要对具体案件是否达到“犯罪情节较轻”的标准作重点考察。对于犯罪情节恶劣、犯罪分子整体上主观恶性较大的案件，不能仅因为其罪后认罪认罚就适用缓刑。

审查量刑建议是否具备合理性也是认罪认罚案件贯彻落实罪责刑相适应原则的重要内容。具体而言，我们可以从量刑建议是否与拟判处的宣告刑具有较高契合度、是否违反类案量刑均衡与法律统一适用、是否违背一般的司法认知三方面展开合理性审查。除此之外，量刑建议合理性的审查重点还在于认罪认罚情节本身的价值作用。也即若认罪认罚情节具备一定价值，能够起到节约司法资源、提升诉讼效率等实质性作用的，则应当酌情放宽量刑幅度。展开来讲，认罪认罚情节本身的价值作用可以从三个方面进行综合判断：首先，我们可以从犯罪嫌疑人、被告人认罪认罚的早晚、交代犯罪事实的主次判断认罪认罚的主动性；其次，可以从犯罪嫌疑人、被告人是否有反悔、翻供等行为判断认罪认罚的稳定性；最后，可以从犯罪嫌疑人、被告人是否具备退赔行为、取得被害人谅解等直接体现悔罪态度的行为判断认罪认罚的彻底性。对于兼具主动性、稳定性、彻底性的认罪认罚情节，不管其出现在一审程序还是二审程序中，都应该做到当宽则宽，如此才能保障罪责刑相适应原则落到实处。

第三节　证据裁判原则在认罪认罚案件中的适用

刑事诉讼中对案件事实的认定必须依靠证据。证据作为事实裁判的依据，没有证据不得裁判。上述精神内涵即证据裁判原则，又可称为证据裁判主义。证据裁判原则是刑事诉讼法的基本原则，也是现代法治国家共同认可并遵循的原则。刑事诉讼过程中,坚持证据裁判原则,就是应当以证据为根本遵循,针对被告人的定罪和量刑都应当有确实、充分的证据予以证明。我国台湾地区学者陈朴生认为,“刑事裁判,应凭证据,即采所谓证据裁判主义,故无证据之裁判,或仅凭裁判官理想推测之词,为其裁判基础者,均与证据裁判主义有违”[19]。世界上,许多的国家、地区在刑事诉讼法典中明确规定了该原则,其中以大陆法系国家、地区为代表,法国、日本都有类似的规定,甚至我国台湾地区的“刑事诉讼法”第 154 条也明确规定:“犯罪事实应依证据认定之,无证据不得认定其犯罪事实。”而在没有明确规定证据裁判原则的英美法系国家,其相关证据规则的确立,同样起着规范证据在刑事裁判方面的重要作用。

认罪认罚从宽制度试行之初,就有观点担心该制度是否会改变或削弱证据裁判原则在刑事诉讼中的基础地位。有观点从刑事诉讼的价值根基出发提倡继续坚持证据裁判原则,有观点则从认罪认罚从宽制度的特殊性出发,提倡证明标准的适度放宽。尤其是考虑到认罪认罚案件诉讼程序的简化和庭审审查重心的变化,如何确保证据裁判原则的贯彻落实,也成为理论界和实务界关注的热点。我们认为,认罪认罚从宽制度不能动摇证据裁判原则在刑事诉讼中的基础地位,但在认罪认罚案件中如何充分贯彻证据裁判原则需要认真研究。

一、我国刑事证据裁判原则的确立

2014 年十八届四中全会通过的《中共中央关于全面推进依法治国若干重大问题的决定》要求,全面贯彻证据裁判规则,严格依法收集、固定、保存、审查、运用证据,完善证人、鉴定人出庭制度,保证庭审在查明事实、认定证据、保护诉权、公正裁判中发挥决定性作用。该决定正式且明确地提出了证据裁判规则,拉开了新一轮刑事诉讼制度改革的序幕。我国 2018 年《刑事诉讼法》第 55 条规定了“对一切案件的判处都要重证据,重调查研究,不轻信口供”,第 200 条规定了“在被告人最后陈述后,审判长宣布休庭,合议庭进行评议,根据已经查明的事实、证据和有关的法律规定,分别作出以下判决”。这说明了我国已将证据裁判原则的精神予以立法化,认可了刑事

---

〔19〕 陈朴生:《刑事证据法》(第 3 版),台北,三民书局 1979 年版,第 13 页。

证据在认定案件事实过程中的重要作用。除此之外，我国其他法律文件和司法解释中也都明确了证据裁判原则的相关精神。如2010年最高人民法院、最高人民检察院、公安部等联合发布的《关于办理死刑案件审查判断证据若干问题的规定》第2条明确规定："认定案件事实，必须以证据为根据。"2021年《刑事诉讼法解释》第69条规定："认定案件事实，必须以证据为依据。"由此可见，我国的立法及司法解释的规定都体现了证据裁判原则的精神，强调了证据对于认定案件事实的重要作用。与此同时，2018年《刑事诉讼法》第55条还明确了有罪认定的证明标准："……没有被告人供述，证据确实、充分的，可以认定被告人有罪和处以刑罚。证据确实、充分，应当符合以下条件：（一）定罪量刑的事实都有证据证明；（二）据以定案的证据均经法定程序查证属实；（三）综合全案证据，对所认定事实已排除合理怀疑。"这些规定都表明我国在刑事诉讼立法层面已经基本确立了证据裁判原则，明确了有罪认定的刑事证明标准，进一步完善了我国的刑事证据制度。

2017年2月，最高人民法院发布《关于全面推进以审判为中心的刑事诉讼制度改革的实施意见》，明确指出要"坚持证据裁判原则，认定案件事实，必须以证据为依据。重证据，重调查研究，不轻信口供，没有证据不得认定案件事实"。该意见明确了确立和坚持证据裁判原则在以审判为中心的刑事诉讼制度改革中的核心地位。2019年10月25日，两高三部《认罪认罚指导意见》中强调："办理认罪认罚案件，应当以事实为根据，以法律为准绳，严格按照证据裁判要求，全面收集、固定、审查和认定证据。坚持法定证明标准，侦查终结、提起公诉、作出有罪裁判应当做到犯罪事实清楚，证据确实、充分，防止因犯罪嫌疑人、被告人认罪而降低证据要求和证明标准。对犯罪嫌疑人、被告人认罪认罚，但证据不足，不能认定其有罪的，依法作出撤销案件、不起诉决定或者宣告无罪。"

证据是刑事诉讼的基础和灵魂，围绕证据进行的证据裁判原则，是现代法治国家证据制度的基石。对于认罪认罚从宽认定过程中的事实认定和证据审查判断，亦应当坚持证据裁判原则。在认罪认罚背景下坚持证据裁判原则的适用，确保该原则的司法适用不变形、不走样，既是制度正确运行的实践基础，也是以审判为中心刑事诉讼制度改革的客观要求。

二、法定证明标准不可动摇但查证程序可简化

认罪认罚从宽制度自试点运行至今，因证据把关不严、证明标准认识模糊，导致宽严繁简失当、放纵犯罪乃至造成冤假错案的问题，一直是理论与实务关注的焦点。尤其是在适用速裁程序和简易程序审理认罪认罚案件时，如何实现证据裁判原则备受关注。有观点认为，认罪认罚案件应该与不认罪认罚案件采用不同的刑事证明标准，否则区分是否认罪认罚在司法实践中的意义和价值也不大。虽然我国《刑事诉讼法》已有速裁程序的专门规定，但“犯罪事实清楚、证据确实充分”的笼统规定，尚难以保障案件的公正审理，仍需要防止实践中一味追求诉讼效率，一味从简求快导致破坏刑事诉讼程序的正当性，进而影响案件的实质公正，违背证据裁判原则。有观点认为，节约司法资源的初衷与“犯罪事实清楚，证据确实充分”的理念是相悖的。在司法实践中，尤其是认罪阶段比较靠前的轻罪案件，证明标准事实上降低了，这也是提高司法效率的必要代价。程序简化的认罪答辩程序不应强求“犯罪事实清楚，证据确实充分”，否则必然强调全面取证，甚至还允许上诉，这与节约司法资源的初衷相悖。[20] 我们认为，无论适用普通程序还是简易速裁程序审理的认罪认罚案件，坚持法定的证明标准不变是公正司法的内在要求，证据裁判原则仍是不可动摇的根本原则，是保障人权的现实需要、提高司法效率节约诉讼成本的前提。这也是长期以来奉行的“追求事实真相”与“法律面前人人平等”的法律、社会价值观的体现。

正因如此，两高三部《认罪认罚指导意见》将证据裁判原则作为认罪认罚从宽制度适用的基本原则，来捍卫证明标准同一的地位。为了保证案件的真实性，在强调办案效率与节约成本价值的认罪认罚案件中，法定证明标准不能降低，否则被追诉人的实体性权利面临被侵害的潜在风险更大。但是，鉴于对效率价值的考虑与经济效益的平衡，我们认为，可以考虑在法庭审理程序上进行简化，进而实现真正意义上的公平公正。

首先，认罪认罚案件中的控辩协商不能无视事实和证据而任意协商。认罪认罚从宽制度与辩诉交易制度的本质区别，就在于控辩协商的基础不

---

〔20〕 参见施鹏鹏：《认罪认罚从宽的类型化与制度体系的再梳理》，载《比较法研究》2021 年第 5 期。

同。认罪认罚的协商基础或者前提是事实清楚，证据确实、充分，即事实的查明和证据的认定，若公诉机关起诉查明事实的证据基础薄弱，则难以促使被追诉人自愿认罪认罚。退一步讲，即使被追诉人自愿认罪认罚，公诉机关也要考虑其认罪的目的性，防止出现冤假错案，或者避重就轻，轻纵犯罪的情况。

换言之，被追诉人的认罪认罚并不能免除或减轻公、检、法机关查明事实、收集固定证据和依法裁判的责任。司法机关仍然以事实和证据为基础，对被追诉人的认罪认罚意愿进行审查，对其犯罪事实作出认定并依法追究其刑事责任。任何以认罪认罚为由试图降低刑事案件“犯罪事实清楚，证据确实充分”的法定证明标准，减轻公诉机关举证责任的观点，在司法实践中都不应得到支持，这种观点也是与司法责任制改革的目标相悖的。

其次，在查明事实的基础上，通过程序的简化提高审判效率，优化资源配置。认罪认罚自愿性、合法性、有效性的审查过程必然包括对事实、证据的审查，作出最终裁判的根据仍然是事实和证据，而不是认罪认罚协议。在证据调查各个阶段中，侦查阶段是调查取证的基础阶段，可以这样说，据以定案的证据都依赖于侦查机关获得，因此，侦查机关最主要的工作就是全面收集证据，保证收集到的证据客观真实，故侦查阶段的证明程序势必不能从简；审查起诉阶段检察机关负有对指控犯罪事实的举证责任，该阶段是承上启下的阶段，前端需要对侦查机关收集的证据进行全面审查判断，后端在确保案件事实清楚，证据确实、充分的情况下，建议犯罪嫌疑人、被告人适用认罪认罚，据此依据案件的情况提出量刑建议，证明程序同样不能简化，其直接关系到认罪认罚案件的公正办理。换言之，在前述侦查、审查起诉阶段证明程序已有保障的前提下，人民法院在对认罪认罚的自愿性、真实性和合法性等基本内容审查后，针对庭审环节的质证程序进行适当简略，这既是效率价值的必然需要，也是公正价值的内在体现。虽然我国《刑事诉讼法》明确必须经过法庭调查质证程序的证据才可能作为定案依据，但是按照我国现有《刑事诉讼法》及司法解释的规定，认罪认罚案件适用速裁程序的可以简化法庭调查和法庭辩论环节，而简易程序则可以不受普通程序关于送达期限、讯问被告人、询问证人、鉴定人、出示证据、法庭辩论程序的限制。在简易程序中，公诉人、辩护人、审判人员对被告人的讯问、发问可以简化或者省略。对无异议的证据，可以仅就证据的名称及所证明的事项作出说明。

当然,需要注意的是,认罪认罚的程序适用也并不是一味从简,《刑事诉讼法》对于简易程序以及速裁程序的适用有着严格的界定,均要求案件事实清楚、证据充分,当事人认罪认罚且对适用程序无异议,且对于案件事实及量刑建议等关键性问题都在庭审中进行审查。另外,对于不适用简易、速裁程序的情形也作出了列举性规定,尤其强调在审理过程中出现不宜适用简易、速裁程序时,应按照普通程序重新审理。

综上所述,鉴于认罪认罚案件诉讼程序的工作重心由审判阶段向庭前、审查起诉阶段前移,因此,检察机关在全面审查和判断证据方面势必承担起更多的责任。虽然庭审的重心转移到认罪认罚自愿性和认罪具结书的合法性、真实性审查上,但法院审查认罪认罚案件仍需从证据采信、事实认定、定罪量刑、程序操作、各方参与和建议说理等方面进行全面的、实质的审查,如果流于形式审查,审判程序的监督、把关作用就会失守,法院一定意义上就会成为"签字先生",进而加大认罪认罚带来庭审程序简化可能存在的风险隐患。故认罪认罚从宽制度仍然要坚持"以审判为中心",庭审实质性、决定性作用的精神并未改变。[21]

三、强化值班律师的阅卷权并从程序见证转向权利保障

值班律师制度是我国司法体制改革中的一项重要内容,是推进认罪认罚从宽制度的配套制度,也是推行以审判为中心的诉讼制度改革的体现。值班律师不仅是法律帮助者,更是司法活动监督者;不仅可以作为认罪认罚具结书签署的见证人,也可以向司法机关提出量刑建议。司法实践中,在控辩协商和认罪认罚具结过程中,委托辩护和指定辩护所占的比例并不高,绝大多数被追诉人都是通过值班律师来获得法律帮助。2018 年修订的《刑事诉讼法》将值班律师定位为有别于辩护人的法律帮助者,没有赋予其阅卷权。2019 年,相继出台的两高三部《认罪认罚指导意见》和《人民检察院刑事诉讼规则》,规定值班律师可以自案件移送审查起诉阶段起"查阅案卷材料、了解案情",但对是否能够进一步摘抄、复制案卷材料则语焉不详。司法实践中,值班律师真正进行阅卷和调查取证的情况确实比较罕见。基于

〔21〕 参见胡云腾:《去分歧 凝共识 确保认罪认罚从宽制度贯彻落实》,载河南法学网 2020 年 1 月 3 日,http://www.hafxw.cn/fzxtart.php? id = 7582。

功能定位上的特殊性,认罪认罚被追诉人所依赖的值班律师在诸如认罪认罚具结书的具结和量刑建议的形成等重要程序环节中往往仅需在场而无需发挥实质作用,阅卷与否一般对双方合意结果的影响不大。而认罪认罚案件中值班律师“权利保障”的应有功能逐渐异化为“程序见证”的职能。此为其一。其二,司法实践中,适用速裁程序审理的认罪认罚案件,案件从立案到结案的时间已经被压缩至48小时之内,法律程序上预留给值班律师的阅卷权时间是相当有限的,再加上1名值班律师需要在短时间内为多个被追诉人提供法律帮助,因此,案件多、时间短导致认罪认罚案件的办理流于形式。当然,值班律师的补贴保障不到位,多地值班律师的补贴收入与实际付出不成正比,导致值班律师的积极性不高。

我们认为,为确保量刑协商的有效性、认罪认罚的自愿性,目前需要改革值班律师见证的工作方式。值班律师在接受见证任务后,必须提前一定时间先阅卷,针对证据写出律师审查意见,要将自己的专业意见表明并连同认罪认罚具结书一并附卷,如此,才能体现见证律师的责任,否则,值班就是为见证而见证,没有审查证据的实质内容,自然对被告人、嫌疑人是不公平的。具体而言:

(一)健全工作衔接机制,提前介入阅卷

因值班律师在见证认罪认罚具结书签署时需要提供法律咨询、程序选择建议、处理意见和量刑协商等帮助,各地法律援助机构通过加强与办案机关的工作沟通联络,针对案情复杂且需要法律帮助的案件,提前确定提供法律帮助的值班律师并介入阅卷程序,保障值班律师阅卷权,提高法律帮助的精准性、全面性。

(二)灵活值班方式,适时调派值班人数

因基层办案机关案件数量较多,部分值班点需要值班律师提供法律帮助数量较多,各地法律援助机构在保障日常值班的基础上,根据办案机关工作量的大小,有针对性地增加律师值班的天数,或根据各办案机关请求,当日需要法律帮助的人数较多时,增派值班律师到岗,通过值班天数灵活调整和值班律师人数的增加等值班方式改变,保障值班律师阅卷权,提高法律帮助的辩护效果。

(三)设置单位时间工作量上限,简化帮助转援助手续

部分法律援助机构通过确定值班工作日内值班律师提供法律帮助的数

量至多5件的方式,为值班律师预留阅卷时间,值班律师可根据案件复杂情况有针对性地向办案机关提出阅卷要求。各级法律援助机构针对审判阶段的被告人提出异议的案件,简化法律帮助转法律援助手续,根据谁提供帮助谁承办的原则,转法律帮助案件为法律援助案件,这在客观上增加了律师熟悉案件的时间,从而保障值班律师阅卷权,维护被告人的合法权益。

四、建立双向开示模式,完善证据开示制度

证据开示制度是实现刑事案件繁简分流、形成实质化控辩协商、激活值班律师功能的重要基础,其旨在通过满足被追诉方的知悉权强化其认罪认罚的自愿性。两高三部《认罪认罚指导意见》第29条规定:"……人民检察院可以针对案件具体情况,探索证据开示制度,保障犯罪嫌疑人的知情权和认罪认罚的真实性及自愿性。"证据开示制度被规定在两高三部《认罪认罚指导意见》中,说明其是认罪认罚从宽制度重要的配套措施。但在规定该项制度时采用"探索"一词,表明了一种谨慎的态度:在当前犯罪率居高不下、侦破犯罪难度加大的情况下,赋予被追诉人充分的证据知悉权可能导致"翻供",对"翻供"的担忧甚至对定罪困难的顾虑,导致证据开示制度的实现不可能一蹴而就,像某些国家一样让被追诉人提前了解指控的内容和根据。我们认为,这种担心无可厚非,认罪认罚案件适用的前提是被追诉人认罪,这样的态度是从对抗转向合作的,被追诉人试图通过了解案件证据信息而串供翻供、虚假供述的可能性降低了,与此同时,其主观恶性、人身危险性的减弱,也使其接触案卷材料后毁坏证据、报复证人的风险降低。因此,作为保障值班律师阅卷权的另外一种补充形态,在推进认罪认罚从宽制度过程中,证据开示的问题不得不考虑。认罪认罚从宽制度若要行稳致远,获得全社会的认可,尤其是提高裁判结果的可接受度,必须以证据开示制度为支撑。只有充分保障犯罪嫌疑人在审前程序中的权利,才能使该制度具有公信力,获得推行的社会基础。

自两高三部《认罪认罚指导意见》授权检察机关探索证据开示措施以来,配套于认罪认罚从宽制度的证据开示措施仅止步于出示有罪证据,敦促被追诉人尽早认罪的功利主义探索,尚未形成融入职权主义话语体系的可操作性规则。在我国,驱使检察机关组织证据开示的动因,多显现于及时转化未主动认罪或认罪不彻底的案件,并呈现"效率取向偏重,权利取向弱

化”的实然特征。实践中,有的检察机关在探索中,仅制作证据清单,表明证据名称、主要待证事实,而不开示具体证据内容。这种做法,虽然有证据开示的意蕴,但并非真正意义上的证据开示,如此开示方式,对被追诉人辩护权的行使并无太大裨益。探索建立认罪认罚案件中的证据开示制度,其必要性源自被追诉方证据知悉的困境,而功能性则在于保障认罪认罚的自愿性和量刑的精准性等。从总体原则层面,要充分发挥其相较阅卷制度在认罪认罚案件中表现出的优势特征。[22]

(一)检察机关承担开示义务,推进证据信息交换共享

2018 年《刑事诉讼法》第 42 条规定,辩护人应将收集到的被追诉人不在犯罪现场、未达到刑事责任年龄、属于依法不负刑事责任的精神病人的证据及时告知公安机关和人民检察院。我国立法实际上仅规定了被追诉方向检察机关开示证据,而检察机关开示证据的义务却未涉及。由此可见,立法中的证据信息交换机制呈“强阅卷弱开示”模式,主要特点有二:一是证据开示的主体单一;二是证据开示的范围狭窄。具体而言:追诉方与被追诉方并未形成你来我往的双向证据开示,目前,仅仅是被追诉一方单方承担开示证据的义务;此外,证据开示的范围或者说内容过于狭窄,开示的内容仅限于被追诉方掌握的出罪证据,至于检察机关据以指控犯罪的证据信息仍高度依赖阅卷的方式获取。我们认为,认罪认罚案件中的证据开示不应是单向开示,而是双向开示。唯有如此,才能最大限度确保控辩双方证据获知的全面性,促使案件真相更容易被还原,在保障被追诉方获得平等诉讼地位的同时,也促使检察机关提出更为精准的量刑建议,避免误判。

两高三部《认罪认罚指导意见》规定检察机关承担证据开示的职责,是对其权力扩张的一种回应与限制,检察机关履行开示证据的法定职责与其在认罪认罚中扮演的多重角色是相适应的。第一,就检察机关的公诉角色而言,证据开示职责使其可以全面掌握案件的证据情况,其具备证据开示的基础性前提。第二,作为认罪认罚程序的引导者,为敦促被追诉人尽早认罪,检察机关向被追诉方开示证据符合被追诉人的心理期待,可确保被追诉人作出的认罪认罚选择是自愿的。第三,作为认罪认罚的协商参与者,控辩

[22] 参见鲍文强:《认罪认罚案件中的证据开示制度》,载《国家检察官学院学报》2020 年第 6 期。

双方应是平等的，彼此有义务互相开示证据而非单方开示。司法实践中，部分认罪认罚的案件，因为被追诉方证据信息的缺失，导致被追诉方根本不具有与公诉方进行平等协商的能力。而有效的证据信息交换与共享，使得控辩双方具备了协商的基础，综上，处于优势地位、掌握公权力的检察机关需要承担开示证据的职责。

（二）检察机关必须履行启动证据开示程序的法定义务

如前文所述，检察机关承担证据开示的义务，但是，如何启动开示程序，存在不同的观点：一种观点是依申请开示，即被追诉方向检察机关提出申请，由检察官最终决定是否开示〔23〕。另一种观点是检察机关主动开示。我们认为，要求检察机关进行证据开示的本意在于通过制度的设计，推进控辩双方证据信息交换共享机制的构建，保障被追诉方对全案证据的知悉权，构建实质、平等协商性关系。而反观依申请开示证据的观点，我们会发现被追诉方提出要求证据开示的申请后，由检察机关单方面决定是否进行证据开示，这就使得原本承担开示职责的义务主体，转而成为决定开示与否的权力主体，不符合制度设计的平等性要求的初衷，无法实现两高三部《认罪认罚指导意见》中通过证据开示“保障犯罪嫌疑人知情权和认罪认罚的真实性及自愿性”的目的，也无法确保被追诉人认罪认罚的自愿性和明知性。相反地，检察机关主动开示证据的观点，有利于弥补被追诉方知悉证据的困难与被动，通过满足知悉权敦促被追诉方选择认罪认罚，同时保障其认罪认罚的自愿性和真实性。同时，要通过机制保证检察机关开示证据的主动性，对怠于履行开示义务的行为及时进行纠偏。此外，在充分保障知悉权的前提下，力求实现开示方式与形式上的便宜，防止因为增设证据开示而造成诉讼效率的过度减损。〔24〕

认罪认罚制度实践过程中，司法工作人员应当强化证据裁判的司法理念，每一个司法工作者都要严格按照证据裁判原则的要求履行法定职责，准确认定案件事实，依法处理。法定证明标准不因被追诉人的认罪认罚而有

〔23〕 参见林战波、贾文琴：《认罪认罚证据开示把握的原则及具体操作》，载《检察日报》2020年7月2日，第3版。

〔24〕 参见鲍文强：《认罪认罚案件中的证据开示制度》，载《国家检察官学院学报》2020年第6期。

所降低，认定案件事实必须严格依据证据，且依据的证据应当具有证据能力，并经过法庭查证属实，不具有证据能力、未查证属实的所谓证据，不得作为认定案件事实的依据。不仅如此，司法工作者还应当将程序正义和实体正义放在同等重要的位置，做到保障人权与惩罚犯罪并重，对于那些以非法手段逼迫被追诉人认罪认罚、签署的认罪认罚具结书不真实等，应当严格依据法律的规定予以排除。司法工作者对证据裁判理念的重视与否直接关乎证据裁判原则能否在我国贯彻执行，因此，我国现阶段应强化刑事诉讼证据裁判原则，树立科学、文明的现代司法理念，保障司法公正。

第四节　公、检、法互相配合、互相制约原则的适用

分工负责，互相配合，互相制约原则的法律依据，是 2018 年修订的《宪法》第 140 条和 2018 年修订的《刑事诉讼法》第 7 条的规定，即人民法院、人民检察院和公安机关进行刑事诉讼，应当分工负责，互相配合，互相制约，以保证准确有效地执行法律。分工负责，就是要求公、检、法三机关依据法律规定的职权，各尽其职，各负其责，严格按照法律规定的职权分工进行刑事诉讼，不允许互相代替和超越职权，更不允许任何一个机关独自包办。互相配合，就是要求公、检、法三机关通力合作，互相支持，互通情报，共同完成刑事诉讼法规定的任务。互相制约就是公、检、法在程序中形成一种牵制、制衡关系。这种由侦查到审查起诉再到审判的程序，各个机关、程序之间存在明显的时间先后顺序，彼此相互独立，在各自的阶段居于主导地位的同时又受后一阶段的监督。三机关在追究犯罪、保障人权的同时，要进行相互的分工、配合和制约。这是刑事诉讼程序的设置所必然导致的。

一、认罪认罚案件检、法之间配合有余、制约不足

分工负责、相互配合、相互制约原则的坚持和遵守是针对所有进入刑事诉讼进程的公、检、法，而适用认罪认罚程序办理刑事案件的公、检、法也不例外。两高三部《认罪认罚指导意见》第 4 条明确规定，办理认罪认罚案件，公、检、法三机关应当分工负责、互相配合、互相制约，保证犯罪嫌疑人、被告人自愿认罪认罚，依法推进从宽落实。要严格执法、公正司法，强化对

自身执法司法办案活动的监督,防止产生“权权交易”“权钱交易”等司法腐败问题。

虽然我国认罪认罚从宽制度的确立,给传统刑事诉讼的诉讼结构、控诉方式、辩护方式、审理模式等带来了多元化影响,但是诚如最高人民法院副院长沈亮所言:贯彻认罪认罚从宽制度,公、检、法三机关配合制约的关系没有变化,控辩审三方的职能配置和诉讼格局没有变化,人民法院对案件质量审查把关的职责要求没有变化。[25] 认罪认罚从宽制度更多的是公诉权的一种减让,而不是国家审判权的前移,是控辩之间从对抗到协商的转变,而控审之间只是权力运行模式的调整,并未涉及权力的重新配置。[26] 公、检、法三机关之间分工负责、互相配合、互相制约,是我国刑事诉讼法的一项基本原则,是准确有效执行法律的基本保证,在推进认罪认罚从宽制度的改革过程中,公、检、法三机关仍须坚持并贯彻好这一原则。

2022 年 3 月 8 日,最高人民检察院检察长张军在第十三届全国人民代表大会第四次会议所作的关于最高人民检察院工作的报告中指出,全年认罪认罚从宽制度适用率超过 85%;量刑建议采纳率接近 95%;一审服判率超过 95%,高出其他刑事案件 21.7 个百分点。由此可见,认罪认罚从宽的运行取得不少成效,为案件的繁简分流、提高诉讼效率,缓解案多人少的矛盾作出了一定的贡献。检、法之间虽然就认罪认罚的某些问题仍存有较大的分歧,但单从适用比例、量刑建议的采纳率来看,认罪认罚案件推进过程中,检、法之间的互相配合是比较顺畅的。而与此同时,一直饱受诟病的检、法之间的“配合有余、制约不足”的问题在认罪认罚案件中似乎显得更为突出,亟待引起我们重视和关注。由于认罪认罚制度本身固有的结构性风险及认罪认罚程序中控辩失衡等特有因素的影响,目前某些认罪认罚案件应有的协商性特质并不明显,相反地,控辩双方之间关系似乎异化为压制,一定程度上妨碍了司法的程序公正和实体公正。结合过往的审判实践和经验来看,配合制约原则在法检两家推进认罪认罚从宽制度改革中存在以下问题:

---

〔25〕 参见沈亮:《凝聚共识 推进认罪认罚从宽制度深入有效实施》,载《人民法院报》2021 年 7 月 22 日,第 5 版。

〔26〕 鉴于认罪认罚从宽制度的确立,其影响的主要是检、法之间权力运行模式的调整问题,因此,在配合制约原则中我们讨论的核心主要围绕检法两家展开。

第一,控审之间的过度合作,为提高诉讼效率,存在以降低案件证明标准为代价的现象,易导致冤假错案。相对于控、审冲突问题,认罪认罚案件的控、审之间过度合作,缺乏实质性制约,也是更值得关注的问题。在认罪认罚案件中,控、审关系极易异变为合作有余而制约不足。在办理认罪认罚案件时,往往基于犯罪嫌疑人、被告人的人权保护,对"从严"的标准把握得过于审慎,而对"从宽"的把握则有"从松"倾向,有时为提高诉讼效率,个别案件确实也出现了起诉证明标准的降低和松动的情况。[27] 例如,在公安机关和检察机关未能查明被告人真实身份的情况下,检察机关鉴于被告人系认罪认罚直接提起公诉,部分法院也未能在刑事诉讼的最后一环发挥应有的审查和制约的功能,以至于在判决时遗漏对被告人前科的认定,导致判处的刑罚过于轻缓。[28] 再如,公安机关与检察机关在庭前未能查明被害人身体损伤程度,证据材料中也未提供司法鉴定意见,法院作出裁判时直接忽略了对被害人伤情这一重要事实的查明,一审宣判之后,被告人上诉,二审在对被害人的伤情进行重新鉴定的基础上,认为原审判决对行为的定性错误,量刑不当。[29]

2020 年 10 月 15 日,最高人民检察院检察长张军在第十三届全国人民代表大会常务委员会第二十二次会议上作《关于人民检察院适用认罪认罚从宽制度情况的报告》中指出:"有的检察官审查把关不严,存在因认罪认罚而降低证据要求和证明标准的问题。"认罪认罚从宽制度的施行,直接让案件承办人的自由裁量权更大,也容易造成司法权力的滥用。极少数底线意识不强的司法人员,因为利益的冲突或人情世故,导致司法腐败问题的发生。因此,确实需要强化监督制约,才能确保刑罚功能的充分发挥和公平正义的真正实现。

第二,检察机关居于绝对主导地位,被追诉人权利保障不到位,控、辩之间本应平衡的量刑协商有走向失衡之嫌。其一,从法律规定的具体内容来

〔27〕 参见张智全:《认罪认罚从宽,有制约才能行稳致远》,载《人民法院报》2019 年 11 月 2 日,第 2 版。

〔28〕 参见姜某成涉盗窃案,上海市青浦区人民法院(2021)沪 0118 刑再 1 号刑事判决书;陈某海、王某球开设赌场案,广西壮族自治区柳州市中级人民法院(2021)桂 02 刑再 1 号刑事裁定书。

〔29〕 参见薛某东危险驾驶案,北京市怀柔区人民法院(2020)京 0116 刑再 1 号刑事判决书。

看,程序的启动、选择适用和实体处理的选择,大多数具有国家公权力的属性。其二,就程序适用现状而言,程序的启动与否、程序的适用方式选择,包括定罪与处罚的内容,亦由检察官决定。被追诉人即使申请,对检察机关也并无法定约束力,程序启动与否在一定程度上取决于检察机关尤其是办案检察官的意愿。

反观作为程序主体的被追诉人,一方面,检察官与被追诉人就认罪认罚的交涉,是在"信息不对称"的条件下进行的。具体而言,立法并未赋予被追诉人阅卷权或证据知悉权,而辩护人是否可以将其阅卷获悉的证据信息告知被追诉人,其法律上的后果目前也存有争议,因此操作也比较谨慎。法律及司法解释规定的告知义务,只是"告知犯罪嫌疑人享有的诉讼权利和认罪认罚的法律规定"。检察官并没有义务将其掌握的证据信息全面告诉被追诉人。另一方面,值班律师的设置在相当程度上"徒具形式",既缺乏动力,又很难有条件为嫌疑人提供有效辩护。〔30〕有人称这种认罪认罚程序是"听取意见式程序",而非认罪协商程序。

从司法实践运作的法律效果看,被追诉人在审判前认罪认罚并予具结,法院一般应当接受指控的罪名和量刑建议等,一旦审判机关的判决未能完全地做到诉判一致,个别地方检察机关通常会以抗诉来解决裁判结果的偏离,某种程度上,检察官的控诉似乎具有"类审判"功能,对案件处置基本具有决定性作用。又如,若法院认为量刑建议不适当而不予采纳,检察机关会以原判量刑明显不当或程序违法为由提出抗诉。〔31〕

在存在前述控辩失衡的程序背景以及权力主导操作方式之下,不少理论界和司法实务界人士对认罪认罚从宽程序表现出担忧,担心不受监督和限制的权力遭到滥用,而认罪认罚自愿性、真实性以及量刑建议合理性自然免不了遭受质疑。

---

〔30〕 在绝大部分案件中,检察官是在和犯罪嫌疑人完成量刑协商后,再通知律师到场见证具结过程。在听取律师意见时,往往只是告知其从宽处罚的建议,并不就量刑的内容与律师进行协商。而律师在提供法律帮助时,也只是在和检察官、犯罪嫌疑人进行简单交流后,便告知嫌疑人可以同意量刑建议和程序适用,并不就量刑结果提出疑义,更遑论参与量刑协商。参见许世兰、陈思:《认罪认罚从宽制度的基层实践及思考》,载胡卫列等主编:《认罪认罚从宽制度的理论与实践——第十三届国家高级检察官论坛论文集》,中国检察出版社2017年版。

〔31〕 参见董某安诈骗案,上海市第二中级人民法院(2019)沪02刑终1596号刑事裁定书。

第三，审判权对认罪认罚案件的审查形式化。控辩双方的能力和信息不对称，在一定程度上引发了对认罪协商公正性的质疑。而为弥补认罪协商的这一制度缺陷，各国立法都赋予了法官对认罪协商进行司法控制的权力，通过审判权对“认罪的自愿性、案件事实基础、量刑协商的适当性”进行多元化审查，防止检察机关滥用协商权力，充分保障被追诉人权益，切实发挥审判权作为公平正义最后一道防线的作用，这也是审判中心主义的体现方式之一。[32]

我国认罪认罚案件中，处理结果都是由检察机关先行提出定罪量刑建议，而考核的要求，使得检察机关希望法院对其建议原则上都予以采纳。2021 年 11 月 15 日，最高人民检察院检委会通过的《人民检察院办理认罪认罚案件开展量刑建议工作的指导意见》更是指出，一般应当提出确定刑量刑建议，而且针对人民法院未告知人民检察院调整量刑建议直接作出判决的，人民检察院一般应当以违反法定程序为由提出抗诉。映射到司法实践中，因为法院改变检察机关的量刑建议、起诉罪名等，检察机关据此提出抗诉的情况比比皆是。而这使得审判机关、法官对检察机关的认罪认罚案件的处理显得尤为谨慎，个别法官首先考虑的是尽量保持诉判的一致，进而导致法官对被追诉人认罪自愿性的审查形式化。此为其一。其二，司法实践中，认罪认罚案件的庭审时间比较紧凑，法官真正用于认罪认罚自愿性审查的时间比较少。在有限的时间里，直接涉及自愿性问题的庭审内容表现为法官询问被告人认罪认罚的意愿并对具结书签署情况进行核实，庭审场景通常表现为审判人员提纲式发问，被告人以“清楚、同意、没有意见”等语言简单作答，对具结书的核实是法官的主要工作目标，只要被告人认可系由本人签署的具结书，法官就推定认罪是自愿的，这种简单的做法可视为认罪认罚案件中的“具结书中心主义”。[33]

此外，法官审查认罪自愿性的标准单一化，难以获得理想的审查效果。自愿性的判断标准一般分为主观性标准和客观性标准，根据两高三部《认罪认罚指导意见》中关于自愿性审查的规定及司法实践中的普遍做法，我

〔32〕 参见张柳：《“以审判为中心”背景下的刑事诉审关系研究》，中南财经政法大学 2020 年博士学位论文，第 143 页。

〔33〕 参见杨帆：《认罪自愿性的边界与保障》，载《法学杂志》2019 年第 10 期。

国采用客观性标准。客观性的标准着重于审查公权力行使是否违反程序，但在其他配套制度不完善的情况下，这种标准的适用存在一定的障碍，难以获得理想的审查效果。目前，被追诉人在权利保障不到位，律师帮助非常有限的情况下，其认罪决策的自愿性缺乏信息基础，尤其是在面对强大的国家公权力的时候，经不起压力和量刑减让利益的诱惑，绝大多数都会选择认罪认罚，而这其中不乏隐蔽的"非自愿认罪"情形。即使看似完全履行了相应的权利保障义务，诉讼程序完全合规，但被告人认罪仍然缺乏认知基础和自由意志，法官运用客观性标准对自愿性进行审查容易流于形式。可以这样说，认罪认罚案件的审理过程中，个别地方法院的审判职能从某种意义上来说似乎已经转变为审核、确认功能，从形式上来看更像是对协商合意的一种司法确认。

因此，在认罪认罚从宽制度的适用中进一步强化监督制约，也就成了题中之义。权力必须被制约，才能不产生腐败。两高三部《认罪认罚指导意见》最大亮点就是对公、检、法三机关在适用认罪认罚从宽制度中的相互制约作了具体规定，并以责任的严肃追究为兜底，等于为可能被滥用的司法权力构建了严密的程序正义制度，可谓扎紧了"权权交易""权钱交易"等司法腐败问题的篱笆。[34]

二、优化认罪认罚案件检法间配合制约原则的价值考量

认罪认罚从宽制度作为我国刑事司法的重要制度，在具体运行过程中依然存在诸多盲区和模糊地带，必然要经历一个补足短板、不断调试和完善的过程。但是，与该制度的建立一样，认罪认罚从宽制度的完善，也必须在检察机关和审判机关的共同推动下才能完成。如果放任当前认罪认罚案件中"配合过度、制约失衡、主体有所缺失"等负面效应影响，势必导致诉讼阶段的关系与功能在某种程度上发生畸变，促使检察机关与审判机关之间的关系偏离正常的刑事诉讼运行轨道，审查起诉阶段而非审判阶段将成为刑事诉讼进程的中心。比如，在被告人有前科的认罪认罚案件中，检察机关认为应当对被告人判处有期徒刑以上刑罚，据此认定被告人系累犯，依法从重

---

〔34〕 参见张智全：《认罪认罚从宽，有制约才能行稳致远》，载《人民法院报》2019 年 11 月 2 日，第 2 版。

处罚；而审判机关则认为，被告人就本罪不应被判处有期徒刑以上刑罚，因此不认可检察机关成立累犯的量刑建议。检察机关不服，由此提出抗诉。[35] 而这样的做法，其后果就是检察机关的控诉主张及相关材料将直接成为法院裁判结论及定案证据，在事实操作层面形成了“以审查起诉为导向的中心化”。质言之，在这种情况下，审判过程就会沦为对公诉机关量刑建议的确认和展示过程。

通常说，是否属于累犯，前提是被告人应当判处有期徒刑以上刑罚。检察机关提出的量刑建议只属于求刑权的范畴，并不具有终局性的效力，定罪量刑是人民法院的法定审判职责，审判权是人民法院的专有职权，而这也是“以审判为中心”的应有之义。因此，为确保刑事诉讼的良性运转，符合公正价值要求，在认罪认罚诉讼进程中，有必要健全分工负责、互相配合、互相制约原则，突出和优化检、法两家之间的制约机制，杜绝检、法之间超出分工的过度配合，而且在控、审两个诉讼阶段中，要强调后面程序对前面程序的制约。

（一）防范冤假错案发生的重要保障

事实上，从近年来披露的众多冤假错案来看，公、检、法三机关之间的配合过度、制约不足、分工不明是这些错案形成的重要原因之一。认罪认罚程序运行的核心是控辩协商，而在目前的司法实践操作中，被追诉人权利得不到有效的保障，控辩双方应有的平等地位有失衡之嫌，检察机关在控辩协商过程中起着主导作用，具有职权色彩。这样背景下的协商，如果身处后一阶段的法院再未能进行实质性审查判断，那么认罪认罚自愿性、具结书的合法性和真实性将不得不遭受质疑，而缺乏制约的控辩协商也极易产生权力的滥用甚至是司法的腐败。退一步讲，即便后一阶段的主体已经发现了前一阶段中存在的问题，但在过度配合思想的指引下，无视、隐匿甚至粉饰前一程序中存在的问题，最终一样会酿成冤假错案，给当事人的合法权益、司法公信力造成严重损害。[36] 全国人大常委会委员徐显明曾说：“在世界范围

---

〔35〕 参见丁某东盗窃案，上海市第二中级人民法院（2019）沪 02 刑终 619 号刑事裁定书；王某元盗窃案，上海市第一中级人民法院（2018）沪 01 刑终 2174 号刑事裁定书。

〔36〕 参见左卫民：《健全分工负责、互相配合、互相制约原则的思考》，载《法制与社会发展》2016 年第 2 期。

内比较,谁的制度能把冤假错案制造得最少,谁的司法制度就是最文明的。刑事诉讼的原理在于用后一个权力来否定前一个权力,所以公、检、法三机关相互制约,制约比配合更重要,如果制约这个功能丧失了的话,冤假错案就不可避免了。在我们国家,每当出现一起冤错案件,公、检、法三家都难辞其咎,三家都有义务避免和预防。"[37]鉴于此,为保障司法公正、避免冤假错案的发生,我们必须对认罪认罚案件中三机关分工负责、互相配合、互相制约原则作出适当调整和优化。

(二)推进以审判为中心诉讼制度改革的内在要求

党的十八届四中全会审议通过的《关于全面推进依法治国若干重大问题的决定》提出要推进以审判为中心的刑事诉讼制度改革,同时提出要完善认罪认罚从宽制度。这两种制度均是当下刑事司法改革领域的重点,二者关系如何界定,目前尚无定论。而司法实践中,却呈现个别检察机关主导认罪认罚从宽制度从启动到裁判全过程的极端情况,庭审在查明事实、认定证据等方面流于形式,审判机关的裁判功能趋向虚化,审判机关有沦为量刑建议"宣读机器"之嫌。因此,有观点提出,认罪认罚从宽制度是对以审判为中心制度的背离,检察机关的主导作用与审判活动的中心地位之间存在矛盾。

以审判为中心的诉讼制度改革,根本目的在于发挥审判程序应有的制约、把关作用,形成一种倒追机制,促使侦查、检察人员树立办案必须经得起法律检验的理念,其核心要义是裁判者按照法定程序认定事实、适用法律并对被告人定罪量刑。庭审实质化是实现以审判为中心诉讼制度改革的重要途径。而认罪认罚从宽制度的确立是应对刑事案件总量不断攀升、人案矛盾依旧存在的状况所作出的有益探索,是完善刑事案件分流处理机制、优化司法资源配置的重要举措,是在更高层次上实现公正与效率相统一的制度安排。

检察机关在认罪认罚案件中主导审查起诉阶段的程序,在犯罪嫌疑人协商、签署具结书等方面发挥作用,使得案件流转更为高效、庭审活动更为

[37] 参见王姝:《常委会委员:每当出现冤错案件,公检法三家都难辞其咎》,载新京报 2019 年 10 月 25 日,http://baijiahao.baidu.com/s? id = 1648342927377111267&wfr = spider&for = pc。

简化,但其并未否定庭审的固有功能。只是相较于其他刑事案件,法院对认罪认罚案件审理的侧重点发生了变化,即法院要审查认罪认罚的自愿性和具结书内容的真实性、合法性,要审查被告人是否构成犯罪、量刑建议是否适当等,其侧重点的改变是出于对效率的考量,但此时审判活动仍是刑事诉讼活动全过程的核心。此外,对于"庭审实质化"也要用发展的眼光看待,认罪认罚从宽制度实行的查证、质证方式,虽然使得认罪认罚从宽案件庭审实质化的内容与非认罪认罚从宽案件庭审实质化的内容有所不同,但庭审起实质性、决定性作用的精神并未改变。所以,虽然法院开庭的内容变化了,时间减少了,但庭审实质化的精神并未改变。[38] 作为居中裁判者,法院强化对认罪认罚的全面实质审查,防止权力滥用,亦是法、检之间分工负责、相互配合、相互制约的关系体现。如张某利出售出入境证件案。公诉机关指控被告人张某利犯出售出入境证件罪,鉴于张某利系自愿认罪认罚,建议判处张某利有期徒刑7个月至1年,并处罚金,并建议适用速裁程序。被告人张某利在审查起诉阶段签署认罪认罚具结书,认可公诉机关的量刑建议,同意适用速裁程序。一审法院经审查认为,本案证据仅能证明被告人张某利出售的是办理商务签证时所需的材料——商务邀请函,该文件本身不属于《刑法》规定的出入境证件,张某利的行为不构成出售出入境证件罪。后检察院以证据不足为由向法院申请撤回起诉。[39]

公、检、法三机关分工负责、互相配合、互相制约是我国刑事诉讼的一项基本原则。办理认罪认罚案件,应当坚持配合制约原则,一方面,强化配合意识、协调一致推进,形成合力,是推进制度良性适用的必然要求;另一方面,也要充分发挥互相制约作用,保证被追诉人自愿认罪认罚,依法推进从宽落实。尤其是要强化认罪认罚全过程的制约监督,打消社会上对认罪认罚从宽制度运行的案件质量和司法腐败的顾虑和担忧。

(三)确保司法权力正常运行的客观需要

认罪认罚从宽制度虽然改变了传统的刑事诉讼模式,确立了公安机关、

---

〔38〕 参见胡云腾:《正确把握认罪认罚从宽 保证严格公正高效司法》,载《人民法院报》2019年10月24日,第5版。

〔39〕 参见张某利出售出入境证件案,北京市朝阳区人民法院(2018)京0105刑初1717号刑事裁定书。

检察机关、审判机关和司法行政机关各司其职，侦查权、公诉权、审判权和辩护权相互配合、相互制约的新的刑事诉讼模式，实现了公诉权由检察机关独断型向检察机关与当事人、辩护律师协商分享型的转变，但这一诉讼模式转型并不影响法院的中立判断地位，其改变的只是国家公诉权的减让，不是国家审判权的前移，故并未改变法院依法独立审判、公正裁量刑罚的职责，也未改变公、检、法三机关之间的配合、制约关系。〔40〕 比如孙某中危险驾驶案。一审期间，公诉机关指控被告人孙某中在道路上驾驶机动车，追逐竞驶，情节恶劣，其行为应以危险驾驶罪追究刑事责任，建议判处孙某中拘役4个月以上、5个月以下，可以适用缓刑，并处罚金。一审以危险方法危害公共安全罪判处孙某中有期徒刑1年。公诉机关在对孙某中案提出量刑建议时忽略了案发的特定时间、特定地点、特定环境，未能充分考虑到行为对其他正常行驶的车辆等不特定多数人所造成的危害，将以危险方法危害公共安全罪错误认定为危险驾驶罪，致使量刑建议出现了较大偏差。〔41〕 此外，在认罪认罚案件中，即便检察机关在提出量刑建议时已经综合考虑了案件的犯罪性质以及具体犯罪情节，但在法院审理的过程中，依旧可能会出现影响量刑的情形，此时需要对案件事实与法律评价进行最后的全面审查，才能作出正确的刑罚裁判。〔42〕 认罪认罚案件中的量刑建议是检察机关基于犯罪嫌疑人认罪认罚而在实体上作出量刑减让的一种承诺，承诺的最重要的意义是使被告人对认罪认罚的后果能有个合理的预期，但承诺能否实现以及在多大程度上实现，仍由人民法院裁判决定，也就是说人民法院对认罪认罚案件中的量刑建议仍要进行实质审查，而不是形式上的确认。

定罪量刑作为审判权的核心内容，裁判权只能由人民法院依法行使，具有专属性，检察机关提出的量刑建议，本质上仍然属于程序职权，是否妥当应当由人民法院依法判定。按照《刑事诉讼法》的制度设计，公安、检察院、法院在认罪认罚从宽制度的落实中，各自都有责任，要相互配合、相互制约。

---

〔40〕 参见胡云腾：《正确把握认罪认罚从宽　保证严格公正高效司法》，载《人民法院报》2019年10月24日，第5版。

〔41〕 参见孙某中以危险方法危害公共安全案，上海市第二中级人民法院(2020)沪02刑终247号刑事裁定书。

〔42〕 参见姜琳炜、黄伯青：《法院改变公诉机关量刑建议的工作规程》，载《人民司法》2020年第29期。

认罪认罚从宽制度仅仅是为案件的处理提供了一条通道,确保案件能够得到区别对待,司法资源得到合理配置。

三、审判中心视野下检法配合制约原则的优化

认罪认罚从宽制度的正确实施,有助于党的十八届四中全会决定提出的"健全公安机关、检察机关、审判机关、司法行政机关各司其职,侦查权、检察权、审判权、执行权相互配合、相互制约的体制机制"改革部署的落地见效。其与以审判为中心的诉讼制度这一逻辑主线、根本目的并不矛盾,也未背离最终仍然由法院对被告人的定罪量刑作出裁判的规定。认罪认罚从宽制度确立伊始,就是以审判为中心诉讼制度改革的重要组成部分,而不是例外。在我国认罪认罚从宽程序中,公诉机关作为协商主体,在诉讼中的主导性作用增强,其可以通过认罪认罚具结、提出量刑建议、扩大酌定不起诉的适用等方式影响案件实体处理结果,在诉、审关系上实现了检察权和审判权分工配合格局的局部调整。但承认检察机关在认罪认罚案件中的主导性地位并不能否定"以审判为中心"的诉讼原则,认罪认罚的案件事实及量刑建议都必须经过法院开庭审查,是否合适和采纳由法院审判以后才能最终决定,法院有权变更罪名、调整量刑等,因此,认罪认罚从宽制度仍然是坚持"以审判为中心"的,只不过与传统的"以审判为中心"表现形式有所不同。

据此,优化检、法两家之间的配合制约原则,一方面,必须进一步理顺二者之间的分工配合关系,毕竟认罪认罚制度是多机关共同主导,是一项系统工程,控、审机关都有义务为实现该制度的设立宗旨和目标,在各自的职权范围内把法定职责履行好。认罪认罚从宽制度自实施以来已日益成熟并取得丰硕成果,而取得这一成果的最关键的原因就是各方参与主体明晰自身在该制度中所扮演的"角色"要求以及角色之间的高配合度。检察机关做好程序的启动方,审判机关也应当做好程序的完成方。另一方面,强化审判权对控辩协商的司法控制,相较于存在控辩对抗的非认罪案件,认罪认罚从宽程序中出现权钱交易、协商策略滥用等非法因素和权力滥用的风险更大,审判机关应正确认识并贯彻以审判为中心的理念,让司法裁判的标准发挥示范引领作用,强化审判权对认罪认罚案件的全面审查和制约,进而确保认罪认罚从宽制度公正高效运行。

（一）理顺认罪认罚检、法之间的配合关系

认罪认罚从宽制度虽然改变了传统的刑事诉讼模式，但这一诉讼模式的转型并不影响法院的中立判断地位，制度的变革必然迎来部分职能的重新划分与配置，认罪认罚作为诉讼制度的改革内容，必然要引发控审关系的重构，而这也使检、法两家需要进一步磨合。

控诉方主导着认罪认罚案件的协商，而审判机关则承担着对协商的审查与确认，双方的关系首先是一种配合关系。我们认为，立足检、法两家在认罪认罚中的角色定位，结合司法实践，从控审职能的充分发挥和联动着手，可简化诉讼程序，改变以往冗长的诉讼过程，加快案件的办结，真正实现案件的繁简分流、快慢分道。

第一，检察机关可充分延伸检察职能，构建好诉前证据体系。检察机关具有侦查活动监督和提前介入引导取证的工作职能，可以强化对公安机关前期侦查工作的指引，实现移送审查起诉前的有效侦查，保证案件在移送时基本达到起诉标准。通过检察职能延伸把审查工作量提到审查起诉之前，通过职能延伸来促进案件质量的同时，减轻审查起诉阶段的工作负荷来专心开展认罪认罚协商以及必要的社会调查。[43]

第二，审判机关可通过典型案例发布等手段做好释法统一的规范指导。审判机关虽然是被动的，中立的，但是在规范社会行为、释法说理方面仍然应当承担法治引导者的责任。刑事诉讼繁简分流工作，审判机关的参与必不可少。审判机关对典型案例的推送、对量刑标准的发布等，往往都是指引司法认识统一的关键。近年来，最高人民法院的指导性案例对全国刑事案件办理起到了良好的办案指导作用，满足了人民对司法的需求，符合社会的期待。就认罪认罚从宽制度改革而言，审判机关同样应该积极总结典型案例，主动发挥关键问题的权威解读示范引领作用。为检察机关及刑事案件诉讼参与人提供更有预期的司法结果认识，体现审判机关在认罪认罚中的作为。[44]

（二）强化审判权对控辩协商的全面实质性审查

鉴于认罪认罚案件的审理程序已经被简化，有观点认为，法官对案件真

---

〔43〕 参见高振阳：《论认罪认罚中的控审关系》，黑龙江大学2020年硕士学位论文，第31页。

〔44〕 2021年6月，由最高人民法院刑事审判第一至第五庭主编的《刑事审判参考》第127辑收录了1403号至1414号指导案例，12个参考案例均与2018年《刑事诉讼法》确立的认罪认罚制度有关。

实性的审查,应主要限于形式审查,实质审查背离制度设立的初衷,既不现实也不可能。但现实是,部分被告人在一审宣判后以非自愿性、不清楚、被误导等为由提出上诉,这与审判阶段司法审查形式化倾向不无关系,一定程度上对司法公正、人权保障造成损害。法院实质审查是制度有效运行的关键程序节点,是制度实现公正与效率相统一的前提,不是可有可无的虚设。试点方案、试点办法直至立法,均对认罪认罚自愿性、真实性、合法性作了严密、规范的程序设计。作为我国特色的有条件的认罪宽恕制度,不得像美国等西方国家那样采取形式审查。在案件起诉至法院前,法院对认罪认罚的情况并不清楚,本就无从发挥配合制约的作用,审判阶段如果再流于形式,就无从发现审判程序存在的问题,审判程序的监督、把关作用就会失守。

根据2018年《刑事诉讼法》第201条的规定,人民法院在法庭审理过程中有责任审查被告人的行为是否构成犯罪、是否应当追究其刑事责任,以及检察机关的量刑建议是否明显不当。可见,人民法院对认罪认罚案件并非仅作自愿性、合法性审查,也应针对案件证据事实进行实质审查。因此,针对控辩协商的内容,法官可以从两个方面进行审查:一是庭前可以侧重以事实基础为重心的实体审查。认罪案件的案卷材料包含能够证明案件事实的诸多信息,庭前调查案卷材料是审查实体真实的主要方式。对于认罪认罚从宽案件,法官在开庭前全面阅卷,结合侦查案卷与控辩协议来审查案件。对于事实、证据存在明显问题的案件,如指控的事实不构成犯罪、不应当追究被告人责任、犯罪事实不是被告人所为、罪名认定存在问题、协商的内容不在规定范围之内、量刑建议明显畸轻畸重等情形,直接终止适用认罪认罚从宽程序,转为普通程序。[45] 二是庭审以认罪自愿性为审理重心,建立简化而不简约的庭审模式。在认罪认罚案件中,庭审应当是审查自愿性的主战场,法官应根据两高三部《认罪认罚指导意见》第39条的规定,在庭审中对认罪认罚的自愿性、具结书内容的真实性和合法性进行审查核实,主要包括五个方面:一是是否出于意思自治,排除威逼利诱等非法干扰;二是当事人在认罪认罚时刑事责任能力的判定;三是当事人是否知悉认罪认罚的法律性质及法律后果;四是侦查机关以及公诉部门是否履行相关告知义务并

---

〔45〕 参见曾亚:《认罪认罚从宽制度中参与主体之角色研究》,湖南大学2018年博士学位论文,第140页。

听取意见;五是值班律师或辩护人是否参与认罪认罚具结书的签订。如果法官发现存在违法情形,如被告人并不了解认罪的后果、对自身行为产生了错误认知、系非自愿认罪等,则应转换程序,适用普通程序审理。

(三)通过审判适度调整控辩平衡,确保被追诉人的权利救济

前文已述,目前认罪认罚案件的控辩协商主体双方并不平等,面对主导协商程序的控方,被追诉人缺少相关的信息共享知情权、程序选择权等权利,而诉讼资源配置的控辩失衡使得制度推行的正当性饱受质疑。我们认为,在优化配合制约原则的语境下,必然要求调配诉讼资源,包括适当制约和约束此项制度中控方权力的行使,加强被追诉人权利保障,确保在有限条件下努力实现诉讼资源的控辩平衡。

在现有立法及司法解释尚未对被追诉人的权利予以明确的情况下,我们认为,审判机关可以通过审判的价值导向和指引去适度平衡控辩诉讼资源,确保被追诉人可以通过立法赋予的权利实现对自己权利的救济,与此同时,也可间接实现审判程序对控辩协商内容的审查。被告人一旦认罪认罚,会给司法机关带来很多便利,能大幅度提高司法效率,这也是此项制度的初衷之一。但是有利就有弊,在高效率的召唤下,被追诉人的合法权利有时会有所缺失,此时认罪认罚的自愿性就难以获得保障。对于本就处于较弱地位的当事人来说,如果连程序救济的权利都丧失了,就更加难以保全自己。如此一来,控辩地位将更加不平等。而在权利的救济程序当中,我们认为,保障被追诉人的上诉权是诉讼公正与效率的最好平衡。上诉权是被告人的审级救济性权利,当案件有程序违法或者实体违法的情形出现,上诉是被告人在一审结束后最重要的救济途径。认罪认罚从宽制度下,自愿认罪的被追诉人会得到从轻处理,但在这一过程中,也可能会发生侵犯被追诉者合法权益、违背程序正义以及作出错误裁判的情形。上诉虽有违与检方达成的认罪认罚具结书,但并非虚假陈述或虚假诉讼,上诉权是被告人的基本诉讼权利而不是违背诉讼诚信的行为,司法机关应予以尊重和保障。审判机关在司法实践中,更不能因为被追诉人一审系认罪认罚而对其权利予以忽视,甚至是变相予以限制。相反地,需要立足二审审级职能定位,从形式和实质两个方面对第一审判决所认定的事实和适用的法律进行全面审查。此为其一。其二,理性对待检察机关的抗诉权,既不能一概支持,亦不可一律驳回,不能作出绝对化处理。在我国,抗诉是法律监督权,实质是检察机关对人民

法院作出的判决、裁定,认为确有错误的,依法向人民法院提出重新审理要求的诉讼活动。抗诉对象包括事实认定错误、证据不够确实充分的裁判,在适用法律、定罪量刑上有错误的裁判,违反程序的裁判等。人民法院一审判决系基于公诉机关与被告人之间达成的合意作出的,换言之,一审判决与公诉机关的意见已完全吻合,应该说一审判决是没有错误的,如果因此抗诉,则对象、依据均与法律规定不符,更是对自己原先行使的公权的否定,故因为被告人的上诉而启动抗诉的做法确实非常值得商榷。

(四)建立检、法常态化沟通机制

检、法之间应当就认罪认罚案件建立常态化沟通机制,确保制度运行顺畅高效。具体而言,常态化沟通机制可以分为事前沟通与事后沟通。各地检察机关和审判机关可以就本地区常见多发性的罪名事先沟通,联合制定、细化地区性的常见罪名量刑标准与适用准则,减少在具体案件适用过程中的分歧。[46]

移送到人民法院的认罪认罚案件,检察官已经做了大量工作并已把事实搞清、案情吃透,且经过与被告人及其辩护人协商形成了量刑建议,被告人和被害人也已经达成了认罪、赔偿协议,被害人已出具了谅解书等。如果法官无视控辩双方前期的工作成果,那么势必会严重挫伤检察官、律师和当事人的积极性。故有观点认为,让审判人员提前介入审查起诉程序中,为检察官确定罪名和提出量刑建议提供咨询,为被告人及其辩护人参与量刑协商提供法律保障,从而确保被告人认罪认罚的自愿性和真实性,促进检察机关提高罪名建议和量刑建议的精准性。[47]

在认罪认罚具结达成后,检察机关可以就量刑建议的内容同法官进行事后沟通,首要的是进行阐释说理,对于刑罚中的基准刑、罚金刑、宣告刑的依据,结合案情进行逐一阐释,最好以检察机关正式文书形式随卷一起送达法院,如果法官认为量刑建议不合理的,应先进行沟通协商,再决定是否调整量刑建议。[48]

---

〔46〕 参见王迎龙:《认罪认罚从宽制度中的控审构造》,载《中国刑事法杂志》2021 年第 6 期。

〔47〕 参见胡云腾:《完善认罪认罚从宽制度改革的几个问题》,载《中国法律评论》2020 年第 3 期。

〔48〕 参见王迎龙:《认罪认罚从宽制度中的控审构造》,载《中国刑事法杂志》2021 年第 6 期。

第五章　认罪认罚从宽制度的内涵和外延

认罪认罚从宽制度作为一项重要的刑事诉讼改革措施，必须保证各种概念的清晰和明确，才能充分发挥制度的功能，保证其实施效果。概念是人类在从感性认识上升到理性认识过程中，把所感知事物的本质特征抽象出来进行的一种概括，是对事物的自我认知的一种表达，最终形成一种基本的思维惯性。表达概念的主要方式是语言，构成语言的基本形式是词汇，而无论是语言还是词汇，都存在局限性。《道德经》讲："道可道，非常道；名可名，非常名。"这体现了事物变化无穷无尽，不可能用语言把它完全表达出来的哲学思维。因为一旦用语言进行了表达，就不免存在局限性。概念同样如此。概念包括内涵和外延两个方面，要精准地理解某一概念，就需要深入分析其内涵和外延。而内涵是基础、是本体，外延是概念的适用范围，是外部关系。概念还可能因人、因地、因时而变，立场不同可能对概念的理解亦存在差异。认罪认罚从宽制度作为一项严肃的法律制度，其固有概念应该是清晰明确的，即使词语本身的含义存在局限，也应当在解释论上将概念明确化。

2018 年《刑事诉讼法》第 15 条规定："犯罪嫌疑人、被告人自愿如实供述自己的罪行，承认指控的犯罪事实，愿意接受处罚的，可以依法从宽处理。"该条对"认罪""认罚""从宽"以及三者之间的关系作了规定。除此之外，《刑事诉讼法》又在不同条文中规定了有关适用认罪认罚从宽制度的条件、程序、要求等内容，对于科学理解认罪认罚从宽制度具有重要的规范作用。但在理论研究和实务操作中，如何理解"认罪""认罚""从宽"的内涵和外延，如何把握三者之间的逻辑关系，仍然存在很多不同认识。比如"自己的罪行"，是否包括未被司法机关发现而未被指控的罪行？"愿意接受处罚"，是否包括"刑罚处罚""行政处罚"以及刑期长短、刑罚具体的执行方式?[1]这些具体的问题若存有争议,将其放入丰富多彩的司法实践中,难免会产生“千人千面”的效应,不仅影响法律适用的统一,还有碍于诉讼效率的提升和诉讼公平的实现。

第一节 “认罪”的概念和判断

“认罪”是认罪认罚从宽制度的前提和基础,是“从宽”的逻辑起点之一。2018 年《刑事诉讼法》第 15 条对“认罪”的规范表述是:“犯罪嫌疑人、被告人自愿如实供述自己的罪行,承认指控的犯罪事实。”两高三部《认罪认罚指导意见》对“认罪”问题进行了细化规定,“认罪认罚从宽制度中的‘认罪’,是指犯罪嫌疑人、被告人自愿如实供述自己的罪行,对指控的犯罪事实没有异议。承认指控的主要犯罪事实,仅对个别事实情节提出异议,或者虽然对行为性质提出辩解但表示接受司法机关认定意见的,不影响认罪的认定。犯罪嫌疑人、被告人犯数罪,仅如实供述其中一罪或部分罪名事实的,全案不作‘认罪’的认定,不适用认罪认罚从宽制度,但对如实供述的部分,人民检察院可以提出从宽处罚的建议,人民法院可以从宽处罚”。实践中,对于“认罪”的内容、程度、时间、判断标准等问题,仍存在很多争议,各地、各办案部门把握的标准不尽一致,有时难免只能根据具体案件情况进行个案处理,影响了认罪认罚从宽制度的规范适用,因此有必要认真讨论“认罪”的概念和判断问题。

一、“认罪”的内容要求

关于“认罪”的内容是仅指承认指控的客观事实本身,还是包含对主观故意的认可、对行为性质的认可、对具体罪名的认可等,理论上和实践中均存在一定争议,导致对认罪认罚从宽制度适用上的不统一。

(一)主要争议观点分析

1. 一种观点认为,“认罪”即“认事”,仅指承认指控的事实。此观点以

---

〔1〕 参见樊崇义:《2018 年〈刑事诉讼法〉修改重点与展望》,载《国家检察官学院学报》2019 年第 1 期。

"如实供述"为核心,对"认罪"的理解参考实体法中关于自首、坦白的规定展开,并参考2004年最高人民法院《关于被告人对行为性质的辩解是否影响自首成立问题的批复》中"被告人对行为性质的辩解不影响自首的成立"的规定,认为对行为性质辩解的同样不影响认罪的成立。[2] 如有学者认为,"认罪"就是"自愿如实供述自己的罪行","认罪"的实质或核心要素是客观供述所犯罪行,"认罪"即认事或承认犯罪事实。[3] 除此之外,不应为其附加任何冗余的内容,被告人只承认事实而否认被定性为犯罪的情形,依然成立"认罪"。[4]

对此问题,最高人民法院刑事审判第一庭在其编著的《认罪认罚从宽制度的理解与适用》中,以"适用问答"的形式作了以下解释:"认罪"是指犯罪嫌疑人、被告人自愿如实供述自己的罪行,承认指控的犯罪事实。关于"如实供述自己的罪行",应当依照《刑法》关于自首、坦白的规定以及最高人民法院《关于处理自首和立功具体应用法律若干问题的解释》,最高人民法院《关于处理自首和立功若干具体问题的意见》,最高人民法院、最高人民检察院《关于办理职务犯罪案件认定自首、立功等量刑情节若干问题的意见》等规定予以把握。并指出"认罪"的实质就是"认事",即承认指控的犯罪事实,这里的犯罪事实应指主要犯罪事实。因此,犯罪嫌疑人、被告人对指控的个别细节有异议或者对行为性质的辩解不影响"认罪"的认定。[5]

2."认罪"包括"认事"和"认可构成犯罪"。也就是说,"认罪"不但要承认客观事实本身,还需要认可该行为已经构成犯罪。此观点落脚于对2018年《刑事诉讼法》第15条规定中"承认指控的犯罪事实"的实质解释,认为被指控的犯罪事实除了客观事实以外,还包含行为构成犯罪之意。行为人承认指控的犯罪事实,不但需要承认事实本身,还须承认自己的行为已经构成犯罪,但不要求认可具体的罪名。如有学者认为,认罪的核心是"如

---

[2] 参见陈卫东:《认罪认罚从宽制度研究》,载《中国法学》2016年第2期。

[3] 参见刘伟琦:《认罪认罚阶梯式从宽量刑精准化研究——兼评〈关于适用认罪认罚从宽制度的指导意见〉》,载《北方法学》2020年第1期。

[4] 参见黄京平:《认罪认罚从宽制度的若干实体法问题》,载《中国法学》2017年第5期。

[5] 参见胡云腾主编、最高人民法院刑事审判第一庭编著:《认罪认罚从宽制度的理解与适用》,人民法院出版社2018年版,第77~78页。

实供述自己的罪行”,既要承认自己的行为,也要承认被指控的行为构成犯罪,但不包括对自己行为性质(罪名、犯罪形态等)的认识,即“概括认罪”。[6] 认罪应当是犯罪主体对自己实施的危害行为是犯罪这一法律性质的认可。[7] “认罪”不仅是对犯罪事实的客观属性的一般性认可,也是对其犯罪性质的实质认同,主要包括:一是犯罪的轻重,认罪原则上要求认识到所实施犯罪的性质轻重,犯罪的轻重作为认罪的内容有其合理性与必要性,可以反映认罪的彻底性与真实性;二是刑事违法性认识,即使承认实施危害社会的犯罪行为,但如果没有同时认识到自己实施的行为是犯罪,也非完整的认罪。[8]

3.“认罪”即具体认罪,包括认可指控的犯罪事实和具体罪名。这种观点中,又存在两类更加具体的区分:

第一,整体性地要求承认指控的犯罪事实并且认可指控的罪名。[9] 理由如下:一是从认罪认罚的关系来看,认罪认罚是一体的,指控的犯罪事实通常是围绕指控的罪名来叙述的,后续的认罚应当是在既有犯罪事实构成何种罪名前提下的认罚;二是仅仅概括认罪无法确认被追诉人对相应罪名的态度,进而影响检察机关量刑建议的明确性;三是从对被追诉人权利的保障来看,人民检察院、人民法院承担着释法说理的责任,并且2018年《刑事诉讼法》针对认罪认罚案件还规定了值班律师制度,可以帮助被追诉人理解相关罪名;四是若被追诉人不认可检察机关指控的罪名,则难以实现认罪认罚从宽制度在诉讼资源的节约、诉讼效率的提升上的价值。[10] 对此,最高人民检察院副检察长陈国庆认为:“不应将承认指控的犯罪事实与指控的罪名割裂开来,指控的犯罪事实通常是按照围绕指控的罪名来叙述的,指控不同的罪名比如指控盗窃与指控侵占在事实描述上存在差异,因此若拒

[6] 参见陈光中、马康:《认罪认罚从宽制度若干重要问题探讨》,载《法学》2016年第8期。

[7] 参见朱孝清:《认罪认罚从宽制度的几个问题》,载《法治研究》2016年第5期。

[8] 参见孙道萃:《认罪认罚从宽制度研究》,中国政法大学出版社2020年版,第59~64页。

[9] 参见杨静、李理:《认罪认罚从宽制度适用解读》,载《法律适用》2019年第19期;陈瑞华:《“认罪认罚从宽”改革的理论反思——基于刑事速裁程序运行经验的考察》,载《当代法学》2016年第4期。

[10] 参见周新:《认罪认罚从宽制度立法化的重点问题研究》,载《中国法学》2018年第6期。

不接受司法机关认定的罪名，则不能认定为认罪认罚从宽中的‘认罪’。”[11]

第二，将是否承认指控的罪名与不同的诉讼阶段和不同的程序适用相结合。如有学者认为，“认罪”在侦查阶段和审查起诉阶段初期，只需被追诉人自愿如实供述自己的罪行即可，但在签署认罪认罚具结书和提起公诉时以及案件进入审判阶段以后，被追诉人必须同时承认检察机关指控的犯罪事实。其中在适用速裁程序和简易程序审理的案件中，被告人还必须认可指控的罪名。[12]

对于在“认罪”认定中明确要求犯罪嫌疑人、被告人认可具体罪名的观点，反对意见认为，罪名的认定归根结底属于法律适用问题，供述犯罪事实，而不认同被指控罪名的，仍是“认罪”。[13] 更进一步说，难以要求被追诉人对罪名认定这样专业性较强的内容充分了解和认可，并且被追诉人对罪名等犯罪法律特征的认识，对犯罪性质和社会危害不会造成影响。[14]

（二）“认罪”是指认可指控的犯罪事实本身，不包括法律评价

在认罪认罚从宽制度中，“认罪”“认罚”“从宽”是有机联系的统一整体，各有各的功能。“认罪”是“认罚”的前提和基础，“认罚”是“认罪”的态度和价值，“从宽”是“认罪”和“认罚”的法律后果。三者共同定义了认罪认罚从宽制度的适用范围。两高三部《认罪认罚指导意见》第 6 条规定：“……认罪认罚从宽制度中的‘认罪’，是指犯罪嫌疑人、被告人自愿如实供述自己的罪行，对指控的犯罪事实没有异议。承认指控的主要犯罪事实，仅对个别事实情节提出异议，或者虽然对行为性质提出辩解但表示接受司法机关认定意见的，不影响‘认罪’的认定……”我们认为，关于“认罪”的内容，应仅限于指控的犯罪事实本身，而不包括对犯罪事实的法律评价。理由是：

---

〔11〕 蒋安杰：《陈国庆：认罪认罚从宽制度若干争议问题解析（上）》，载最高人民检察院网，https://www.spp.gov.cn/spp/zdgz/202004/t20200429_460178.shtml。

〔12〕 参见孙长永：《认罪认罚从宽制度的基本内涵》，载《中国法学》2019 年第 3 期；赵恒：《“认罪认罚从宽”内涵再辨析》，载《法学评论》2019 年第 4 期。

〔13〕 参见魏晓娜：《完善认罪认罚从宽制度：中国语境下的关键词展开》，载《法学研究》2016 年第 4 期；朱孝清：《认罪认罚从宽制度的几个问题》，载《法治研究》2016 年第 5 期。

〔14〕 参见彭文华：《刑法视野下认罪认罚从宽制度的理解与运用》，载《上海政法学院学报（法治论丛）》2018 年第 6 期。

第一,符合对法律规定的文义解释原理。《刑事诉讼法》第 15 条规定:“犯罪嫌疑人、被告人自愿如实供述自己的罪行,承认指控的犯罪事实,愿意接受处罚的,可以依法从宽处理。”该法条属于对认罪认罚适用范围的规定。根据文义解释的原理,该法条应当包含三个要素:适用主体即“犯罪嫌疑人、被告人”;适用条件即“自愿如实供述自己的罪行,承认指控的犯罪事实”(认罪),“愿意接受处罚”(认罚);法律后果即“可以依法从宽处理”。从中可以看出,“认罪”所涵摄的范围仅限于“自愿如实供述自己的罪行,承认指控的犯罪事实”。再度进行拆解,可以发现后半句“承认指控的犯罪事实”具有定义、解释前半句“自愿如实供述自己的罪行”的功能,即前半句仅指犯罪事实,且仅指被指控的犯罪事实。

第二,有利于保持刑事法律体系用语的统一。无论是刑事程序法还是实体法,都有各自的专有用语,以实现各自的功能。一般来讲,《刑事诉讼法》和《刑法》的用语重合并不多。但若二者采用了同一用语,则从刑事一体化及系统解释的角度出发,应将二者解释为同一含义,以免引起体系上的混乱不清,增加适用难度。《刑法》第 67 条关于自首、坦白的规定,“犯罪以后自动投案,如实供述自己的罪行的,是自首……犯罪嫌疑人虽不具有前两款规定的自首情节,但是如实供述自己罪行的,可以从轻处罚;因其如实供述自己罪行,避免特别严重后果发生的,可以减轻处罚”,此处也出现了“如实供述自己罪行”的表述方式,与《刑事诉讼法》第 15 条的表述完全一致。根据相关司法解释和司法实践中的统一认识,自首、坦白中的“如实供述自己的罪行”,仅指犯罪嫌疑人、被告人如实交代自己的主要犯罪事实,对行为性质的辩解不影响自首的成立。《刑法》系实体法,《刑事诉讼法》是程序法,程序与实体互相配合,共同完成打击犯罪、保护人权的任务,因此二者关于“如实供述自己的罪行”的规定应当保持一致性,否则就会导致实践中的混乱局面。除此之外,在《刑事诉讼法》中直接规定“从宽处理”的实体性规范,本来就引起了诸多争议,先不论这些争议孰是孰非,仅从法律效果来看,《刑事诉讼法》的规定与《刑法》关于自首、坦白的规定在适用条件上就应保持解释上的一致性。这也是前述最高人民法院的“适用问答”和多个地方规定中均将认罪认罚从宽制度中的“如实供述自己的罪行”与自首、坦白进行对比,有的还直接要求在判断“认罪”时可以根据法律、司法解释对自首、坦白的规定进行把握的原因所在。

第三,符合"认罪""认罚""从宽"三要素的职能分工。认罪认罚从宽制度作为一个整体,包含"认罪""认罚"两个从宽处理的前提和基础,二者的功能需要划分,不能相互替代,也不能互相交叉。作为认罪认罚从宽处理的前提,当然需要犯罪嫌疑人、被告人如实供述自己的罪行,认可指控的事实、指控的罪名、指控的情节以及公诉机关根据案件整体情况向人民法院建议的刑罚等全部内容,因为只有这样才能达成认罪认罚合意,实现认罪认罚从宽制度的协商性价值。但是在有机联系的统一体中,就"认罪"这一要素来讲,其只需承担"认可指控的事实"这个单一功能即可。因为是否认为自己的行为已经构成犯罪、是否认可指控的罪名、是否自愿退赃退赔、是否接受既定的惩罚等,完全可以由是否"认罚"这一要素来判断。虽然正如最高人民检察院副检察长陈国庆所言,犯罪事实通常是围绕具体罪名叙述的,但若行为人把犯罪事实所包含的主客观要素均已交代清楚,则罪名的判断完全属于法律的判断,而不是行为人必须交代和认知的内容,否则法律允许行为人对行为性质提出辩解就变得没有意义。当然,行为人如果为了辩解行为性质,而对主客观事实有所隐瞒,当然不构成"如实供述罪行"。因此,罪名对应刑罚,罪名完全可以纳入刑罚要素中。如果行为人不接受指控的罪名,其也不可能接受具体的刑罚,即使其在不认可罪名,甚至不认罪的情况下笼统接受具体的惩罚,根据多地关于认罪认罚从宽制度实施意见的规定,对其也不应适用认罪认罚从宽制度。由此说来,上述第二种观点中将"承认指控的犯罪事实"理解成行为人必须概括性地认可自己的行为已经构成犯罪,也变得没有必要。因为在自首、坦白制度中,行为人对自己行为性质的辩解不影响对"如实供述罪行"的认定,但若行为人虽然如实供述事实,但否认犯罪,又不属于对行为性质辩解的,则不成立自首、坦白。那么,在认罪认罚从宽制度中,行为人对行为性质的辩解也不应当影响"认罪"的认定,如果其否认犯罪,或者对行为性质提出辩解,那么可以纳入"认罚"这一要素来判断,而无需在"认罪"判断中即予以排除。

第四,有利于认罪认罚从宽制度与自首、坦白制度的有序衔接。实践中,绝大部分适用认罪认罚从宽制度的行为人都具有自首、坦白情节,行为人的自首、坦白往往成为进一步适用认罪认罚从宽制度的基础。若自首、坦白的犯罪嫌疑人、被告人与相关司法机关协商一致,同意"认罚",则可以适用认罪认罚从宽制度,反之则不适用认罪认罚从宽制度,但仍可对其根据自首、坦白的规定从轻处罚。因此,若认罪认罚从宽制度中的“认罪”与自首、坦白制度中的“认罪”存在不一致的含义,则难以实现二者之间的有序衔接,或者需要多次判断、分别判断,容易引起实践中的混乱。

二、“认罪”的程度要求

对犯罪嫌疑人、被告人适用认罪认罚从宽制度,其中“认罪”部分应当符合哪些程度上的要求,理论和实践中也存在争议。这种争议与“认罪”内容的争议紧密相关。基于认罪认罚从宽制度中的“认罪”应与自首、坦白中的“如实供述罪行”要素一体解释,保持法律言语体系的稳定和统一的观点,我们对“认罪”的程度要求进行以下分析。

(一)认罪认罚中的“认罪”是指承认“主要犯罪事实”

“认罪”是指犯罪嫌疑人、被告人承认主要犯罪事实。根据两高三部《认罪认罚指导意见》的规定,承认指控的主要犯罪事实,仅对个别事实情节提出异议的,不影响“认罪”的认定。此种情况下,认罪认罚从宽制度与自首、坦白情节中关于“如实供述罪行”的规定具有一致性。

对于犯有数罪的犯罪嫌疑人,若仅供述其中的一罪的情况,两种制度则存在差异。根据最高人民法院《关于处理自首和立功具体应用法律若干问题的解释》的规定,犯有数罪的犯罪嫌疑人仅如实供述所犯数罪中部分犯罪的,只对如实供述部分犯罪的行为,认定为自首。但在认罪认罚从宽制度中,根据两高三部《认罪认罚指导意见》的规定,犯罪嫌疑人、被告人犯数罪,仅如实供述其中一罪或部分罪名事实的,全案不作“认罪”的认定,不适用认罪认罚从宽制度,但对如实供述的部分,人民检察院可以提出从宽处罚的建议,人民法院可以从宽处罚。分析原因,认罪认罚从宽制度的根本目的是贯彻宽严相济刑事政策,节约司法成本,促进犯罪嫌疑人、被告人真诚认罪悔罪,修复被犯罪破坏的社会关系,其要求犯罪嫌疑人、被告人必须自愿、真诚、彻底地认罪悔罪,而并非仅仅认可部分事实,节约部分司法资源。因此,在部分认罪的情况下,认罪认罚从宽制度与自首、坦白制度存在明显差别。

需要注意的是,如何理解“主要犯罪事实”,如对于加重犯罪构成未如实供述的,能否认定为如实供述“主要犯罪事实”,从而成立认罪认罚从宽制度中的“认罪”?对此,有学者提出了“基本犯自首”的概念,认为基本犯部分的罪行和加重构成犯部分的罪行，都应当被评价为“主要犯罪事实”。其中，加重构成犯是法定刑升格的充分必要条件，对量刑影响重大，应当做如实供述的要求，未对加重犯罪构成如实供述的则不是一个完整、全面的自首。但基本犯自首也一定程度上节约了司法资源，表明了被追诉人一定的悔罪态度，故而不能对其完全否定，仍应给予成立自首的评价，但与全面完整的自首在从宽上应存在差异，即基本犯自首可以从轻处罚但不应再享有减轻处罚的优惠。[15] 我们认为，基本犯罪构成与加重犯罪构成在自首的维度上难以截断式区分，[16]对加重犯罪构成未如实供述的，是否能够认定为供述主要犯罪事实不能一概而论，应当根据供述内容与行为性质的关系以及对量刑的影响综合判断。[17] 对于认罪认罚从宽制度而言，鉴于认罪认罚从宽的核心价值在于犯罪嫌疑人、被告人真诚、彻底地认罪悔罪，修复被犯罪破坏的社会关系，因此，仅供述基本犯罪构成，不供述加重犯罪构成的，说明其并没有真诚、彻底地认罪悔罪，更进一步讲，其也不可能真诚、彻底地接受处罚，这种情况下不符合认罪认罚从宽制度中的“认罪”要求。

（二）认罪认罚与自首坦白制度中“如实供述罪行”之比较

根据最高人民法院《关于处理自首和立功若干具体问题的意见》的规定，自首制度中的“如实供述自己的罪行”，要求除供述自己的主要犯罪事实以外，还应包括姓名、年龄、住址、前科情况等。供述的身份情况与真实情况虽有差别，但不影响定罪量刑的，应认定为如实供述自己的罪行。但隐瞒自己的真实身份等情况，影响对其定罪量刑的，不能认定为如实供述自己的罪行。

另外，如果犯罪嫌疑人多次实施同种罪行，应当综合考虑已交代的犯罪事实与未交代的犯罪事实的危害程度，决定是否认定为如实供述主要犯罪事实。虽然投案后未交代全部犯罪事实，但如实交代的犯罪情节重于未交代的犯罪情节，或者如实交代的犯罪数额多于未交代的犯罪数额，一般应当

---

〔15〕 参见车浩：《车浩评余金平案：基本犯自首、认罪认罚的合指控性与抗诉求刑轻重不明》，载网易首页 2020 年 4 月 22 日，https://www.163.com/dy/article/FAREI8KJ0514CC4Q.html。

〔16〕 参见顾永忠：《对余金平交通肇事案的几点思考——兼与龙宗智、车浩、门金玲教授交流》，载《中国法律评论》2020 年第 3 期。

〔17〕 参见龙宗智：《余金平交通肇事案法理重述》，载《中国法律评论》2020 年第 3 期。

认定为如实供述主要犯罪事实。

对此,在认罪认罚从宽制度中需要具体分析。我们认为,从认罪认罚从宽制度的价值追求和本质特征出发,如果犯罪嫌疑人、被告人供述了自己的主要犯罪事实,但隐瞒真实身份的,不能成立认罪认罚从宽制度中的“认罪”,这种情况下的认定标准应与自首制度相同。在数额犯中或者多次实施同种罪行的情况下,如果行为人仅供述部分同种罪行,或者供述的犯罪数额多于未供述的犯罪数额的,虽然可以认定其成立自首制度中的“如实供述罪行”,但这种情况并不符合认罪认罚从宽制度中的“认罪”,理由是其仍不符合认罪认罚从宽制度的自愿彻底认罪、悔罪的要求。

(三)共同犯罪中的“如实供述”问题

根据最高人民法院《关于处理自首和立功具体应用法律若干问题的解释》的规定,对于共同犯罪案件中的犯罪嫌疑人,“如实供述”的标准是除如实供述自己的罪行,还应当供述所知的同案犯,主犯则应当供述所知其他同案犯的共同犯罪事实,才能认定自首。在认罪认罚从宽制度中,共同犯罪人仅供述本人犯罪事实的,同样不能达到“认罪”的程度要求。究其原因,仍然需要从认罪认罚从宽制度的价值追求和本质特征考虑。如果共同犯罪人仅供述其本人犯罪事实,一方面其供述的共同犯罪并不完整,另一方面也体现出其并非真诚认罪悔罪,仍然隐瞒了犯罪中的其他人员、其他行为和事实,若对其适用认罪认罚从宽制度,则难以实现认罪认罚从宽制度的政策目标。

三、“认罪”的时间要求

认罪认罚从宽制度中,关于“认罪”的时间问题,可能影响对认罪认罚的正确适用。同时,“认罪”的时间也同自首坦白制度中的到案和供述时间问题存在关联,需要仔细甄别。在此,我们探讨以下问题:

(一)“认罪”并不要求“自动投案”

我们认为,“自动投案”是自首制度中的前提和基础,但并非坦白和认罪认罚从宽制度中的必要条件。在自首制度中,如果犯罪嫌疑人、被告人并非“自动投案”,而是被抓获到案,则不可能构成自首,原因是自首的主要价值在于节约司法资源,提高打击犯罪的效率,同时兼顾行为人主观上的认罪悔罪态度,从而可以对其从轻、减轻处罚。而在认罪认罚从宽制度中,即使犯罪嫌疑人、被告人并非"主动投案"，甚至在被抓获到案后并未如实供述罪行，但在后来的侦查、审查起诉、审判过程中，如果行为人自愿、真诚认罪悔罪，对指控事实表示认可，同意量刑建议的，仍可对其适用认罪认罚从宽制度。原因在于认罪认罚从宽制度是宽严相济刑事政策的制度化、法治化，本质目标是缓和社会矛盾，恢复被犯罪行为破坏的社会关系，因此，其并不排斥非"主动投案"的行为人在被追诉过程中积极认罪悔罪的情况。同样的道理，在坦白制度中，犯罪嫌疑人虽然不具有"主动投案并如实供述自己的罪行"这样的自首情节，但是如实供述自己罪行的，仍可以获取从轻处罚，理由同样是为被追诉人保留积极悔过的机会，使其认识到在任何时期都可以积极认罪伏法、改过自新、重新做人。

（二）被追诉人可以在刑事诉讼任何阶段选择"认罪"

关于"认罪"的时间问题，也关系到认罪认罚从宽制度的适用阶段。根据《刑事诉讼法》第 15 条以及两高三部《认罪认罚指导意见》第 5 条的规定，认罪认罚从宽制度贯穿刑事诉讼全过程，适用于侦查、起诉、审判各个阶段。这意味着，被追诉人可以在侦查阶段即选择认罪认罚，最迟也可以在审判阶段当庭表示认罪认罚，甚至可以在二审程序中要求认罪认罚。因此，"认罪"可以出现在刑事诉讼的任何阶段和任何时点，只要是被追诉人基于其真实意思，向司法机关表示承认自己的罪行，均属于"认罪"。至于是否应当就此对被追诉人适用认罪认罚从宽制度，则需要结合其他认罪认罚要素进行综合判断。

在"认罪"的时间问题上，仍需探讨两个问题：

1. 案件侦查阶段的"认罪"问题

理论界有一种观点认为，在侦查阶段不应适用认罪认罚从宽制度。理由是：侦查机关的工作在于查清案件事实，收集固定证据，此阶段适用认罪认罚，可能促使侦查机关过于追求有罪供述而导致侦查工作重心的不当转移，同时还可能产生侦查机关为获得有罪供述而采取刑讯逼供的风险，不利于对犯罪嫌疑人权利的保障；此外，侦查机关没有量刑建议权，即使犯罪嫌疑人认罪认罚，侦查机关也无法作出从宽承诺。[18]

---

〔18〕 参见陈卫东：《认罪认罚从宽制度试点中的几个问题》，载《国家检察官学院学报》2017 年第 1 期。

我们认为,认罪认罚从宽制度并没有诉讼阶段的限制,可以适用于刑事诉讼的任何阶段,侦查阶段当然可以适用认罪认罚从宽制度。只要是行为人尚未被最终定罪量刑,均存在认罪认罚并争取从宽处理的机会。法律和政策鼓励犯罪嫌疑人、被告人在刑事诉讼的各个阶段向司法机关积极表示认罪悔罪。

第一,认罪是被追诉人悔罪态度的重要体现,认罪的时间影响司法机关对其是否从宽处理以及从宽的幅度。一般来讲,被追诉人认罪时间越早,表明其悔罪态度越真实和诚恳,其承担罪责、接收改造的动机越强烈。因此,侦查阶段应积极适用认罪认罚从宽制度,为被追诉人尽早认罪提供制度途径,有利于其获得更大限度的从宽处理,使其尽早回归社会,同时也有利于节约司法资源,推动刑事诉讼顺利进行。

第二,认罪认罚从宽制度是一项综合性制度,认罪包含了实体上从宽、程序上从简两项内容,无论是在哪个诉讼阶段,行为人均可以选择认罪认罚,从而获得实体上和程序上的从宽处理。侦查阶段适用认罪认罚从宽制度,从宽主要体现为简化办案程序、缩短办案期限、对符合条件的被追诉人依法适用非羁押性强制措施,以此实现对被追诉人"认罪"态度的积极回应。

第三,对于侦查阶段认罪认罚的案件,侦查机关可以向检察机关提出从宽处理的建议,这在《刑事诉讼法》第 290 条中已有明文规定:"对于达成和解协议的案件,公安机关可以向人民检察院提出从宽处理的建议……"由此可见,侦查机关适用认罪认罚从宽制度,除了可以依法给予被追诉人程序上的"优惠"以外,对于实体处理问题也有法定的建议权。

第四,认罪认罚从宽是一个随着诉讼程序进展而不断推进的过程,侦查阶段认罪认罚能够为后续审查起诉、审判工作的开展提供重要基础。无论是出于诉讼便利,还是节约司法资源的考量,均应该将认罪认罚从宽制度适用于侦查阶段。

此外,担心侦查阶段适用认罪认罚从宽制度会带来一系列弊端,可以从适用条件、适用程序、考核体系等方面建章立制,加以防止,但这种担心不能成为阻止在侦查阶段适用认罪认罚从宽制度的理由。

2. "认罪"的时间先后对内容和适用程序的影响

"认罪"在不同的诉讼阶段有不同的具体要求。在侦查阶段和审查起诉阶段初期,成立“认罪”要求被追诉人自愿如实供述自己的罪行;但在签署认罪认罚具结书、提起公诉后以及在审判阶段,被追诉人须承认检察机关指控的犯罪事实,才能够成立“认罪”。作出这种判断的依据,仍然是2018年《刑事诉讼法》第15条的规定,“犯罪嫌疑人、被告人自愿如实供述自己的罪行,承认指控的犯罪事实,愿意接受处罚的,可以依法从宽处理”。

第一,从逻辑关系和语言结构分析,犯罪嫌疑人和被告人所指代的诉讼阶段不同。犯罪嫌疑人是检察机关提起公诉之前对被追诉人的称呼,而被告人是检察机关提起公诉以后,案件进入审判阶段对被追诉人的称呼。在二审阶段和再审阶段,这种称呼又分别变为上诉人和原审被告人。因此,被追诉人的身份问题在刑事诉讼中具有规范性。2018年《刑事诉讼法》第15条对此进行了具体区分,根据逻辑关系和语义结构,可以发现“犯罪嫌疑人”认罪的要求是“如实供述自己的罪行”,而“被告人”认罪的要求是“承认指控的犯罪事实”。至于二者之间的区别,应当说检察机关指控的犯罪事实更加具体和明确,系在经过一系列侦查、取证、法律判断之后,对犯罪事实的具体认定和明确表述,包含了与定罪量刑有关的各种情节,是一种建立在法律真实基础上的阶段性权威结论,对此要求被追诉人应当予以认可,否则难以成立认罪认罚从宽制度中的“认罪”。从实践角度分析,若被追诉人对检察机关“经审查查明”的事实不予认可,控辩双方不会进一步展开协商,也不会签订认罪认罚具结书,检察机关也不会对被追诉人适用认罪认罚程序提起公诉。

第二,根据“认罪”的不同时间对认罪内容进行区分,有利于保障刑事诉讼全阶段顺利适用认罪认罚从宽制度。对于犯罪嫌疑人来讲,因为其尚未被起诉,故难以确定最终的起诉事实和具体情节,但此时如果其能够如实供述罪行,与查证的主要犯罪事实相符,即符合了认罪认罚中的“认罪”条件,可以视情况对其适用认罪认罚从宽制度。而到了起诉阶段和审理阶段,则要求被告人承认指控事实,因此此时指控事实已经确定,可以在指控事实基础上与被告人进行量刑协商,并签订认罪认罚具结书,检察机关也可以向人民法院提出相对精准的量刑建议。

第三,根据“认罪”的不同时间对认罪内容进行区分,有利于区分认罪认罚与自首、坦白和当庭认罪态度较好等量刑情节。实践中,经常遇到被告人对起诉指控的事实基本认可,但当庭提出了情节较轻、主观恶性较小、系从犯、作用相对较小、个人获利较少、初犯、偶犯等各种辩解。检察机关鉴于其认罪,遂让其签订了认罪认罚具结书,且提出了精准量刑建议。这种情况下,实际上将被告人对主要犯罪事实的认可,等同于认罪认罚从宽制度中的"认罪",即使被告人在法庭上有各种辩解,只要不否认犯罪,也同样对其适用认罪认罚从宽制度,将认罪认罚程序"降格"为普通的量刑情节,失去了认罪认罚从宽制度的应有价值。因此,应正确理解被告人"承认指控的犯罪事实"的含义,被告人对指控事实的无保留认可,是控辩双方进行量刑协商和提出相对精准的量刑建议的必备条件。

(三)认罪认罚从宽制度中的翻供问题

在自首制度中,根据最高人民法院《关于处理自首和立功具体应用法律若干问题的解释》的规定:"犯罪嫌疑人自动投案并如实供述自己的罪行后又翻供的,不能认定为自首,但在一审判决前又能如实供述的,应当认定为自首。"在坦白制度中,犯罪嫌疑人、被告人到案后未如实供述,或者虽如实供述又翻供的,只要在审判阶段如实供述罪行,均可以构成坦白,从而可以从轻处罚。

在认罪认罚从宽制度中,对于翻供问题的判断不同于自首、坦白制度。因为认罪认罚从宽制度的主要价值在于控辩协商,而控辩协商的基础在于被告人认可检察机关指控的犯罪事实,包括与定罪量刑有关的各类情节。只有在确定了事实、性质、情节基础上,控辩双方才能进行科学的协商,检察机关才具备提出精准的量刑建议的前提条件。根据 2018 年《刑事诉讼法》及相关司法解释的规定,认罪认罚从宽制度中的量刑建议具有一定的制度刚性,人民法院无法定否决情形一般均应认可,故量刑建议的提出过程在某种程度上等同于量刑过程,需要确定所有量刑要素,才能实现量刑建议的准确性。若被告人在庭审中翻供,则控辩双方量刑协商的基础不复存在,人民法院应当以普通程序对案件进行审理,即使被告人在判决宣告以前又表示认罪,也不能自动恢复控辩双方认罪认罚协议的效力。若被告人确有认罪认罚的表示,可以参照当庭认罪认罚的要求,对被告人酌情从轻处罚。在审查起诉阶段翻供后又表示认罪的,则犯罪嫌疑人需要重新具结,检察机关需要重新提出量刑建议。

归根结底,认罪认罚从宽制度作为一项规范性诉讼制度,不能简单等同于认罪态度较好等量刑情节。其既有程序要求,又有实质要求,等同于普通量刑情节的做法只会抹杀该制度的价值和优势,造成量刑情节的重复评价。实践中,很多辩护意见包括判决书均有将认罪认罚等同于普通量刑情节的现象。

四、两种“认罪”之比较

根据《刑法》第 67 条的规定,成立自首要求犯罪嫌疑人、被告人自动投案并如实供述自己的罪行;成立准自首要求被采取强制措施的犯罪嫌疑人、被告人和已宣判的罪犯,如实供述司法机关还未掌握的本人其他罪行;成立坦白要求犯罪嫌疑人、被告人如实供述自己罪行。由此看来,成立认罪认罚从宽中的“认罪”与成立自首、坦白具有共同的要求,即“如实供述自己的罪行”,只不过在量刑协商过程中对“认罪”提出了更高要求,即“承认指控的事实”。在实践操作中,判断是否“认罪”应参照自首、坦白的如实供述予以把握。[19] 就此而言,两种制度存在交叉关系,但又有许多不同之处。

(一)适用时间不同

首先是起始时间。自首要求自动投案,即被追诉人尚未被采取强制措施之时,或者虽已被采取强制措施,但如实供述司法机关尚未掌握的其他犯罪事实;而认罪认罚中的“认罪”可以适用于刑事诉讼的各个阶段,在侦查阶段需如实供述自己的罪行,在审查起诉阶段需承认检察机关指控的犯罪事实,被追诉人也可以选择在审判阶段当庭认罪。同样作为被追诉人尽早认罪悔罪的激励措施,认罪认罚与自首的适用时间不同,除了因为二者追求的价值目标侧重点有所不同,还因为自首是实体法上的一个独立量刑情节,可以与其他量刑情节相互衔接,即使被追诉人不符合自首的条件,还可以成立准自首或坦白,而认罪认罚从宽制度是一项综合制度,其在实体和程序层面均有从宽的考虑,故适用的时间阶段更为灵活。其次是截止时间,根据最高人民法院《关于处理自首和立功具体应用法律若干问题的解释》,犯罪嫌疑人自动投案并如实供述自己的罪行后又翻供的,不能认定为自首,但在一审判决前又能如实供述的,应当认定为自首。故自首中“如实供述罪行”的截止时间是一审判决前。而依据两高三部《认罪认罚指导意见》第 50 条,即使到了二审阶段,被告人也可以选择认罪认罚,只不过二审法院要根据其

---

〔19〕 参见胡云腾主编、最高人民法院刑事审判第一庭编著:《认罪认罚从宽制度的理解与适用》,人民法院出版社 2018 年版,第 77 页。

认罪认罚的价值、作用来决定是否从宽，即使从宽，从宽幅度也应当与一审程序中的认罪认罚有所区别。

（二）适用条件不同

自首坦白制度中，"如实供述罪行"主要涉及事实层面，认罪认罚从宽中的"认可指控事实"，要求被追诉人承认检察机关指控的犯罪事实。对此尽管尚存在"概括认罪"与"具体认罪"的分歧，但都体现出了与自首坦白制度中"如实供述罪行"的区别，即认罪认罚从宽制度中的"认罪"，对被追诉人提出了更高的认罪要求，强调认罪的主动性、自愿性、彻底性，强调通过认罪体现被追诉人的积极悔罪，实现对社会关系的积极修复。从认罪认罚从宽的诸要素来讲，"认罪""认罚"之间尚存在一定的模糊地带，如前所述，法律判断究竟属于"认罪"的内容，还是"认罚"的内容，存在讨论余地，但"认罪""认罚""从宽"作为有机联系的整体，应一体把握。

（三）对自愿性的要求和判断标准不同

自首、坦白制度中的"如实供述罪行"，主要从非法证据排除的角度反向审查是否存在刑讯逼供等非自愿因素，侧重于保障供述的客观性、真实性，仅要求最低程度的自愿。而认罪认罚从宽制度中的"认罪"，除了排除各类非自愿、被强迫、被引诱等因素以外，还通过在不同诉讼阶段充分保障被追诉人的法律帮助权、辩护权，来保障认罪认罚的自愿性和真实性。尤其在庭审程序中，对认罪认罚自愿性、真实性的审查将作为庭审重点，这些制度设计意在使被追诉人的认罪是在充分知悉法律后果前提下的自由意志选择。只有这样，才能保障被追诉人的合法权益不受侵犯，也才能保障被追诉人是出于真诚的认罪悔罪。这一区别"反映了被告人法律地位从对象性到主体性地位的转变"[20]。

第二节 "认罚"的概念和判断

"认罚"是认罪认罚从宽制度的又一个前提和基础，同样是"从宽"的逻

[20] 陈其琨：《对象与主体之间：行为人自首坦白与认罪认罚关系探究》，载《学术探索》2018 年第 1 期。

辑起点之一。实践中,对于“认罚”的概念和判断问题,存在一定争议,导致各地、各部门掌握的标准不尽一致,影响了法律适用的统一,需要加以探讨。

一、“认罚”的规范含义

2018 年《刑事诉讼法》第 15 条规定:“犯罪嫌疑人、被告人自愿如实供述自己的罪行,承认指控的犯罪事实,愿意接受处罚的,可以依法从宽处理。”即“认罚”指“愿意接受处罚”。根据两高三部《认罪认罚指导意见》第 7 条规定,认罪认罚从宽制度中的“认罚”,是指犯罪嫌疑人、被告人真诚悔罪,愿意接受处罚。“认罚”在侦查阶段表现为愿意接受处罚;在审查起诉阶段表现为接受人民检察院拟作出的起诉或不起诉决定,认可人民检察院的量刑建议,签署认罪认罚具结书;在审判阶段表现为当庭确认自愿签署具结书,愿意接受刑罚处罚。“认罚”考察的重点是犯罪嫌疑人、被告人的悔罪态度和悔罪表现,应当结合退赃退赔、赔偿损失、赔礼道歉等因素来考量。

二、“认罚”的内容要求

刑事案件中的犯罪嫌疑人、被告人关心的重点是实际承担的刑事责任的大小。由于量刑问题涉及诸多主客观因素,需要综合考虑犯罪事实的性质、危害后果的大小、犯罪情节、被追诉人认罪悔罪的态度、被害人的意见等,且检察机关对于量刑问题仅有建议权,即使是精准的量刑建议,仍存在一定程度上的不确定性,有可能得不到审判机关的最终采纳。因此,如果说在“认罪”问题上,被追诉人与检察机关之间相对比较容易达成一致,而在“认罚”问题上则容易产生分歧。同样,在对“认罚”的内容上,也产生了不同观点。有学者认为,“认罚”应理解为犯罪嫌疑人、被告人在“认罪”的基础上,自愿接受所认之罪在实体法上带来的刑罚后果,且“认罚”须满足实体要件、程序要件、退赃退赔、赔偿损失等条件。[21] 对此观点,很多学者提出反对意见,认为对“认罚”的评价不能过于苛刻,否则将影响对认罪认罚从宽制度的适用。[22]

---

〔21〕 参见陈卫东:《认罪认罚从宽制度研究》,载《中国法学》2016 年第 2 期。

〔22〕 参见韩旭:《认罪认罚从宽制度研究》,中国政法大学出版社 2020 年版,第 16 ~ 31 页。

（一）“愿意接受处罚”的范围

一般认为，刑事处罚仅指国家对犯罪分子判处的刑罚，而刑罚包括刑罚的种类、数量、幅度、执行方式等要素，对此需要被追诉人均予以认可和接受。但在认罪认罚从宽制度中，是否需要被追诉人接受刑事处罚所带来的非刑罚后果，则存在分歧。持肯定意见的学者认为，从实体上看，犯罪本来就包含一些原本属于行政不法和民事不法的行为，为督促被追诉人履行义务，可以将被追诉人接受行政处罚或者履行了相应的民事赔偿责任作为不追究其刑事责任的条件。从程序上看，认罪认罚从宽可能导致刑事诉讼程序的终止，此时应以其他非刑罚措施予以衔接。[23] 实践中，一些地区就通过非刑罚处罚的方式，如社区服务制度与不起诉相衔接，被追诉人通过完成社会服务获得不起诉的处理结果。[24] 我们认为，从认罪认罚从宽制度的价值目标来看，只要被追诉人真诚认罪悔罪，积极赔偿被害人的损失，积极弥补被犯罪行为破坏的社会关系，结合其犯罪情况和社会危害性大小，可以给予其不起诉、免予刑事处罚等从宽处理结果。从这个意义上讲，“认罚”的内容，应当包含对其免予刑事处罚或不起诉处理。但是被追诉人是否接受这些非刑罚处罚措施，并不能影响对其“认罚”的判断，因为从规范的角度考虑，认罪认罚从宽制度规制的应当是在被追诉人真诚认罪悔罪的背景下，对其给予从宽的刑罚处罚或者程序简化问题。

（二）“认罚”的必备要素

犯罪嫌疑人、被告人自愿“认罚”，与缴纳罚金、退赃退赔、取得谅解等因素之间的关系问题，理论上存在不同看法。

肯定的观点认为，应当将这些因素理解为广义上的“认罚”或是“认罚”的外延。理由包括：第一，退赃退赔、赔偿损失等附随义务的履行以及取得被害人谅解是被追诉人悔罪程度的重要体现；第二，依据 2018 年《刑事诉讼法》第 223 条的规定，就附带民事诉讼赔偿等事项与被害方达成调解或者和解协议也是适用速裁程序的条件之一；两高三部《认罪认罚指导意见》第 7 条也采纳了肯定的观点，将被追诉人退赃退赔、赔偿损失、赔礼道歉等作为

---

〔23〕 参见魏晓娜：《完善认罪认罚从宽制度：中国语境下的关键词展开》，载《法学研究》2016 年第 4 期。

〔24〕 参见赵恒：《“认罪认罚从宽”内涵再辨析》，载《法学评论》2019 年第 4 期。

其悔罪态度以及成立“认罚”的重要考量因素,被追诉人有赔偿能力而不赔偿损失,则不能适用认罪认罚从宽制度。当然,肯定观点中也存在区别处理的观点。涉及退赃退赔的,检察机关将其作为认罪认罚具结书的涵盖事项,被追诉人对此表示同意的,则应纳入“认罚”范围,不再单独评价;若所涉嫌的犯罪没有退赃退赔要求,但被追诉人主动承诺向被害人赔偿损失,并已经履行的,办案机关可以将其视为社会危险性降低的表现,对其单独评价。〔25〕

否定的观点认为,犯罪嫌疑人、被告人退赔义务是否履行以及被害人是否谅解不能决定是否适用认罪认罚从宽制度。理由包括:第一,认罪认罚从宽制度考察的是被追诉人的悔罪态度,若被追诉人真诚悔罪,但被害方不予谅解或者要求的赔偿数额过高,导致未能达成刑事和解的,不应该影响认罪认罚从宽制度的适用,否则就会助长被害方的不适当期待,也不利于促成被追诉人的积极悔罪;第二,将对被害方的赔偿数额作为对被追诉人悔罪态度、犯罪行为社会危害性的衡量标准,可能形成以钱赎刑的错误引导;〔26〕第三,退赃退赔虽然能够在一定程度反映被追诉人的悔罪态度,但直接取决于被追诉人的经济能力,以此来决定是否从宽不利于对被追诉人的教育改造。〔27〕

我们认为,“认罚”的重点是考察犯罪嫌疑人、被告人的悔罪态度和悔罪表现。其中,犯罪嫌疑人、被告人本人的积极行为是考察的侧重点,被害方的谅解与否是综合考虑对被追诉人是否从宽处理、从宽处理幅度的重要指标。若能够在“加害方—被害方”之间达成刑事和解协议,从而对被追诉人从宽处罚,则可以在最大限度上体现认罪认罚从宽制度的价值。

首先,对于退赃退赔、赔礼道歉、赔偿损失、取得谅解等因素,应作为认罪认罚从宽制度中的重要考察内容。这些内容在正向上不能影响对被追诉人“认罚”态度的认定,但在反向上应当作为评价被追诉人是否“认罚”的标准之一,即若被追诉人有能力退赃退赔,弥补被害方的损失,但是逃避赔偿,拒绝道歉,拒绝向被害方积极悔罪的,则不能认定被追诉人具有“认罚”的

---

〔25〕 参见赵恒:《“认罪认罚从宽”内涵再辨析》,载《法学评论》2019 年第 4 期。

〔26〕 参见熊秋红:《比较法视野下的认罪认罚从宽制度——兼论刑事诉讼“第四范式”》,载《比较法研究》2019 年第 5 期。

〔27〕 参见杨静、李理:《认罪认罚从宽制度适用解读》,载《法律适用》2019 年第 19 期。

表示。对此,两高三部《认罪认罚指导意见》第 7 条也规定:“……犯罪嫌疑人、被告人虽然表示‘认罚’,却暗中串供、干扰证人作证、毁灭、伪造证据或者隐匿、转移财产,有赔偿能力而不赔偿损失,则不能适用认罪认罚从宽制度……”该规定即强调了对“认罚”问题要从正反两方面进行判断的观点。

其次,对于罚金、没收财产等财产刑的主动履行问题,虽然可以体现犯罪嫌疑人、被告人的认罪悔罪态度,但在判决生效以前,不应将其作为“认罚”的考察内容。原因在于,罚金、没收财产在法律性质上属于对生效判决的执行,犯罪嫌疑人、被告人在判决以前自愿预缴罚金的行为,可以作为其认罪悔罪态度较好的客观表现,但若作为考察其是否“认罚”的内容之一,则没有法律依据。

最后,对于判决生效后,被告人未主动履行财产刑,未主动退赃退赔的情况,也不影响对其“认罚”的认定,不应以被告人拒绝“认罚”为由通过抗诉等方法对“从宽”的量刑结果进行纠正。原因包括:第一,判决生效后的财产刑及退赃退赔问题,均属于对刑事判决的执行问题,此时对应的是案件的执行阶段。根据两高三部《认罪认罚指导意见》的规定,“认罪认罚从宽制度贯穿刑事诉讼全过程,适用于侦查、起诉、审判各个阶段”,其中并不包括执行阶段。第二,认罪认罚从宽制度主要解决的是在被告人自愿认罪认罚的基础上,给予其实体上的从宽处罚、程序上的从简处理的问题。在案件判决生效后,不可能对被告人再次适用认罪认罚从宽制度,也就无需再考量其判后行为是否属于“认罚”。第三,在认罪认罚从宽制度中,被告人的退赃退赔、取得谅解以及是否积极履行财产刑等情况,已经在判决中得到充分体现。对于被告人在判决宣告以前未退赃退赔、未取得谅解的,其判决结果应当重于已经退赃退赔、取得谅解的被告人。因此,对于被告人在判决生效后不积极履行判决义务的行为,可以通过强制执行予以解决,而无需也不应当重新考虑其是否属于“认罚”的问题。同理,在判决生效后,对于积极履行退赃退赔等义务的被告人,也不可能再对其进一步从轻处罚。

(三)“认罚”的实质判断

被追诉人不接受检察机关建议的简化程序、不签署认罪认罚具结书是否影响“认罚”的认定?否定的观点认为,法律赋予了被追诉人程序选择的权利,被追诉人可以选择简化审理程序也可以选择非简化的审理程序;认罚仅指实体处罚,与司法程序选择适用并无关联,被追诉人不同意案件适用简化审理程序的,不影响对认罚的认定。[28]

肯定的观点则认为,认罚应当包含接受检察机关建议的简化审理程序。理由是:第一,2018 年《刑事诉讼法》第 174 条、第 176 条规定认罪认罚案件除了法定情形外,一般应当签署认罪认罚具结书,且人民检察院在起诉时应当随案移送认罪认罚具结书。而签署认罪认罚具结书的条件,就包括被追诉人自愿认罪、同意量刑建议和程序适用。第二,是否适用简化程序审理案件,影响对被追诉人从宽幅度的确定,故而量刑建议的最终确定以确定程序适用为基础。[29] 第三,从认罪认罚协商性的特点来看,被追诉人通过放弃其在普通程序中所具有的部分法定诉讼权利,同意通过适用克减部分诉讼环节的诉讼权利来换取对自己量刑上的从宽。[30] 第四,出于节约司法资源和提高诉讼效率的考虑,被追诉人同意适用简化审理程序,才能实现认罪认罚从宽制度的价值和改革期待。[31]

我们认为,是否同意检察机关建议的简化审理程序,并不影响"认罚"的认定;是否签署认罪认罚具结书,则影响"认罚"的认定。理由是:

第一,"认罚"是指犯罪嫌疑人、被告人真诚悔罪,愿意接受处罚。"认罚"的内容是刑事处罚和非刑罚处罚以及反映被追诉人认罪悔罪的各种主客观情况等,但不包括对程序性权利的放弃。适用认罪认罚从宽制度,应当坚持正当程序原则,被告人自愿认罪认罚,并不能要求其放弃应当享有的诉讼权利。法庭审理程序作为保障案件依法处理、体现司法人权保障的重要内容,在认罪认罚从宽制度中应当得到保障,程序不公必然无法保证实质公平,因此自愿认罪认罚的被追诉人仍然享有法定的程序选择权,其可以选择适用普通程序,也可以选择适用简易程序、速裁程序。对此,两高三部《认罪认罚指导意见》第 7 条规定,"……犯罪嫌疑人、被告人享有程序选择权,不同意适用速裁程序、简易程序的,不影响'认罚'的认定"。此外,适用简易程序、速裁程序审理案件,均应征求被告人的意见,符合法定条件的,"可以适用"而非"应当适用"简易程序、速裁程序。根据 2018 年《刑事诉讼法》

---

〔28〕 参见贾宇:《认罪认罚从宽制度与检察官在刑事诉讼中的主导地位》,载《法学评论》2020 年第 3 期。

〔29〕 参见孙长永:《认罪认罚从宽制度的基本内涵》,载《中国法学》2019 年第 3 期。

〔30〕 参见陈卫东:《认罪认罚从宽制度研究》,载《中国法学》2016 年第 2 期。

〔31〕 参见赵恒:《"认罪认罚从宽"内涵再辨析》,载《法学评论》2019 年第 4 期。

第217条的规定,“适用简易程序审理案件,审判人员应当询问被告人对指控的犯罪事实的意见,告知被告人适用简易程序审理的法律规定,确认被告人是否同意适用简易程序审理”;第222条第1款规定:“基层人民法院管辖的可能判处三年有期徒刑以下刑罚的案件,案件事实清楚,证据确实、充分,被告人认罪认罚并同意适用速裁程序的,可以适用速裁程序,由审判员一人独任审判。”被告人是否同意适用简易程序,可以通过“从宽”幅度来给予评价,被告人不同意适用简易程序,但表示认罪认罚的,仍可适用认罪认罚从宽制度。

第二,认罪认罚具结书是犯罪嫌疑人真诚认罪悔罪、自愿认罪认罚、同意检察机关的量刑建议的正式法律文件,具有程序和实体双重意义,也是犯罪嫌疑人向司法机关作出的正式承诺,在法庭审理过程中,同样是庭审查明的重点内容和重要的证据材料。新型控辩协商机制下的认罪,最终须以被告人签署的具结书固定。〔32〕 从形式上看,认罪认罚具结书是犯罪嫌疑人、被告人单方面的声明书,是认可控方指控犯罪事实、罪名、建议刑罚和适用审理程序的声明;从实质上看,认罪认罚具结书实际上是控辩双方协商与合意的结果。〔33〕 因此,若犯罪嫌疑人不愿意签署认罪认罚具结书,则无法表明其自愿认罪认罚,对其不应适用认罪认罚从宽制度。根据2018年《刑事诉讼法》第174条的规定,“犯罪嫌疑人自愿认罪,同意量刑建议和程序适用的,应当在辩护人或者值班律师在场的情况下签署认罪认罚具结书”。同样,两高三部《认罪认罚指导意见》第31条规定,“犯罪嫌疑人自愿认罪,同意量刑建议和程序适用的,应当在辩护人或者值班律师在场的情况下签署认罪认罚具结书”。由此可见,犯罪嫌疑人若自愿认罪认罚,那么签署认罪认罚具结书系其法定义务,是其同意认罪认罚的法定文件,若其不同意签署,则不能对其适用认罪认罚程序。需要说明的是,根据上述法律和指导意见的规定,认罪认罚具结书中包括同意适用某种审判程序。根据前文分析,就程序适用问题应赋予被追诉人选择权,其不同意适用简易程序、速裁程序的,检察机关不能据此否认其认罪认罚的自愿性。因此,基于认罪认罚从宽

〔32〕 参见孙道萃:《认罪认罚从宽制度研究》,中国政法大学出版社2020年版,第73页。

〔33〕 参见胡云腾主编、最高人民法院刑事审判第一庭编著:《认罪认罚从宽制度的理解与适用》,人民法院出版社2018年版,第97页。

制度“协商性”的核心特征，我们认为，检察机关在被追诉人表示愿意认可犯罪事实、罪名、量刑建议的前提下，可就案件审理所适用的程序问题与被追诉人、辩护人或值班律师进行充分协商，听取犯罪嫌疑人、辩护人或值班律师的意见，并将双方协商一致的程序适用问题记入认罪认罚具结书。

三、“认罚”的时间要求

如上文所述，认罪认罚从宽制度适用于刑事诉讼的任何阶段。只要行为人尚未被最终定罪量刑，就均存在认罪认罚并争取从宽处理的机会。但在不同诉讼阶段，“认罚”的内容可有不同表现。在侦查阶段，由于公安机关没有量刑建议权，并且随着诉讼程序的进行，公安机关以及被追诉人对刑罚的预期可能也会发生变化，在此阶段被追诉人的“认罚”只能体现为愿意接受公安机关提出的抽象刑罚这样一个概括的意思表示。〔34〕在审查起诉阶段，适用认罪认罚的检察机关应当提出量刑建议，此时的“认罚”就体现为接受检察机关的量刑建议。在审判阶段则表现为接受法院判处的刑罚。

第三节　“从宽”的类型和幅度

认罪认罚从宽制度是我国宽严相济刑事政策的制度化、法治化。两高三部《认罪认罚指导意见》第 8 条规定，“……从宽处理既包括实体上从宽处罚，也包括程序上从简处理。‘可以从宽’，是指一般应当体现法律规定和政策精神，予以从宽处理。但可以从宽不是一律从宽，对犯罪性质和危害后果特别严重、犯罪手段特别残忍、社会影响特别恶劣的犯罪嫌疑人、被告人，认罪认罚不足以从轻处罚的，依法不予从宽处罚……”上述规定体现了认罪认罚从宽制度是一项兼顾程序和实体的综合性制度。司法实践中，对于实体上的从宽处理出现的情况较多，自首、坦白、立功、退赃退赔等法定或酌定从轻处罚情节已经规定得较为详细；对于程序上的从简处理，主要体现在审判过程中的简易程序、速裁程序等程序性规定。认罪认罚从宽制度是一项综合性、系统性的制度，对于其“从宽”问题有必要进行梳理。

---

〔34〕 参见陈光中、马康：《认罪认罚从宽制度若干重要问题探讨》，载《法学》2016 年第 8 期。

一、实体上从宽

（一）实体从宽的政策法律依据

认罪认罚案件中的从宽处理，具有充分的政策和法律依据。2016 年 9 月《认罪认罚从宽制度试点决定》指出：“……对犯罪嫌疑人、刑事被告人自愿如实供述自己的罪行，对指控的犯罪事实没有异议，同意人民检察院量刑建议并签署具结书的案件，可以依法从宽处理……”同年，《认罪认罚从宽制度试点办法》第 1 条开宗明义：“犯罪嫌疑人、被告人自愿如实供述自己的罪行，对指控的犯罪事实没有异议，同意量刑建议，签署具结书的，可以依法从宽处理。”2018 年修订的《刑事诉讼法》第 15 条，又将上述从宽处理的政策法律化；2019 年两高三部《认罪认罚指导意见》进一步规定了“从宽处理”过程中需要把握的原则等问题。

根据上述政策和法律规定，实体上从宽处理需要注意三个方面：

一是要做到依法从宽，强调从宽处理的法律依据。除了上述政策和法律要求依法从宽处理以外，两高三部《认罪认罚指导意见》特别强调，办理认罪认罚案件，应当依照刑法、刑事诉讼法的基本原则，根据犯罪的事实、性质、情节和对社会的危害程度，结合法定、酌定的量刑情节，综合考虑认罪认罚的具体情况，依法决定是否从宽、如何从宽。对于减轻、免除处罚，应当于法有据等。由此可见，认罪认罚案件的“从宽处理”，应当注意在实体法上寻找法定、酌定的量刑情节作为从宽的依据。在缺少法定量刑情节时，认罪认罚所体现的被告人认罪、悔罪态度，以及被告人积极退赃退赔、取得谅解等酌定量刑情节，亦可作为从宽处理的依据。

二是要正确判断是否从宽，强调从宽处罚的事实基础。根据上述政策和法律的规定，对于认罪认罚案件，是“可以从宽处理”，而不是“应当从宽处理”，“可以”从法律规范来讲，是授权性的规范，而“应当”是法定的、命令性的指引要求，具有强制性。换言之，可以从宽并不是一律从宽，我们认为，我国认罪认罚从宽制度的适用范围虽然没有限制，但认罪认罚并不必然导致从宽的结果；可以从宽应当理解为倡导原则上应当从宽，即无特殊理由的一般应当从宽。对此，两高三部《认罪认罚指导意见》第 8 条指出，“可以从宽”是指一般应当体现法律规定和政策精神，予以从宽处理。但对犯罪性质和危害后果特别严重、犯罪手段特别残忍、社会影响特别恶劣的犯罪嫌疑人、被告人,认罪认罚不足以从轻处罚的,依法不予从宽处罚。另外,是否从宽还要建立在是否有法律依据的基础上。

三是要把握从宽处理和从轻、减轻、免除处罚的关系。对此,有学者提出对于认罪认罚而言,从宽处理与从宽处罚的意义有别,从宽处理是政策性用语,其含义丰富,包括实体法与程序法中的各种措施与做法。[35] 从宽处理以《刑法》和《刑事诉讼法》的相关规定为基础,兼具实体法意义和程序法意义,是一种总括性法律术语或概括性刑事法律术语,其将政策性用语直接作为法律术语,使从宽处理具有明确的政策属性、法律依据以及适用范围的特定性。[36] 简言之,从宽处理包含程序和实体两方面,就实体角度而言,其相比从轻、减轻、免除处罚等措施,具有概括性和政策性。在具体适用时,仍然需要根据《刑法》中关于从轻、减轻、免除处罚等具体规定进行操作,只是在从轻、减轻幅度上可以结合认罪认罚情况做进一步放大,即认罪认罚从宽制度中的"从宽处理"需要寻找实体法上的从宽依据,如自首、坦白、立功、从犯、认罪态度较好、积极退赃退赔、取得被害人谅解、犯罪情节较轻、主观恶性较小等法定或酌定从轻、减轻、免除处罚情节。两高三部《认罪认罚指导意见》第8条强调,"不具备减轻处罚情节的,应当在法定幅度以内提出从轻处罚的量刑建议和量刑",说明实践操作中,从宽处罚仍应遵从实体法的具体规定。

(二)实体从宽的理论依据

被告人自愿认罪认罚,从而可以对其从宽处理,该规定具有丰富的理论依据。除了宽严相济等基本原理以外,在实体上对认罪认罚的犯罪嫌疑人、被告人从宽处理,主要应在刑罚目的性理论上寻找支撑。

根据刑罚理论,刑罚的根本目的在于预防犯罪,包括一般预防和特殊预防。对于认罪认罚案件中的被追诉人,其认罪悔罪态度决定了其再犯可能性较低,再犯的特殊预防必要性相应降低,因此可以对其适用较轻的刑罚,或者较宽缓的刑罚执行方式,甚至定罪免刑,或者不起诉。更进一步讲,认罪认罚属于被追诉人的罪后情节,通过被追诉人犯罪后的表现来表明其悔罪态度。被追诉人认罪认罚、退赃退赔、积极取得被害人谅解等行为,表明

[35] 参见黄京平:《认罪认罚从宽制度的若干实体法问题》,载《中国法学》2017年第5期。
[36] 参见孙道萃:《认罪认罚从宽制度研究》,中国政法大学出版社2020年版,第89页。

其真诚悔罪,反映了其再犯可能性以及特殊预防的必要性的降低,故而认罪认罚的从宽实际上是在预防刑上的从宽。但是,刑罚还受责任主义的约束,不同主体刑罚处遇上存在差别的主要依据就是其个人的有罪性和犯罪的严重性,因此从宽幅度的把握不能背离罪责刑相适应这一刑事法治的基本原则。[37] 另外有观点认为,认罪认罚后的从宽处理是被追诉人基于认罪认罚而放弃了部分诉讼权利,从而节约司法成本所获得的对价或回报。但这并不适合作为从宽处理的主要理由,因为我国的刑事诉讼程序具有一定的职权主义特征,不同于当事人主义诉讼程序的烦琐复杂,庭审已经高度简化,过度地追求效率在追求实质真实而相对缺乏程序保障的职权主义诉讼模式下,可能会影响案件裁判的质量。[38]

(三)实体从宽的实现方式

实体从宽在本质上就是降低被追诉人所承受的刑罚量。而刑罚量的大小,与罪名、犯罪事实、犯罪情节、量刑情节、社会危害性、人身危险性以及再犯可能性的大小等因素密切相关。要实现实体上的从宽,可以采取的方法很多,比如控辩协商减少指控的犯罪事实和犯罪情节、控辩协商选择较轻的罪名进行指控、对被追诉人从宽量刑等。但这些方法并非均适用于认罪认罚从宽制度。归根结底,认罪认罚案件的实体从宽,受到我国认罪认罚从宽制度的本质属性制约,即认罪认罚从宽制度不同于辩诉交易制度。

1. 实体从宽不能通过减少指控事实的方式实现

犯罪数额、犯罪情节、社会危害性等事实问题不能作为对被追诉人从宽处理的依据。根据《认罪认罚从宽制度试点办法》第 3 条规定,办理认罪认罚案件,应当遵循刑法、刑事诉讼法的基本原则,以事实为依据,以法律为准绳;第 4 条又规定,办理认罪认罚案件,应坚持罪责刑相适应原则和证据裁判原则,根据犯罪的事实、性质、情节、后果,确定刑事责任大小,并依照法律规定收集、固定、审查和认定证据。此后多个有关认罪认罚从宽制度的文件和 2018 年《刑事诉讼法》均确认了这些原则和标准。因此,犯罪事实、犯罪情节等事实问题,不能用于和被追诉人进行“交易”,不能以少指控部分犯

[37] 参见熊秋红:《认罪认罚从宽的理论审视与制度完善》,载《法学》2016 年第 10 期。

[38] 参见左卫民:《认罪认罚何以从宽:误区与正解——反思效率优先的改革主张》,载《法学研究》2017 年第 3 期。

罪事实、不予认定从重处罚情节等方式,实现对被追诉人的从宽处理。否则,对被追诉人来讲,就属于尚有“漏罪”未被追诉,或者有从重处罚情节未被追诉,难以做到罪责刑相适应。从理论上来讲,这一结论也反映出我国的认罪认罚从宽制度与国外的辩诉交易制度存在根本差别。认罪认罚从宽制度建立在事实清楚、证据确实充分的基础之上,重点考查的是被追诉人的罪后情节,如其认罪态度和悔罪表现、对社会关系的弥补程度以及获得被害人谅解的程度等。被追诉人的认罪悔罪态度,不会改变犯罪事实和犯罪情节本身,仅影响对其人身危险性和再犯可能性的判断。

2. 实体从宽不能通过指控较轻罪名的方式实现

认罪认罚从宽制度与国外辩诉交易制度明显不同,不得将罪名变化作为办理案件的交换条件。即使犯罪嫌疑人、被告人选择认罪认罚,也不得在协商过程中降格指控,将重罪降格成轻罪,或协商减少指控改变罪数。这是我国探索认罪认罚从宽制度的一个基本底线。[39] 但反对的观点认为,从实然的角度看,定罪协商仍缺乏明确的依据,理论上可能引发的后续反应成为其难以被接纳的重要原因。从应然的角度看,基于我国刑事协商机制的探索基础与现实需要,定罪协商并非毫无益处。有学者进一步分析称,实践中有一些特殊情形,直接或间接涉及认罪协商问题。如被追诉者的同一个行为涉嫌构成轻重两个罪名,被追诉者仅承认轻罪而不承认重罪,而且重罪的证据体系和证明标准与法定要求相比存在一定瑕疵,此时若不接受客观上的轻重罪协商,则直接导致无法追诉并放纵犯罪。另外,若认为认罪认罚,同时应当对犯罪性质、犯罪轻重以及相应的法律适用持认可态度,则罪名轻重就可以成为协商的部分内容。如果量刑协商建立在罪名认识不一的背景下,那么认罪认罚从宽制度的运行也容易出现程序反转问题。因此,定罪协商不宜被彻底排除。[40] 我们认为,我国的认罪认罚从宽制度与辩诉交易制度在本质是有区别,据此,首先犯罪事实是不能用于协商和交易的。在此基础上,罪名是在确定事实基础上的法律适用问题,原则上应当依法确定合适的罪名,不应通过控辩双方的协商来确定罪名。虽然说认罪认罚从宽制度要求被追诉人同意量刑建议和程序适用,而量刑问题又是建立在确定性的

---

〔39〕 参见陈卫东:《认罪认罚从宽制度研究》,载《中国法学》2016 年第 2 期。

〔40〕 参见孙道萃:《认罪认罚从宽制度研究》,中国政法大学出版社 2020 年版,第 97 ~98 页。

罪名基础之上的,正如前文所述,罪名问题可以归入“认罚”的要素,且被追诉人对犯罪性质的辩解不应影响对其认罪认罚的认定,但并不意味着可以通过控辩双方对罪名进行协商,以较轻的罪名换取被追诉人的认罪认罚态度。合适的做法是,在认可犯罪事实的基础上,向被追诉人、辩护人释明法律规定,听取其关于罪名的意见,促使其接受法律规定的罪名并在此基础上对量刑问题进行协商。若被追诉人不认可指控罪名,其在本质上也不认可量刑建议的刑罚,对其就不宜再适用认罪认罚从宽制度。

3. 实体从宽仅能通过量刑从宽来实现

实践中,体现被追诉人的社会危害性和人身危险性的各类量刑情节,如自首、坦白、立功、退赃退赔、取得谅解等均可以作为对被追诉人从轻、减轻或免除处罚的依据。

关于从宽处罚是否包含减轻处罚、免除处罚的问题,理论上存在争议。[41] 有观点认为,从宽处理应当是从轻处罚而非减轻处罚,因为《刑法》对减轻处罚的情形已经法定化,具体来讲就是《刑法》第 63 条已经对减轻处罚的情形进行了规定。也有观点认为,应当增加对从轻、减轻处罚条款的具体适用情形。应当充分考虑认罪认罚案件的特殊性,在从宽时考虑减轻处罚并无不当,这是实践中可能遇到的情形,也未突破试点的禁止性规定。另外,既然认罪认罚案件在一定情况下可以由公安机关撤销案件,或由检察机关作出不起诉决定,那么特别减轻制度的适用则更不在话下。关于免除处罚的适用,如果被追诉人认罪认罚,且属于轻微罪或轻罪案件,并未造成严重危害结果的,应敢于依法作出免除处罚决定。这同样属于认罪认罚从宽的内涵。

我们认为,讨论认罪认罚从宽制度中的实体从宽处罚是否包含对被追诉人减轻处罚、免除处罚的问题,首先应建立在认罪认罚是否属于一个独立量刑情节的基础上,其次还应当认清“从宽处理”与从轻处罚的关系。对于第一个问题,如前所述,我们认为认罪认罚从宽制度是一项综合性制度,并非实体法规定的具体的量刑情节,从宽处罚的基础应该以实体法规定的量刑情节作为依据。两高三部《认罪认罚指导意见》第 8 条强调,“不具备减轻处罚情节的,应当在法定幅度以内提出从轻处罚的量刑建议和量刑”,说

---

〔41〕 参见孙道萃:《认罪认罚从宽制度研究》,中国政法大学出版社 2020 年版,第 102 ~ 103 页。

明在实践操作中，从宽处罚仍应遵从实体法的具体规定。对于第二个问题，如前所述，“从宽处理”兼具政策性和法律性，包含程序法和实体法，与《刑法》规定的“从轻处罚”不具有对等性。从这个意义上来讲，认为“从宽处理”就是“从轻处罚”，从而进一步对是否能够“减轻处罚、免除处罚”进行讨论，这似乎并不是一个科学的论题。若从减轻处罚已经被法定化的意义上讨论上述问题，则需要分情况讨论，但前提均是认罪认罚从宽制度中的“从宽处理”需要寻找实体法上的从宽依据。如果认罪认罚的被追诉人具有法定或酌定从轻、减轻、免除处罚情节的，对其当然可以减轻或免除处罚；如果不具有法定或酌定从轻、减轻、免除处罚情节的，根据两高三部《认罪认罚指导意见》第 8 条的规定，“不具备减轻处罚情节的，应当在法定幅度以内提出从轻处罚的量刑建议和量刑”。该指导意见的规定与《刑法》第 63 条的规定相符。另外，根据《刑法》第 63 条的规定，若被追诉人不具有法定的减轻处罚情节，但是根据案件的特殊情况，经最高人民法院核准，可以在法定刑以下判处刑罚。在认罪认罚案件中，应综合考虑被追诉人的犯罪事实和罪后表现，依照法律规定和法定程序，合理决定从宽处理的幅度。

（四）实体从宽的幅度

依据责任主义原则，认罪认罚案件从宽幅度的把握首先要考虑的是犯罪的事实、性质、情节和对社会的危害程度，并综合考虑各类量刑情节，如考察被追诉人的再犯可能性、特殊预防必要性等因素；除此之外，认罪认罚案件的从宽幅度还应当依据认罪认罚查明案件事实的价值和意义、认罪认罚的时间阶段等综合因素进行考量。

根据两高三部《认罪认罚指导意见》，在把握从宽幅度时，主动认罪优于被动认罪，早认罪优于晚认罪，彻底认罪优于不彻底认罪，稳定认罪优于不稳定认罪。对罪行较轻、人身危险性较小的，特别是初犯、偶犯，从宽幅度可以大一些；罪行较重、人身危险性较大的，以及累犯、再犯，从宽幅度应当从严把握。

试点过程中，许多地区设置了层级化、阶梯式的从宽幅度。如天津市在相关实施细则中规定：被追诉人认罪认罚，同意人民检察院提出的量刑建议并签署具结书的，在确保法律效果和社会效果的前提下，可以减少基准刑的15%以下；选择适用速裁程序的，可以再减少基准刑的 15% 以下。南京市在相关实施细则中规定：认罪认罚案件的从宽幅度应区分速裁程序、简易程序、普通程序三种不同的审理程序,从被告人认罪认罚的及时性、全面性、稳定性和有效性四个维度考虑,分别确定 5% ~30% 不等的从宽处罚幅度。济南地区的法院实施的“阶梯式从宽量刑机制”中,被追诉人在侦查阶段认罪认罚的,最多可减少基准刑的 35%;在审查批捕阶段认罪认罚的,最多可减少基准刑的 25%;在起诉阶段认罪认罚的,最多可减少基准刑的 20%;在审判阶段当庭认罪认罚的,最多可减少基准刑的 15%。青岛地区的法院将认罪认罚案件的从宽幅度根据认罪认罚阶段的不同分别确定为:20%、15%、10%,实际使用的量刑规范化文件中规定法官享有 20% 的自由裁量权。〔42〕 这些试点地区的做法对于实现量刑规范化、提高认罪认罚从宽制度的可操作性具有重要意义。

(五)实体从宽与其他从轻处罚情节的关系

认罪认罚从宽制度是一项综合性制度,涉及《刑法》中规定的法定或酌定从轻量刑情节,如自首、坦白、退赃退赔、获得被害人谅解等;又涉及认罪认罚的特有内容,如同意检察机关的量刑建议、同意适用简化审理程序等。如果被追诉人同时具备上述法定或酌定量刑情节,又自愿认罪认罚的话,如何把握从宽幅度值得探讨。

1. 实体从宽与自首、坦白从轻处罚的关系

对于认罪认罚实体从宽与自首、坦白制度的关系问题,两高三部《认罪认罚指导意见》第 9 条规定,认罪认罚的从宽幅度一般应当大于仅有坦白,或者虽认罪但不认罚的从宽幅度。对犯罪嫌疑人、被告人具有自首、坦白情节,同时认罪认罚的,应当在法定刑幅度内给予相对更大的从宽幅度。认罪认罚与自首、坦白不作重复评价。如前所述,认罪认罚从宽制度在认罪的内容上已经包含了自首、坦白制度中的“如实供述自己的罪行”,且还包含认罚、同意简化审理程序等内容,其范围大于自首、坦白制度,故同时符合认罪认罚与自首或坦白的,自首、坦白的内容不作重复评价,但对于被追诉人的认罚、退赃退赔、同意简化审理程序等内容,也应当给予评价,因此,应给予其比自首、坦白情节更大的从宽幅度。

---

〔42〕 参见胡云腾主编、最高人民法院刑事审判第一庭编著:《认罪认罚从宽制度的理解与适用》,人民法院出版社 2018 年版,第 271 ~410 页。

2. 实体从宽与退赃退赔、获得谅解从轻处罚的关系

认罪认罚从宽与退赔退赃、获得被害人谅解，后者本身即独立的法定从宽情节，在认罪认罚案件中，会对认罪认罚的适用以及是否从宽、从宽的幅度产生影响。一方面，《刑事诉讼法》要求检察机关办理认罪认罚案件时应当听取被害方的意见；两高三部《认罪认罚指导意见》将退赃退赔、赔偿损失、赔礼道歉等因素作为犯罪嫌疑人、被告人的悔罪表现，规定为成立认罚重要考虑因素；将被追诉人是否与被害方达成和解协议、调解协议或者赔偿被害方损失，取得被害方谅解，作为从宽处罚的重要考虑因素。另一方面，被害方的意见对认罪认罚从宽制度的适用没有决定性作用，在刑事调解或和解中，因被害方赔偿请求明显不合理，未能达成调解或者和解协议的，不影响对被追诉人的从宽；并且在考察退赔退赃、赔偿损失等因素时，要结合被追诉人的实际赔偿能力，被追诉人真诚认罪悔罪但当前暂无赔偿能力的，若承诺在未来赔偿或采取分期等方式赔偿，也可以考虑从宽。

二、程序上从简

认罪认罚从宽制度区别于其他法定或酌定从宽处罚情节的一个重要方面就是程序上的简化。程序上的简化可以实现案件繁简分流，提高诉讼效率，也可以使被追诉人尽早脱离讼累。但程序简化是否为认罪认罚从宽的应有之义，仍存在争议。

（一）程序从简的应然性

有观点认为，认罪认罚案件适用简化诉讼程序是以被告人对诉讼权利的放弃为前提，本质上是以对诉讼权利的放弃来换取更轻的刑罚，并不具有从宽的意味，认罪认罚从宽仅指实体上的从宽处理而无程序从宽之意。除此之外，认罪认罚从宽也不包含强制措施的从宽。理由是根据《刑事诉讼法》的规定，认罪认罚只是判断被追诉人是否可能发生社会危险性的一个因素，不具有导致不批准逮捕或者变更逮捕措施的当然效力，是否决定逮捕更主要是考虑涉嫌犯罪的性质、情节。在实践中，认罪认罚对逮捕率的影响并不明显，并且惩罚性地适用逮捕措施，将其作为宽严相济刑事政策中“从严”的表现，不符合未决羁押的国际准则——未决羁押仅能在例外情况下保证刑事诉讼活动的顺利进行而适用，不能作为惩罚性手段，也不能作为引

诱被追诉人认罪认罚的工具。[43]

我们认为,认罪认罚从宽制度作为一项综合性制度,当然包含程序从简之义。认罪认罚从宽制度的重要价值之一,就是优化司法资源配置,保障司法公正,提高司法效率。对于轻罪案件,通过适用简化的侦查、起诉、审判程序,依法对轻罪案件快速办理,解决当前普遍存在的"案多人少"矛盾,是合理配置司法资源的有效方法和必然要求。同时,对于认罪认罚案件依法简化、快速处理,也有利于探索速裁程序、简易程序、普通程序有序衔接、繁简分流的多层次诉讼制度体系,推进以审判为中心的诉讼制度改革,完善刑事诉讼程序制度。[44] 除此之外,程序从简也包含强制措施从缓之义,因为对于认罪认罚的被追诉人,其人身危险性降低,具有适用非羁押性强制措施的现实基础和法律依据。对认罪认罚的被追诉人适用非羁押性强制措施,并不能得出羁押性强制措施系"从严"的表现这一结论。是否适用羁押措施,应综合考虑案件性质、被追诉人人身危险性大小等因素,依法选择强制措施的种类,羁押措施本身不存在对被追诉人从严惩罚之义。综上,因为强制措施在性质上属于刑事诉讼程序性内容,故应归类为程序从简,而不应归类为实体从宽。

(二)强制措施的轻缓化

认罪认罚的程序从简首先体现在侦查阶段和审查起诉阶段的非羁押性强制措施的适用。例如,2018 年《刑事诉讼法》第 81 条规定,批准或者决定逮捕,应当将犯罪嫌疑人、被告人涉嫌犯罪的性质、情节、认罪认罚等情况,作为是否可能发生社会危险性的考虑因素。两高三部《认罪认罚指导意见》第 19 条、第 20 条、第 21 条规定,司法机关应将犯罪嫌疑人、被告人认罪认罚作为其是否具有社会危险性的重要考虑因素。对于罪行较轻、采用非羁押性强制措施足以防止发生社会危险性的犯罪嫌疑人、被告人,根据犯罪性质及可能判处的刑罚,依法可以不适用羁押性强制措施;公安机关认为罪行较轻、没有社会危险性的,应当不再提请审查逮捕,人民检察院也可以作

---

〔43〕 参见孙长永:《认罪认罚从宽制度的基本内涵》,载《中国法学》2019 年第 3 期。

〔44〕 参见最高人民法院院长周强在 2016 年 8 月 29 日第十二届全国人民代表大会常务委员会第 22 次会议上对《关于授权在部分地区开展刑事案件认罪认罚从宽制度试点工作的决定(草案)》的说明。

出不批准逮捕的决定;对已经逮捕的犯罪嫌疑人、被告人,应当及时审查羁押的必要性,没有必要继续羁押的,应当变更为取保候审或者监视居住。

(三)庭审程序简化

适用简化审理程序是认罪认罚从宽制度中的重要环节。2018 年《刑事诉讼法》修改后,增加了刑事速裁程序,适用速裁程序的一个必要条件就是被告人认罪认罚。根据法律规定,适用速裁程序审理案件,一般不进行法庭调查、法庭辩论,并且要求当庭宣判,大大简化了审判程序。根据认罪认罚案件的具体情况,也可以依法适用简易程序,适用简易程序也要求被告人承认自己所犯的罪行,对指控的犯罪事实没有异议,与认罪认罚案件的要求存在一定程度的重合。相较于普通程序,简易程序也在法庭辩论和法庭调查环节进行了适当简化,并且缩短了送达期限和审判期限。

实践中,部分试点地区探索在现有规定的基础上作进一步简化。如天津地区法院的"直接到庭"审理模式,法院立案后通过电话告知被告人的诉讼权利义务以及开庭时间,被告人到庭后、庭审前向其送达起诉书副本等材料,继而开庭审理、当庭宣判、当庭送达;南京地区法院的"一步到庭"模式,检察机关提起公诉时,将案卷和被告人同时向法院移送;西安地区法院的"一站式快审"审理模式等。[45] 还有探索实现公检法三机关内部办案环节的简化,如多个试点地区实施的"刑拘直诉"措施,对于嫌疑人自愿认罪、可以适用速裁程序的案件,侦查机关作出刑事拘留的决定后,尽快将其纳入速裁程序,不再向检察机关提出批准逮捕的申请,在刑事拘留的法定期限内,完成移送审查起诉和提起公诉的活动,并由法院快速作出裁判,这些程序性简化的尝试有效缓解了诉讼拖延,并且对于避免"罪刑倒挂"也有着重要意义。[46]

(四)不起诉

不起诉制度是《刑事诉讼法》中的重要制度。根据 2018 年《刑事诉讼法》第 175 条、第 177 条的规定,犯罪嫌疑人没有犯罪事实,或者有法定不追

---

〔45〕 参见胡云腾主编、最高人民法院刑事审判第一庭编著:《认罪认罚从宽制度的理解与适用》,人民法院出版社 2018 年版,第 271 ~410 页。

〔46〕 参见陈瑞华:《"认罪认罚从宽"改革的理论反思——基于刑事速裁程序运行经验的考察》,载《当代法学》2016 年第 4 期。

究刑事责任情形的，人民检察院应当作出不起诉决定；对于犯罪情节轻微，依照刑法规定不需要判处刑罚或者免除刑罚的，人民检察院可以作出不起诉决定；对于二次补充侦查的案件，人民检察院仍然认为证据不足，不符合起诉条件的，应当作出不起诉的决定。关于不起诉是否属于认罪认罚从宽制度的“从宽”措施，存在不同观点。

1. 不起诉不属于认罪认罚从宽的措施

有观点认为，不起诉仅仅是检察机关的一种可裁量的程序性处分权，而不属于从宽。理由包括：第一，2018 年《刑事诉讼法》第 173 条第 2 款第 2 项规定，认罪认罚案件应当就从轻、减轻或者免除处罚等从宽处罚建议听取意见，故“从宽”原则上指以上三种从宽类型；第二，被追诉人认罪认罚最终由人民法院决定是否从宽，检察机关只有建议权，而不起诉决定不是人民法院处罚权的体现，不属于人民法院的处理结果；第三，不起诉不符合认罪认罚从宽节约司法资源、提高诉讼效率的制度设计目标，体现在不起诉决定的审批程序和救济路径都相当烦琐；第四，在填写认罪认罚具结书时不起诉也不适合作为量刑建议的内容。[47]

2. 不起诉属于认罪认罚从宽的措施

关于不起诉属于程序性从宽措施，还是实体性从宽措施，又存在争议。有观点认为，不起诉属于程序从宽的范畴，即检察机关的不起诉决定事实上终结了刑事诉讼程序，使被追诉人脱离权利不稳定的高压状态。[48] 也有观点认为，不起诉属于实体从宽的范畴，实体问题是指涉及罪与非罪、轻罪与重罪、一罪与数罪以及刑罚轻重有关的问题，实体上的“从宽处理”，包括在刑事诉讼过程中所采取的所有出罪、减轻罪责以及终止刑事追诉的措施，故而对认罪认罚案件决定相对不起诉或附条件不起诉，以及特殊情形下经最高人民检察院核准后决定撤销案件和不起诉，本质上属于“实体从宽”。[49] 还有观点认为，不起诉是一种实体性处理，但否认其可以作为认罪认罚案件中的协商客体。若符合法定不起诉的条件，检察机关可以依法决定；若是控

〔47〕 参见李大槐、师索：《认罪认罚从宽与不起诉的逻辑关联》，载《西南政法大学学报》2020 年第 1 期。

〔48〕 参见李辰：《认罪认罚从宽语境下职务犯罪案件协商机制的构建》，载《法学杂志》2017 年第 9 期。

〔49〕 参见孙长永：《认罪认罚从宽制度的基本内涵》，载《中国法学》2019 年第 3 期。

辩协商下的不起诉，则依据认罪认罚从宽的制度设计，必须经由法院审查。[50]

我们认为，不起诉在一定情形下可以作为认罪认罚从宽制度中的“从宽”措施，其兼具实体性和程序性。首先，根据2018年《刑事诉讼法》的规定，不起诉包含绝对不起诉和相对不起诉两种类型。对于没有犯罪事实的犯罪嫌疑人，人民检察院当然不能提起公诉；对于2018年《刑事诉讼法》第16条规定的不追究刑事责任的犯罪嫌疑人，也不能提起公诉；对于穷尽侦查程序后仍然证据不足，不符合起诉条件的，根据罪刑法定、证据裁判原则，也不能提起公诉，以上情形均为绝对的不起诉。在绝对不起诉的情况下，犯罪嫌疑人不属于被追诉对象，自然不涉及认罪和认罚的问题，也谈不上对其是否从宽处理。但在相对不起诉的情况下，即对于犯罪情节轻微，不需要判处刑罚或者免除刑罚的，人民检察院可以对其相对不起诉。此时，对于不需要判处刑罚或者免除处罚的判断，需要结合《刑法》中关于免除处罚等规定进行具体分析。其中，认罪认罚的被追诉人的认罪悔罪态度、退赃退赔情况、获得谅解情况、社会危害性情况等均应综合考虑。从这个意义上来讲，不起诉也应属于认罪认罚从宽制度的“从宽”措施之一。另外，既然相对不起诉可以作为“从宽”措施，那么其也可以成为认罪认罚案件中的协商客体，控辩双方可以在犯罪嫌疑人认罪的基础上，对是否起诉问题展开协商。不起诉兼具程序性和实体性特征，对认罪认罚的犯罪嫌疑人依法适用不起诉措施，既体现了对其程序性从宽，也体现了实体性从宽。

第四节　“认罪”“认罚”“从宽”各要素之间的关系

认罪认罚从宽制度不是一个单一的量刑情节，而是以一系列具体法律制度、诉讼程序为依托形成的集合性的法律制度。“认罪”是“认罚”的前提，“认罪”“认罚”又是“从宽”的基础。被追诉人不认罪或是只认罪不认罚的，不能适用认罪认罚从宽制度，但符合其他法定从宽情节的，如自首、坦

〔50〕 参见陈卫东：《认罪认罚从宽制度研究》，载《中国法学》2016年第2期。

白、退赃退赔、与被害方和解等,不妨碍司法机关根据实体法的规定对其从轻、减轻甚至免除处罚。认罪认罚与从宽也不存在逻辑必然性,认罪认罚是罪后情节,反映的是被追诉人的悔罪态度、再犯可能性、特殊预防必要性,从责任主义来看,是否对其从宽处理还取决于其行为的性质、对社会的影响等因素;从效率角度来看,还要考虑被追诉人认罪认罚的时间、对节约司法成本的意义等因素。

在实体层面,认罪认罚与自首、坦白、退赃退赔等法定或酌定量刑情节密不可分,在程序层面它部分吸收了公诉案件中的和解程序,并通过适用速裁程序、简易程序等来体现其制度价值。但认罪认罚从宽制度也具有其独立内容,如该制度包含的协商成分和合作成分,被追诉人通过自愿认罪认罚并与控方协商,控方在指控犯罪时通过积极听取被追诉人、辩护人、被害人的意见,共同推动了认罪认罚从宽的实现,调和了刑事案件国家公诉的刚性,体现了认罪认罚从宽制度的价值导向。

此外,还需注意到认罪认罚从宽的不同步性。首先,认罪认罚从宽随着刑事诉讼的进行而不断推进。在侦查阶段,由于侦查机关没有量刑建议权,被追诉人只能认罪而无法决定是否认罚;在审查起诉阶段,被追诉人可以认罪和接受检察机关的量刑建议,但由于检察机关仅有量刑建议权,被追诉人的认罚内容是否真正实现,还需要由法院来最终裁判,但被追诉人可以表达其认罚的态度。其次,实体性从宽和程序性从宽可以独立实现。认罪认罚是从宽的基础,实体性从宽需要由法院的最终判决予以确认,但程序性从宽是从被追诉人认罪之时就陆续实现,如非强制性羁押措施和简化审理程序的适用等,在诉讼程序过程中即可以实现。

第六章　认罪认罚从宽制度与辩诉交易制度的比较

在认罪认罚从宽制度的提出和运行过程中，其与辩诉交易制度的关系问题一直是各界关注的焦点之一。在我国刑事诉讼制度中设立辩诉交易制度的支持者认为认罪认罚从宽制度的"协商性"基因可以完美容纳辩诉交易制度的精髓；而引入辩诉交易制度的反对者则站在维护中国特色社会主义司法制度的高度提出了各种担忧。在试点运行过程中，无论是《认罪认罚从宽制度试点决定》还是《认罪认罚从宽制度试点办法》，以至于各试点地区的具体规定，均强调了试点工作应坚持刑法、刑事诉讼法的基本原则，并对适用条件、从宽幅度、办理程序、证据标准、律师参与等作出了具体规定。认罪认罚从宽制度正式确立以后，2018 年《刑事诉讼法》和两高三部《认罪认罚指导意见》更是对认罪认罚过程中控辩双方协商的内容和程序、认罪认罚案件的证明标准等问题进行了具体规定。从具体规定来看，我国的认罪认罚从宽制度与国外的辩诉交易制度，形似而神异，在很多方面存在根本区别。

第一节　辩诉交易制度的概念和主要特征

辩诉交易制度最早起源于 19 世纪的美国。1974 年修订的《美国联邦刑事诉讼规则》正式将其作为一项制度确立下来。[1] 根据《美国布莱克法律辞典》的定义，"辩诉交易是指刑事被告人就较轻的罪名或者数项指控中

---

〔1〕 参见赵飞龙：《美、德辩诉交易中自愿性的审查及启示》，载《重庆理工大学学报（社会科学）》2019 年第 7 期。

的一项或几项作出有罪答辩以换取检察官的某种让步，通常是在获得较轻的判决或者撤销其他指控的情况下，检察官和被告人之间经过协商达成的协议”[2]。但也有观点将辩诉交易定义为一种控辩双方通过协商达成某种协议的程序。一般来说，辩诉交易制度是指控辩双方对被追诉人的定罪和量刑进行协商，检察官通过降格指控（包括罪名、罪数上的减轻）或者向法官提出减轻量刑的建议来换取被追诉人认罪的一种制度。辩诉交易制度一般具有下列典型特征。

一、适用范围较广

关于辩诉交易的适用范围，法律和判例都未作出限制。辩诉交易制度的目的之一是便于检察官指控犯罪，原则上所有案件均可成为辩诉交易的对象。但综合司法实践来看，有三类案件一般不适用辩诉交易，即被告人是未成年人的刑事案件、案情特别轻微的案件（如仅规定罚金刑的案件）、特别严重的犯罪（如叛国罪、间谍罪）等。[3]

二、适用阶段较灵活

辩诉交易的适用阶段较灵活。最早可以在被逮捕后检察官提起诉讼前达成，最晚可以在陪审团审议后回到法庭中宣读其裁决前，甚至有时在被告人被判决有罪后，案件正在上诉中，控辩双方也可以达成认罪协议。[4]

三、交易的内容具有实质性

辩诉交易的内容主要包含两方面：(1)关于控罪方面的交易（chargebargain），即检察官以减少或降低起诉的罪行、罪名，换取被告人的有罪答辩。检察官可以撤销对被告人的一项或多项指控，以促使被告人对其余指控答辩有罪，这也包括检察官撤销对严重罪状的指控，以换取被告人对较轻罪状的认罪。有些情况下，检察官甚至可以撤销对重罪的指控，换取被告人对原

---

〔2〕 转引自龙宗智、潘君贵：《我国实行辩诉交易的依据和限度》，载《四川大学学报（哲学社会科学版）》2003 年第 1 期。

〔3〕 参见施鹏鹏：《法国庭前认罪答辩程序评析》，载《现代法学》2008 年第 5 期。

〔4〕 参见陈玲：《美国刑事诉讼法》，上海社会科学院出版社 2016 年版，第 125 页。

来未曾起诉的轻罪的有罪答辩，这种将重罪降为轻罪的现象较为普遍。(2)关于量刑方面的交易(sentencebargain)，即检察官可以向法官提出对被告人从轻处罚的建议，甚至可以提出与被告人的实际罪行不相适应的从轻处罚建议。实践中，很多有罪的被告人被判处极轻的刑罚，甚至被免除刑罚。[5]

四、认罪程序和量刑程序相对分离

在辩诉交易制度下，认罪程序和量刑程序是可以分开处理的。在案件被起诉到法院之后，开始审判之前，会有一个专门的传讯程序对案件进行分流。在传讯程序中，对于因辩诉交易形成的认罪答辩，依据《美国联邦刑事诉讼规则》第11条规定，控辩双方达成辩诉交易后，会请求法庭召开认罪听证会，在听证过程中法官需告知被告其将要放弃的权利、指控的性质、可能受到的惩罚、被告认罪的事实依据。法官应当查明被告人认罪是否是“知晓的”“自愿的”“明智的”，以及检察官所指控的犯罪事实是否具有基本的事实基础。如果被告人的有罪答辩符合要求，法院将会接受被告人的认罪，并确定日期对被告人进行量刑。法院的缓刑办公室会参考辩诉交易的内容、认罪听证会的陈述以及其他信息，出具“量刑前报告”。控辩双方可以对此报告发表意见，然后法庭会举行量刑听证会。如果辩诉交易属于控方放弃指控或是控辩双方就具体的量刑或量刑范围达成协议的情形，当法庭不接受辩诉交易协议时，应通知被告人允许其撤回有罪答辩，并告知其若不撤回，法庭将会以对被告人更为不利的方式处理案件。如果控方依据《美国联邦量刑指南》提出一个对法院不具有约束力的量刑建议，法庭必须在被告人进行有罪答辩时告知被告人法庭并非必须接受该量刑建议，如果法庭接受被告人的认罪但未接受控方提出的量刑建议，此时被告人也不能撤

[5] 参见陈瑞华：《美国辩诉交易程序与意大利刑事特别程序之比较（上）》，载《政法论坛》1995年第3期；龙宗智、潘君贵：《我国实行辩诉交易的依据和限度》，载《四川大学学报（哲学社会科学版）》2003年第1期。

回其有罪答辩。[6] 据统计,美国刑事诉讼中认罪答辩的案件超过 90%,而认罪答辩案件 90% 以上都是通过辩诉交易解决的。[7]

五、法庭审查的局限性

根据《美国联邦刑事诉讼规则》第 11 条的规定,在辩诉交易案件中,法官是否接受被告人的有罪答辩,必须审查被告人的选择是否具备“自愿和理智”的条件,并审查这一有罪答辩“是否具备事实上的基础”。但由于美国刑事诉讼奉行当事人主义,并构建了“有罪认否程序”,即只要被告人认罪并经审查系自愿的,就可以免去正式庭审,而直接由法官予以处罚。[8] 辩诉交易制度的直接目的是检察官获取被告人的认罪答辩,功利目的是降低检察官的指控风险。检察官具有进行辩诉交易的强烈内驱力,他们在辩诉交易中能够获得以下利益:减轻工作负担,通过辩诉交易促使被告人放弃审判,既规避了烦冗的审判程序本身,又避免了复杂的庭前准备工作;避免败诉风险,避免面对证据排除规则、证人的不可控表现、法官和陪审团的主观判断等因素带来的潜在败诉风险。[9] 在辩诉交易制度下,法官的审查内容和重点其实已经发生变化,甚至往往流于形式。通常,被告人必须理解检察官指控的性质、认罪答辩可能带来的后果,尤其是对自身权利的影响,以及被告人未受到任何身体和心理强制,拥有自我选择的能力,能够获得律师的有效帮助,才可认为辩诉交易是“自愿和理智”的。但是为了审查认罪答辩是否具有“事实上的基础”,法官会对控辩双方达成协议的情况进行审查,但法律并未明示对于一个具体案件来讲必须具备哪些要求,实践中法官

---

〔6〕 USCS Fed Rules CrimProc R 11(c),18 USCS Appx § 6B1.1. 参见程乐其、胡人斌:《美国联邦司法制度中的有罪答辩和辩诉交易》,载《公安学刊(浙江警察学院学报)》2009 年第 6 期;卞建林译:《美国联邦刑事诉讼规则和证据规则》,中国政法大学出版社 1996 年版,第 43 页;何佳馨、李明倩:《法律文明史第 16 卷——法的国际化与本土化》,商务印书馆 2018 年版,第 626 页。

〔7〕 参见顾永忠:《关于“完善认罪认罚从宽制度”的几个理论问题》,载《当代法学》2016 年第 6 期。

〔8〕 参见龙宗智、潘君贵:《我国实行辩诉交易的依据和限度》,载《四川大学学报(哲学社会科学版)》2003 年第 1 期。

〔9〕 参见孙锐、张剑:《认罪认罚从宽与辩诉交易制度的本质区别及其对检察官角色的影响》,载《中国检察官》2020 年第 11 期。

通常将审查局限在询问被告人上，即要求被告人作出宣誓。[10] 实际上，由于辩诉交易的固有特征以及其带来的高度不确定性，美国各州法官对辩诉交易的态度并不一致。认同辩诉交易制度的法官大多支持检察官与被告人之间的交易结果，法院甚至还会引入合同约束力的概念对待辩诉交易，认为辩诉交易协议是当事人之间自愿达成的具有约束力的合同。质疑辩诉交易的法官认为秘密性可能会使得辩诉交易具有反民主性和威胁自由的性质，甚至有些法官会坚持认为无论如何不能被任何诡计所欺骗，辩诉交易扭曲了正当程序，在这种制度下法院有悖于中立裁判者的角色，并强调量刑权是法官不可剥夺的权力。[11]

第二节　辩诉交易制度被广泛适用的原因

一、当事人主义诉讼模式带来的巨大影响

当事人主义诉讼模式是英美国家刑事诉讼的典型特征。在当事人主义诉讼模式下，刑事诉讼呈现对抗性特征，控辩双方的对抗会使案件的处理程序极为冗长复杂。特别是有陪审团参与的案件，持续时间久并且会耗费大量的司法资源。证据开示制度以及发达的律师制度使得控辩双方力量差距不明显，裁判结果具有较大的不可预测性。因此，辩诉交易作为能够在一定程度上规避诉讼风险和减少诉讼成本的诉前协商机制应需而生，其能够在很大程度上弱化当事人主义过分对抗化和竞技化带来的弊端。[12]

二、证据开示制度和沉默权制度提供了基础和保障

正如杜雪晶教授在其《辩诉交易制度研究》中所指出，在证据开示制度下，辩方可以向法庭申请阅览和复制控方掌握的证据材料，在法定条件下控

---

〔10〕 参见陈瑞华：《美国辩诉交易程序与意大利刑事特别程序之比较（上）》，载《政法论坛》1995 年第 3 期。

〔11〕 参见裴仕彬：《美国进步时代辩诉交易的嬗变及其启示》，载《南海法学》2019 年第 1 期。

〔12〕 参见冀祥德：《证据开示 · 沉默权 · 辩诉交易关系论——兼评中国司法改革若干问题》，载《政法论坛》2006 年第 3 期。

方也可以要求辩方公开其准备在庭审中出示的证据材料,这在一定程度上能够改变控辩双方信息不对等、资源配置不均的问题,同时也有利于发现案件的真实情况。被追诉方处于刑事诉讼中的弱势地位,其权利极容易受到减损和侵害,而沉默权制度禁止违背被追诉人意志的强迫供述,使被追诉方能够在诉讼权利受到法律保护的前提下与辩护方进行磋商,为辩诉交易下有罪答辩的自愿性、真实性、合法性提供了一定程度的保障。

三、案件压力是辩诉交易广为适用的重要原因

从 20 世纪后期开始,美国的联邦法院及各州法院审理的案件数量不断攀升,呈几何级数增长。2011 年后,刑事案件总量才呈下降趋势。根据美国联邦量刑委员会公布的数据,2015 年联邦刑事案件数量为 71,184 件,州法院的案件数量则是联邦法院的百倍。根据美国国家州法院中心发布的全美各州司法系统数据,2010 年州司法系统共受理各类案件多达 1.03 亿件,其中刑事案件为 2140 万件。虽然随后三年的案件数量有轻微下滑,但 2013 年的案件总量仍然多达 9410 万件,其中刑事案件为 1950 万件。截至 2011 年,州初审法院的法官人数为 27,570 人,平均每名州法官每年处理刑事案件约 700 件。即便除却轻微罪案件,法官仍然需要面对数量繁多的刑事案件。[13]

第三节　认罪认罚从宽制度与辩诉交易制度的比较

我国刑事诉讼学界一直存在是否应当引入辩诉交易制度的争论。认罪认罚从宽制度借鉴了辩诉交易制度的部分内容,与辩诉交易制度存在一定的相似性。如两种制度的直接目的都是提高诉讼效率、节约司法资源,两种制度都具有"协商性"特征,都存在以被告人诉讼权利的适当放弃换取司法机关更轻量刑的情况。但由于两种制度分别植根于不同的法治土壤和社会

---

〔13〕 参见左卫民:《认罪认罚何以从宽:误区与正解——反思效率优先的改革主张》,载《法学研究》2017 年第 3 期。

环境中,使得两种制度存在本质区别。

一、控辩审三方地位不同

刑事诉讼中,控辩审三方的角色和地位问题一直是讨论的重点,不同诉讼模式决定了三方地位存在明显差别。在国外当事人主义诉讼模式下,刑事诉讼的目的在于解决纠纷,控辩双方是刑事诉讼的"当事人",平等对抗,控辩双方都拥有对案件的实质问题或诉讼标的进行处分的权利。[14] 在当事人主义诉讼模式下,检察官拥有较大的自由裁量权,法官仅是消极中立的裁判者,不负有查明真相的义务,即使法律赋予了法官一定的依职权调查的权力,实践中该项权力也常处于搁置状态。我国的刑事诉讼模式更接近于职权主义,刑事诉讼的目的在于查明真相,检察机关代表国家对犯罪进行追诉,被告方则是被打击处理的对象,法官对裁判的准确性负有责任。[15] 此外,检察机关还充当了宪法赋予的法律监督角色,这些都使得人民法院的裁量权必须建立在确保案件实体真实和法律适用准确的基础之上。

二、协商的范围不同

在辩诉交易制度中,控辩双方协商的内容具有广泛性和实质性,通常包括指控的事实、罪名和量刑。在认罪认罚从宽制度中,检察官和被追诉人仅能就量刑以及程序适用问题进行协商。检察机关在协商基础上提出的从宽处罚量刑建议还要受到案件的事实、证据,以及法律规定的约束,不能突破罪刑法定和罪责刑相适应原则的限制。究其原因,一是检察官的自由裁量权不同。如前所述,美国的对抗制刑事诉讼模式下检察官的诉讼地位相当于控方当事人,并且英美法系采取起诉便宜主义,检察官自由裁量的范围较大,能够自由决定是否起诉、起诉的范围,可以降格指控,可以减少指控的罪名。我国的检察官兼具国家追诉机关与法律监督机关的双重身份,裁量权较小,并且我国刑事诉讼采取起诉法定主义,刑事案件的定罪要遵循实体法规定的犯罪构成要件,控辩双方不能就指控罪名和罪数进行协商,仅能就量

〔14〕 参见孙洪坤、陈世平:《美国辩诉交易是非之争及我国辩诉交易制度之构建》,载《国家检察官学院学报》2003 年第 4 期。

〔15〕 参见魏晓娜:《冲突与融合:认罪认罚从宽制度的本土化》,载《中外法学》2020 年第 5 期。

刑种类、量刑幅度以及程序适用进行协商。[16] 二是实体法的罪名体系不同。美国刑法中采用了“碎片化”的犯罪构成要件模式和数罪并罚情形下对所判刑罚简单相加的处理原则，以至于美国的刑事被告人可能会面临数量较多的罪名指控以及累加后刑期极长的自由刑。而我国《刑法》规定的具体犯罪一般是集合行为，一种犯罪往往包含数个或数种具体行为，罪名之间的交叉包容关系较少，并且我国的数罪并罚制度采取的是限制加重原则，刑期在总量上受到严格限制。[17] 综上，我国刑事诉讼中，控辩双方对罪名和罪数问题缺少协商空间，对量刑的协商亦受到实体法的严格限制。

三、刑事诉讼证明标准不同

英美法系的刑事诉讼实行法律真实标准，辩诉交易制度建立在形式真实的基础上。检察机关对于那些证据不足、没有达到排除合理怀疑的案件，可以通过说服被告人认罪的方式提出较为轻缓的量刑建议。美国当事人主义诉讼模式中还包含“有罪否认程序”，只要被告人认罪并经审查系自愿的，就可以免去正式庭审，直接由法官予以处罚。[18] 因此，如前所述，法官对辩诉交易结果的审查虽然也要求具备一定的事实基础，但这种审查通常具有形式性。辩诉交易制度也存在弊端，在特定情况下案件的真实性和刑事诉讼的公正性难以保证，这也成为辩诉交易制度饱受诟病的原因。“除了与宪法和法律原则相抵触外，辩诉交易严重损害了有效惩罚犯罪和准确区分罪与非罪方面的公共利益。”[19] 不排除有的无辜者会为了避免审前被羁押、陪审团的审判以及定罪后的重刑而选择认罪，达成交易。

基于辩诉交易制度与我国法律文化和具体法律制度的差异，我国在施行认罪认罚从宽制度过程中，究竟采用何种证明标准，相关争论十分激烈。

有观点认为，在认罪认罚案件中可以适度降低证明标准。一些次要的

---

〔16〕 参见陈瑞华：《认罪认罚从宽制度的若干争议问题》，载《中国法学》2017 年第 1 期。

〔17〕 参见顾永忠：《关于“完善认罪认罚从宽制度”的几个理论问题》，载《当代法学》2016 年第 6 期。

〔18〕 参见龙宗智、潘君贵：《我国实行辩诉交易的依据和限度》，载《四川大学学报（哲学社会科学版）》2003 年第 1 期。

〔19〕 [美]斯蒂芬·舒霍夫、郭烁：《灾难性的辩诉交易制度》，载《中国刑事法杂志》2019 年第 6 期。

事实、情节不必要求达到案件事实清楚、证据确实充分的程度，只要基本事实清楚、基本证据充分，即可认为达到了证明标准，其中基本事实是指影响被追诉人定罪量刑的主要犯罪事实和情节，基本证据是指能够证明案件基本事实存在的证据。[20]

也有观点认为，认罪认罚案件中可以降低量刑事实的证明标准，即需区分犯罪事实的证明和量刑事实的证明，基于无罪推定原则、实质真实原则以及避免冤假错案的考量，在定罪问题上不能降低证明标准，但为了促使被追诉人认罪认罚以及同意简化程序的适用，对量刑事实的证明不必达到法定的最高证明标准。即使是对一些不利于被告人的情节，如主犯、累犯、重犯、教唆犯等，检察官也不需要证明到排除合理怀疑的标准。[21]

还有观点坚持认为，认罪认罚案件中的证明标准不能降低。理由是认罪认罚案件简化程序的适用本就削弱了审判程序保证案件真实的作用，并且当前制度对认罪认罚自愿性的保障不够充分，不排除被追诉人违心认罪认罚或是替人顶罪的可能，故而应当严格坚持案件事实清楚、证据确实充分的证明标准。[22]

实践中，部分试点地区在认罪认罚从宽制度实施细则中采取了"主要犯罪事实清楚，主要证据确实充分""犯罪构成要件事实清楚，排除合理怀疑"等降低的证明标准，或是对速裁程序和简易程序规定了低于普通程序的证明标准。[23] 我们认为，根据2018年《刑事诉讼法》第55条的规定，刑事案件的证明标准是证据确实充分，即定罪量刑的事实都有证据证明，据以定案的证据均经法定程序查证属实，综合全案证据，对所认定事实已排除合理怀疑。对于认罪认罚案件，同样应当采取证据确实充分的证明标准。如根据2018年《刑事诉讼法》第222条的规定，基层人民法院管辖的可能判处3年有期徒刑以下刑罚的案件，案件事实清楚，证据确实充分，被告人认罪认罚并同意适用速裁程序的，可以适用速裁程序。该规定说明，认罪认罚案件的证明标准是事实清楚、证据确实充分。相较于普通刑事案件，认罪认罚

---

〔20〕 参见陈光中、马康：《认罪认罚从宽制度若干重要问题探讨》，载《法学》2016年第8期。

〔21〕 参见陈瑞华：《认罪认罚从宽制度的若干争议问题》，载《中国法学》2017年第1期。

〔22〕 参见汪海燕：《认罪认罚从宽制度的确立及其完善》，载《人民论坛》2020年第24期。

〔23〕 参见孙长永：《认罪认罚案件的证明标准》，载《法学研究》2018年第1期。

案件无论在定罪方面,还是在量刑方面,均未降低证明标准。证明标准的一致性,也明确了认罪认罚从宽制度中的控辩双方协商范围,不能针对事实、证据、罪名等进行协商,即使对量刑进行协商,也应符合法律规定的条件。

四、律师的作用不同

刑事案件中,被追诉人通常缺乏相应的法律知识,对定罪量刑、诉讼程序等均缺乏了解,故律师的参与和帮助对保障认罪认罚的自愿性至关重要。除了发达的律师制度之外,美国法律还确立了对刑事案件"有效辩护"的要求。1791 年,《美国宪法第六修正案》赋予"被告有权获得辩护律师帮助的权利"。联邦最高法院在 20 世纪 30 年代至 50 年代通过判例明确,被告人的律师帮助辩护权即指有效辩护权。1970 年,美国联邦最高法院将有效辩护权作为辩诉交易中被告人的一项重要宪法权利加以确认,没有律师参与并进行有效辩护被视为对被告人宪法性权利的侵害,可以作为上诉理由。〔24〕 关于无效辩护问题,美国确立了行为标准和结果标准的双重判断标准,即辩护律师工作存在缺陷(明显不称职),辩护律师的工作缺陷对辩护造成了不利的影响。〔25〕 根据《美国联邦刑事诉讼规则》的要求,法官对辩诉交易案件中被告人"有罪答辩"的审查,要求被告人的选择是"自愿和理智的",其中"自愿和理智"的条件就包括"必须获得律师的有效协助,并拥有权衡自己选择的能力"。〔26〕 在我国的认罪认罚从宽制度中,为了保障被追诉人认罪认罚的自愿性而相应配置了值班律师制度。不过值班律师制度对于实现有效辩护来讲,还存在诸多不足。

(一)值班律师的权利受限

自 2016 年开展认罪认罚从宽制度试点,到 2018 年在《刑事诉讼法》中正式确立认罪认罚从宽制度,相关规范性文件都未对值班律师的权利进行明确规定。直到 2019 年两高三部《认罪认罚指导意见》才明确规定值班律师有阅卷权和会见权。但即便有明确规定,在司法实践中值班律师的阅卷

---

〔24〕 参见闵春雷:《认罪认罚案件中的有效辩护》,载《当代法学》2017 年第 4 期。

〔25〕 参见祁建建:《美国辩诉交易中的有效辩护权》,载《比较法研究》2015 年第 6 期。

〔26〕 参见陈瑞华:《美国辩诉交易程序与意大利刑事特别程序之比较(上)》,载《政法论坛》1995 年第 3 期。

权保障力度仍有不足,这既有外在客观原因,也有值班律师的主观能动性较差等原因。如有些司法机关为值班律师阅卷设置了种种限制,有的司法机关为追求办案效率而不提倡值班律师阅卷,反而提倡值班律师以会见形式了解案情,甚至有些值班律师仅作为检察官和被追诉人签订认罪认罚具结书的见证人,值班律师更多是见证一场签字仪式,而并未真正提供法律帮助,有的值班律师在未了解案情的情况下,集中为多名辩护人见证签署认罪认罚具结书的过程,形式化色彩浓厚。

(二)值班律师的定位和职责不清

根据2018年《刑事诉讼法》及两高三部《认罪认罚指导意见》的规定,值班律师法律帮助的范围包括解释说明,提供程序性帮助如帮助被追诉人申请变更强制措施、提供程序性选择建议,以及提供实体性帮助,如对案件处理提出意见等,还有一个重要内容就是签署认罪认罚具结书时需要值班律师在场。相关法律和指导意见并未规定值班律师提供法律帮助的具体形式、职责以及法律后果,也未规定值班律师是否可以转化为辩护人,值班律师与辩护人在权利义务方面的规定存在明显差别。

五、被害人地位不同

在辩诉交易制度中,被害人可以参加认罪听证,还享有其意见在认罪程序中被"合理倾听"的权利。法庭在决定是否接受有罪答辩时可以考虑受害人的意见,法庭的缓刑办公室在出具"量刑前报告"时,会考虑受害人的意见。不过受害人的意见对控辩双方和法庭没有绝对的约束力。[27] 在认罪认罚从宽制度中,有关被害人地位作用的规定与辩诉交易制度类似,办案机关不仅在各个阶段都要听取被害人的意见,并且被追诉人与被害人是否达成刑事和解、调解协议或者赔偿被害人损失,也是从宽处罚的重要考虑因素,被告人得到被害人谅解的,从宽处理的幅度会增加,反之则可能缩小。在被害人地位方面最明显的规定,是两高三部《认罪认罚指导意见》中明确,"被害人及其诉讼代理人不同意对认罪认罚的犯罪嫌疑人、被告人从宽处理的,不影响认罪认罚从宽制度的适用……犯罪嫌疑人、被告人自愿认罪

---

〔27〕 参见程乐其、胡人斌:《美国联邦司法制度中的有罪答辩和辩诉交易》,载《公安学刊(浙江警察学院学报)》2009年第6期。

并且愿意积极赔偿损失，但由于被害人赔偿请求明显不合理，未能达成调解或者和解协议的，一般不影响对犯罪嫌疑人、被告人从宽处理”。

六、从宽处罚的幅度不同

《美国联邦量刑指南》依据犯罪等级和被告的前科种类对量刑作了比较细致的划分。依据该指南，较早认罪且使控方不必对该案件进行法庭审理准备工作的被告人可以得到降低自己三个犯罪等级的优惠；对控方和警方有实质性帮助的被告人有可能获得控方动议，建议法庭在《美国联邦量刑指南》确定的量刑范围之外减轻刑罚。而我国法律尚未对认罪认罚案件设立单独的量刑评价体系，未设置明确而独立的从宽处罚幅度。根据现有规定，对认罪认罚被告人的量刑，应根据实体法规定的从轻、减轻、免除处罚情节，参考认罪认罚情况，进行综合判断。对于没有法定从轻、减轻处罚情节的，能否仅依照《刑事诉讼法》第 15 条的认罪认罚规定对被告人从轻、减轻处罚，目前仍存有争议，暨能否将认罪认罚视为一种独立的量刑情节，在对被告人量刑时参考适用。我们认为，认罪认罚从宽制度是一项综合性的法律制度，具有独立价值，认罪认罚所体现出的被告人认罪、悔罪态度，可以作为对其量刑时的考虑因素，但不能将认罪认罚视为一种独立的法定或酌定量刑情节。认罪认罚从宽制度具有系统性和机制性，各类法定和酌定量刑情节具有明确性和实体性，二者没有可比较的基础，不能混淆。但是，认罪认罚从宽制度虽然不是具体的量刑情节，但其可以起到对被追诉人从宽处罚的政策性效果，暨在被追诉人不具备法定或酌定从轻、减轻处罚情节的情况下，可以根据其认罪认罚情况，在其法定刑幅度内选择较低的宣告刑，以此实现对被追诉人的从宽处理。如前所述，认罪认罚从宽制度可以在程序上起到对被告人从宽处理的效果。需要注意的是，在法定刑幅度内选择较低的宣告刑，与被追诉人具有法定、酌定从轻、减轻处罚情节从而获得较低宣告刑，二者并不相同，前者是刑罚的选择过程，后者是刑罚的减让过程。具体到司法实践中，关于是否需要在刑事裁判文书中明确引用 2018 年《刑事诉讼法》第 15 条的规定，存在一定争议。如上所述，认罪认罚从宽制度作为一项综合性制度，并非具体量刑情节，也不是法庭审理程序，一般无需引用该条款。但若认罪认罚从宽制度在具体案件中作为一种刑罚选择依据时，则在裁判文书中应当援引认罪认罚从宽制度条款。

综上,认罪认罚从宽制度与辩诉交易制度不能等同。我国确立认罪认罚从宽制度,在一定程度上吸收了辩诉交易制度的合理成分,但并不能理解为辩诉交易制度的中国化过程。法律是统治阶级意志的体现,法律与政治的关系密不可分,本质上是政治的一种手段和措施。西方国家有一种思潮,极力主张法律和政治的平等地位,但从国家的起源来讲,只要存在国家,就会存在执政党,法律是阶级意志的体现。即使在某些社会架构下法律有其自主性,但法律的自主性并不是要凌驾于政治之上,也不是要与政治分庭抗礼,没有在不同政治制度下普遍施行的法律,也没有在同一法律体系管辖下的不同政治制度。政治与法律总是鱼水互存,互相适应。法律本身就是政治高度发展的产物,在内在逻辑上二者有着密不可分的联系。因此,中国特色的认罪认罚从宽制度,体现了党领导下的社会主义民主和法治的优越性,是一种符合本国国情和民意的法律制度,具有深厚的理论基础和文化渊源,具有强大的生命力和制度自信。认罪认罚从宽制度从来都不是辩诉交易制度的翻版,也不是辩诉交易制度中国化的理论成果。

第七章　认罪认罚从宽制度与庭前认罪答辩制度的比较

在世界范围内，在刑事诉讼过程中对被追诉人从宽处理的机制各不相同。有学者将这种从宽处理机制归纳为两种：一种是交易协商供给机制，即刑罚优待是控辩双方在一定的证据基础上讨价还价的结果，如英美法系的辩诉交易制度；另一种是法定职权供给机制，即刑罚优待是检察官依职权申请、法官依职权确定的结果，而这些职权行为都要依据明确、刚性的法律规定。[1] 相比美国的刑事诉讼制度，我国的诉讼制度更接近于大陆法系，同属职权主义的刑事诉讼模式。因此，我国的认罪认罚从宽制度与法国的庭前认罪答辩程序较为相似，更接近于法定职权供给机制，认罪认罚的过程是在司法机关的主导下进行的。

第一节　法国庭前认罪答辩程序发展概况

法国的庭前认罪答辩程序确立于2004年。作为一种新的刑事裁判程序，其设置是出于提高诉讼效率的考量，通过程序分流减缓轻罪法院的负担。轻罪是指判处监禁刑或3750欧元以上罚金刑的犯罪；对于轻罪，法院有权宣判10年以下的监禁刑（累犯双倍刑罚时为20年）、罚金、附加刑（禁止从事某些职业等）、刑罚替代（公益劳动等），以及对被害人的损害赔偿措

---

〔1〕 参见左卫民：《认罪认罚何以从宽：误区与正解——反思效率优先的改革主张》，载《法学研究》2017年第3期。

施。[2] 庭前认罪答辩允许刑事被告在某些轻罪案件中以认罪为根本前提与检察官进行量刑交易，其两个核心要件包括被告承认犯罪事实、被告可以自由清晰地表达对量刑的意见。另外，司法实践中被告承认犯罪事实的真实意图也是检察官适用庭前认罪答辩程序的重要考量因素。

一、庭前认罪答辩的适用范围

庭前认罪答辩程序仅适用于主刑为罚金刑或者5年及以下监禁刑的犯罪。同时，法国的刑事诉讼法又将几类犯罪排除在庭前认罪程序的适用范围之外，包括未成年人所实施的犯罪、虚假新闻罪、过失杀人罪（而非过失伤害罪）、政治罪、追诉程序由专门法律进行规定的犯罪（如税收方面的犯罪）。另外，司法实践中案情过于简单的案件一般也不适用庭前认罪答辩程序。[3]

二、庭前认罪答辩程序的运行过程

一般来讲，庭前认罪答辩需要经过被告认罪、检察官提出量刑建议、被告接受或拒绝量刑建议、法官审核这一过程。首先，庭前认罪答辩程序的启动需要被告"承认所被指控之犯罪事实"。其次，被告认罪后检察官可以提出量刑建议，因检察官的裁量权较大，被告人通常只能拒绝或接受，而不能提出一个相反的建议，故法律对检察官的量刑建议进行了限制，包括：(1)量刑的性质及幅度应符合刑罚个人化原则；(2)建议执行监禁刑的刑期不得超过1年，也不得超过当处监禁刑刑期的一半；(3)建议执行罚金刑的罚金数额不得超过法定的最高罚金数额；(4)若检察官建议适用无缓刑之监禁刑，则应向被告详细说明量刑是否立即执行或传唤被告至执行法官前以确定刑罚的执行方式。[4] 若被告拒绝检察官建议的量刑，则检察官应依一般的公诉程序向轻罪法院提起公诉或要求启动正式的侦查程序，之前庭前认罪答辩程序中所作的各种声明及案卷笔录归于无效，不得作为证据提

[2] 参见宋英辉、孙长永、朴宗根等：《外国刑事诉讼法》，北京大学出版社2011年版，第199页。

[3] 参见施鹏鹏：《法、意辩诉交易制度比较研究——兼论美国经验在欧陆的推行与阻碍》，载《中国刑事法杂志》2007年第5期。

[4] 参见李哲：《辩诉交易相关制度之借鉴》，载《国家检察官学院学报》2008年第5期。

交给预审庭或审判庭。若被告接受检察官建议的量刑,则庭前认罪答辩程序进入审核阶段。最后,审核阶段法官着重审查如下三个基本要点:犯罪事实的真实性、检察官所建议之量刑的适当性、庭前认罪答辩程序的运作是否合乎公正程序的要求。[5]

第二节　认罪认罚从宽制度与庭前认罪答辩程序的比较

一、控辩审三方的地位区别

庭前认罪答辩程序带有大陆法系刑事诉讼职权主义色彩,检察机关代表国家对犯罪进行追诉,以追求案件真实为目标,控辩双方诉讼地位明显不对等,检察机关处于支配性地位,被告及其辩护律师只能同意或不同意,而无法进行协商,诉讼权利的放弃未必会取得相应的对价,被告人基本上是刑事诉讼的客体。从控审的角色来看,检察机关部分承接了原本属于法院的裁判职能,有违控审分离的原则;控方需对犯罪提出量刑建议,而裁判者的工作由裁判变为审查,这种审查在实践中易流于形式,且此类案件规避了公开庭审的要求,法庭公开审判原则受到了冲击。

反观我国的认罪认罚从宽制度,虽然同属职权主义模式,在实践运行中同样面临着被告人权利保障不够充分、诉讼角色不够清晰的问题。但在我国认罪认罚从宽制度中,控辩双方诉讼地位在法律上是平等的,并且强调了被告人的辩护权以及被害人的参与权,故控辩双方的力量对比存在平衡的现实可能性。实践中出现的辩方权利保障不足,值班律师制度流于形式等问题,属于需要进一步完善和改进的实践层面的问题。从控审角色来看,检察机关的量刑建议权并非对法院裁判权的分化和承接,量刑建议权和裁判权并无实质性的对立,控审分离仍是刑事诉讼中的基本构造。人民法院对认罪认罚案件的审查,除了在内容上增加了对认罪认罚自愿性的审查以外,在事实认定、证据裁判方面相较于普通刑事案件来说并未降低标准。法官

[5] 参见施鹏鹏:《法国庭前认罪答辩程序评析》,载《现代法学》2008年第5期。

仍是以事实清楚、证据确实充分为标准对案件进行裁判，仍应对案件的事实、证据、诉讼程序和法律适用负责。甚至在司法体制改革背景下，案件责任终身制使得法官的裁判更加谨慎、全面、细致。

二、适用范围的区别

庭前认罪答辩程序适用范围有限，仅适用于主刑为罚金刑或者5年及以下监禁刑的犯罪，而且还有法定排除适用的犯罪类型。

认罪认罚从宽制度的适用原则上不受案件类型、量刑轻重、诉讼程序的限制，适用于侦查、起诉、审判各阶段。只要犯罪嫌疑人、被告人自愿如实供述自己的罪行，承认指控的犯罪事实，愿意接受处罚，同意量刑建议，签署认罪认罚具结书，都可以适用认罪认罚从宽制度。当然，认罪认罚从宽制度的适用范围，从试点运行到最终确立，存在一定争议，通过梳理这些争议，反而可以对认罪认罚从宽制度的适用范围有更深的理解。

（一）认罪认罚从宽制度适用条件

根据《认罪认罚从宽制度试点办法》第2条的规定："具有下列情形之一的，不适用认罪认罚从宽制度：（一）犯罪嫌疑人、被告人是尚未完全丧失辩认或者控制自己行为能力的精神病人的；（二）未成年犯罪嫌疑人、被告人的法定代理人、辩护人对未成年人认罪认罚有异议的；（三）犯罪嫌疑人、被告人行为不构成犯罪的；（四）其他不宜适用的情形。"根据该规定，对于上述人员不能适用认罪认罚从宽制度。

试点过程中，部分试点城市在各自制定的实施细则中明确规定了不适用认罪认罚从宽制度的案件范围。如北京市《关于开展刑事案件认罪认罚从宽制度试点工作实施细则（试行）》第5条规定了不适用认罪认罚从宽制度的案件范围，除了《认罪认罚从宽制度试点办法》规定的以外，增加了"犯罪嫌疑人、被告人认罪，但经审查认为可能不构成犯罪，或者辩护人作无罪辩护的；犯罪嫌疑人、被告人表示认罪，但有干扰证人作证、毁灭、伪造证据或者串供等影响刑事诉讼活动正常进行的行为的；犯罪性质恶劣、犯罪手段残忍、社会危害性严重，犯罪嫌疑人、被告人虽认罪认罚，但不足以从轻处罚的"等情形。山东省在试点过程中又增加了"采用暴力、威胁或者其他损害本人及其近亲属合法权益的方法导致犯罪嫌疑人、被告人违背意愿认罪认罚的"这一不适用认罪认罚从宽制度的情形。沈阳市在试点过程中增加了

“具有串供、毁灭罪证、隐匿、转移财产,不赔偿损失等情形的”的规定。长沙市在试点过程中又增加了“犯罪嫌疑人或者被告人虽然认罪认罚,但是没有辩护人且拒绝法律帮助的”这一情形。上海市、长沙市等试点地区还在相关文件中对慎重适用认罪认罚从宽制度的情形进行了规定,如上海市规定,对“危害国家安全、涉恐怖主义及涉黑涉恶案件;社会影响恶劣的案件;犯罪嫌疑人、被告人系惯犯或以犯罪为常业的案件;犯罪嫌疑人、被告人系主观恶性深,人身危险性大的累犯、再犯的案件”等,慎重适用认罪认罚从宽制度。

2018 年《刑事诉讼法》并未明确规定不适用认罪认罚从宽制度的案件范围,但第 174 条规定,“犯罪嫌疑人认罪认罚,有下列情形之一的,不需要签署认罪认罚具结书:(一)犯罪嫌疑人是盲、聋、哑人,或者是尚未完全丧失辨认或者控制自己行为能力的精神病人的;(二)未成年犯罪嫌疑人的法定代理人、辩护人对未成年人认罪认罚有异议的;(三)其他不需要签署认罪认罚具结书的情形”。两高三部《认罪认罚指导意见》也作出了同样规定。对于 2018 年《刑事诉讼法》修订后认罪认罚从宽制度的适用范围问题,最高人民法院刑事审判第一庭编著的《认罪认罚从宽制度的理解与适用》中指出,虽然 2018 年《刑事诉讼法》对认罪认罚从宽制度的适用条件未作出明确规定,但结合第 15 条、第 174 条、第 222 条的规定,认罪认罚从宽制度的适用应满足以下三个条件:一是犯罪嫌疑人、被告人自愿如实供述自己的罪行,承认指控的犯罪事实;二是愿意接受处罚,同意量刑建议;三是签署认罪认罚具结书。[6] 适用认罪认罚从宽制度的实质要件是“认罪”并“认罚”,形式要件是签署认罪认罚具结书。据此,上述《认罪认罚从宽制度的理解与适用》认为,对于盲、聋、哑人,或者尚未完全丧失辨认或者控制自己行为能力的精神病人,不能适用速裁程序和简易程序审理,这实际上已经排除了认罪认罚从宽制度的适用;由于未成年人犯罪的案件被排除适用速裁程序,因此未成年人认罪认罚的案件,只能通过简易程序和普通程序简化审理。尤其需要指出,《认罪认罚从宽制度试点办法》第 2 条将 2018 年《刑事诉讼法》第 174 条规定不需要签署认罪认罚具结书的情形一和情形二,作

---

〔6〕 参见胡云腾主编、最高人民法院刑事审判第一庭编著:《认罪认罚从宽制度的理解与适用》,人民法院出版社 2018 年版,第 87 ~ 88 页。

为不适用认罪认罚从宽制度的情形加以规定。《认罪认罚从宽制度的理解与适用》将其理由解释为“旨在为盲、聋、哑人、限制行为能力的精神病人提供更为完善的程序保障”。在司法实践中引起争议的是,两高三部《认罪认罚指导意见》第31条规定,“上述情形犯罪嫌疑人未签署认罪认罚具结书的,不影响认罪认罚从宽制度的适用”。由此观之,对于不需要签署认罪认罚具结书的上述三种情形,是否能够适用认罪认罚从宽制度,在认罪认罚从宽制度试点阶段以及确立以后,实际上存在不同理解。

(二)认罪认罚从宽制度原则上适用于所有案件

我们认为,认罪认罚从宽制度原则上适用于所有刑事案件,除了认罪认罚从宽制度的实质要件以外,不应再附加其他条件。

首先,根据2018年《刑事诉讼法》第15条的规定,犯罪嫌疑人、被告人自愿如实供述自己的罪行,承认指控的犯罪事实,愿意接受处罚的,可以依法从宽处理。根据该规定,认罪认罚从宽制度的适用,除了在实体要件上要满足“认罪”和“认罚”之外,并未附加特殊条件。两高三部《认罪认罚指导意见》第5条指出,认罪认罚从宽制度没有适用罪名和可能判处刑罚的限制,所有刑事案件都可以适用,不能因罪轻、罪重或者罪名特殊等原因而剥夺犯罪嫌疑人、被告人自愿认罪认罚获得从宽处理的机会。因此,对于认罪认罚从宽制度的适用问题,在把握其实质要件的基础上,不应再有额外限制,认罪认罚从宽制度应适用于所有案件。

其次,对于盲、聋、哑人,或者是尚未完全丧失辨认或者控制自己行为能力的精神病人,仍然适用认罪认罚从宽制度,但依法可以不签署认罪认罚具结书。这类人员适用认罪认罚从宽制度的前提,仍然是真诚悔过、自愿认罪认罚,且应根据其表达能力、控制和辨认能力,实质性地审查其认罪认罚的自愿性,确保其对认罪认罚和由此带来的刑罚后果充分知晓、自由选择、自愿接受。若不符合认罪认罚的实质条件,则不宜对其适用认罪认罚从宽制度,但不影响根据其认罪态度、悔罪情况等情节,对其进行实体上的从轻处罚。需要达成共识的是,这类人员不需要签署认罪认罚具结书,这并不构成对其适用认罪认罚从宽制度的障碍,正是因为考虑到这类人员在控制和辨认能力上的瑕疵,故特别作出上述规定,旨在通过更加完善的诉讼程序保障其认罪认罚的自愿性和合法性,况且不需要签署并非不得签署,司法实践中,若上述人员具备签署认罪认罚具结书的条件,仍然可以让其签署具结书。但是,对这类人员认罪认罚自愿性、合法性的审查,应当更加细致和严格。同样,《认罪认罚从宽制度试点办法》中将上述情形排除出认罪认罚从宽制度的适用范围,只能认为是试点阶段的权宜之计,目的是利用较为成熟和典型的案件开展试点工作。随着试点经验的积累,以及认罪认罚从宽制度的正式确立,对上述人员适用认罪认罚从宽制度,也具有了理论和实践基础。

最后,从 2018 年《刑事诉讼法》第 174 条的条文表述来看,犯罪嫌疑人认罪认罚是该法条的前提条件,在此基础上,对于该法条规定的三类案件,不需要签署认罪认罚具结书。根据文义解释原理,对于三类案件可以适用认罪认罚从宽制度。另外,两高三部《认罪认罚指导意见》第 31 条重申了不需要签署认罪认罚具结书的三类案件,并规定“上述情形犯罪嫌疑人未签署认罪认罚具结书的,不影响认罪认罚从宽制度的适用”。

三、协商范围的区别

庭前认罪答辩程序协商范围较小,如《法国刑事诉讼法》规定,控辩双方合意的内容只能是减少罚金刑或者监禁刑(不得超过 1 年或预期量刑的一半),可包括附加刑以及适用缓刑。可见其协商范围不但限制在量刑领域,而且对协商幅度进行了较为严格的限制。反观我国的认罪认罚从宽制度,控辩双方的协商范围,包括实体层面的量刑幅度、刑罚执行方式甚至不起诉决定等,还包括程序层面的强制措施种类等。总之,我国认罪认罚从宽制度的协商范围大于国外的庭前认罪答辩程序。

第二编　实践运行

第八章　认罪认罚从宽制度的实证考察

认罪认罚从宽制度是党中央在十八届四中全会上对我国司法体制改革作出的重大决策部署，经历了较长时间的理论探索和试点运行，最终被2018年《刑事诉讼法》立法确认。2018年《刑事诉讼法》同时确立了刑事速裁程序，以及与之配套的值班律师等制度。认罪认罚从宽制度的生命力需要长期的司法实践加以检验，因此本章试图通过对实践数据的分析，发现认罪认罚从宽制度在实践中的短板和弱项，以期为进一步完善认罪认罚从宽制度提供借鉴。

第一节　认罪认罚从宽制度的试行效果

公开资料显示，2017年，青岛全市10个基层法院近六成的刑事案件适用认罪认罚从宽制度，涉案被告人4277人，适用比例高于全国试点城市平均数12个百分点。其中，七成的认罪认罚案件7日内审结，最短的当天立案、当日审结；对被告人判处非监禁刑以及免予刑事处罚的适用率超过四成，比试点改革前提升了10个百分点，审结案件中上诉率仅为1.1%。[1]与此同时，青岛市中级人民法院审理的一审重大刑事案件也逐渐适用认罪认罚从宽制度，所审理的9起一审案件均实现了当庭宣判，被告人均表示服判息诉。[2]

2018年，北京全市法院一审案件服判息诉率达到88.5%，审判质量综合指数81.13，比上年提高了0.92，“司法程序质量”指数连续两年斩获全球

〔1〕 参见2018年《青岛市中级人民法院工作报告》。

〔2〕 参见2018年《青岛市中级人民法院工作报告》。

最高。[3]

2018年,杭州市中级人民法院深入推进认罪认罚从宽制度改革,在制定常见罪名量刑指导意见和庭审规范的基础上,对6963名轻刑犯适用缓刑等非监禁刑。[4]

2017年12月至2018年11月,上海市普陀区人民检察院适用认罪认罚从宽制度提起公诉案件562件,涉案人数645人。2019年上半年,上海市嘉定区人民检察院适用认罪认罚从宽制度办理案件515件,涉案609人,量刑建议采纳率超90%。2019年全年,上海市嘉定区人民法院深入推进认罪认罚从宽制度和刑事速裁改革,成立轻罪案件快审团队,刑事案件简易程序适用率82.7%,认罪认罚率62.4%,当庭宣判率70.4%。[5]

2020年10月15日,最高人民检察院检察长张军在第十三届全国人大常委会第二十二次会议上做关于人民检察院适用认罪认罚从宽制度情况的报告时称,认罪认罚从宽制度丰富了刑事司法与犯罪治理的"中国方案",2019年1月至2020年8月,检察机关适用认罪认罚从宽制度办结案件1,416,417件1,855,113人,被告人一审上诉率低于其他刑事案件11.5%。[6]

从以上数据来看,认罪认罚从宽制度主要在办案效率和服判息诉率方面发挥了较为显著的作用。一是认罪认罚从宽制度在刑事案件繁简分流方面起到显著作用,各试点地区较大比重的刑事案件均通过认罪认罚程序得到快速处理,诉讼效率明显提升,基本实现了认罪认罚案件程序上从简、实体上从宽的目标,进而实现了对刑事诉讼结构改造与诉讼资源的优化配置。比如,适用认罪认罚从宽制度的案件,速裁程序的适用率普遍高达80%以上,快速审理通道较为完善的试点单位,甚至能够实现当天立案、当天通知当事人、当天送达并且当天确定开庭日期,并要求承办法官在7个工作日内审结。这一举措有效缩短了案件的审理期限,从立案到宣判平均用时仅

---

〔3〕 参见2019年《北京市高级人民法院工作报告》。

〔4〕 参见2020年《杭州市中级人民法院工作报告》。

〔5〕 参见2020年《上海市嘉定区人民法院工作报告》。

〔6〕 参见徐日丹:《最高人民检察院检察长张军作关于人民检察院适用认罪认罚从宽制度情况的报告》,载最高人民检察院网,https://www.spp.gov.cn/zdgz/202010/t20201015_481978.stml。

5.3 天,极大提高了司法效率。二是在认罪认罚案件的审理过程中通过推行专业化审判机制,并按照量刑规范化的规定确定量刑标准,推进认罪认罚案件法律适用和量刑标准的相对统一,这些举措在提高办案质量、提高被告人的服判息诉率方面具有明显作用。由此可见,试点地区适用认罪认罚从宽制度处理的刑事案件,服判息诉率普遍高于其他刑事案件,达到了较好的审判效果。

第二节　认罪认罚案件的实证分析

一、认罪认罚案件的样本采集

我们选取了东部某沿海城市的司法样本。一方面,该市适用认罪认罚从宽制度的时间较早,系中央确定的 18 个试点地区之一,经历了从制度摸索阶段到较为成熟阶段的完整历程,对考察认罪认罚从宽制度的实践运行情况具有参照意义。另一方面,该市经济发达,新型犯罪较多,刑事辩护覆盖度高,犯罪人的文化水平和权利意识较强,能够较好地反映认罪认罚从宽制度的运行情况。我们以该市开始试行认罪认罚从宽制度至 2020 年 7 月 31 日判决的刑事案件作为分析样本,通过公开文书检索,采取总体分析与典型个案分析相结合的方法,既重视制度运行的总体规律,也努力寻找个案中反映出的问题。

自 2016 年认罪认罚从宽制度试运行以来至 2020 年 7 月,该市共审结被告人认罪认罚的刑事案件 25,659 件(因不公开审理、文书未上网等原因无法检索法律文书的未纳入统计),约占同期审结所有刑事案件的 16.7%。其中,2016 年试点开始后审结认罪认罚案件 49 件,占同期审结的所有刑事案件的 0.1%;2017 年审结认罪认罚案件 3905 件,占同期审结的所有刑事案件的 11.11%;2018 年审结认罪认罚案件 5638 件,占同期审结的所有刑事案件的 17.4%;2019 年审结认罪认罚案件 9814 件,占同期审结的所有刑事案件的 26.6%;2020 年前 7 个月审结认罪认罚案件 6253 件,占同期审结的所有刑事案件的 42.83%,见图 8-1。

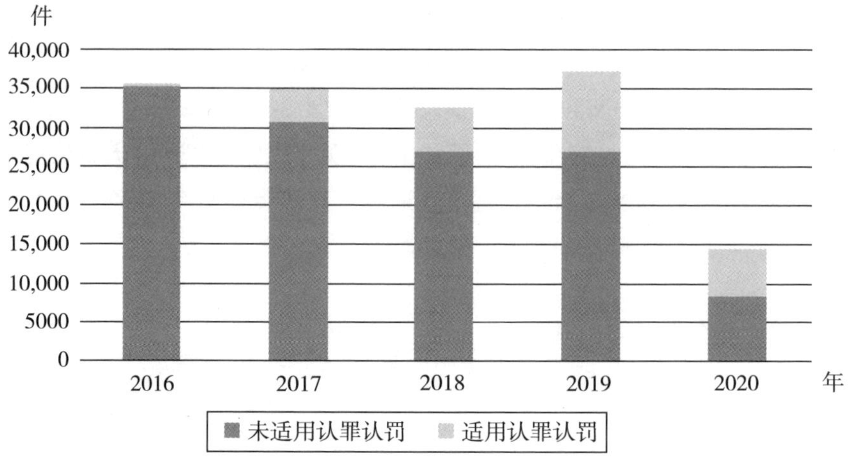

图 8－1　认罪认罚从宽制度适用情况

由此可见，随着认罪认罚从宽制度的试行和正式确立，认罪认罚案件同比迅速增长。从绝对数量来看，2018 年相比 2017 年增加了 44.38%，2019 年相比 2018 年增长了 74.07%，2020 年前 7 个月的认罪认罚案件数量即达到了上一年度的 63.72%。需要说明的是，2020 年受新冠肺炎疫情的影响，该市审结刑事案件的数量大幅降低，但认罪认罚案件所占比例却大幅提升。分析原因，除了认罪认罚从宽制度及实践机制逐步完善以外，可能也与认罪认罚案件开庭时间短，不需要大量举证质证，适合通过在线庭审的方式开庭等因素有关。总之，认罪认罚案件逐渐成为刑事审判中的重要组成部分，在进一步凸显制度优势之外，更显示出对其进行深入研究的必要性。

二、认罪认罚案件的罪名特点

（一）认罪认罚案件在类罪中的适用具有规律性

在上述认罪认罚案件中，危害公共安全类案件共 6167 件，占该类案件总量的 29.4%；危害社会主义市场经济秩序类案件共 1965 件，占该类案件总量的 10.6%；侵犯公民人身权利、民主权利类案件共 1494 件，占该类案件总量的 9.6%；侵犯财产类案件共 9673 件，占该类案件总量的 19.8%；妨害社会管理秩序类案件共 6275 件，占该类案件总量的 14.1%；贪污贿赂犯罪类案件共 72 件，占该类案件总量的 4.6%；渎职犯罪类案件共 11 件，占该类案件总量的7.3%。

数据反映出危害公共安全类案件、侵犯财产类案件、妨害社会管理秩序类案件中认罪认罚的适用率较高；职务犯罪和侵犯公民人身权利、民主权利类案件认罪认罚的适用率较低。试分析危害公共安全类案件、侵犯财产类案件、妨害社会管理秩序类案件中认罪认罚的适用率较高的原因，一是危害公共安全类犯罪实践中多为危险驾驶罪，侵犯财产类犯罪实践中多为盗窃罪，妨害社会管理秩序类犯罪实践中多为妨害公务罪、开设赌场罪等，这些犯罪在实践中较为多发，且通常来讲刑期较短，犯罪人更愿意通过积极认罪认罚，争取从宽处理。二是这几类犯罪在实践中证据情况较好，证据收集比较及时，证据链条比较完整，被告人和辩护人辩解和辩护空间较小，通过认罪认罚获得量刑上的轻判成为辩方的合理选择，当犯罪人认为无罪的可能性较小时，更愿意放弃一系列诉讼权益获得从宽处理结果以及及时结案等伴生收益。[7] 三是轻罪案件大多数可适用速裁程序或简易程序审理，司法机关为提高工作效率，更愿意向犯罪嫌疑人、被告人释法说理，鼓励其积极认罪认罚，从而实现双赢的结果。

职务犯罪适用认罪认罚较少的原因，一是这类犯罪多为国家工作人员贪污贿赂、侵权渎职等犯罪，法律关系较为复杂，社会关注度高，且在刑事政策上强调从严处理。这类犯罪中，即使犯罪嫌疑人、被告人自愿表示认罪认罚，司法机关通常也难以对其采取非羁押性措施，难以通过速裁程序、简易程序快速处理案件，难以与其进行有效的量刑协商并提出较为确定的量刑建议。二是这类犯罪的法定刑和处断刑通常较高，证据要求较严，客观证据较少，有时主要靠犯罪嫌疑人的供述和证人证言，查明事实和审查证据的难度较大，影响定罪量刑的因素较多，诉讼周期较长，有时还需要考虑政策基调和舆论影响，导致难以适用认罪认罚从宽制度进行处理。

侵犯公民人身、民主权利类犯罪适用认罪认罚较少的原因，一是这类犯罪通常是故意杀人、故意伤害等严重暴力犯罪，法定刑通常较重，甚至涉及死刑。对于重罪而言，通过认罪认罚所获得的量刑上的优待对被告人的吸引力较小，特别是死刑案件，即使被告人认罪认罚，很多情况下仍旧不能免

---

〔7〕 参见熊秋红：《适用认罪认罚从宽制度的激励机制》，载《检察日报》2020年10月16日，第3版。

除死刑的适用。二是重罪案件即使被告人认罪认罚仍应适用普通程序审理，需要完整听取被告人和辩护人的质证意见与辩护意见，防止出现事实认定与法律适用的错误，导致案件处理程序并不会因认罪认罚而大幅简化，“节约司法资源的价值功能相对受限”。〔8〕在认罪认罚案件中，检察机关除全面核实证据外，还增加了制作、签署认罪认罚建议书、具结书等多项工作，大幅增加了工作量，〔9〕若认罪认罚对简化诉讼程序的作用有限，则会影响司法机关对该类案件适用认罪认罚程序的积极性。三是这类案件受被害人意见的影响较大，犯罪嫌疑人、被告人的经济条件通常不佳，在难以足额赔偿被害人的损失、获得被害人谅解的情况下，难以对其适用认罪认罚从宽制度，否则既不符合该制度的实质要件，无从发挥该制度恢复社会关系的作用，又容易产生新的矛盾。

（二）不同罪名适用认罪认罚从宽制度的比例差异明显

从具体罪名分析，不同罪名适用认罪认罚从宽制度的比例也有明显差距。如在上述期间审理的交通肇事罪案件有 496 件，适用认罪认罚从宽制度的比例为 17.2%；危险驾驶罪案件有 5551 件，适用比例为 32.8%；走私普通货物、物品罪有 43 件，适用比例为 14.1%；非国家工作人员受贿罪有 37 件，适用比例为 9.9%；信用卡诈骗罪有 91 件，适用比例为 3.3%；保险诈骗罪有 20 件，适用比例 6.2%；虚开增值税专用发票、用于骗取出口退税、抵扣税款发票罪有 275 件，适用比例为 12.5%；虚开发票罪有 68 件，适用比例为 23.7%；假冒注册商标罪有 56 件，适用比例为 20.8%；合同诈骗罪有 261 件，适用比例为 9.7%；非法经营罪有 159 件，适用比例为 11.8%；故意杀人罪有 3 件，适用比例为 0.3%；故意伤害罪有 1042 件，适用比例为 11.4%；强奸罪有 79 件，适用比例为 4%；强制猥亵、侮辱罪有 57 件，适用比例为 9.9%；非法拘禁罪有 80 件，适用比例为 7.5%；抢劫罪有 64 件，适用比例为 2.4%；盗窃罪有 7674 件，适用比例 19.9%；诈骗罪有 1508 件，适用比例为 16.9%；职务侵占罪有 202 件，适用比例为 7.2%；挪用资金罪有 42 件，适用比例为 10.4%；敲诈勒索罪有 167 件，适用比例为 9.7%；妨害公务

〔8〕 参见汪海燕：《重罪案件适用认罪认罚从宽程序问题研究》，载《中外法学》2020 年第 5 期。
〔9〕 参见向燕：《我国认罪认罚从宽制度的两难困境及其破解》，载《法制与社会发展》2018 年第 4 期。

罪有 946 件，适用比例为 16.8%；赌博罪有 59 件，适用比例为 13%；开设赌场罪有 936 件，适用比例为 18.9%；掩饰、隐瞒犯罪所得、犯罪所得收益罪有 129 件，适用比例为 17%；走私、贩卖、运输、制造毒品罪有 1049 件，适用比例为 11.4%；贪污罪有 18 件，适用比例为 3.4%；受贿罪有 33 件，适用比例为 4.2%；滥用职权罪有 8 件，适用比例为 8.3%。

总体而言，构成要件复杂的犯罪中，被告人选择认罪认罚从宽制度的概率远低于构成要件简单的犯罪。以经济和金融犯罪为例，这类犯罪的构成要件通常较为复杂，有些犯罪如合同诈骗罪和合同纠纷常常混淆不清，刑民交叉也比较严重，被告人对犯罪事实、法律关系、犯罪性质的辩解通常较多，这类犯罪通常适用认罪认罚从宽制度的比例较低。从证据角度分析，经济和金融类犯罪持续时间较长，待证事实较多，容易产生证据链条的薄弱环节，给辩方较多的辩论空间，且控方对被告人是否符合犯罪构成要件承担证明责任，辩方只需要提出待证事实尚无法排除合理怀疑的辩解，通常即存在导致检察机关指控的罪名不成立或减少指控数额的可能性，因此在这类犯罪中被告人认罪认罚并非最优选项，被告人和辩护人更倾向于通过实质辩护获得诉讼利益。另外，如前所述，这类犯罪的法律关系和法律性质经常存在争议，民事、刑事、行政违法性之间的界限并非一目了然，这类案件时常为疑难、复杂、新类型案件，司法工作人员驾驭此类案件的能力在现实中仍需提升。[10] 因此，对此类案件适用认罪认罚从宽制度较为慎重。

三、认罪认罚案件的刑期特点

在上述认罪认罚的案件中，有被告人被判处管制刑的共 61 件，有被告人被判处拘役的共 14,934 件，有被告人被判处 1 年以下（含 1 年）有期徒刑的共 13,322 件，有被告人被判处 1 年至 3 年（含 3 年）有期徒刑的共 3089 件，有被告人被判处 3 年至 10 年（含 10 年）有期徒刑的共 1291 件，有被告人被判处 10 年以上有期徒刑的共 266 件，有被告人被判处无期徒刑的共 7 件。在上述认罪认罚的案件中，有被告人被判处缓刑的共 10,942 件，占案件总量的 42.6%。

---

〔10〕 参见张军：《认罪认罚从宽：刑事司法与犯罪治理“中国方案”》，载《人民论坛》2020 年第 30 期。

从上述数据可知,刑罚轻重与认罪认罚从宽制度的适用率之间存在负相关的关系,随着刑罚的加重,适用认罪认罚的概率呈现递减趋势,且以 3 年有期徒刑为界限,存在陡然递减关系,直至死刑案件适用认罪认罚从宽制度的可统计案件为零。

1. 管制刑案件适用认罪认罚从宽制度的数量较少,原因在于实践中被判处管制的案件数量本来就较少。判处管制需要经过社会调查等程序,判决后还需要进行较为烦琐的移送执行工作,而管制的刑期也可达到 2 ~ 3 年之久,相对于拘役、有期徒刑的缓刑而言,有时并不能认为刑罚更加轻缓。执行机构的多元化也增加了协调的难度,加之配套制度的不健全,〔11〕实践中对管制刑的适用率并不高。相应地,这类案件适用认罪认罚的绝对数量也较少。

2. 拘役至 3 年以下有期徒刑的案件在认罪认罚案件中占据绝对的主体地位。这类案件根据法律规定可以适用简易程序、速裁程序审理,司法机关适用认罪认罚从宽制度的积极性较高。这类案件也是体现刑事司法教育、感化、挽救原则的最佳选择,依法可以适用非监禁刑,也增加了被告人适用认罪认罚从宽制度的动力。缓刑的适用条件之一为有悔罪表现,悔罪的重要表现之一就是认罪认罚,被告人为了争取缓刑,愿意签署认罪认罚具结书。从数据上看,认罪认罚案件被告人获得缓刑的概率高达 42.6% ,这无疑对被告人有较大的吸引力。

3. 判处重刑案件特别是死刑案件,因案情重大,通过认罪认罚带来的量刑优惠对被告人而言吸引力较小,对于法律规定应当被判处无期徒刑和死刑的被告人更是如此。在量刑协商方面,检察机关更难以把握最终的量刑结果,且这类案件影响量刑的因素较多,主观因素更强,导致认罪认罚比例较低。从人性和心理学角度出发,刑期越重时被告人越愿意放手一搏,家属也更倾向于为其聘请律师。即使是法律援助律师,在重罪案件中的辩护力度也较轻罪案件更大,在此情况下辩方更难以接受认罪认罚。如前所述,司法机关在审理这类案件时更加审慎,普通程序的适用率更高。

---

〔11〕 参见姚万勤:《我国非监禁刑司法适用现状及制度前瞻——以 A 省法院近 5 年的判决为分析样本》,载《法治论坛》2018 年第 2 期。

四、认罪认罚案件的被告人特点

上述认罪认罚案件中，被告人有前科劣迹的共计 6781 件，其中被告人系累犯的案件 2176 件，曾被行政处罚的有 2898 件，曾被劳动教养的有 359 件，有其他前科劣迹的有 1348 件，有前科劣迹的被告人认罪认罚的概率约 26%。在上述时间段内，该市审结刑事案件中被告人具有前科劣迹的整体比例约为9.8%。从中可以看出，有前科劣迹的人员更倾向于通过认罪认罚获得量刑上的优惠待遇。造成这一现象的原因是，有前科劣迹的被告人对量刑问题有亲身体会，对争取好的认罪态度能够获得从轻处罚也有比较清晰的认知，并且已经有过前科劣迹，对没有案底的追求程度也会进一步降低，其所追求的目标是早一天确定刑事责任，获得更轻的程序和实体处理，而不是案底清白。相反，初犯被告人往往追求无罪化，希望通过积极辩护获得无罪结果，且其对认罪认罚从宽制度带来的诉讼利益并无亲身体验，故选择认罪认罚的积极性偏低。

五、认罪认罚案件的审理程序

一审认罪认罚案件理论上可以通过速裁程序、简易程序、普通程序审理。从数据来看，纳入统计的认罪认罚案件中共有 7124 件案件适用速裁程序，占认罪认罚案件总量的 27.8%；17,042 件案件适用简易程序，占案件总量的 66.4%；仅有 1493 件案件适用普通程序，占案件总量的比例不到 10%。原因是适用速裁程序与简易程序审理的认罪认罚案件，法官审查重点放在量刑建议是否恰当以及被告人是否自愿认罪认罚的问题上，相比普通程序而言，事实调查和法庭辩论环节大为简化。即使适用普通程序审理，其庭审流程也较为简单，举证也作了相应简化，除关键证据外，仅需宣读证据名称即可。故认罪认罚案件简易程序和速裁程序适用率较高。

二审认罪认罚案件的审理方式有两种，即开庭审理和书面审理。从实践来看，若一审即适用认罪认罚程序，二审同样表示认罪，仅提出量刑过重辩解的，二审书面审理的比例大于开庭审理。究其原因，一是这类案件普遍事实简单，争议不大且刑罚较轻，部分案件还属于技术性上诉，故二审进行书面审理足以查清案件事实，作出正确判断，法官的内心确信程度也较高。二是有利于节约司法资源，二审如果开庭审理，需将案卷移送人民检察院，并通常要留给其1个月的审查期限,部分案件还需指定法律援助律师,但因为案件事实清楚,上诉人仅辩解量刑过重,上述程序反而变成了对司法资源的过度耗费。三是从审判质效考虑,承办法官在此类案件中更倾向于提高审判效率,力争当月收案当月结案,避免案件积压。实践中,受考核体系影响,有些案件月初收案,尚有充足时间开庭审理,有些案件月中或月末收案,则更倾向于采用书面审理的方式结案,以此提高办案效率。四是从实践来看,上述案件即使开庭审理,也存在明显的走流程现象,庭审中的实质内容较少。除此之外,若一审即适用普通程序审理,二审中即使被告人表示认罪认罚,希望从轻处理,二审仍以开庭审理为主,主要的原因是此类案件本身较为复杂,不适宜书面审理,且如果二审要进行改判的话,原则上应当开庭审理。

第三节 认罪认罚从宽制度运行状况的反思

一、认罪认罚案件的上诉率超出预期

理论上,被告人若符合认罪认罚从宽的条件,自愿同意认罪认罚并签署具结书,且人民法院最终采纳检察机关的量刑建议,则被告人理应服从一审判决,不会提出上诉。但2018年《刑事诉讼法》及相关司法解释并未限制认罪认罚被告人的上诉权,实践中认罪认罚被告人在一审判决后提出技术性上诉和投机型上诉的情况屡见不鲜,“这些均与认罪认罚的初衷——简化程序、提升效率相违背”〔12〕。虽然这类案件被告人提出上诉是对其所签署的认罪认罚协议的背叛,但囿于上诉不加刑原则,除非检察机关提出相应的抗诉,二审法院不能因其缺少了认罪认罚情节而对其加重处罚。

我们选取了某中级人民法院认罪认罚二审案件样本进行分析。自2019年5月至12月,该院共审结认罪认罚上诉案件427件,而同期辖区基层法院审结认罪认罚一审案件3628件,认罪认罚案件的上诉率约为11.77%。在这些认罪认罚上诉案件中,开庭审理的共169件,占比约

〔12〕 周博、王敏:《认罪认罚案件上诉问题实证研究——以284份二审裁判文书为样本》,载《辽宁公安司法管理干部学院学报》2020年第5期。

39.6%，书面审理的共258件，占比约60.4%；二审撤诉的共302件，占比约70.7%，二审维持原判的共123件，占比约28.8%，二审改判或发回重审的共2件，占比约0.5%。从上述数据可以看出，被告人一审认罪认罚的案件上诉率并不低，二审对认罪认罚案件采用开庭审理和书面审理相结合的方式进行审理，裁判结果基本为维持原判或准许上诉人撤回上诉，仅有2件案件被改判，改判原因并非一审法院事实认定与法律适用有错误，而是二审期间出现了新的量刑情节，需对原判量刑进行调整。

从上诉理由来看，虽然上诉人在上诉状中表述的理由大多为量刑过重，但实际上诉理由大概包括以下情形：

1. 通过提出上诉的方式阻却一审判决生效。根据《刑法》的规定，移送执行时剩余刑期在3个月以内的，可以留看守所执行剩余刑罚，不必移送监狱服刑。该制度本为减少看守所与监狱之间的移送交接，有时却为被告人所利用。认罪认罚案件多数为轻刑案件，如被告人一审判决时剩余刑期在3个月以上，通过提出上诉暂时阻却判决生效，将剩余刑期拖至3个月以内。还有一种被告人抱着能拖一天是一天的想法，无论刑期长短，均提出上诉，阻止判决生效，延缓进监狱服刑的时间。对于原被采取非监禁强制措施的被告人，若一审被判处实刑，当节假日特别是春节即将来临时，其更希望通过提出上诉而获得与家属团圆的机会。

2. 通过检举揭发他人犯罪或者进一步退赃退赔争取获得进一步从轻处罚。对于检举揭发而言，部分被告人系在一审判决生效后才获知相关犯罪线索，但部分被告人系早已获知检举线索，但由于种种原因在一审宣判前未提出检举，而在二审阶段进行检举。对于退赃退赔来讲，部分被告人在一审阶段未进行退赃退赔，而在二审阶段提出退赃退赔，部分被告人一审已经退赃退赔，但对最终刑期"不满意"，二审阶段希望继续退赃退赔以获得进一步从轻处罚。但综合实践中的案例，不排除部分被告人在其中存在"投机取巧"和"走一步看一步"的心态。

3. 判决后，被告人与同监室其他人互相比较量刑结果，或者听说他人与其情况相似却量刑比其低，容易后悔其认可的认罪认罚处理决定，或者认为检察机关的量刑建议或法院的判决结果没有充分考虑其个人或行为的特殊情况，在处理上失之偏颇。

4. 根据仅有被告人一方上诉，二审不得加重被告人刑罚原则，抱着试试看的态度提出上诉,希望二审法院能够对其进一步从轻处罚。

如数据反映的结果,除出现新的从轻情节外,认罪认罚案件基本以维持原判或被告人撤回上诉告终,但是浪费了大量的司法资源。被告人以真诚认罪悔罪来获取司法处置的优惠,司法机关以司法处置的宽缓换取程序的简化和效率的提升。但是认罪认罚案件的上诉率高达11.77%,若认罪认罚案件中适用缓刑的比例较大的结论能够成立,则意味着很大比例未适用缓刑的认罪认罚案件,被告人均会提出上诉。无论认罪认罚案件的上诉原因为何,上诉都属于对控辩协商契约的背叛。被告人既享受了签署认罪认罚具结书带来的权利,又不承担认罪认罚的义务。"不仅影响到认罪认罚从宽制度的法律效果与社会效果,而且可能从根本上动摇该制度的价值导向和思想基础。"[13]这不符合我国设立认罪认罚从宽制度的初衷。

二、认罪认罚案件中的瑕疵易被忽视

认罪认罚从宽制度追求的目标是效率与公平的双实现,而非以牺牲公平为代价换取效率的提升。认罪认罚案件的诉讼程序存在全流程简化的现象,尤其是庭审程序的简化,其以速裁程序、简易程序为主,在法庭调查环节对事实、证据的调查、质证都极为简化,有时难免遗漏某些事实,产生某些错误,削弱了法庭的纠错和把关功能,最终不得不通过审判监督程序纠正错误。产生这种现象的原因主要有三种:一是认罪认罚程序容易导致侦查和审查起诉环节的懈怠,降低办案标准,影响案件质量,实践中多次出现遗漏其他罪行、前科、累犯等情况,最终只能通过抗诉途径解决;二是庭审程序的简化导致法庭事实查明和证据审查存在粗疏之处,被告人和辩护人为争取认罪认罚从宽,也不敢充分辩解和辩护,最终影响案件质量;三是认罪认罚案件多由一名法官独任审判,不能够通过合议机制充分讨论,客观上也可能影响案件质量。

为了进一步印证上述情况,笔者以可检索到的上海市11件认罪认罚抗诉案件为例,其中上级检察院提出再审抗诉的6件,一审检察院对未生效判决提出二审抗诉的5件,这些抗诉案件中有10件得到了人民法院的支持。

---

〔13〕 闫召华:《虚假的忏悔:技术性认罪认罚的隐忧及其应对》,载《法制与社会发展》2020年第3期。

根据抗诉原因,案件大概存在三类情形:

第一,原审判决遗漏量刑情节导致量刑不当。如(2018)沪0101刑再2号、(2019)沪0101刑再2号、(2019)沪01刑终891号、(2019)沪02刑终1469号、(2020)沪0110刑再1号、(2020)沪0113刑再4号这6个案件,均遗漏了被告人的累犯情节,导致量刑不当,适用缓刑不当。出现问题的原因,一是办案机关在犯罪人自愿认罪认罚、案情较为简单的情况下,忽略了对前科劣迹的仔细查证;二是犯罪人本人未如实交代自己的前科劣迹。当然,犯罪人对本罪表示认罪认罚,却故意隐瞒自己的前科劣迹,从而逃避累犯处罚的情况,是否影响其认罪认罚的有效性,是否能够对其从宽处罚,均存在疑问,值得进一步探讨。

第二,认罪认罚案件被告人上诉后,检察机关认为其撕毁了认罪认罚协议,不应再享有从宽处罚的"待遇",从而提起抗诉。这类案件有两件,如(2019)沪02刑终673号、(2019)沪0116刑再12号均为违反认罪认罚协议引发的抗诉。对此,理论界和实务界的争议较大,集中体现在认罪认罚被告人是否享有上诉权的问题上,若只要被告人提出上诉,必然引起检察机关抗诉,则实质上剥夺了被告人的上诉权。

第三,其他类型的错误。如(2020)沪01刑再1号案件系原判遗漏了罚金刑;(2019)沪03刑终49号案件系原判未采纳量刑建议,被认为违反了认罪认罚审判程序,且对被告人从轻判决导致量刑失衡;(2019)沪01刑终1681号案件系法院未经法定程序在法定刑以下量刑,导致适用法律错误。

适用认罪认罚从宽制度的前提条件是案件事实清楚、证据确实充分。应更多地在审查起诉和审判阶段体现认罪认罚从宽制度的效率价值,在侦查阶段不宜重点强调办案效率,不能因被告人认罪认罚而放松对证据的收集工作,否则就容易产生错误。司法实践中常见的错误包括被告人身份未查清、前科劣迹未查清、漏罪未查清等,这些问题如果在侦查阶段不能很好地避免,在此后的诉讼阶段则不易纠正。认罪认罚案件只是效率的提升,不是证明标准的降低。[14] 如果证据做实、做细,证据链条完整,将使辩方的辩论空间进一步缩小,犯罪人更倾向于通过选择认罪认罚获得从宽处罚,从而

---

〔14〕 参见王敏远、杨帆:《认罪认罚从宽制度的新发展——〈关于适用认罪认罚从宽制度的指导意见〉解析》,载《国家检察官学院学报》2020年第3期。

提高诉讼效率和认罪认罚适用率。

除了明显的错误以外，实践中发现认罪认罚案件的证据审查判断方面的标准，整体上不如普通刑事案件证据印证严谨、证据链条完整。有些普通刑事案件，同一待证事实有多个证据印证，有时会显得证据臃肿和多余，但认罪认罚案件的证据认定却相较单薄。实践中，认罪认罚案件的证据审查和判断仍存有不少问题：

1. 言词证据较为简单，细节体现不明显。认罪认罚案件中口供的真实性容易被自愿性掩盖。[15] 一般来讲，认罪认罚案件的言词证据容易单刀直入，切中要害，少有背景铺垫和细节描写，有时被告人的供述更像是对案件的定性，而非客观描述案件事实。笔录中不能完整地、循序渐进地反映事情的起因、经过、结果，不能完整刻画被告人从预谋犯罪到具体实施犯罪的全过程。总结性的笔录因为缺少了细节，导致即使全案证据存在矛盾，也难以及时发现。

2. 不注重对延伸性事实的查证和证据收集工作。比如仅满足于查明案件主要事实，而对被告人的犯罪动机、家庭情况、犯罪工具的来源、赃款赃物的去向、人身危险性和主观恶性的表现等方面的事实不注意查证，导致虽然能够对被告人定罪，但缺少了很多必要的量刑情节事实，影响了刑罚的科学性、有效性。

3. 定案更多依赖口供，对客观证据的查证力度不足。重证据、不轻信口供是刑事诉讼的重要证据原则。《刑事诉讼法》规定，“对一切案件的判处都要重证据，重调查研究，不轻信口供”。所谓“重证据”，就是司法机关审理一切案件都要以查证属实的各类证据材料作为客观基础，对被告人口供以外的其他证据都应重视并尽量予以全面搜集。但在认罪认罚案件中，因案件较简单，被追诉人态度较好，故大多数情况下司法机关只依靠口供或其他言词证据定案，而忽视了对很多客观证据的收集工作。言词证据的易变性特征，容易危及刑事案件的客观基础，导致案件质量出现问题。

---

〔15〕 参见纵博：《认罪认罚案件中口供判断的若干问题》，载《中国刑事法杂志》2019 年第 6 期。

三、认罪认罚从宽制度纵深推进的制约因素

（一）认罪认罚从宽的奖赏机制并不明显

根据认罪认罚的制度安排，如果被告人自愿认罪认罚的，在同等情况下应当比未认罪认罚的被告人处罚更轻。但司法实践中有时并非如此，或者即便如此但无从体现或量化对比，久而久之将影响被追诉人认罪认罚的积极性，也会导致认罪认罚案件的上诉率进一步攀升。例如，认罪认罚的从宽幅度缺乏规范化标准，不同公诉人的量刑建议差别较大，再加上法官个人自由裁量权的行使，使得被告人即使认罪认罚，也感受不到明显的量刑优惠，甚至在横向对比后，被告人可能会认为司法机关完全没有考虑其认罪认罚的因素，进而提出上诉来表明其顾虑。再如，对于被告人有多个量刑情节的情况，究竟是否因认罪认罚从宽处罚，从宽幅度恐怕对诉讼各方来说也是一笔糊涂账，起诉书和判决书也仅仅对此一笔带过，从宽的幅度和层次化并不明显。[16] 实践中，司法人员根据内心感受对被告人进行估堆量刑的情形不在少数。另外，很多犯罪的法定刑幅度较宽，而各类法定和酌定量刑情节如自首、坦白、立功、从犯、退赃退赔等通常有多个从宽幅度可供选择，司法机关即使对被告人已经从轻处罚，也通常难以达到其心理预期，如对于自首而言，法律规定既可以从轻处罚，也可以减轻处罚，在有些犯罪中从轻处罚可以判处10～15年有期徒刑，减轻处罚可以判处3～10年有期徒刑，如此宽的量刑幅度，很难让被告人真切感受到其已经获得了认罪认罚的好处，因为在其眼中，司法机关对其实际从宽处罚的幅度与法定允许从宽处罚的最大幅度总是存在很大差距。

（二）从宽处罚幅度不达预期影响被告人认罪认罚意愿

认罪认罚从宽制度给被告人带来的利益主要是程序从简、实体从宽以及较多地适用非羁押性强制措施。但认罪认罚从宽的根据仍然是现有法律规定，认罪认罚本身并非独立的量刑情节。在被告人没有其他从轻、减轻处罚情节的情况下，或者在被告人所涉罪行系重罪的情况下，认罪认罚从宽制度对其吸引力变弱。即使被告人本来就有自首、坦白、立功等多个从轻、减

---

〔16〕 参见魏东、李红：《认罪认罚从宽制度的检讨与完善》，载《法治研究》2017年第1期。

轻量刑情节,但如前所述,根据其犯罪的事实、性质、情节,司法机关的量刑建议或者实际判处的刑罚往往远超其预期,从而降低了其积极适用认罪认罚从宽制度的意愿。此时,被告人更愿意通过积极辩护,甚至否认犯罪,来达到趋利避害的效果。对大多数被告人来讲,适用认罪认罚的积极性主要源于刑罚的轻缓。对大多数被害人来讲,谅解被告人的前提主要是被告人给予其相当比例的赔偿。因此,恢复性司法制度所追求的被告人真诚悔罪,被害人积极谅解,司法机关教育挽救,从而化解社会戾气、实现社会和谐的目标,在实践中仍然任重而道远。以(2019)沪 0118 刑初 1185 号案件为例,被告人黄某某和中介人员共同保险诈骗 80 余万元,但黄某某在案件中仅陪同其耳聋的哥哥(被保险人)办理了转账所用的银行卡,作用较小,系从犯,且有自首等情节,检察机关对其适用了认罪认罚从宽制度,被告人黄某某签署了认罪认罚具结书,同意检察机关对其提出有期徒刑 3 年并适用缓刑的量刑建议。但人民法院经审理认为,被告人黄某某的犯罪数额依法应在 10 年有期徒刑以上幅度量刑,鉴于黄某某系从犯,有自首情节,可减轻处罚,但不宜跨两档减轻处罚,故建议检察机关将量刑建议调整为有期徒刑 5 年。根据法律规定,5 年有期徒刑已经是下一档法定刑的最低刑期,检察机关也表示同意更改量刑建议,但被告人黄某某表示若判处其 5 年有期徒刑,其不再认罪认罚,该案最终依照普通程序进行审理。本案中,被告人黄某某不再认罪认罚的主要原因是刑期超出其预期,其担心若认罪认罚,则必然会面临 5 年有期徒刑的处罚,在自认的情况下即使上诉也难以改变。若其不认罪认罚,则还有通过积极辩护、上诉“翻盘”的机会,而且其预计司法机关不会因为不认罪认罚而对其加重处罚。最终,人民法院判处被告人黄某某有期徒刑 5 年,认罪认罚对最终的量刑结果确实没有影响。这种现象反映出,实践中很多情况下即使被告人不认罪认罚,对其从宽处罚情节的考虑也较为充分彻底,被告人认罪认罚的作用更多是完善证据链条,增加法官的内心确信。换句话说,认罪认罚从宽制度异化为一种证据裁判制度。

(三)审判阶段的认罪认罚因缺少控辩协商的实质内容而异化为一种酌定量刑情节

根据刑事诉讼法的规定,认罪认罚从宽制度适用于刑事诉讼全过程。即使被告人在侦查、审查起诉阶段没有认罪认罚,在审判阶段同样可以向司法机关提出认罪认罚的诉求,争取从宽处罚。但问题在于,案件起诉到法院以后，被告人通常只能向人民法院提出认罪认罚诉求，此时检察机关对被告人适用认罪认罚从宽制度的积极性大为降低，且此时再与被告人进行量刑协商在程序上也有蹩脚之处，而人民法院处于中立的裁判角色，不可能未审先判，也不可能在判决前将被告人置于有罪设定中并与其进行量刑协商，这违背了人民法院在刑事诉讼中的角色定位。“法官积极进行认罪协商的目的，仅仅是为了简化庭审中的言辞辩论程序（主要是严格证明所要求的证据调查程序），以迅速结案。”〔17〕此时被告人的认罪认罚意愿更多的是在向人民法院表达一种认罪态度，争取获得从轻处罚；检察机关在公诉意见中也仅将被告人的当庭认罪认罚理解为一种认罪态度的表示；人民法院在判决书中也常将被告人的认罪认罚作为其认罪态度较好的表现形式，从而对其酌情从轻处罚，但如前所述，是否真的因此而从轻却不得而知。可见，三方均未在规范意义上适用“认罪认罚”这一概念，认罪认罚在实践中更多地作为一种酌定量刑情节来使用。认罪认罚从宽制度一旦失去其程序要求和程序功能，似乎也只能理解为被告人认罪态度较好。由于审判阶段的认罪认罚程序并不具有控辩协商的实质内容，被告人即使提出认罪认罚要求，对自己即将面临的刑罚也缺乏明确认知。如（2020）沪02刑终68号案件中，被告人为了获得从轻处罚，在审判阶段向人民法院提出认罪认罚要求，法院经审查后予以准许，并在普通程序审理过程中对举证质证进行了简化。一审宣判后，被告人声称其不知道要判这么重，超过了心理预期，推翻了认罪认罚意思表示，向上级人民法院提出了上诉。此类抽象意义上的认罪认罚是否符合认罪认罚的内涵存在争议，被告人对其处理结果是什么并无认知，与从侦查到审判阶段中“认罚”应该愈加明确的规律相冲突。〔18〕

四、辩护和法律帮助存在形式化倾向

刑事辩护制度是防止国家追诉权野蛮扩张，维持刑事诉讼正三角诉讼结构，防范冤假错案发生的重要屏障。刑事辩护应当是实质性辩护和有效

---

〔17〕 孙长永：《认罪认罚案件的证明标准》，载《法学研究》2018年第1期。

〔18〕 参见王庆刚：《认罪认罚从宽的制度属性与司法适用——综合制度属性视野下对“从宽”的理解与适用》，载《法律适用》2019年第13期。

辩护,"防止司法不公以新的形式出现以及权力腐败借助这一程序而发生"[19]。目前,司法机关办理认罪认罚案件多数采用值班律师制度,由值班律师作为见证人在认罪认罚具结书上签字。值班律师既没有接受被告人的委托也没有接受法律援助中心的指定,严格来讲其并非被告人的辩护人,其角色更像是见证人,见证认罪认罚具结过程的合法性,很难期待其会认真对待被告人权利。现代诉讼程序所需要的并非消极的"见证人",而是积极有效的程序参与者。[20] 何况实践中的值班律师常驻看守所,其现场见证的工作量等同于检察官提审的工作量,且其并非在对案情了如指掌并与被追诉人充分交流的基础上参与量刑协商,"致使量刑协商环节控辩失衡,量刑协商程序尚未真正得以建立"[21]。这种量刑协商、现场见证和签字具结,难以体现被追诉人的真实意愿,无法真正维护被追诉人的合法权益,也无法体现值班律师的真正价值。除此之外,很多认罪认罚案件中被告人均没有聘请辩护人,司法机关考虑案情简单,被告人认罪态度好,一般也不再为其指定辩护人,客观上使被告人依法享有的辩护权因认罪认罚的存在而受到影响。被告人在缺乏有效辩护的情况下,仍然同意认罪认罚,直接和最大动力源于对量刑优惠的期待,如果最终的量刑不达预期,其很容易推翻原来的认罪认罚协议。

五、检法之间缺乏有效的认罪认罚磋商机制

在认罪认罚从宽制度运行中,检察官需要与被追诉人进行量刑协商,并向人民法院提出量刑建议,且越来越倾向于精准量刑建议,尤其是在量刑建议被采纳率作为检察机关的内部考核要求的情况下。根据《刑事诉讼法》的规定,对于检察机关的量刑建议,除了几类情形以外,人民法院一般应予认可。加之在认罪认罚从宽制度试行初期,人民检察院为了顺利推行认罪认罚从宽制度,大力论证精准量刑建议的合理性和对人民法院自由裁量权的约束力,突出强调量刑建议的制度刚性,并频频以抗诉手段维持量刑建议的权威性,曾一度导致检法两家对量刑建议的认识问题产生分歧。检察机

〔19〕 张建伟:《认罪认罚从宽处理:内涵解读与技术分析》,载《法律适用》2016 年第 11 期。
〔20〕 参见闵春雷:《认罪认罚案件中的有效辩护》,载《当代法学》2017 年第 4 期。
〔21〕 陈伟、黄泽敏:《认罪认罚量刑建议的权力制衡机制构建》,载《时代法学》2019 年第 3 期。

关在论证过程中也毫不讳言的立论量刑建议并未剥夺人民法院的审判权，只是适当限制了法官自由裁量权。而在很多法官看来，检察官在实质上充当了法官的角色，人民法院的审判活动变成了一种司法确认程序。

在上述背景下，检法两家更需要加强磨合和沟通。第一点是量刑标准的相对统一。实践中，不少地方的检法两家尚缺乏共同遵循的量刑指导意见，检察机关提出量刑建议时，有时根据自身经验，有时参考以往判例，有时参照人民法院的量刑规范化文件。但量刑需要考虑的因素十分复杂，既包括强制性规定，又存在一定的自由裁量空间，量刑情节的复杂多变又增加了量刑的不确定性。以某区法院为例，2019 年以来该区精准量刑建议占全部量刑建议的比例为 45.2%，区法院采纳精准量刑建议的比例为 91.3%。根据经验法则，即使采纳量刑建议也并不代表法官完全赞同该量刑结果，个案调整量刑建议尚有可操作性，但如果大面积调整量刑建议则无疑会面对各种实践的冲突和压力，且在案多人少的情况下显然会因此增加工作量，拖延案件审理进度。因此，检法两家就量刑标准问题制定共同指导意见确有必要。除此之外，如果将精准量刑建议上升为确定刑，该量刑建议无疑应当考虑所有影响量刑的因素。同样根据经验法则，案件在审判阶段经常出现侦查阶段、审查起诉阶段所未出现的法定、酌定量刑情节，如被告人愿意退赃退赔、获得被害人谅解、检举揭发被查实，或者对犯罪事实、性质、情节提出不同辩解，以及其他影响量刑的主客观因素等。从这个意义上来讲，检察机关提出精准量刑建议不但面临起诉权和实质裁判权纠缠不清的质疑，还面临精准量刑建议基础不牢的诘难。

检法两家需要沟通协调的第二点是认罪认罚协商机制。实践中，检察官和法官之间缺乏有效的从宽处罚协商机制。如果法官不采纳检察官的量刑建议，仅口头告知检察官和被告人需要调整量刑建议，却很少使用书面形式建议检察机关改变量刑建议。而检察机关根据刑事诉讼法和内部审批制度的规定，通常不接受法官当庭口头告知，实际上也无法当庭作出量刑建议的调整。原因一是检察官需要休庭后履行内部审批手续，二是调整量刑建议难以与被告人当庭协商。虽然实践中检察机关在量刑建议过程中相对于被告人来讲处于绝对的主导地位，通常不会给辩方过多的谈判空间，辩方通常处于被通知的地位，但在其量刑建议不被法庭认可，法庭要求其调整的时候，检察官通常会将控辩充分协商和基于认罪认罚协议的求刑权作为最重要的理由。此外,在人民法院不认可检察机关量刑建议的情况下,关于庭审程序如何开展的问题实践中也有不同做法。有的人民法院认为不采纳检察机关量刑建议意味着控辩双方的认罪认罚协议失效,案件应转为普通程序审理;有的人民法院认为此种情况下控辩双方的认罪认罚协议仍然有效,可以继续按照认罪认罚案件所采用的速裁程序、普通程序审理,若检察机关不调整量刑建议,人民法院可以依法作出裁判;有的人民法院淡化认罪认罚从宽的程序性要求,淡化检察机关在认罪认罚案件中量刑建议的约束力,将被告人的认罪认罚态度作为其认罪态度较好的表现,将检察机关的量刑建议等同于普通刑事案件中的量刑建议,在有认识分歧时,程序性征求控方意见后径直作出裁判。这些情况都会影响认罪认罚从宽制度的科学运行。以某区法院的数据为例,2020 年 1 ~7 月该法院不采纳检察院量刑建议的比例高达 22.60% ,因不采纳量刑建议而改变案件审理程序的比例约14.40% ,该数据反映出精准量刑建议背景下检察机关和人民法院的司法观念和执法标准的冲突。

综上,从认罪认罚案件在上海地区的实践情况来看,认罪认罚从宽制度有着很强的生命力,使用率逐年攀升,为缓解案多人少矛盾,逐步实现刑罚轻缓,和恢复性司法理念所倡导的社会和谐提供了丰富的司法经验。但是,在制度深入运行的背后,也存在一系列制约制度运行的因素。如何确保认罪认罚协商中控辩力量的平衡,如何提高量刑建议的精准性和可接受性,如何进一步健全检法之间认罪认罚协商和沟通机制,如何进一步提高认罪认罚从宽制度的生命力等问题都需要我们继续深入研究。

六、认罪认罚权利保障机制运行不畅

(一)自愿性的审查缺乏具体操作标准

在推进认罪认罚从宽制度运行的过程中,认罪认罚自愿性的保障问题可以说是最为陌生、最为复杂,也是最为关键的问题之一。犯罪嫌疑人、被告人自愿认罪认罚是保证认罪认罚从宽制度具有公正性的基础,同时也是构建认罪认罚从宽制度的核心与前提。但是从法官实际履行审查义务的情况来看,其与应然的司法审查对这一交易的某些过程和结果的制约作用相距甚远。[22] 犯罪嫌疑人、被告人认罪认罚自愿性的审查判决机制不健全，自愿性审查具体标准缺乏、审查流于形式是目前亟须解决的问题。法院在办理认罪认罚案件过程中，庭审阶段应当对被追诉人认罪认罚的自愿性和签署认罪认罚具结书内容的真实性、合法性进行重点审查，但是目前很多规范只对此进行概述性地规定，而各地的规则均未对此予以细化。

办案机关通常以被追诉人是否认可或者有无异议作为判断认罪认罚自愿性的主要标准，以查阅卷宗和讯问被追诉人相结合的方式作为自愿性审查的主要方式。但事实表明，问答式审查标准和阅卷式审查方式很难发现庭前工作中存在自愿性问题，易导致当下庭审中的自愿性审查流于形式。在庭审中受自愿性审查具体标准缺乏的影响，审查仅仅停留在口头形式上，例行公事似的询问审查方式不足以充分保障犯罪嫌疑人、被告人认罪认罚的自愿性。[23] 可想而知，不对等的信息获取、不平衡的控辩关系、不完善的配套措施等，这种形式审查无法真正排除隐藏在显性自愿下的实际违心的情形，自愿性审查的效果难以符合制度设置的需要，达到预期中应有的效果。如某中级人民法院审理的一起适用认罪认罚从宽制度上诉的盗窃案件，二审庭审中，上诉人提出其签署的具结书系公诉人诱导签名，在场见证的值班律师并非其本人同意选择出来的人选，故其是在没有完全理解认罪认罚从宽制度的权利义务、法律后果的前提下适用了该制度。实践中，类似这种案件的情况并不少见，无论是速裁审，还是简易审，在现在的审判结构下已经简化至无可再简的程序。没有明确的自愿性审查操作规程和审查重点指引，为了“程序”而程序地“批量式”认罪认罚审判处理，偏离了“以审判为中心”诉讼制度改革的核心价值。

（二）从宽的标准和幅度不够明确

为了更好地鼓励认罪认罚，实现诉讼分流、节约司法资源等重要价值，两高三部《认罪认罚指导意见》第 9 条实际上是将认罪认罚情况作为一项独立的量刑情节予以考虑。认罪认罚从宽政策法定化，使得认罪认罚情况

---

〔22〕 参见张建伟：《司法竞技主义——英美诉讼传统与中国庭审方式》，北京大学出版社 2005 年版，第 371 页。

〔23〕 参见孔冠颖：《认罪认罚自愿性判断标准及其保障》，载《国家检察官学院学报》2017 年第 1 期。

成为一个法定从宽情节,其自身具有很强的统括性,除了包含《刑法》中已经包含的自首、坦白等从轻处罚情节之外,还将所有与“认罪”和“认罚”有关的被追诉人的主客观情节全部涵盖,如退赔退赃、给予被害人补偿、获得被害人谅解、协助恢复被破坏的社会关系和不良影响等,并且这些情节还在实践中随着犯罪形态的变化不断地丰富和调整。〔24〕

但是,实务操作中,适用认罪认罚从宽制度将获得多少的量刑优惠,两高三部《认罪认罚指导意见》等规范性文件中没有可供具体参考指引的内容。认罪认罚从宽制度中的从宽,实践中是依据自首、坦白等从宽情节进行适用,还是应另立门户,设置单独的量刑从宽情节,至今各地做法不一,最高人民法院、最高人民检察院也没有细化的量刑规则出台。目前,各地实施细则中均没有对认罪认罚从宽的具体适用和从宽幅度予以明确,这种从宽的导向价值有限,无法调动犯罪嫌疑人、被告人适用认罪认罚从宽制度的积极性。虽然认罪认罚从宽制度并非一个独立的量刑情节,但其作为一项重要的诉讼制度,对量刑问题确实存在重大影响,因此亦有必要逐步纳入量刑规范化范畴。如上海市普陀区人民法院审理的一起盗窃案件,公诉机关就该案与犯罪嫌疑人展开量刑协商,公诉人建议判处有期徒刑 7 个月,犯罪嫌疑人不同意该量刑建议,后该案移送法院审判,而法院则判处被告人有期徒刑 6 个月。可以说,该案件的处理效果并不好,认罪认罚从宽获得的量刑建议反倒没有法院正常审理获得的量刑轻,部分原因就在于认罪认罚从宽的标准、幅度不明确。若犯罪嫌疑人、被告人无法通过自愿认罪认罚获得量刑上商定的“对价”,这将会加大犯罪嫌疑人、被告人对公诉机关量刑协商的信任“鸿沟”,而这也是制度缺乏具体量化标准而在实践中引发混乱的具体体现。〔25〕

(三)被追诉人缺乏启动认罪认罚程序的主动权

无论是从保障被告人权利的角度,还是从与刑事司法内含的实体真实主义相协调的角度,被告人的程序处分权都必须正确而公正地行使,犯罪嫌疑人、被告人应当具有一定程度的程序选择权和权利处分权,以充分保障被

---

〔24〕 参见陈卫东:《认罪认罚从宽制度的理论问题再探讨》,载《环球法律评论》2020 年第 2 期。

〔25〕 参见黄伯青、王明森:《认罪认罚从宽的实践演绎与路径探寻》,载《法律适用》2017 年第 19 期。

告人的基本诉讼权利。[26] 两高三部《认罪认罚指导意见》中明确规定了侦查机关、公诉机关、审判机关的"权利告知义务"，应当明确告知犯罪嫌疑人、被告人认罪认罚可能导致的法律后果。但是实践中，侦查机关对认罪认罚案件的适用积极性不高，侦查机关较少告知犯罪嫌疑人有关认罪认罚从宽的事项，主要以"坦白、自首"吸引犯罪嫌疑人供述自己的可能存在的罪行，而检察机关则对于启动认罪认罚从宽制度具有极大的自主权，在认罪认罚案件中发挥主导作用，不仅是认罪认罚具结书的签署、量刑意见的提出，还有程序的适用建议、法律监督工作等均由其承担。可见，两高三部《认罪认罚指导意见》中虽然明确要求告知犯罪嫌疑人认罪认罚的法律后果，但是司法实践中，该制度的启动却不具有选择性，犯罪嫌疑人、被告人缺乏启动程序的主动权，加之辩护律师的参与不足、案件信息了解不够、诉讼保障工作不完善等原因导致不具有被追诉人的程序启动前提。认罪认罚从宽制度的发展应当充分引入量刑协商机制，实现程序简化，促进我国法律从对抗性司法理念向合作性司法模式转变。既然适用该制度可以获得程序上的从简、实体上的从宽，那么理应赋予犯罪嫌疑人、被告人相应启动程序的权利，这也是当下认罪认罚从宽制度推进改革的必要思路，是权利平等、程序公正的应有之义。

（四）律师参与认罪认罚的广度和深度有限

认罪认罚案件中，律师参与的广度、深度以及提供帮助的空间极为有限。对于没有委托辩护人或者接受法律援助中心指派辩护人，而犯罪嫌疑人、被告人又认罪认罚的，当前主要由值班律师向被追诉人提供法律咨询等帮助，帮助其权衡认罪认罚的后果利弊，使其自愿、明智地选择对认罪认罚从宽制度接受与否。设立值班律师的主要目的就是解决刑事诉讼过程中的"最后一公里"，即及时为需要法律帮助的人提供无偿的、有效的法律服务。[27] 但是，值班律师应当何时介入、履行哪些权限、充当何种角色，没有具体的法律文件予以明确；同时，多数法律援助律师在承担值班律师的任务

---

〔26〕 参见曾国东：《刑事案件认罪认罚从宽制度的定位分析——基于检察视域的实证研究》，载《东方法学》2017 年第 6 期。

〔27〕 参见黄伯青、王明森：《认罪认罚从宽的实践演绎与路径探寻》，载《法律适用》2017 年第 19 期。

之前,并没有刑事案件的实践经验,缺乏专业的业务素质,使得值班律师的法律帮助效能降低。[28]

从理论上讲,值班律师制度的设立有助于保障犯罪嫌疑人认罪认罚的自愿性,帮助其有效参与量刑协商过程。但是根据认罪认罚改革试点情况,在检察官与犯罪嫌疑人进行量刑协商过程中,值班律师一般都不能在场参加,无法及时地为被追诉人提供必要的指导,而值班律师的主要作用往往是在检察官与犯罪嫌疑人"协商结束"后,作为见证人在场见证认罪认罚具结书的签署。[29] 显然,我国的法律环境和制度设计下的量刑协商机制,还不容许检察官与值班律师就量刑优惠幅度进行面对面的"讨价还价"。[30] 此外,值班律师本身往往"心有余而力不足",法律规定下的诉讼权利缺失是值班律师在实践中有心无力的根本原因。值班律师的阅卷权、会见权和调查取证权并没有得立法的确认,值班律师从制度规范的层面来讲没法得到权利保障。通常情况下,值班律师一般仅通过起诉意见书和量刑建议书简要了解案情,并未实质性地阅看证据材料,这种情况难以保障值班律师出具法律建议的准确性。自然而然,不对等信息互通下的值班律师"辩护作用"也将落空,真正成为控诉方的消极"见证人",而不是被追诉者诉讼权利的积极"保护人"。再者,值班律师都是接受法律援助机构的指派前来履行职能,制度设计上的缺陷让其无法全程参与一个案件的量刑协商过程,并因为参与所获报酬十分微薄,值班律师往往缺乏完成任务量巨大的量刑协商的积极性和主动性。[31]

(五)被害人在认罪认罚程序中的参与缺位

被害人有效参与刑事诉讼是其权利实现和损害恢复的基本前提,目前认罪认罚从宽制度适用对被害人权益保护的重视完全不够。由于认罪认罚从宽制度天然地包含着偏重解决诉讼效率的倾向,因此修改后的《刑事诉

---

〔28〕 参见李永航:《认罪认罚从宽制度下的有效法律帮助问题研究》,载《西部法学评论》2019年第2期。

〔29〕 参见陈瑞华:《刑事诉讼的公力合作模式——量刑协商制度在中国的兴起》,载《法学论坛》2019年第4期。

〔30〕 参见李勇:《认罪认罚案件"程序从简"的路径》,载《国家检察官学院学报》2019年第6期。

〔31〕 参见卢乐云、曾亚:《认罪协商机制中的法官职权——基于C市认罪认罚从宽制度试点实践的考察》,载《广东社会科学》2018年第6期。

讼法》并没有把被害人作为认罪认罚从宽制度的参与主体,相对而言,公安司法机关和被追诉人对于该制度有着很大的影响力,拥有更多的程序参与权。[32] 尽管两高三部《认罪认罚指导意见》中明确将"被害方权益保障"单列出来予以规定,强调对于被害人权益保障的关注和重视,一定程度上弥补了认罪认罚从宽制度中对被害人权益保护的欠缺,但是这种弥补依旧是远远不够的。司法机关在办案过程中,将主要精力用于认定案件事实、审查采信证据,以及基于目标考核等原因开展认罪认罚工作,唯独容易忽视对被害人权益的保护。法律中明文规定公安司法机关需要主动听取被害人意见,但是由于没有特别强调其在量刑中的重要性,弱化了该程序性工作的价值和作用。如果不是特别敏感的案件,没有人会过多关注犯罪嫌疑人的财产或联系其家人督促赔偿事宜,刑事和解与认罪认罚的关联度不够,社会矛盾化解虽然是检察办案的一部分,但是真正用于追赃挽损的精力在"案多人少"的办案环境下变得十分有限。[33] 认罪认罚从宽制度为了追求诉讼的高效化和简单化,使得案件办理期限大为缩短,尤其是在一些刑拘直诉的案件中,短短几天的办案期限,被害人的赔偿工作常常无法完成,甚至根本就没有开始,此时案件就已进入审判程序。而人民法院对认罪认罚案件的审查,着重于对认罪认罚的自愿性、合法性以及案件事实、证据的审查,对于被告人的赔偿情况,常常并非案件审查重点。在人民法院看来,被告人认罪认罚,更侧重于认罪部分,而认罚部分,则更侧重于同意检察机关的量刑建议,对定罪量刑无异议,而较少关心被害人的合法权益。即恢复被犯罪行为破坏的社会关系,应当作为被追诉人认罚的重要内容。在这种司法现状、司法理念和考核机制下,被害人的保护工作不到位。

七、不同审理程序之间的衔接有待完善

建构具有层级特征的简化审理体系是各国普遍的做法,如意大利的刑事司法存在简易审判程序、快速审判程序、立即审判程序、依当事人的要求

〔32〕 参见李站阳、闫振东:《认罪认罚从宽中的被害人权益保护》,载《中国检察官》2020 年第 5 期。

〔33〕 参见李站阳、闫振东:《认罪认罚从宽中的被害人权益保护》,载《中国检察官》2020 年第 5 期。

适用刑罚程序和处罚令程序五种简化审理程序;日本的刑事司法中亦有简易命令程序、简易公审程序以及交通案件即决裁判程序这三种简化审理程序。

在一些案件的审理过程中,我国的简化审理程序层次化不足,程序与程序之间的衔接机制不够顺畅,各地司法人员对程序之间区别和理解并不充分,程序设计缺乏体系化的机制安排和全局观念下的通盘考量,〔34〕这是当下程序优化改革亟须完善之处。

根据《刑事诉讼法》及司法解释的规定,认罪认罚案件可以适用速裁程序、简易程序、普通程序审理,也就是说认罪认罚从宽制度在理论上可以对应所有的诉讼程序,所有的刑事案件。而三种程序的适用条件是不同的,对于认罪认罚案件中的程序转化,法律并未进行系统规定,虽然两高三部《认罪认罚指导意见》对程序转化问题进行了大幅度完善,但是仍然存在进一步完善的空间。

就速裁程序、简易程序、普通程序三大程序而言,速裁程序的适用条件最严格,简易程序次之,普通程序最宽松。根据《刑事诉讼法》第 222 条的规定,采用速裁程序审理的案件,除了可能判处的刑罚必须为 3 年有期徒刑以下之外,还需要同时满足"案件事实清楚,证据确实充分;被告人认罪;被告人认罚;被告人同意适用速裁程序"的条件。按照《刑事诉讼法》第 214 条的规定,基层人民法院管辖的案件适用简易程序审理必须同时符合"案件事实清楚,证据充分;被告人承认自己所犯罪行,对指控的犯罪事实没有异议;被告人对于适用简易程序没有异议"的条件。相比之下,适用普通程序的条件最为宽松,不要求案件事实清楚,证据确实、充分,不要求被告人认罪与认罚,也不要求被告人同意适用普通程序。由此可见,如果案件事实不清、证据不足或者被告人否认指控的罪行,那么既不能适用速裁程序,也不能适用简易程序,只能适用普通程序;如果案件事实清楚、证据充分,被告人认罪,但是不认罚,那么不能适用速裁程序,但是可以适用普通程序,也可以适用简易程序;如果案件事实清楚、证据充分,被告认罪且认罚,那么既可以

〔34〕 参见步洋洋:《认罪认罚从宽视域下刑事简化审理程序的本土化省察》,载《法学杂志》2019 年第 1 期。

适用速裁程序,又可以适用简易程序。[35] 普通程序简化审、简易程序以及速裁程序之间存在交叉和重合,具体如何选择及转化需要法官自由裁量,转化过程中检法之间的衔接和沟通机制如何进行,并没有明确的规则指引予以指导,这导致实践中各地的做法不一,三种程序之间转化过程以及转化处理的流畅度欠佳,影响着认罪认罚从宽制度的运行效率。

同时,现有的简化审理程序之间未构建应有差距,简化审理程序的层级和梯度区分并不明显。刑事速裁程序设立的初衷就在于,在简易程序之外构建一个独立的"再"简化审理程序层级,改善简易程序试点过程中存在的问题,从而实现"简上加简"。[36] 根据2018年《刑事诉讼法》第214条之规定,基层人民法院管辖的简易程序案件没有刑罚条件限制,范围极其广泛,既可以适用于可能判处3年以上有期徒刑的案件,又可以适用于可能判处3年以下有期徒刑的案件,即速裁程序类案件。因此,实践中就会存在两种适用困境:(1)根据比例原则,可能判处3年以上有期徒刑的案件与可能判处3年以下有期徒刑的案件相比,二者程序简化的程度是完全不同的,[37] 相对于简易程序而言,速裁程序在审理期限、证据规则、出庭要求、质证方式、庭审组成等方面存在较大不同,但是实践中二者并没有遵循该规律进行细化分类。"一刀切"地简化,不仅不能很好地整合资源,而且还可能相互抵销简化的效果。[38] 司法实践中,甚至经常出现,出于案件审理期限的考虑,而将本可适用速裁程序的案件转为简易程序。(2)对于同时判处3年以下的有期徒刑的案件存在简易程序和速裁程序竞合的问题,即同时满足两种程序适用的条件的时候,该如何进行选择适用。根据"法条竞合"原理,特别法条优于一般法条适用,速裁程序优于简易程序适用,但是实践中法官在适用两个程序的时候并没有做出严格的界分,程序简化上没有表现出明显的差异,没有足够的分类递"简"的程序适用思路。

---

〔35〕 参见陈永生:《认罪认罚从宽案件的程序转化》,载《检察日报》2020年4月13日,第3版。

〔36〕 参见步洋洋:《认罪认罚从宽视域下刑事简化审理程序的本土化省察》,载《法学杂志》2019年第1期。

〔37〕 参见刘权:《目的正当性与比例原则的重构》,载《中国法学》2014年第4期。

〔38〕 参见李勇:《证明标准的差异化问题研究——从认罪认罚从宽制度说起》,载《法治现代化研究》2017年第3期。

八、认罪认罚案件配套工作机制不完善

(一)集约化、一站式处理机制尚未建成

认罪认罚从宽制度在依法及时惩治犯罪、强化人权保障、优化司法资源配置、推动繁简分流、提升诉讼质效、完善多层次刑事诉讼程序体系等方面,取得明显成效。[39] 但是仅仅强调审判程序上的简化,也存在弊端,这使得案件在整个诉讼过程中无法形成公、检、法机关的全流程简化,因此具有中国特色的案件快速处理机制亟须作为认罪认罚从宽制度改革配套措施大力推进。实务中各地探索认罪认罚轻罪案件集约化、一站式处理机制,比如北京探索成立轻罪犯罪案件专门办理机构,上海、湖南长沙等地区检察院成立认罪认罚案件专办小组,江苏一些试点检察院建立"一步到庭"办案模式,广东广州、湖北武汉、重庆等地检察机关采用"三集中"办案模式,河南郑州、江苏南京等地检察机关探索"刑拘直诉"办案模式等。[40]

以试点中比较典型的两种模式展开,一是南京市中级人民法院的"刑拘直诉模式",对于嫌疑人自愿认罪、可以适用速裁程序的案件,侦查机关作出刑事拘留决定后,尽快将其纳入速裁程序,不再向检察机关提出批准逮捕的申请,在刑事拘留的法定期限内,完成移送审查起诉和提起公诉的活动,并由法院快速作出裁判。[41] "刑拘直诉模式"的实施,大大缩短了对被追诉人的羁押期限。"刑拘直诉"的实施,还创造性地推动了快速批捕、集中开庭的速裁程序模式,确定了审查报告、审理报告等内部文书的简化模式。[42] 二是北京市海淀区人民法院的"集中审理模式",其将"审判分流"优化为"全程分流"。[43] 将速裁程序的启动提前至侦查机关,将公安机关

---

〔39〕 参见李豪:《轻罪案专业化快办简办提质增效》,载《法制日报》2017 年 9 月 22 日,第 4 版。

〔40〕 参见李豪:《轻罪案专业化快办简办提质增效》,载《法制日报》2017 年 9 月 22 日,第 4 版。

〔41〕 参见陈瑞华:《"认罪认罚从宽"改革的理论反思——基于刑事速裁程序运行经验的考察》,载《当代法学》2016 年第 4 期。

〔42〕 参见赵兴武:《提速,为了让公平早到——南京法院刑事案件速裁试点工作纪实》,载《人民法院报》2016 年 3 月 27 日,第 1 版。

〔43〕 参见郭京霞、李静:《北京海淀法院刑事案件速裁程序试点工作情况调查》,载《人民法院报》2016 年 1 月 14 日,第 5 版。

对犯罪嫌疑人采取强制措施的开始时间作为速裁程序的识别窗口。[44] 法院会同其他机关在看守所设置专门的速裁办公区，从公安机关将犯罪嫌疑人传唤到看守所或者执法办案中心、制作侦查案卷、将案件移送至人民检察院，到人民检察院讯问犯罪嫌疑人、与值班律师及嫌疑人进行三方量刑协商后提起公诉，最后由人民法院在速裁法庭当庭宣判历时不超过 48 小时，创造了我国刑事司法实践中制度化结案的效率纪录。这种模式主要适用于危险驾驶罪、轻微盗窃犯罪、发票类犯罪等法定刑较轻、案情简单、证据收集方便的轻微刑事案件。[45] 公、检、法机关就近集中办公，既能有效压缩案件流转的在途时间，又方便办案人员互相沟通，实现案件的快速、高效流转，同时也为其他程序简化的改革尝试创造了先决条件。[46]

这些全新的尝试将诉讼全流程简化发挥到了极致，侦查、公诉和审判三道工序一定程度上的合并和集中，使得三个环节以并排的方式同时空呈现，三机关之间的配合和制约加速了诉讼程序的进程。[47] 但是这种实践都是刑事诉讼不同阶段、各个部门的制度探索和机制试错，只是部分案件的"探照灯式"解析，试点地区的个案处理无法形成稳定的轻罪案件处理机制，进一步贯通并推广到诉讼的各个环节，并且不同地方的创新力度各有不同，各地对于"集约化"的快办机制的设计存在较大差异，在理论遵循、权利保障、羁押适用、证据标准、文书数量以及律师介入上各具特色，统一的"一站式"案件办理制度尚未建成。

(二)量刑建议工作机制尚不完善

量刑建议是推行认罪认罚从宽制度改革中的关键环节，是处理此类案件的"最为重要的司法意见"。纵观量刑建议制度的探索与实践，既在一定程度上取得了最大化保障认罪认罚从宽制度价值实现等重要成就，也存在

[44] 参见陈瑞华：《论刑事诉讼的全流程简化——从刑事诉讼纵向构造角度的分析》，载《华东政法大学学报》2017 年第 4 期。

[45] 参见步洋洋：《认罪认罚从宽视域下刑事简化审理程序的本土化省察》，载《法学杂志》2019 年第 1 期。

[46] 参见北京市海淀区人民法院课题组：《关于北京海淀全流程刑事案件速裁程序试点的调研——以认罪认罚为基础的资源配置模式》，载《法律适用》2016 年第 4 期。

[47] 参见陈瑞华：《论刑事诉讼全流程简化——从刑事诉讼纵向构造角度的分析》，载《华东政法大学学报》2017 年第 4 期。

提出方式与精准化等方面的争议。[48]

第一,法检之间对认罪认罚量刑建议工作没有有效达成共识。相比两造对抗的传统诉讼模式,协商性司法在控辩审关系、程序目标、裁决形成过程等方面自成体系,尤其对于职权主义国家而言,量刑协商调整了控辩审三方关系,打破了原来的权力格局,对控审主体进行了新的角色定位和权力分配。[49]《刑事诉讼法》第201条规定,对于认罪认罚案件,人民法院一般应当采纳检察机关提出的量刑建议。这使得认罪认罚案件中检察官拥有事实上的量刑决定权,而法官的量刑权则相对弱化。面对检察官自由裁量权扩张和法官实体权力压缩的趋势,法官群体难以认同这种制度安排,认为其独立审判权,尤其是自由裁量权受到侵害。[50] 上海市检察机关曾经就认罪认罚从宽试点工作的量刑建议问题做过统计和问卷调查,结果显示认罪认罚案件中量刑建议不被采纳的主要原因有三项:一是法官不认可检察官量刑建议幅度,这很大程度上是由于法检系统之间不相衔接的“量刑规则”所致;二是法检之间缺乏有效的沟通调整机制,检察机关无法及时掌握审判阶段发生的量刑因素变化并作出及时的改正和调整;三是法官对检察官的精准量刑支持度不够,个别法官认为量刑是法院的专属职权,检察机关精准量刑具有越俎代庖的嫌疑,因此法官对检察官的确定性量刑存在一定抵触情绪,至今为止庭审对检察机关确定刑量刑建议采纳率为89.9%,仍有较大的提升空间。[51]

第二,认罪认罚量刑建议缺乏系统、细化的规范指导。就美国而言,量刑指南制度旨在确保量刑统一和均衡,但它客观上压缩了法官的量刑裁量权,使得量刑权从法官转移到了检察官。[52] 从认罪认罚从宽制度的试点情况来看,在量刑建议和裁判结果不一致的案件中,量刑悬殊的案件占据一定

---

〔48〕 参见石经海:《量刑建议精准化的实体路径》,载《中国刑事法杂志》2020年第2期。

〔49〕 参见黄黔:《论认罪认罚从宽制度中的量刑建议》,浙江大学2019年硕士学位论文,第11页。

〔50〕 参见卢乐云、曾亚:《认罪协商机制中的法官职权——基于C市认罪认罚从宽制度试点实践的考察》,载《广东社会科学》2018年第6期。

〔51〕 参见贺卫:《认罪认罚从宽量刑建议机制的检视与完善》,载《中国检察官》2018年第23期。

〔52〕 参见[美]斯蒂芬诺斯·毕贝斯:《庭审之外的辩诉交易》,杨先德、廖钰译,中国法制出版社2018年版,译者序第9页。

的比例,并有不少案件又重回普通程序。上述问题的主要原因在于现行的量刑规定尚未充分考虑到认罪认罚从宽制度的改革缺乏系统、明确的规范指引,无法适应新制度的有效实施。认罪认罚从宽中的“从宽”仅有各地区的试点办案规定,没有明确具体从宽的情节以及从宽的幅度指引,导致实践中不仅量刑建议的尺度难以统一和把握,也不利于对犯罪嫌疑人形成明确的量刑激励。〔53〕因此学界对此形成了诸多讨论,很多学者认为量刑从宽幅度建议在1/3之内,〔54〕有的学者基于两高三部《认罪认罚指导意见》中“综合考虑全案情况,独任审判员或者合议庭可以在20%的幅度内对协商结果进行调整,确定宣告刑”的规定,提出从宽量刑幅度控制在20%以内较为合适。〔55〕实践中多数检察院以相对确定刑为主要量刑建议形式,但是对于如何确定刑期的幅度,不同检察院有着各异的做法,有的限定在6个月内,有的放宽至2年,还有个别检察院则倾向于多数案件采用绝对确定刑量刑建议。〔56〕

第三,控辩量刑协商的实践效果并不太好。很多情况下就算是形式上进行了协商,但是实质上是在控辩权利不平衡、信息不对等的情况下作出的。如何操作和推进量刑协商程序工作机制,在认罪认罚案件中,量刑幅度是否可以在刑事速裁量刑幅度上再作优惠,优惠的幅度为多少较为适宜,以及对于控诉方提出的量刑种类和幅度,辩方如何进行有效回应,对于符合一定条件的认罪认罚案件,是否能够考虑引入公开听证的程序,防止检控风险的滋生等,都是需要明晰的问题。〔57〕司法实践中,值班律师的定位较为模糊,值班律师的诉讼权利规定得不够具体,值班律师会见权、阅卷权等实体权利保障不足,均会影响值班律师制度的有效实施。

第四,量刑建议与规范量刑之间没有形成有效衔接机制。检察机关的

---

〔53〕 参见刘广三、李艳霞:《我国刑事速裁程序试点的反思与重构》,载《法学》2016年第2期。

〔54〕 参见左卫民、吕国凡:《完善被告人认罪认罚从宽处理制度的若干思考》,载《理论视野》2015年第4期。

〔55〕 参见杜文俊、孙波:《认罪认罚从宽制度中的量刑从宽路径》,载胡列卫、董桂文、韩大元主编:《认罪认罚从宽制度的理论与实践——第十三届国家高级检察官论坛论文集》,中国检察出版社2017年版。

〔56〕 参见叶青:《量刑建议工作的规范化改革》,载《华东政法大学学报》2011年第2期。

〔57〕 参见皇甫长城、刘强、周健:《认罪认罚从宽制度中量刑建议工作机制研究》,载《上海法学研究》集刊2019年第7卷。

量刑建议和审判机关的规范量刑,对于实现量刑规范化是相辅相成、缺一不可的,但是以往量刑建议工作的探索主要局限于检察系统内部,与法院的沟通协调不够。[58] 由于庭审中的独立量刑程序尚未完整建立,认罪认罚案件中的量刑建议很少作为法庭辩论的重点,庭审仍然集中在对事实、证据和对认罪认罚自愿性、合法性的审查上,人民法院在判决书中也很少针对检察机关的量刑建议进行详细评判,判决书对定罪、量刑问题的论证尚不尽如人意。检察机关的量刑建议和法院的量刑结果存在差异,不利于提高认罪认罚被追诉人对裁判结果的接受度。

(三)司法机关之间衔接机制尚不完善

首先,认罪认罚从宽制度的高效运转,需要公安机关、检察机关、审判机关以及其他行政部门之间的衔接和沟通。但是实践中公、检、法三机关办案内容上的重叠和交叉,导致办案人员不得不应付大量的技术性、低效率的重复劳动。全流程的诉讼简化改革的特点就决定了应该从诉讼程序的开始就安排程序的繁简分流,强调各机关在案件识别和源头分流上的配合。为了将认罪认罚案件适用的刑事简化审理程序提前至侦查阶段,应当强化公安机关对适用速裁程序的选择以及捕诉一体化改革后的检察机关主动提前介入侦查活动的积极性。[59] 在实践中,尤其是非发达地区的公安机关并没有充分发挥派驻公安案件管理中心检察室的作用,对于侦查阶段认罪认罚和建议适用速裁程序的刑事案件,其在以提前介入等方式引导侦查工作上比较随机,没有一个具体的启动规程,引导侦查过程中的侦检对接存在一定的壁垒,需要进一步打通沟通障碍和补全规范缺失,避免原有分段式运行模式下的重复性审查工作。

其次,检察机关和审判机关之间尚未形成良好的沟通机制,"单兵作战"成为常态,大部分地区的检察机关和法院在程序适用上没有形成统一的规程,对于适用速裁程序、简易程序的案件类型没有予以明确,二者之间缺乏协调机制,无法确保大多数的同类型轻罪案件可以采取统一集中移送起诉或者审理的方式。在量刑建议方面,大多数地区检法之间关于交通肇

---

〔58〕 参见叶青:《量刑建议工作的规范化改革》,载《华东政法大学学报》2011 年第 2 期。

〔59〕 参见步洋洋:《认罪认罚从宽视域下刑事简化审理程序的本土化省察》,载《法学杂志》2019 年第 1 期。

事、危险驾驶、盗窃、故意伤害等常见多发罪名的量刑标准并没有制定协同统一的量刑标准意见，司法机关在量刑建议问题上的自主性较大，一定程度上影响了量刑建议的严肃性，而且不利于提高被追诉人对认罪认罚从宽制度的接受度，进而将会不断出现诸如“余金平案”之类的争议较大的抗诉、上诉案件。[60]

最后，司法机关和司法行政机关之间的沟通衔接不足。一是司法行政机关尚未建立专门针对从事认罪认罚案件值班律师进行分类管理的有效机制，从管理体制上提高认罪认罚案件值班律师素质水平仍有较长的发展路径。二是司法机关尚未建立完善的值班律师法律帮助质量考评体系和质量提升培训机制。三是值班律师与指定法律援助律师、委托律师之间的衔接不畅。[61]

---

〔60〕 参见顾永忠：《对余金平交通肇事案的几点思考——兼与龙宗智、车浩、门金玲教授交流》，载《中国法律评论》2020 年第 3 期。

〔61〕 参见李艳飞：《值班律师制度的实证考察与改革展望》，载《行政与法》2019 年第 3 期。

第九章　认罪认罚从宽制度的适用范围

第一节　进一步探讨认罪认罚从宽制度适用范围的必要性

认罪认罚从宽制度的适用范围问题，直接关系该制度在实践中的运行效果。虽然2018年《刑事诉讼法》和两高三部《认罪认罚指导意见》对认罪认罚的适用范围和程序问题进行了规定，即认罪认罚从宽制度没有适用罪名和可能判处刑罚的限定，所有刑事案件都可以适用，不能因罪轻、罪重或者罪名特殊等原因而剥夺犯罪嫌疑人、被告人自愿认罪认罚获得从宽处理的机会。但在司法实践中，关于认罪认罚从宽制度的适用范围问题，仍存有不少争议，因此有进一步探讨的必要性。主要原因有三点：

第一，2018年《刑事诉讼法》和两高三部《认罪认罚指导意见》中规定的是“可以适用”，而非应当适用、一律适用。众所周知，在法律科学中，“可以”和“应当”两个词汇十分重要，代表了完全不同的两种规范结果，也是司法工作者十分重视并反复研究的问题，只要是存在“可以”规定的地方，一般来讲均存在若干适用难题和模糊地带。认罪认罚从宽制度的适用范围同样如此，是否适用认罪认罚从宽制度，必须结合具体案件和司法政策，还要考虑实践中的一般情况。刑事案件的发生，并不会遵从固定的剧本，其千变万化、包罗万象，有些案件适用认罪认罚从宽制度可以起到良好效果，但有些案件确实存在不宜适用认罪认罚从宽制度的情况。毫无上限地提倡提高认罪认罚从宽制度的适用率，甚至把“可以适用”变成“应当适用”，并非科学的司法理念和态度。

第二，认罪认罚从宽制度往往对应着控辩协商与检察机关的精准刑量刑建议，而精准刑量刑建议具有一定的“刚性”，在司法实践中很大程度上决定了案件的最终处理结果。除非量刑建议明显失当,否则人民法院一般均应当采纳。但问题在于,目前检察机关实际上只在部分案件中适用认罪认罚从宽制度,对于检察机关的精准刑量刑建议,实践中仍然存在一定比例的不采纳率,这还不包括人民法院建议人民检察院调整量刑建议的情况。若不根据实际情况,一味地强调大力推进认罪认罚从宽制度的适用范围和比例,并提倡精准的量刑建议,则是否会产生检察机关的量刑建议被人民法院频繁否定的情况,这值得思考和重视。这种情况的发生,不但有碍认罪认罚从宽制度的功能发挥,也会在不同司法机关之间引起不必要的司法资源内耗,损害司法公信力。

第三,在司法机关、法律共同体成员、被追诉人等多方主体对认罪认罚从宽制度尚存有一定模糊认识,甚至存在歧见的情况下,就必须在适用范围、推行力度、政策导向等方面作出适当安排,以保证认罪认罚从宽制度始终向着正确目标前进。典型的例子,在检察机关和人民法院个别人员仍然认为认罪认罚从宽制度,尤其是精准刑量刑建议是检察权与审判权之间的冲突的情况下,一味地提倡大力适用认罪认罚从宽制度,实践中只会造成困扰,最终歪曲该制度的目标和价值。因此,认罪认罚从宽制度的顺利推行,必须有一个循序渐进、凝聚共识的过程。

我们认为,如何把握认罪认罚从宽制度的适用范围,在司法实践中尤为重要。根据目前的司法实践以及认罪认罚从宽制度的特征,可以依照罪行轻重和案件繁简程度,来合理确定认罪认罚从宽制度的适用范围、原则,主要理由也可归结为三点:

第一,符合认罪认罚从宽制度的价值导向。众所周知,认罪认罚从宽制度从提出到最终确立,一个重要的目标就是实现刑事案件的繁简分流,对于简单的轻罪案件,利用速裁程序或简易程序实现快速起诉、判决,从而节约司法资源,以实现对疑难、复杂、矛盾易激化案件的精细化办理。根据案件轻重和繁简程度,合理确定认罪认罚从宽制度的适用范围,符合政策导向。

第二,符合罪行轻重与案件难易的一般规律。在司法实践中,一般来讲,轻罪案件的办理难度以及所需要投入的司法资源,要低于重罪案件。这种难易程度的对比,包括调查取证的难度、被追诉人的认罪悔罪态度、恢复犯罪关系的难易程度,以及案件定性、量刑和程序适用等多方面。在这些因素中,罪行的轻重往往与案件的难易程度成正比关系。当然,这只是一般规律,不排除某些案件虽然最终的量刑较轻,但也存在疑难、复杂的情况。我们制定和执行某项政策,只能努力适应大多数情况,实现最大公约数,并掌握处理例外情况的能力。

第三,符合司法实践中的普遍状况。一般来讲,司法实务界更倾向于在轻罪案件中积极适用认罪认罚从宽制度;在重罪案件中适用认罪认罚从宽制度的比例,尤其是提出精准刑量刑建议的比例相对较小;在可能判处无期徒刑、死刑的案件或者特定类型案件中,适用认罪认罚从宽制度的比例很低,检察机关一般也不会明确提出量刑建议,多数情况下只是建议人民法院根据案件事实、证据依法裁判。实践中的上述情况,客观上反映出在不同种类案件中,对认罪认罚从宽制度的适用情况确实存在区别。

综上,我们认为,在当前的司法实践中,应当提倡在轻罪案件中积极适用认罪认罚从宽制度并提出精准刑量刑建议;在重罪案件中合理适用认罪认罚从宽制度,并提出幅度刑量刑建议;在特定案件中审慎适用认罪认罚从宽制度,避免"唯适用率"的倾向。

第二节　认罪认罚从宽制度视野中的轻罪与重罪

既然主张根据轻罪与重罪的不同来决定认罪认罚从宽制度的适用范围,并提倡不同的适用原则和适用标准,那么如何划分轻罪与重罪的界限,就显得尤为重要。我国刑法、刑事诉讼法中并没有轻罪与重罪的概念,也没有以轻罪与重罪的区分为标准来设计不同的实体法律制度和刑事诉讼程序。理论界有部分学者积极研究轻罪与重罪的划分问题,主张赋予轻罪、重罪不同的实体和程序意义。[1] 但总体来看,轻罪、重罪划分的必要性及划分标准问题在理论和实践中尚未达成共识。轻罪、重罪的划分,涉及复杂的刑事法律体系问题,不可能一蹴而就。我们仅就认罪认罚从宽制度话语下的轻罪、重罪划分问题进行初步探讨,目的是较为科学地界定认罪认罚从宽

---

〔1〕 参见郑丽萍:《轻罪重罪之法定界分》,载《中国法学》2013 年第 2 期;黄开诚:《我国刑法中轻罪与重罪若干问题研究》,载《现代法学》2006 年第 2 期;沈玉忠:《犯罪分层理论的展开:梳理、价值与架构》,载《鄂州大学学报》2009 年第 6 期。

制度的适用范围。

一、轻罪、重罪的划分概述

世界范围内，不少国家和地区在刑法中进行了轻罪、重罪的划分，部分国家甚至还有微罪、违警罪等更细致的分类。例如，德国、意大利等国家采用二分法，将刑法中的犯罪分为轻罪、重罪或者违警罪、重罪，并赋予其不同的程序法和实体法效力。如德国刑法中仅处罚重罪的未遂犯，而不处罚轻罪的未遂犯，并根据轻罪与重罪的区别规定了不同司法机关的刑事管辖权等；意大利刑法为违警罪和重罪规定了不同的犯罪构成要件，违警罪不论故意、过失均可构成，但重罪只能由故意构成，此外，违警罪和轻罪还对应了不同的刑罚消灭制度。法国等国家则采用三分法，将刑法中的犯罪分为违警罪、轻罪、重罪三种类型，并赋予其不同的程序法和实体法效力。如三类犯罪的追诉时效不同，适用的审理程序不同，在违警罪中不处罚未遂行为，在轻罪中仅处罚个别的未遂行为，在重罪中则处罚全部的未遂行为，等等。以美国为代表的部分国家对犯罪严重程度的划分更为具体，美国在《模范刑法典》中将犯罪划分为违警罪、微罪、轻罪、重罪，重罪又具体分为一级重罪、二级重罪、三级重罪，并赋予其程序法和实体法上的效力，程序方面如管辖法院、审理的程序、逮捕的条件等，实体方面如共同犯罪的处罚范围等。〔2〕

通过考察域外刑法关于犯罪严重程度的划分情况，我们可以总结三点启示：

第一，部分域外刑法中规定有违警罪，原因在于这些国家或地区采用了“一元论”的犯罪概念，在社会治理中采用了“一元模式”，所有违反社会治理规范的行为均可被称为犯罪。与之不同的是，我国刑法中采取实质的犯罪概念，犯罪是严重危害社会的行为，犯罪的本质特征是行为具有严重的社会危害性。相应地，我国在社会治理中采用了民事、行政违法和刑事违法有机结合的“二元模式”，我国的犯罪概念是一个“定性＋定量”的概念，民事、行政违法行为达到一定的严重程度，即纳入刑法的调整范围，刑法是其他法律的保障法。因此，域外刑法中的违警罪，实际上相当于我国法律体系中的

〔2〕 参见郑丽萍：《轻罪重罪之法定界分》，载《中国法学》2013年第2期。

行政责任或民事责任,违警罪与轻罪、重罪的区分,在实行“一元论”社会治理模式的国家具有必然性。

第二,对犯罪行为的严重程度进行划分,并赋予其不同的程序法和实体法效力,具有一定的积极性。如前所述,违警罪以及轻罪、重罪的划分,在程序法上一般影响不同司法机关的管辖权,以及对犯罪行为的追诉时限,或者犯罪的消灭时限,有些国家还在逮捕条件、审理程序、陪审团的作用等问题上存在轻罪、重罪的差别;在实体法上则影响犯罪的打击范围,如有的国家规定对于重罪的未遂犯予以打击,对于轻罪、违警罪的未遂犯则不予追究,有的国家规定重罪必须是故意犯,轻罪、违警罪中可以存在过失犯等。俄罗斯刑法对于犯罪轻重程度的划分更为细致,刑法中的很多制度,如犯罪未完成形态、共犯、时效、前科消灭、假释、未成年人刑事责任、累犯、数罪并罚、免责、和解、改判刑种、死刑、没收财产、终身监禁、延期服刑等,均与轻罪、重罪的划分有关。〔3〕 域外国家对罪行严重程度的划分,以及根据轻罪、重罪的划分而在程序和实体法上设置不同制度,有其积极性:一是对违警罪、轻罪采用更加简化、便捷的审理程序,更加短暂的追诉时限等措施,对于重罪则强调刑事诉讼程序的完整性,体现了轻罪快处、重罪精审的思路;二是对重罪规定较为宽松的逮捕条件,对轻罪规定较为严格的逮捕条件,对重罪规定较为长期的追诉期限,对轻罪规定较为短暂的追诉期限,追究重罪的未遂行为,不追究轻罪的未遂行为,以及在犯罪的主观心态、共犯处罚范围、刑罚种类和期限等方面设置的各类不同制度,充分体现了轻罪、重罪之间不同的社会危害性差别;三是普遍以刑罚的种类和期限作为违警罪、轻罪、重罪的划分标准,标准较为明确,有利于实践把握。但由于各国犯罪状况和刑事司法制度存在差别,其设定的轻罪、重罪标准也存在较大差异。如法国刑法以有期徒刑十年为主要标准划分轻罪与重罪,而德国以一年自由刑作为划分轻罪、重罪的主要标准,差异较大。

第三,我国不存在明确划分轻罪与重罪的刑罚标准,但行为的社会危害性程度始终是我国制定各类刑事司法制度的主要标准,并由此形成了若干具体制度。如我国刑法中规定的属人管辖和保护管辖原则,明确以 3 年有期徒刑作为是否享有管辖权的起点标准;刑法中的追诉时效制度,明确以法

---

〔3〕 参见郑丽萍:《轻罪重罪之法定界分》,载《中国法学》2013 年第 2 期。

定最高刑的具体档次规定不同的追诉时效;刑法中的刑事责任年龄制度,以犯罪行为社会危害性的大小结合对行为性质认知程度的高低,划分了不同的刑事责任年龄;刑法中的正当防卫制度,根据所防卫行为的社会危害性大小,规定了不同的防卫过当认定标准;刑法中规定的刑罚制度、执行方式、财产刑的适用、累犯制度、缓刑制度等,均体现了对行为社会危害性的考量。刑事诉讼法方面,案件管辖制度、辩护制度、诉讼期限制度、法庭审理程序等,均与罪行的轻重存在直接关联。

二、认罪认罚从宽制度语境中的轻罪与重罪之界分

如前所述,我国虽然没有明确的轻罪、重罪划分标准,但刑事诉讼中许多具体制度实际上均与罪行的轻重息息相关,行为的社会危害性大小始终是影响程序和实体法律制度的重要依据。就认罪认罚从宽制度而言,无论是为了实现繁简分流的预定目标,还是为了构建合理、有序的适用范围、适用规则和司法共识,均需要对罪行轻重问题进行界定和厘清。

我们认为,可以从三个维度上对罪行轻重问题进行界定,目的是满足认罪认罚从宽制度的实践需要。也正是基于此目的,这些有关轻罪、重罪的划分标准并不能当然地、逻辑自洽地应用于整个刑事法律体系。或者说,此处与其说是在界定轻罪、重罪的认定标准,不如说是通过罪行轻重问题来界定认罪认罚从宽制度的适用范围。也正是因为划分轻罪、重罪的目的性,我们所界定的轻罪、重罪标准应当是一种动态的、梯度的、互补的标准,而不能是“一刀切”的标准。

(一)刑期标准是界定罪行轻重的首要标准

如前所述,在明确划分轻罪、重罪标准的域外刑法中,首要甚至最主要的依据就是刑期标准。刑期标准的优点是可以量化,具有明确性,且容易使人获得直观感受,而且刑期与犯罪的严重程度应当呈正比例关系。例如,法定刑为拘役或者3年以下有期徒刑的犯罪,相对于法定刑为10年以上有期徒刑、无期徒刑甚至死刑的犯罪来讲,显然前者属于轻罪,而后者属于重罪,这符合司法从业者以及社会大众的一般感受。此外,刑期标准还符合案件的事实、证据和难易程度的一般规律。司法实践中,法定刑为拘役或者3年以下有期徒刑的犯罪,相较于法定刑为10年以上有期徒刑、无期徒刑甚至死刑的犯罪来讲,其案件事实和证据通常更为清晰,法律适用更为明了,犯

罪分子自愿认罪认罚的比例更高，司法机关查明案件事实，收集确实、充分的证据，以及恢复社会秩序、保障各方权利等工作也更加简单，绝大多数案件均可适用简易程序或者速裁程序处理。因此，采用刑期标准划分轻罪与重罪，具有合理性和可操作性。需要讨论的问题是，以几年有期徒刑作为轻罪与重罪的一般界限更为合适，更容易被广泛接受。

在我国刑法、刑事诉讼法中，3 年、5 年、7 年、10 年几个数字最具代表意义，它们通常被作为不同的法定刑刑档，频繁出现在刑法、刑事诉讼法中。我们认为，综合考虑各种因素，以法定刑 5 年有期徒刑作为轻罪、重罪的分界线，法定刑为 5 年以下有期徒刑的罪行，可以归为轻罪范畴；法定刑为 5 年以上有期徒刑、无期徒刑、死刑的罪行，可以归为重罪范畴。对于同一罪名中有多档法定刑的，仍然适用上述标准。因为衡量轻罪、重罪的对象是罪行，而不是罪名。同一罪名，行为人的罪行对应 5 年以下有期徒刑的法定刑幅度的，其罪行整体较轻，可以评价为轻罪；行为人的罪行对应 5 年以上有期徒刑、无期徒刑、死刑的法定刑幅度的，其罪行整体较重，即使其因为具有法定减轻处罚情节，从而获得 5 年有期徒刑以下的宣告刑的，就其罪行本身来讲，仍应属于重罪范畴，其减轻处罚情节不能降低其罪行本身严重的社会危害性。支持上述界定标准的理由主要有：

1. 根据刑法和刑事诉讼法中的若干制度，可以明确法定刑幅度为 3 年以下有期徒刑的罪行系轻罪。例如，《刑法》第 7 条、第 8 条关于属人管辖权和保护管辖权的规定，以 3 年有期徒刑作为是否行使管辖权的标准；第 72 条关于缓刑适用条件的规定，以 3 年有期徒刑作为能否适用缓刑的绝对标准。2018 年《刑事诉讼法》关于速裁程序适用条件的规定，以 3 年有期徒刑作为刑期标准；关于简易程序是否组成合议庭审理的规定，以 3 年有期徒刑作为刑期标准；关于简易程序审理期限的规定，以 3 年有期徒刑作为刑期标准；关于当事人和解程序适用条件的规定，以 3 年有期徒刑作为主要的刑期标准；关于自诉案件范围的规定中，所谓“被害人有证据证明的轻微刑事案件”，根据相关解释可知系指法定刑为 3 年有期徒刑以下的刑事案件。此外，刑法中的绝大部分罪名，其最低档法定刑均为 3 年以下有期徒刑或者拘役、管制，且部分罪名明确标明“情节较轻的，处 3 年以下有期徒刑……”根据上述规定，可以得出以 3 年有期徒刑作为区分轻罪、重罪的一般标准，具有合理性，既符合法律规定，又符合社会公众的一般认知。

2. 虽然法定刑幅度为3年以下有期徒刑的罪行系轻罪,但若以3年有期徒刑作为区分轻罪、重罪的一般标准,尤其是在认罪认罚从宽制度语境中作出上述界定,则标准偏低。理由主要有两点:

第一,刑法、刑事诉讼法虽然以3年有期徒刑作为是否具有管辖权、是否可以适用缓刑、是否可以适用速裁程序进行审理等具体制度的分界线,但这条分界线具有基础性。以管辖权为例,我国行使属人管辖权和保护管辖权的范围不能仅限定于重罪;同样,缓刑的适用范围不仅需要综合考虑行为的社会危害性和行为人的人身危险性,还要考虑对被害人和社区的影响,并非对所有轻罪均可适用缓刑;再有,速裁程序的价值主要是实现简案快审、繁简分流,但刑事诉讼法同时极大放宽了简易程序的适用范围,故不宜认为只有适用速裁程序审理的罪行才是轻罪;另外,正如刑事诉讼法关于自诉案件范围的规定,3年以下有期徒刑的案件属于"轻微刑事案件",故轻罪的范围应当比"轻微刑事案件"更宽。综上,目前的法律规定并不能得出超过3年有期徒刑的罪行都是重罪的必然结论。

第二,通观刑法规定的所有罪名,法定最高刑为3年以下有期徒刑的比例并不高,仅有74个罪名,占全部483个罪名的比例不足16%。若认为我国仅有不足16%的罪名属于轻罪范畴,则与我国刑法的人道主义理念,以及国家的社会治安形势等不相符。我国虽然实行"二元制"的社会治理结构,纳入犯罪的行为整体上来讲是严重危害社会的行为,但不能因此将绝大部分犯罪均划入重罪范围。

3. 以5年有期徒刑作为轻罪与重罪的界限,具有合理性,也有法律、政策和司法实践的基础。主要在于:

第一,我国《刑法》第87条关于追诉时效的规定,将5年有期徒刑作为第一档追诉时效的刑期标准,表明3年以下有期徒刑与5年以下有期徒刑在5年追诉时效内具有同样的追诉必要性,也反映出二者的危害程度其实并无本质差别,故将5年有期徒刑与3年有期徒刑一起划入轻罪范畴,并非难以接受。

第二,通观我国刑法中的483个罪名,以5年有期徒刑作为不同刑档之间界限的罪名为133个,且绝大部分罪名只有两档法定刑,其中将5年有期徒刑作为界限,占比约28%。若与法定最高刑为3年有期徒刑的罪名累加,则总数量为207个,在所有罪名中占比约43%,若再考虑其他171个罪名中包含“三年以下有期徒刑、拘役或管制”这一刑档，则法定刑幅度为5年以下有期徒刑的罪名比例约占79%。当然，上述171个罪名中均有更高刑期的法定刑档次，因此不能认为我国刑法中的轻罪比例已经达到79%。但整体来讲，有43%的罪名属于法定刑为5年以下有期徒刑的轻罪，且其他171个罪名中也包含5年以下有期徒刑的刑档，这一比例与我国刑法整体的人道、宽缓趋势相符。

第三，我国《刑法》第100条规定的前科报告制度中，将5年以下有期徒刑作为罪错未成年人是否免除前科报告义务的分界线，说明即使对于未成年人来讲，若其所犯罪行被判处5年以上有期徒刑的刑罚，则应属重罪，不能免除前科报告义务。另外，从档案管理角度来讲，5年有期徒刑通常被作为“短期”和“长期”保管期限的分界线。

4. 对于认罪认罚从宽制度而言，既然考虑以罪行轻重作为司法实践中科学把握认罪认罚从宽制度适用范围和原则的参考线，若以3年有期徒刑作为划分轻罪与重罪的界限，则会降低认罪认罚从宽制度的适用积极性和认罪认罚从宽政策的导向性，不利于充分发挥其作用，也不符合目前认罪认罚从宽制度的司法实践。当前，在速裁程序中适用认罪认罚从宽制度的比例极高，但在有可能判处3年以上有期徒刑的简易程序案件中，适用认罪认罚从宽制度并提出确定刑司法建议的比例也在不断提高。故若仅提倡在可能判处3年以下有期徒刑案件中积极适用认罪认罚从宽制度，在其他案件中合理适用或者慎重适用，则失之过严。

（二）罪名标准是界定罪行轻重的辅助标准

无论是根据刑法的规定，还是考虑公序良俗原则和人民群众的普遍价值观，一些罪行毫无疑问属于“天然”的重罪。这部分犯罪以严重破坏国家安全、公共安全和人民群众生命财产安全的犯罪为主。以《刑法》第17条关于刑事责任年龄的规定为例，“已满十四周岁不满十六周岁的人，犯故意杀人、故意伤害致人重伤或者死亡、强奸、抢劫、贩卖毒品、放火、爆炸、投放危险物质罪的，应当负刑事责任。已满十二周岁不满十四周岁的人，犯故意杀人、故意伤害罪，致人死亡或者以特别残忍手段致人重伤造成严重残疾，情节恶劣，经最高人民检察院核准追诉的，应当负刑事责任”。根据相关答复意见，上述所列举的罪行系犯罪行为，而并非罪名，也就是说未成年人实施了上述犯罪行为，即应负刑事责任，其罪名应当根据所触犯的刑法分则具体条文认定。法律之所以规定未成年人实施上述犯罪行为亦需要承担刑事责任,最重要的理由在于这类行为危害极大,具有“天然”的重罪特征。

根据以上思路,故意杀人罪,致人死亡或重伤的故意伤害罪、绑架罪,放火罪,投放危险物质罪,贩卖毒品罪,爆炸罪,强奸罪,抢劫罪等犯罪,应当属于重罪范畴。危害程度与之相当的决水罪,以危险方法危害公共安全罪,组织、领导、参加恐怖组织罪,劫持航空器罪,造成严重后果的暴力危及飞行安全罪,破坏交通工具、交通设施、电力设备、燃气设备、易燃易爆设备,劫持船只、汽车等犯罪,造成严重后果的涉枪支、弹药、爆炸物等犯罪,危害国家安全的背叛国家等犯罪,危害不特定多数人重大财产安全的经济犯罪以及重大职务犯罪等,也应当属于重罪范畴。

需要指出的是,上述所列举的重罪名中,部分犯罪有多档法定刑,有可能产生与刑期标准交叉的现象。这也说明,我们所谓的轻罪与重罪,是对行为的社会危害性的实质性评价,因此应当以罪行而非罪名为标准。所谓的重罪名,只是说明符合该罪名的犯罪行为在性质上整体较重,并不排除在实施这些犯罪过程中,也存在情节轻重上的区别,如帮助行为、预备行为等。若某些行为虽然触犯了重罪名,但因情节较轻,依法应当在5年有期徒刑以下判处刑罚的,则认为其属于轻罪为宜。

第三节　轻罪案件提倡积极适用认罪认罚从宽制度

根据2018年《刑事诉讼法》和两高三部《认罪认罚指导意见》的规定,认罪认罚从宽制度原则上适用于所有刑事案件。但司法实践中,轻罪案件的认罪认罚适用率明显高于重罪案件和特殊类型案件,理论界和实务界更倾向于在轻罪案件中积极适用认罪认罚从宽制度。我们认为,轻罪案件具备积极提倡适用认罪认罚从宽制度的基础,应当以轻罪案件为重心,积极提倡认罪认罚从宽制度的适用,并支持检察机关提出精准刑量刑建议。主要基于以下原因:

一、具备充分的法律和政策依据

2006 年 12 月，最高人民检察院出台了《关于依法快速办理轻微刑事案件的意见》。2015 年 2 月，最高人民法院发布《人民法院第四个五年改革纲要(2014—2018)》，提出要健全轻微刑事案件快速办理机制。2016 年 9 月，全国人大常委会审议通过决定，授权在原试点地区开展刑事案件认罪认罚从宽制度试点工作，同时将速裁程序适用范围扩大至三年有期徒刑以下刑罚案件，纳入认罪认罚从宽制度试点。2016 年 9 月，最高人民法院发布《关于进一步推进案件繁简分流优化司法资源配置的若干意见》，提出遵循司法规律推进繁简分流。科学调配和高效运用审判资源，依法快速审理简单案件；总结刑事速裁程序试点经验，加强侦查、起诉、审判程序的衔接配合；推动案件信息共享及案卷无纸化流转，促进案件办理的简化提速。大量的轻罪案件存在高效办理的现实需要，认罪认罚从宽制度和速裁程序的法定化，为全流程快速办理轻罪刑事案件提供了程序保障。〔4〕

认罪认罚从宽制度量刑较轻、案件流转较快的特点，决定了其在轻罪案件中的适用率更高且效果更好，能够很好地实现认罪认罚从宽制度的价值最大化。有观点将轻罪刑事政策概括为“立法更宽缓、程序更宽简、处罚更宽和、处遇更宽松”，即“轻者更轻”。〔5〕 由此可见，轻罪刑事政策与认罪认罚从宽制度在“宽”上的高度一致性和价值上的高度契合性，轻罪刑事政策为认罪认罚从宽制度提供了价值依据，也为其发展完善提供了方向指引，而认罪认罚从宽制度是轻罪刑事政策在新时期得以实现的重要制度载体，二者表里相依，彰显了刑法谦抑性和现代司法的宽容平和理念。〔6〕 危险驾驶罪、交通肇事罪等轻罪案件往往事实清楚、证据类型固定，认罪认罚后能够通过简易程序或速裁程序快速办结，绕开烦琐程序，从而有效提高司法效率，减少当事人诉累，同时注重办案质量，保证司法公正。

---

〔4〕 参见朱铁军：《轻罪案件快速办理机制相关问题之探析》，载《人民法院报》2020 年 8 月 13 日，第 6 版。

〔5〕 田兴洪：《析轻罪刑事政策与构建和谐社会》，载《法制日报》2009 年 7 月 8 日，第 12 版。

〔6〕 参见叶青、韩东成：《轻罪刑事政策下认罪认罚从宽制度的司法适用程序若干问题研究》，载《中国刑事法杂志》2020 年第 5 期。

二、有利于进一步提高诉讼效率

认罪认罚从宽制度的一大特征就是程序上从简，程序从简贯穿于刑事诉讼全过程。轻罪案件具有配套完善的简化审理程序，包括速裁程序、简易程序、和解程序等。例如，在案件侦查阶段，公安机关对于可能适用速裁程序的案件，一般都会依托执法办案中心等机制，实现对轻罪案件的快速办理；在审查起诉阶段，检察机关对于符合速裁程序适用条件的，一般在 10 日内作出是否提起公诉的决定，对于可能判处一年以上有期徒刑的案件，一般在 15 日内作出是否提起公诉的决定，大大缩短了办案期限；在审判阶段，人民法院依据速裁程序、简易程序的规定办理案件，大幅简化了法庭调查和辩论程序，一般在 10 日或 15 日内可以审结案件，还可以通过集中送达、开庭、宣判等方式，最大限度地提高审判效率。因此，对轻罪案件适用认罪认罚从宽制度，可以最大化地发挥该制度的优势。

三、办案质量可以得到较好保障

对于轻罪案件来讲，一般事实较简单、证据较充分，适用认罪认罚从宽制度并简化侦查、起诉、审判程序，不会为侦查、起诉、审判工作带来额外困难，也可以在极高程度上确保办案质量。轻罪案件事实清楚，证据确实、充分且规范，控辩双方对事实和证据的分歧较小甚至根本不存在分歧，因此在起诉、审判过程中无需像复杂刑事案件那样查证众多细节事实、调取多种证据材料，也无需对事实、证据进行全面出示、质证和辩论。从定罪量刑角度来讲，事实清楚的轻罪案件一般不存在定罪方面的争议，量刑方面大多具备规范的量刑标准，且这类案件的法定、酌定量刑情节较少，量刑过程一般不会过于复杂，控辩审三方共识较多、分歧较少。综上，轻罪案件办案质量容易把握，这类案件具备积极适用认罪认罚从宽制度的基础。

四、有利于达成认罪认罚协议

轻罪案件更容易适用认罪认罚从宽制度，一是对于被告人来讲，轻罪案件往往事实清楚，证据确实、充分，被告人可辩解的余地比较小。趋利避害是人之本能，当被告人发现其通过积极辩护所获得的诉讼利益小于积极认罪悔罪、积极退赃退赔、积极获得谅解所获得的诉讼利益的情况下，其往往更愿意选择后者，轻罪案件的被告人一般也具备更强的认罪认罚意识。二是从被害人角度来讲，轻罪案件的被害人一般所受侵害较小，更容易通过被告人的积极赔偿弥补自身损失并谅解对方。这类案件中，被害人对案件的定性量刑各方面一般不会提出明显的反对意见，更利于认罪认罚从宽制度的适用。三是从司法机关角度来讲，轻罪案件可以最大化地发挥认罪认罚从宽制度的优势，提高办案效率，确保案件质量，在这类案件中适用认罪认罚从宽制度的积极性较高。

五、轻罪案件适用认罪认罚从宽制度的例证

轻罪案件是适用认罪认罚从宽制度的主要案件类型。在此选取司法实践中较为典型的危险驾驶类、拒不支付劳动报酬类案件进行探讨。

（一）危险驾驶罪中认罪认罚从宽制度的适用

随着经济快速增长，驾驶机动车已成为人民群众依赖的主要出行方式。在机动车数量快速增长的同时，各类交通事故案件也频频发生，对社会秩序和人民生命财产权利造成严重负面影响，如“孙伟铭案”等一批案件成为全国热议的焦点。虽然我国早就在2003年《道路交通安全法》中对酒后驾车行为作出规定，但显然威慑力不够，醉酒驾驶行为仍然屡禁不止。[7] 因此，2010年全国“两会”提案《关于增加危险驾驶罪的建议》，建议以入刑的方式震慑酒后驾车等危险驾车行为。2011年《刑法修正案（八）》首次规定“危险驾驶罪”，2013年最高人民法院、最高人民检察院、公安部出台了《关于办理醉酒驾驶机动车刑事案件适用法律若干问题的意见》，2015年《刑法

〔7〕《道路交通安全法》第91条规定：“饮酒后驾驶机动车的，处暂扣六个月机动车驾驶证，并处一千元以上二千元以下罚款。因饮酒后驾驶机动车被处罚，再次饮酒后驾驶机动车的，处十日以下拘留，并处一千元以上二千元以下罚款，吊销机动车驾驶证。醉酒驾驶机动车的，由公安机关交通管理部门约束至酒醒，吊销机动车驾驶证，依法追究刑事责任；五年内不得重新取得机动车驾驶证。饮酒后驾驶营运机动车的，处十五日拘留，并处五千元罚款，吊销机动车驾驶证，五年内不得重新取得机动车驾驶证。醉酒驾驶营运机动车的，由公安机关交通管理部门约束至酒醒，吊销机动车驾驶证，依法追究刑事责任；十年内不得重新取得机动车驾驶证，重新取得机动车驾驶证后，不得驾驶营运机动车。饮酒后或者醉酒驾驶机动车发生重大交通事故，构成犯罪的，依法追究刑事责任，并由公安机关交通管理部门吊销机动车驾驶证，终生不得重新取得机动车驾驶证。”

修正案(九)》进一步明确该罪的具体行为方式。[8] 刑法的规制在一定程度上遏制了危险驾驶的行为,使得交通秩序和公众安全得到了保障。但与此同时,大量案件积压与司法资源相对匮乏之间的矛盾逐步显现,为了缓解办案机关的压力,有必要通过认罪认罚从宽制度等提高诉讼效率。

在国家推行的刑事速裁程序和认罪认罚从宽制度的试点工作中,危险驾驶案件的"单纯性"使其成为司法改革的重点适用对象。司法实践中,危险驾驶案件主要呈现四个特点:一是绝对数量大,居刑事案件之首;二是从重处罚情节占比较低,多为单纯的醉驾行为,未造成危害结果;三是实刑判处率高,司法机关对于醉驾案件普遍采取审慎态度;四是涉案人群特征明显,主要为低学历男性非公职人员,往往法律意识淡薄,对醉驾行为的严重性、危害性认识不足,抱有侥幸心理,加之醉驾的刑罚后果对其择业、就业影响较小,醉驾案件多发、高发。[9] 总结来说,危险驾驶案件虽多但简,犯罪嫌疑人人身危险性较低,对认罪认罚从宽制度的接纳性高,具备快速办理的可能性和必要性。[10] 认罪认罚从宽制度的适用,让危险驾驶案件办理的程序得以精简,成为危险驾驶犯罪案件快速办理机制的重要一环,节省了人力物力财力,缓解了资源紧张带来的压力;且其适用认罪认罚从宽制度的成功经验,又能"反哺"助推此制度的完善,使制度更具可操作性。

在已设立刑事速裁法庭并规范运转的地区,对于犯罪嫌疑人认罪认罚,案件事实清楚、证据确实充分的案件,可以参考北京市海淀区人民法院"48小时全流程运转"的工作模式,在不采取刑事强制措施的基础上完成从侦

---

〔8〕《刑法修正案(八)》第22条规定:"在刑法第一百三十三条后增加一条,作为第一百三十三条之一:'在道路上驾驶机动车追逐竞驶,情节恶劣的,或者在道路上醉酒驾驶机动车的,处拘役,并处罚金。有前款行为,同时构成其他犯罪的,依照处罚较重的规定定罪处罚。'"《刑法修正案(九)》第8条规定:"将刑法第一百三十三条之一修改为:'在道路上驾驶机动车,有下列情形之一的,处拘役,并处罚金:(一)追逐竞驶,情节恶劣的;(二)醉酒驾驶机动车的;(三)从事校车业务或者旅客运输,严重超过额定乘员载客,或者严重超过规定时速行驶的;(四)违反危险化学品安全管理规定运输危险化学品,危及公共安全的。机动车所有人、管理人对前款第三项、第四项行为负有直接责任的,依照前款的规定处罚。有前两款行为,同时构成其他犯罪的,依照处罚较重的规定定罪处罚。'"

〔9〕参见张忠明:《危险驾驶案件司法实践问题研究》,载《中国检察官》2020年第13期。

〔10〕参见张婷婷:《危险驾驶犯罪案件快速办理机制研究》,西南政法大学2019年硕士学位论文,第2页。

查到起诉、审判的全过程，最大限度地利用“快车道”，快速审结醉驾案件。[11] 我国现有的认罪认罚从宽裁量模式事实上是一种“混合模式”，即从宽的适用虽然部分源于实体法上被告人责任刑和预防刑的减损，但同时其也体现了裁判者对被告人放弃部分诉讼权利，从而简化审判程序、节约司法成本所给予的“额外”的激励和回报。

（二）拒不支付劳动报酬罪中认罪认罚从宽制度的适用

2011 年 2 月通过的《刑法修正案（八）》进一步加大了对损害劳动者合法权益的犯罪行为的惩处力度，设立了拒不支付劳动报酬罪，以此打击社会上不断出现的恶意欠薪等行为。在 2020 年 12 月 23 日最高人民检察院召开的“依法惩治恶意欠薪，让劳动者劳有所得”新闻发布会上，最高人民检察院第一检察厅厅长苗生明表示，充分发挥认罪认罚从宽制度的作用，鼓励、引导犯罪嫌疑人、被告人认罪悔罪、积极筹措资金支付劳动报酬，既有助于劳动者及时追欠挽损，也为从宽处理涉案民营企业提供了制度支撑，为企业发展提供了途径。根据媒体报道，2019 年以来，全国检察机关办理拒不支付劳动报酬犯罪案件共为农民工追讨欠薪 3.4 亿余元，办理支持农民工起诉民事案件 25,635 件，2020 年以来检察机关办理拒不支付劳动报酬犯罪案件适用认罪认罚从宽制度 2146 件 2377 人，占该类案件总数的 85.74%，相比 2019 年上升了 45.43 个百分点，尤其是在防控新冠肺炎疫情期间，检察机关在保护劳动者合法权益的同时，侧重帮助困难企业渡过难关，贯彻少捕慎诉理念，依法适用认罪认罚从宽制度，服务和保障非公经济健康发展。[12] 根据最高人民检察院公布的 6 起打击拒不支付劳动报酬犯罪典型案例，每起案例都适用了认罪认罚从宽制度，司法工作者以平和、坦诚的态度与犯罪嫌疑人进行交流，详细告知了认罪认罚、积极履行欠薪义务可获从宽处理的相关制度等，促使其积极筹措资金并履行支付义务，充分认识到自身行为危害性及后果，自愿认罪认罚，得到被害人谅解。在蒲某、唐某拒不支付劳动报酬案中，检察机关从追缴欠薪和保障民营经济发展的角度，提出了单处罚

---

〔11〕 参见华列兵、王蔚然：《醉酒型危险驾驶犯罪法律实务问题研究》，载《警学研究》2019 年第 1 期。

〔12〕 参见《最高检召开新闻发布会通报惩治拒不支付劳动报酬犯罪工作情况》，载正义网，http://news.jcrb.com/jsxw/2020/202012/t20201224_2235982.html。

金的量刑建议，人民法院最终采纳了该量刑建议，二被告人由此感受到了司法关怀，表示以后要诚信经营。可见，在拒不支付劳动报酬案件中，积极适用认罪认罚从宽制度，能够综合实现案件的政治效果、社会效果和法律效果。[13]

第四节　重罪案件提倡合理适用认罪认罚从宽制度

对于重罪案件中认罪认罚从宽制度的适用问题，学界存在不同看法。有学者主张从整体上来看应当提倡将认罪认罚从宽制度适用于重罪案件，也有学者则认为不宜过度提倡认罪认罚从宽制度在重罪案件中的适用，更不应通过设置考核指标的方式推动其适用率。

一、不提倡在重罪案件中大量适用认罪认罚从宽制度的理由

有观点认为，对于犯罪性质和危害后果特别严重、犯罪手段特别残忍、社会影响特别恶劣的犯罪嫌疑人，可能被判处无期徒刑或者死刑的，不应当适用认罪认罚从宽制度，或者主张对犯罪性质、情节恶劣的个案或类案是否适用应具体分析。[14] 该观点主要考虑重罪案件的特殊性，是否可以发挥认罪认罚从宽制度的功能，以及大力提倡适用认罪认罚从宽制度是否会带来综合效益的提升等。

第一，与认罪认罚从宽制度的设计初衷相悖。认罪认罚从宽制度重在繁简分流、简案快判、难案精审。如果对于重罪案件也大力提倡认罪认罚从宽制度，除了可以体现被告人的认罪态度，部分案件可以弥补一部分被害人损失以外，并不能充分体现认罪认罚从宽制度的优势。相反，在一定程度上背离了认罪认罚从宽制度的繁简分流初衷。对于很多重罪案件来讲，由于

〔13〕 参见《最高检发布打击拒不支付劳动报酬犯罪典型案例》，载新京报 2020 年 1 月 16 日，https://baijiahao.baidu.com/s?id=1655854364037611567。

〔14〕 参见余丽：《性侵未成年人案件侦查中认罪认罚从宽制度的适用》，载《江西警察学院学报》2020 年第 3 期。

案情复杂，需要查证的事实、证据较多，有些案件仅有部分被告人表示认罪认罚，有些表示认罪认罚的被告人也存在诸多其他辩解，“案件能够简化的程序相对有限”。[15] 在这种情况下，被告人的认罪认罚态度、被害人的损失弥补功能，均可以通过普通案件审理程序得到体现并充分重视，并非只有通过认罪认罚才能达成这些目的。因此，若重罪案件可以较完美地适用认罪认罚从宽制度，则可以依法适用，但不应为了推进认罪认罚而将发力点放在重罪案件上，重罪案件应当精审。即使被告人认罪认罚，侦查、起诉和庭审程序也不宜过度简化，一切诉讼活动都应当首先保障案件的质量，质量优先、兼顾效率，这也是认罪认罚从宽制度的价值所在。

第二，难以实现恢复社会关系的目标。从被害人角度来看，刑罚的报应性在我国还有很大市场，对被告人给予严厉惩处在很大程度上还是抚慰被害人伤痛的重要方式。因此，重罪案件中的被害人或家属一般难以接受对被告人的从宽处理。这类案件中，被害人的损失一般很大，如大额的财产权利、生命权、健康权等，被告人即使积极赔偿也难以完全弥补被害人的损失或伤痛，实践中很多被告人亦没有能力赔偿被害人的重大损失。故在重罪案件中，寄希望于通过认罪认罚从宽制度来弥补被害人的损失、获得被害人的谅解、恢复被犯罪行为破坏的社会关系，这种可能性较小，与大力提倡适用认罪认罚从宽制度所带来的案件质量下降相比，综合效益并不突出，甚至得不偿失。

第三，被告人认罪认罚的积极性较低。从被告人角度来看，重罪案件一般刑罚较重，被告人有可能被判处十年以上有期徒刑、无期徒刑或者死刑。基于趋利避害的心理，这类案件的被告人一般更愿意通过积极辩护，尽量在犯罪的事实、性质以及各类法定、酌定量刑情节方面争取自身权利。实践中，这类案件的被告人不认罪或者对犯罪事实、证据等提出辩解的概率明显大于轻罪案件，重罪案件中诸如主观故意、犯罪情节、犯罪数额、自首、坦白、立功等问题的复杂程度远大于轻罪案件，辩护空间较大，故重罪案件中被告人适用认罪认罚的积极性普遍低于轻罪案件。

---

〔15〕 参见苗生明、卢楠：《重罪案件适用认罪认罚从宽制度的实践探索与理论思考》，“深化依法治国实践背景下的检察运行——第十四届国家高级检察官论坛”论文集，2018 年 6 月 28 日于上海。

第四，重罪案件事实复杂，量刑难度较大。[16] 在事实证据方面，重罪案件中的细节事实较多，法律关系复杂，导致被告人、辩护人经常对案件事实提出异议，或否认指控的事实，或对事实细节进行补充，或对性质提出辩解。重罪案件中的证据种类和数量远多于轻罪案件，证据的客观性、合法性、关联性经常被作为辩论焦点，证据判断远不像轻罪案件那样无可辩驳。在量刑方面，重罪案件需要考虑的量刑因素很多，控辩双方达成量刑协议的可能性远小于轻罪案件，司法实践中，检察机关在适用认罪认罚从宽制度的重罪案件中一般也仅提出幅度刑量刑建议，未适用认罪认罚从宽制度的重罪案件一般较少提出量刑建议。

上述特征决定重罪案件适用认罪认罚从宽制度的难度较大、效果不突出，影响认罪认罚从宽制度合理适用的因素较多。因此，应理性看待认罪认罚从宽制度在重罪案件中的适用问题。

二、提倡在重罪案件中积极适用认罪认罚从宽制度的理由

（一）重罪案件适用认罪认罚从宽制度符合法律规定

根据两高三部《认罪认罚指导意见》的规定，“认罪认罚从宽制度没有适用罪名和可能判处刑罚的限定，所有刑事案件都可以适用，不能因罪轻、罪重或罪名特殊等原因而剥夺犯罪嫌疑人、被告人自愿认罪认罚获得从宽处理的机会”。两高三部《认罪认罚指导意见》不但明确规定认罪认罚从宽制度没有罪名和轻罪重罪的限定，在所有刑事案件中都可以适用，还特别提出不能剥夺犯罪嫌疑人、被告人自愿认罪认罚获得从宽处理的机会，将认罪认罚从宽制度的适用上升到被追诉人权利保障的高度。立法鼓励被追诉人自愿认罪认罚，符合我国长期以来“教育为主、惩罚为辅”的大政方针，强调对于犯罪人的教育、感化、挽救的原则。因此，从立法本意来看，不应在重罪案件中排斥对认罪认罚从宽制度的适用，即使实践中面临很多问题和困难，我们需要做的是积极探索认罪认罚从宽制度在重罪案件中的适用规范，以保障这部分犯罪人的合法权益。

---

〔16〕 参见苗生明、卢楠：《重罪案件适用认罪认罚从宽制度的实践探索与理论思考》，“深化依法治国实践背景下的检察运行——第十四届国家高级检察官论坛”论文集，2018 年 6 月 28 日于上海。

（二）体现了刑事诉讼公平和平等原则

无论是重罪案件还是轻罪案件，在我国均一体遵循各类刑事诉讼基本原则，两类案件可能有难易之分，但在基本原则、诉讼制度、权利保障等方面绝无本质区别。二者都需要遵循统一的刑事诉讼法律体系，都需要坚持罪刑法定、罪责刑相适应等刑法基本原则，都需要坚持证据裁判原则并遵循事实清楚、证据确实充分的证据裁判标准。罪责刑相适应原则要求根据犯罪的事实、性质、情节，并依照法律规定提出量刑建议，准确裁量刑罚，确保刑罚的轻重与犯罪分子所犯罪行和应当承担的刑事责任相适应；而坚持证据裁判原则要求依照法律规定收集、固定、审查和认定证据。[17] 因此，仅从重罪轻罪的事实繁简、刑罚轻重的角度打击适用认罪认罚从宽制度的积极性，并不具有信服力。只有确保无论轻罪、重罪案件都有适用认罪认罚从宽制度的可能性，才能维护法律适用的公平性。[18] 对于重罪案件的从宽处罚与否，仍应坚持法定或酌定的量刑情节和判断标准，重罪案件中的被告人同样可能具有真诚悔罪的表现，同样有权利获得法律的从轻处罚。重罪案件中的被害人，即使难以获得足额的赔偿，其仍有权利自由选择是否谅解被告人，从而体现被害人的主体性。总之，应当公平对待所有案件的被追诉人，保障所有被追诉人的合法权益和合法的自由意志选择权。

（三）符合诉讼民主理论

对重罪案件适用认罪认罚从宽制度体现了刑事诉讼制度的民主进步。[19] 认罪认罚从宽制度的适用建立在控辩平等的理念之上，赋予被告人更多的自由处分其实体权利与程序权利的自由，充分肯定了被告人在刑事诉讼中的主体地位。同时通过积极的控辩协商，能够在一定程度上降低被告人被刑讯逼供的可能性，提高司法效率的同时充分保障被告人的合法权利。

（四）运用协商机制更有利于避免冤假错案

越是重大、疑难、复杂的刑事案件，越需要全面查明事实，全面收集固定

---

〔17〕 参见樊崇义：《重罪案件同样适用认罪认罚从宽制度》，载《人民法治》2018 年第 17 期。

〔18〕 参见张相军、顾永忠、陈瑞华：《检察环节认罪认罚从宽制度的适用与完善》，载《人民检察》2016 年第 9 期。

〔19〕 参见胡保钢：《重罪案件认罪认罚从宽制度的适用基础》，载《人民检察》2018 年第 17 期。

证据,夯实案件的证据链条,避免冤假错案的出现。在重罪案件中,若被追诉人能够彻底认罪悔罪,积极配合司法机关查办案件,积极提供与案件事实有关的证据材料,积极反馈案件中存在的潜在疑点,与司法机关坦诚交换意见,则更加有利于构建完整、可信的证据链条。因此,在重罪案件中积极适用认罪认罚从宽制度,构建一种协商性的诉讼格局,保障被追诉人获得从轻处理的权利和途径,能够充分发挥犯罪嫌疑人在证据的搜查和认定中的作用。从这个意义上来讲,认罪认罚从宽制度与外国法中的辩诉交易制度具有一定的相似性。

(五)有利于提高犯罪治理效能

宽严相济刑事政策是我国刑事诉讼中的基本刑事政策。宽严相济要求国家在追诉犯罪时应当做到"当宽则宽、当严则严、宽严适度、宽严适时"。其中,各种法定和酌定量刑情节对于宽、严的判断至关重要。作为一个法定的从宽处罚情节,对于真诚认罪认罚的犯罪嫌疑人、被告人,理应获得程序从简、实体从宽的优待,以体现宽严相济的刑事政策。因此,无论是何种案件,只要被追诉人能够真诚悔罪,积极弥补被害人的损失并获得谅解,其均有获得从宽处理的机会。这是认罪认罚从宽制度内在的价值体现,也符合我国刑罚严惩与教化并重的价值追求。[20]

三、在重罪案件中应合理适用认罪认罚从宽制度

原则上来讲,认罪认罚从宽制度可以适用于所有案件,包括重罪案件。但是,根据《刑事诉讼法》关于速裁程序、简易程序的适用范围的限制,以及两高三部《认罪认罚指导意见》关于适用认罪认罚从宽制度的限制性规定,在重罪案件尤其是疑难复杂案件中适用认罪认罚从宽制度确实存在许多复杂情况。因此,我们提倡在重罪案件中应当合理适用认罪认罚从宽制度,不能坠入"唯指标论"的误区,并积极探索在重罪案件中适用认罪认罚从宽制度的原则和规范。

(一)适用范围虽无禁区但应注重实效

理论界和司法实务中对于在重罪案件中适用认罪认罚从宽制度的边界

---

〔20〕 参见苗生明、卢楠:《重罪案件适用认罪认罚从宽制度的实践探索和理论思考》,"深化依法治国实践背景下的检察运行——第十四届国家高级检察官论坛"论文集,2018 年 6 月 28 日于上海。

问题存有争议。第一种观点认为,认罪认罚从宽制度不受案件性质、诉讼程序的限制,可以广泛适用于刑事诉讼过程中;第二种观点认为,认罪认罚从宽制度原则上可以适用于所有案件,包括可能判处死刑在内的重罪案件,但存在例外情形,如"罪行极为严重,没有从宽余地"的案件;第三种观点认为,认罪认罚从宽制度的范围应限制为基层法院管辖的案件,对于中级人民法院管辖的涉恐、国家安全以及可能被判处无期徒刑、死刑的案件,由于其敏感、复杂、社会影响大的特征而不能适用。〔21〕

有统计显示,重罪案件认罪认罚从宽制度的适用率整体偏低。如甲省A市A2区人民检察院2019年年初至2020年6月提起公诉的重罪案件共301件,其中适用认罪认罚从宽制度的共127件,占比42.2%;而该省B市B3区人民检察院同期提起公诉的重罪案件共93件,其中适用认罪认罚从宽制度的共18件,占比19.4%,但该省认罪认罚从宽制度的整体适用率超过80%。从罪名来看,重罪案件适用认罪认罚从宽制度主要集中在毒品犯罪、危害公共安全犯罪、故意伤害和故意杀人犯罪,以及少部分诈骗等经济犯罪。〔22〕另一项统计也显示,2019年1月至9月,W市检察院适用认罪认罚从宽制度办理的16起案件中,重罪案件占比仅为12.5%。总体上,W市检察院办理的各类案件中适用认罪认罚从宽制度的比例不平衡,且重罪案件适用认罪认罚从宽制度的工作尚未有效开展起来。〔23〕

我们认为,认罪认罚从宽制度可以适用于重罪案件,但在适用过程中应注重实效,不应"一拥而上",更不能"唯指标论"。认罪认罚从宽制度具有程序从简、实体从宽的综合效能,以及提高诉讼效率、恢复被犯罪破坏的社会关系的目标追求,除此之外还有案件事实清楚、证据确实充分、具备协商从宽的可能性、具备签署认罪认罚具结书并提出可被人民法院采纳的量刑建议可能性等具体条件。重罪案件能否适用认罪认罚从宽制度,关键看能否发挥实效。

首先,重罪案件的特点决定了在有些案件如重大经济犯罪案件、职务犯

---

〔21〕 参见樊崇义:《重罪案件同样适用认罪认罚从宽制度》,载《人民法治》2018年第17期。

〔22〕 参见周新:《重罪案件适用认罪认罚从宽制度研究》,载《比较法研究》2021年第4期。

〔23〕 参见尹恒、王庭伟:《重罪案件适用认罪认罚从宽制度存在的问题,原因及对策——以W市检察院的实践为视角》,载《楚天法治》2019年第11期。

罪案件、死刑案件中,案件事实复杂多变,需要查证的证据材料繁多,有时案件定性尚存疑义,适用认罪认罚从宽制度的前提条件难以实现。此时绝不可在事实、证据疑难复杂甚至存疑的情况下,强行适用认罪认罚从宽制度,试图减轻侦查和起诉压力,降低侦查取证难度,否则就会落入辩诉交易的窠臼。

其次,重罪案件的特点决定了很多案件缺乏足够的从宽处理余地。如死刑案件的被告人即使认罪认罚,也不可能被取保候审或者监视居住,不可能为了提高办案效率而放松对事实、证据近乎苛刻的查证。在实体从宽方面,即使被告人认罪态度较好,积极赔偿被害人的经济损失,但如果其罪行极其严重,仍难逃死刑命运。况且实践证明,在这类案件中切不可被所谓的"认罪态度较好"所迷惑,时刻不能放松对冤假错案的高度警惕。因此,对这类案件适用认罪认罚从宽制度,虽然初衷向好,但制度价值难以充分发挥,甚至使得案件质量降低。

最后,重罪案件的特点决定了这类犯罪的定罪量刑情节较为复杂,被追诉人在不同阶段思想波动较大,且对案件事实和证据的查证持续时间较长,不同诉讼阶段均会出现足以影响对被追诉人量刑的事实和情节。尤其是在审判过程中,疑难复杂的重罪案件经常会出现人民法院改变案件定性、法院和检察院之间量刑分歧较大、当事人和解、发现犯罪嫌疑人被告人自首和立功的新证据等情况,这类情况足以导致原本的认罪认罚基础不复存在。因此,在疑难复杂的重罪案件中,过早地开展认罪认罚程序往往缺乏稳定的事实基础,在事实证据尚不稳定的情况下开展认罪认罚协商,在影响量刑的因素复杂多变的情况下提出量刑建议,均有悖于认罪认罚从宽制度的设计初衷。

综上,重罪案件原则上可以适用认罪认罚从宽制度,但应结合案件特点以及认罪认罚从宽制度的价值目标和具体规范区别对待。对法律关系相对简单、仅法定刑较重的重罪案件,可在进一步提高量刑建议的基础上稳步推进;对疑难复杂的危害公共安全犯罪、经济犯罪、毒品犯罪等案件,可适当尝试;对性质恶劣、手段残忍、社会危害性极大的死刑案件,危害国家安全的案件,涉恐涉恶案件,涉邪教案件,重大敏感的职务犯罪案件,以及定罪量刑争议较大的新类型案件等,应谨慎适用。

(二)认罪认罚虽可从宽处理但要符合实际

认罪认罚从宽制度的设计初衷,就是通过从宽处理激励被追诉人积极认罪悔罪,选择与国家合作,并尽量弥补被犯罪破坏的社会关系,达到多赢的良好结局。如前所述,认罪认罚从宽处理的内容和形式,在不同诉讼阶段有不同表现。从犯罪类型来看,重罪案件由于其特殊性,适用认罪认罚从宽制度时,需要科学把握从宽处理的限度和方式问题。

首先,重罪案件被告人自愿认罪认罚的,根据法律规定可以对其从宽处理,但并非一律从宽。是否从宽处理,要根据案件性质,被追诉人主观恶性和社会危害性,认罪认罚的时间、程度,退赃退赔的情况等综合考虑。对于重罪案件来讲,行为人的社会危害性和人身危险性是衡量是否对其从宽处理的重要指标,社会危害性大、作案手段残忍极端、行为人可改造性差的惯犯、累犯和再犯等,即使其认罪认罚,也可以不对其从宽处理。

其次,重罪案件被告人自愿认罪认罚的,其从宽处理的方式应体现重罪案件的特点。认罪认罚案件中的从宽处理,可以表现为程序从简、实体从宽,但重罪案件由于行为人罪行严重、社会危害性和人身危险性较大,且重罪案件往往事实复杂,对证据要求高,如死刑案件的证据要求近乎苛刻,因此,重罪案件中的程序从简应严格把握,不能只求效率而放松案件质量,对被追诉人的强制措施亦应以逮捕为主,切不可为了体现认罪认罚从宽而轻易适用取保候审、监视居住等强制措施,否则可能会造成不可预料的后果。对于实体从宽方面,应确立更加合理的从宽处罚评价标准,如果从宽幅度过小,可能影响行为人认罪认罚的积极性;如果幅度过大,又会导致量刑失衡,引起不良社会效果,且有的案件即使认罪认罚也不宜对被追诉人从轻处罚。对此,可以从有利于认罪认罚从宽制度价值实现的角度,对注重追赃挽损和退赃退赔的经济犯罪案件,特别是涉众型经济犯罪案件,若行为人自愿认罪认罚,积极赔偿损失,则可以较大幅度从宽处理;对于刑罚报应性特征较明显的危害公共安全、侵犯人身权利的案件,如故意杀人等案件,以及涉恐、涉黑、邪教等案件,则应适当缩小从宽处理的幅度,甚至不从宽处理。

最后,重罪案件中的从宽处理应认真听取各方面意见。一是应认真考虑检察机关的量刑建议。对于重罪案件来讲,检察机关一般应提出幅度刑量刑建议,而不宜提出精确刑量刑建议。理由是重罪案件的事实和证据复杂,影响量刑精准性的因素繁多,被追诉人思想波动较大,社会舆论和被害人因素等对量刑的影响较大,且重罪案件的量刑认识分歧较大,因此检察机关应以幅度刑量刑建议为主,由人民法院综合各种因素和各方面意见,最终确定适当的刑罚。重罪案件提出幅度刑量刑建议也可以提高量刑建议采纳率,有利于司法机关形成合力,共同处理好棘手的犯罪问题。二是应认真听取被害方意见,重罪案件中的被害方往往承受重大损失和痛苦,司法机关对犯罪分子的打击可以在一定程度上弥补被害方的精神伤害,使其感受到正义和希望。因此在此类案件中,认真听取被害方的诉求,尤其是在对被追诉人从宽处理的问题上认真听取被害方的诉求,在实践中尤为重要。认真听取被害方诉求,并非以被害方的意志为标准,更不能被其不合理的诉求所束缚,应将被害人的诉求与案件事实、性质、情节、犯罪人的主观恶性和人身危险性等因素综合考虑。三是应当广泛听取社会各方面的意见。重罪案件社会影响较大,对国家安全、公共安全、人民群众的安全感等均产生较大影响。因此,司法机关在确定对重罪案件犯罪人判处的刑罚时,应当考虑对社会各方面的影响,考虑人民群众的期盼,尤其是对重罪案件被追诉人适用宽缓的强制措施时,更应当评估对被追诉人所在社区的影响,防止出现次生危害。考虑社会各方面的意见,并非被民意所裹挟,主流民意在一定程度上代表了社会正义,参考主流民意可以保证法律实施的正确方向,但被民意裹挟有违法治的科学精神,司法人员如何把握其中的限度,体现了其司法能力和水平。

(三)权利保障问题应作为适用认罪认罚从宽制度的生命线

权利保障是刑事诉讼过程中的重要价值追求,其贯穿于刑事诉讼全过程,尤其是认罪认罚案件中,必须切实保障被追诉人、被害人双方的合法权益。相应地,也应做好律师和其他辩护人行使法律帮助权和辩护权的保障工作。与轻罪案件相比,重罪案件中的权利保障工作有其特殊性:对于被追诉人来说,由于重罪案件事实复杂,办案机关破案压力大,如果不注重对被追诉人的权益保障,可能会出现刑讯逼供、变相刑讯逼供等情形,破坏刑事诉讼的法治精神;对于被害人来讲,重罪案件中的被害人所受损失更大,其对刑事诉讼的关注度、参与度以及意愿表达更强烈,其要求惩罚犯罪、弥补切身损失的诉求更加强烈,如果不注重保障被害方的合法权益,可能会导致大量信访问题,影响社会稳定,又破坏人民群众对公平正义的客观感受;对于律师和其他辩护人来讲,其在重罪案件中所投入的精力远大于轻罪案件,其维护被追诉人合法权益的决心和实现公平公正的努力远胜于轻罪案件，其深入了解案情、按时会见被追诉人、与司法机关顺畅沟通以及有充裕实践准备辩护等需求亦远胜于轻罪案件，因此，若不注重保障律师和其他辩护人的合法权益，则会影响认罪认罚案件的质量和效果。

保障被追诉人的合法权益，主要是保障其认罪认罚的自愿性，防止出现违背被追诉人意愿的所谓的“认罪认罚”。一是要做好权利告知和法律释明，保护被追诉人获得法律帮助和辩护的权利，使被追诉人明确认识到认罪认罚的法律后果，促使其真诚地认罪悔罪；二是要坚持证据裁判原则，深入推进非法证据排除工作，防止产生侵犯被追诉人基本人权的问题，防止出现冤假错案；三是要通过证据开示、认罪认罚具结以及实质化的庭审等制度，确保被追诉人认罪认罚的自愿性、合法性、合理性；四是要依法保障被追诉人各方面、各环节的诉讼权利，如申请回避，申请变更强制措施，委托辩护，申请法律援助，申请重新鉴定、勘验、检查，向法庭提供证据，对认罪认罚结果表示反悔，以及对一审判决提出上诉等各方面权利。

保障被害方的合法权益，一是要充分听取被害人及其诉讼代理人的意见，确保被害人享有基本的知情权、参与权，防止因信息不对称、沟通不顺畅、态度强硬等引起被害方的质疑，影响司法权威和案件处理效果；二是要将被害方的意愿和损失弥补程度作为衡量被追诉人是否认罪认罚、是否应当从轻处罚以及从轻处罚幅度的重要考量因素；三是要进一步探索刑事被害人司法救助制度，在被追诉人无法弥补被害方经济损失和精神伤害，甚至被害方因犯罪行为而陷入生活困境的情况下，应及时启动司法救助工作。

保障律师和其他辩护人的合法权益，一是要完善法律帮助制度，赋予值班律师阅卷、会见等权利，促使值班律师在认罪认罚案件中真正发挥促进、监督作用，防止值班律师“见证人化”倾向的发生，防止值班律师实质上沦为司法机关的“工具人”；二是要完善辩护制度，进一步探索符合认罪认罚案件特点的辩护制度及实现方式，可以探索将熟悉案情、与被追诉人建立一定信任关系的值班律师转变成辩护人，并可以通过家属委托辩护或法律援助机构指定辩护相结合的方式，促进值班律师向辩护人转变；三是要完善控辩协商程序，控辩协商是认罪认罚从宽制度的核心环节，律师和其他辩护人在控辩协商过程中发挥作用的程度，直接影响认罪认罚案件的处理结果，也是体现认罪认罚从宽制度科学性的试金石。因此，应当加强控辩协商的针对性、透明度和实效性，切实保障值班律师和辩护人能够根据事实和法律，充分考虑被追诉人的意愿，提出合法合理的处理意见。

另外，在重罪认罪认罚案件中，可以通过多元化的程序化设计，保障案件处理得公平公正。[24] 如为保障认罪认罚从宽制度的适用效果，确保办案的质量和效率，可以充分利用庭前会议、审判辅助办案系统等制度措施辅助办案，弥补认罪认罚从宽制度简化办案程序所带来的案件质量隐忧。通过对重罪案件认罪认罚程序的严格规定，加强对该类案件的证据审查、庭审调查、法庭辩论，全面保障被追诉人的诉讼权益，避免冤假错案的发生。

第五节 特定案件提倡审慎适用认罪认罚从宽制度

此处所谓的特殊案件，与轻罪、重罪的划分标准不同，其主要是指案件类型特殊，或者影响重大，或者复杂敏感，或者办案程序特殊。理论上来讲，无论在轻罪还是重罪案件中，均可能涉及部分特殊案件，但以重罪案件居多。从认罪认罚从宽制度角度来讲，这类特殊案件主要包括部分危害国家安全犯罪案件，重大经济犯罪案件，重大职务犯罪案件，涉黑、涉恐、涉邪教案件以及死刑案件等。如有观点就提出，认罪认罚从宽制度只适用于基层人民法院管辖的案件，对于中级人民法院一审管辖的涉及恐怖活动、国家安全以及可能判处无期徒刑、死刑的案件，由于其重大、复杂、敏感等特征而不能适用。[25]

一、特定案件的特殊性

(一)案件办理程序具有特殊性

以危害国家安全犯罪为例，根据2018年《刑事诉讼法》的规定，其特殊

〔24〕 参见段明学、宋能君：《重罪案件如何适用认罪认罚从宽制度》，载《检察日报》2020年1月9日，第3版。

〔25〕 参见山东省高级人民法院刑三庭课题组、傅国庆：《关于完善刑事诉讼中认罪认罚从宽制度的调研报告》，载《山东审判》2016年第3期。

性至少体现在：一是由国家安全机关行使侦查职权；二是由中级人民法院管辖第一审刑事案件；三是侦查期间辩护律师会见犯罪嫌疑人，应当经过侦查机关许可；四是对证人、鉴定人、被害人采取特殊作证和保护措施；五是对妨碍侦查行为的预防措施更加严密，如可以指定居所监视居住，可以不受拘留后24小时之内通知家属这一规定的约束；六是可以采取技术侦查措施；七是在一定条件下可以缺席审判。涉黑、涉恐等有组织犯罪，在办案程序方面也具有上述部分特征。再以重大职务犯罪为例，根据《监察法》、2018年《刑事诉讼法》、《监察法实施条例》及《办理职务犯罪案件工作衔接办法》等规定，重大职务犯罪在办案过程中与普通刑事案件相比，同样存在一定特殊性，如由监察机关管辖、党纪审查与监察调查衔接、监察机关与检察机关的工作衔接、案件指定管辖与异地办理、留置与逮捕等强制措施的衔接、关联案件的协调办理、证据材料和录音录像材料移送、案件协调机制，以及根据党内法规所履行的一些请示、批准程序等。涉邪教案件同样存在一些特有的案件处理程序。

（二）案件办理机制具有特殊性

对于案情重大、影响范围广以及有组织犯罪等案件，在办案过程中还经常组成工作专班，实行专班工作机制。以跨区域实施的非法集资等重大经济犯罪案件为例，根据2019年最高人民法院、最高人民检察院、公安部《关于办理非法集资刑事案件若干问题的意见》的规定，“办理跨区域非法集资刑事案件，如果多个公安机关都有权立案侦查的，一般由主要犯罪地公安机关作为案件主办地，对主要犯罪嫌疑人立案侦查和移送审查起诉；由其他犯罪地公安机关作为案件分办地根据案件具体情况，对本地区犯罪嫌疑人立案侦查和移送审查起诉……对于重大、疑难、复杂的跨区域非法集资刑事案件，公安机关应当在协调确定或者指定案件主办地立案侦查的同时，通报同级人民检察院、人民法院”。“案件主办地和其他涉案地办案机关应当密切沟通协调，协同推进侦查、起诉、审判、资产处置工作，配合有关部门最大限度追赃挽损。案件主办地办案机关应当统一负责主要犯罪嫌疑人、被告人涉嫌非法集资全部犯罪事实的立案侦查、起诉、审判，防止遗漏犯罪事实；并应就全案处理政策、追诉主要犯罪嫌疑人、被告人的证据要求及诉讼时限、追赃挽损、资产处置等工作要求，向其他涉案地办案机关进行通报。”司法实践中，对于跨区域、组织结构复杂、涉案人员众多的重大非法集资案件，往往由相关政府部门会同不同地域的公安机关、司法机关共同组成工作专班，协调推进案件处置。另外，对于有组织的重大黑恶势力犯罪、重大贪污贿赂犯罪等，通常也会组成工作专班，实行较为特殊的办案机制。

（三）案件或者部分案件材料可能涉密

根据《保守国家秘密法》第9条的规定，涉及国家安全和利益的事项，泄露后可能损害国家在政治、经济、国防、外交等领域的安全和利益的，应当确定为国家秘密，主要包括：国家事务重大决策中的秘密事项；国防建设和武装力量活动中的秘密事项；外交和外事活动中的秘密事项以及对外承担保密义务的秘密事项；国民经济和社会发展中的秘密事项；科学技术中的秘密事项；维护国家安全活动和追查刑事犯罪中的秘密事项；经国家保密行政管理部门确定的其他秘密事项；政党的秘密事项中符合以上规定的等。据此，上述特殊类型的案件，还经常存在案件涉密或者部分案件材料涉密的问题。如危害国家安全罪中的为境外窃取、刺探、收买、非法提供国家秘密、情报罪，间谍罪等很多罪名，均涉及国家的政治、经济、国防、外交等事项，应当说绝大部分都涉及国家秘密。在重大职务犯罪中，会涉及很多事关国家政治、经济、重大项目、重要规划、重要科技等方面的秘密事项。在一些涉恐、涉黑、涉邪教等案件中，也会涉及很多事关国家安全、公共安全、政治安全等方面的秘密事项。

（四）案件定罪量刑问题涉及的因素多且难度大

处理上述特定类型的案件，常常涉及复杂的论证过程，影响案件结果的因素较多，对政策和法律的把握要求较高，案件处理结果的影响范围也较大。以死刑案件为例，我国实行“保留死刑、严格控制死刑”的基本死刑政策，办理死刑案件必须根据构建社会主义和谐社会和维护社会稳定的要求，全面理解宽严相济的基本刑事政策，既要正确运用死刑这一刑罚手段同严重刑事犯罪作斗争，有效维护社会秩序，又要充分考虑不同阶段的具体死刑政策和社会治安形势要求，做到严格审慎、少杀慎杀，还要做到惩罚犯罪与充分维护和保障人权并重。在具体执行层面，犯罪的动机、目的、手段、危害后果、造成的社会影响、被害方利益的保障和弥补情况、社会秩序的恢复情况、被告人的罪前和罪后态度、被告人主观恶性和人身危险性的评估情况、是否具有法定或酌定量刑情节等，均会影响对被告人是否判处死刑，是否需要立即执行。在不同类型的死刑案件中,评估是否属于“可杀可不杀”的考量又各不相同,不同的保护法益、不同的行为手段,难以等量齐观。如危害国家安全犯罪中的对国家和人民危害特别严重,贪污贿赂犯罪中的使国家和人民利益遭受特别重大损失,危害公共安全犯罪中的使公私财产遭受重大损失、造成严重后果、情节特别严重,以及侵犯公民人身、财产权利犯罪中的致人死亡、情节恶劣等,法益类别不同,犯罪时空不同,行为手段和危害结果的评价标准不同,衡量是否属于“可杀可不杀”的结果往往也不同,甚至可能产生见仁见智的现象。不止死刑案件,再以集团性的重大非法集资案件为例,根据前述《关于办理非法集资刑事案件若干问题的意见》,对于层级较多、涉及面较广的案件,常常需要分案处理,且存在案件主办地与其他涉案地办案机关的沟通问题,目的是要保证全案处理政策的整体协调。办理这类案件,常常需要根据案件整体情况划定基本打击范围,根据业务模式划定产品端、销售端、融资端、投资端等不同模块和组织指挥者、高级管理层、中间管理层以及普通业务员等不同层级,根据各模块和各被告人的具体作用区分主从犯,根据众多被告人各自的犯罪行为、地位作用、违法所得、追赃挽损和退赃退赔情况、自首立功坦白等法定或酌定量刑情节,具体确定其罪名、刑种和刑期。最终的定罪量刑,需要考虑各种复杂因素,并保持不同模块、不同层级、不同地位作用的被告人之间的整体协调。此外,涉黑、涉恐案件以及重大贪污贿赂案件等,在定罪量刑问题上也存在很多影响因素。总之,上述特定案件中的定罪量刑问题是十分复杂的。

二、在特定案件中提倡审慎适用认罪认罚从宽制度的理由

(一)具备重罪案件适用认罪认罚从宽制度的不利因素

这些不利因素包括:首先,难以实现繁简分流的制度初衷,原因是这些特定案件本身已经足够复杂,需要查证的事实、证据较多,需要考虑的因素较多,需要协调的事项较多,在案件审理程序、各方权利保障等方面要求较高,适用认罪认罚从宽制度也难以提高诉讼效率,这类案件恰恰属于应当精致审理的案件类型。其次,通过认罪认罚从宽制度实现恢复社会关系目标的难度较大。重罪案件往往后果严重,造成的损失巨大,有些损失并不能用金钱衡量,被告人弥补损失的能力不足,在这类案件中适用认罪认罚从宽制度以进一步修复受损的社会关系的愿望较难实现。最后,上述特定案件往

往刑期较重,甚至会被判处死刑,影响量刑的因素较多,案件事实也比较复杂,被告人寄希望于通过认罪认罚获得较大程度的从轻处罚的可能性较低,客观上降低了被告人认罪认罚的意愿。

(二)案件的特殊性不利于认罪认罚从宽制度的充分适用

适用认罪认罚从宽制度,需要较为充分的制度、程序和司法理念的保障。如司法机关适用认罪认罚从宽制度的程序性规定,诉权与法律帮助权、辩护权的保障,证据的开示与控辩双方的充分协商,被害方权益的保障机制,充分有效的社会调查评估,等等。提供各项制度保障,目的是在认罪认罚案件中,切实贯彻罪责刑相适应以及证据裁判等原则,既保证办案质量,又体现认罪认罚从宽制度的价值,其中最重要的是确保被追诉人认罪认罚的自愿性、合法性。

对于上述特定案件来讲,案件办理程序特殊、案件办理机制特殊、案件材料涉密等问题,客观上会影响认罪认罚从宽制度的适用。例如,由国家安全机关或监察机关侦查、审查的危害国家安全、重大贪污贿赂案件,以及公安机关管辖的重大有组织犯罪案件等,因案件常有保密要求或者牵扯面广等原因,在认罪认罚权利告知、听取被追诉人的意见、进行认罪教育、律师会见与提供法律帮助、证据收集与证据开示、卷宗材料查阅、被害方权利保障等方面,与普通刑事案件相比,均存在一定的不利因素。根据2018年《刑事诉讼法》以及《公安机关办理刑事案件程序规定》等的规定,在危害国家安全犯罪、恐怖活动犯罪中,辩护律师在侦查期间会见犯罪嫌疑人,需要经过侦查机关批准,在案件可能存在毁灭、伪造证据,干扰证人作证或者串供,引起同案犯逃匿、妨碍侦查,以及犯罪嫌疑人家属与犯罪有牵连等情形时,侦查机关往往不允许辩护律师会见犯罪嫌疑人。而且,如果会见过程中需要翻译人员,也需要提出申请才能安排翻译人员会见。对于重大贿赂犯罪案件,2012年修订的《刑事诉讼法》同样规定辩护律师会见需要经过侦查机关批准,后来随着监察体制改革,这类犯罪由监察机关根据《监察法》的规定进行审查调查,其中对律师会见问题没有明确规定。另外,就查阅、摘抄、复制案卷材料来讲,因为案件办理机制特殊,或者卷宗材料涉密,以及国家安全机关、监察机关的相关材料与司法机关移送、衔接存在问题等原因,在上述特定案件中律师阅卷的便利性、充分性恐不及普通刑事案件。对于实行特定专班工作机制的案件,上述不利因素有可能更加明显。

（三）案件特殊性不利于有效地控辩协商与科学的量刑建议

控辩协商是认罪认罚从宽制度的精髓所在，量刑建议尤其是精准刑量刑建议，常被视为认罪认罚从宽制度的重心。根据两高三部《认罪认罚指导意见》的规定，检察机关开展认罪认罚工作，其重点工作是与被追诉人签订认罪认罚具结书，并提出量刑建议。人民法院需重点审查认罪认罚的自愿性、合法性，并就是否采纳检察机关的量刑建议进行评判。权利告知、认罪教育、被害人权益保护、社会调查评估、证据开示、律师帮助与见证以及庭审程序等，均是为了推动控辩协商与量刑建议的实质化、有效性与科学性，从而实现认罪认罚从宽制度的价值目标。在上述特定类型案件中，不同办案机关开展认罪认罚的积极性和办案理念不同，律师阅卷、会见以及被审查人、被追诉人获得充分的律师帮助等方面均存在一些不利因素，案情重大、疑难、复杂常导致案件定性存在分歧，影响案件定罪量刑的事实、证据繁多且需要综合考虑多种其他因素，不同诉讼阶段均可能出现足以影响案件处理结果的情况。这些问题的存在，使得检察机关与被追诉人开展实质性的控辩协商，并保障被追诉人、辩护人、被害人等各方权益，最终签署具有代表意义的认罪认罚具结书变得较为困难，对被追诉人认罪认罚自愿性和合法性的保障力度较弱，检察机关提出科学的量刑建议的难度也较大，甚至在起诉阶段难以形成稳定的控辩协商且难以成为提出量刑建议的基础。如前所述，在事实证据尚不稳定的情况下开展认罪认罚协商，在影响定罪量刑的因素复杂多变的情况下提出量刑建议，均有悖于认罪认罚从宽制度的设计初衷。

综上，我们并非反对在特定案件中适用认罪认罚从宽制度，我们在任何情况下均不能拒绝被追诉人积极认罪认罚的良好意愿，相反我们应当积极鼓励被追诉人放弃抵抗、认罪认罚、痛改前非。但是，被追诉人积极认罪悔罪的态度，在非认罪认罚案件中也可以被充分评价。只是，如果在不具备充分实施认罪认罚从宽制度条件的情况下，片面追求认罪认罚适用率，并且在司法理念和考核导向上大力提倡认罪认罚从宽制度在重罪案件或者上述特定案件中全面覆盖，最终可能导致被追诉人不断反悔、量刑建议被迫进行调整或者不被采纳，检察机关抗诉或者被追诉人上诉等问题，不但不能通过认罪认罚从宽制度节约司法资源，反而可能耗费更多司法资源，影响司法公信力，背离认罪认罚从宽制度的初衷。因此，我们提倡在特定案件中要慎重适用认罪认罚从宽制度。

三、特定案件审慎适用认罪认罚从宽制度的举例探讨

(一)在涉黑涉恶犯罪中应审慎适用认罪认罚从宽制度

1. 涉黑涉恶案件社会影响大、牵涉面广、政策性强

从“打黑除恶”到“扫黑除恶”的重大转变,是党和国家在复杂多变的国内外形势下,高举习近平新时代中国特色社会主义思想伟大旗帜,坚持以人民为中心的发展思想,积极推进国家治理体系和治理能力现代化建设,有效巩固基层政权和切实保障人民群众安全的重大举措。[26] 最高人民法院向十三届全国人大常委会第十四次会议所做的关于加强刑事审判工作情况的报告显示,自 2018 年 1 月开展专项斗争以来,全国法院审结涉黑犯罪案件 1088 件 12,387 人,生效 873 件 9168 人,重刑率达 54.9%;审结涉恶案件 9771 件 54,754 人,生效 7302 件 39,459 人,重刑率达 24.1%。依法审结了广东“村霸”刘永添案、湖南文烈宏案等一批群众反映强烈、社会影响恶劣的黑恶势力犯罪案件。开展专项斗争以来,全国法院发现并移送涉黑涉恶线索 24,094 条 33,280 人,移送涉“保护伞”线索 2807 条 3223 人。针对涉黑涉恶案件审判中发现的社会治理薄弱环节和行业管理漏洞,累计提出司法建议 4191 条。同时,在扫黑除恶过程中,还加强重点案件督办,建立扫黑除恶专业化审判团队,探索实行涉黑涉恶案件相对集中管辖,提高专项斗争法治化、规范化、专业化水平,同时开展法制宣传教育工作。[27] 由此可见,涉黑涉恶案件的社会影响较大、牵涉面广,办案过程中的政策性较强,办案的体制机制也具有特殊性,属于本章讨论的特定案件中的典型代表。

2. 涉黑涉恶案件应谨慎适用认罪认罚从宽制度

最高人民法院、最高人民检察院、公安部、司法部印发了《关于办理黑恶势力犯罪案件若干问题的指导意见》,规定要加大对黑恶势力违法犯罪以及“保护伞”的惩处力度,在侦查、起诉、审判、执行各阶段体现依法从严惩处精神,严格掌握取保候审,严格掌握不起诉,严格掌握缓刑、减刑、假释,

---

〔26〕 参见樊崇义:《“扫黑除恶”斗争中相关问题研究》,载《人民检察》2019 年第 1 期。

〔27〕 参见《2018 年以来法院审结涉黑涉恶案件逾万,探索相对集中管辖》,载澎湃新闻网 2019 年 10 月 23 日,https://www.thepaper.cn/newsDetail_forward_4750070。

严格掌握保外就医适用条件，充分运用《刑法》总则关于共同犯罪和犯罪集团的规定加大惩处力度，充分利用资格刑、财产刑降低再犯可能性。因此，“严”奠定了扫黑除恶专项斗争的总基调，在这类案件中适用认罪认罚从宽制度似乎格格不入。有学者也认为在黑社会性质组织犯罪等事实众多、情节复杂的重罪中不宜适用认罪认罚从宽诉讼程序。[28] 但也有观点认为，涉黑犯罪案件适用认罪认罚从宽制度有明确的法律规定、充足的政策依据、扎实的理论基础、丰富的实践经验，且适用认罪认罚从宽制度不等同于适用从简诉讼程序，并不能以某些案件不能适用简易程序或速裁程序为由否定认罪认罚从宽制度的适用。[29] 在黑恶势力犯罪案件中，鼓励犯罪嫌疑人认罪认罚，可以降低其人身危险性和再犯可能性，有利于从内部分化瓦解犯罪组织，缓解司法实践中黑恶势力认定混乱等问题，强化“扫黑除恶”的终极目标。[30] 还可以进一步缓解办理黑恶势力犯罪过程中面临的侦查难、取证难、证明难等问题，准确、及时收集犯罪证据，提高诉讼效率。此外，犯罪嫌疑人认罪认罚、积极赔偿，使得被害人得以及时挽损，有利于修复社会关系、化解社会矛盾。[31]

在认为涉黑涉恶犯罪可以适用认罪认罚从宽制度的观点内部，也存在很大争议。有学者认为，适用对象局限于初犯、胁从犯、情节和危害性偏小的从犯，而不能扩大到主犯和首要分子。[32] 还有观点认为仅适用于情节较轻的参加者。[33] 当然，也有观点认为即使罪重者也有适用认罪认罚从宽制度的可能性。[34] 实践中，涉黑涉恶案件常因案件事实复杂、社会影响重大，

---

〔28〕 参见孔令勇：《论刑事诉讼中的认罪认罚从宽制度——一种针对内在逻辑与完善进路的探讨》，载《安徽大学学报（哲学社会科学版）》2016 年第 2 期。

〔29〕 参见李峻、潘森林：《组织、领导、参加黑社会性质组织犯罪案件适用认罪认罚从宽制度研究》，载《海峡法学》2020 年第 2 期。

〔30〕 参见蔡军、潘智源：《黑恶势力犯罪案件中认罪认罚从宽制度的合理适用》，载《河南财经政法大学学报》2020 年第 4 期。

〔31〕 参见鲁坤、毕亚楠、杨宇：《涉黑涉恶案件适用认罪认罚制度研究》，载《法制与社会》2021 年第 1 期。

〔32〕 参见樊崇义：《“扫黑除恶”斗争中相关问题研究》，载《人民检察》2019 年第 1 期。

〔33〕 参见刘仁文、刘文钊：《恶势力的概念流变及其司法认定》，载《国家检察官学院学报》2018 年第 6 期。

〔34〕 参见陈光中、马康：《认罪认罚从宽制度若干重要问题探讨》，载《法学》2016 年第 8 期；陈卫东：《认罪认罚从宽制度研究》，载《中国法学》2016 年第 2 期。

即使适用认罪认罚从宽制度,在处理时往往也不予从宽处罚。如林某彬等人组织、领导、参加黑社会性质组织案中,被告人林某彬通过招募股东、吸收业务员,勾结公安人员、公证员、律师、暴力清房团伙等人员,以老年人为主要目标,专门针对房产实施"套路贷"犯罪活动,形成以林某彬为首要分子的黑社会性质组织。该组织先后实施诈骗、寻衅滋事、敲诈勒索、虚假诉讼等犯罪活动,涉及北京市朝阳区、海淀区等 11 个地区、72 名被害人、74 套房产,总价值 3.5 亿余元,造成被害人经济损失 1.8 亿余元。虽然庭审中林某彬表示认罪认罚,但检察机关认为其作为黑社会性质组织的首要分子,犯罪性质特别恶劣,应当依法从严从重处罚,故提出不予从宽的意见,法庭采纳,依法判处其无期徒刑。[35]

上述争议进一步证明,涉黑涉恶类案件案情重大、危害严重、办案机制特殊、政策导向明显,且理论界和实务界争议较大,其几乎囊括了特定案件的所有特殊性,故在司法实践中应慎重适用认罪认罚从宽制度。鉴于认罪认罚从宽制度尚待完善,对涉黑涉恶犯罪案件适用这一制度,更应始终坚持依法原则、秉持谨慎心态,既充分保障人权、依法从宽,又落实方针政策、依法严惩,不断总结经验、发现不足、剖析原因、研究理论、完善对策,确保涉黑涉恶犯罪案件适用认罪认罚从宽制度取得良好的法律效果、政治效果和社会效果。[36]

3. 适用认罪认罚从宽制度时应严格把握法律标准

对不同层级成员"认罪"的标准应区别对待。黑恶势力犯罪相较于一般共同犯罪的首要特点在于其具有组织性,以等级制度为主要表现形式,呈现科层型的金字塔结构,通常分上层领导、中层骨干与下层成员三个层级。这种层级之间的区别导致认定和处置标准的差异性体现在黑恶势力犯罪的方方面面。例如,《关于办理黑恶势力犯罪案件若干问题的指导意见》第 35 条规定,犯罪嫌疑人、被告人,积极配合侦查、起诉、审判工作,在查明黑社会性质组织的组织结构和组织者、领导者的地位作用,组织实施的重大犯罪事

〔35〕 参见最高人民检察院:《关于人民检察院适用认罪认罚从宽制度情况的报告有关案例说明》,载《检察日报》2020 年 10 月 17 日,第 3 版。

〔36〕 参见李峻、潘森林:《组织、领导、参加黑社会性质组织犯罪案件适用认罪认罚从宽制度研究》,载《海峡法学》2020 年第 2 期。

实，追缴、没收赃款赃物，打击“保护伞”等方面提供重要线索和证据，经查证属实的，可以根据案件具体情况，依法从轻、减轻或者免除处罚，并对其参照证人保护的有关规定采取保护措施。但对于确属组织者、领导者的犯罪嫌疑人、被告人应当严格掌握。

根据上述规定，应当根据黑恶势力犯罪的人员分工、行为特征、组织结构等要素，考虑各被告人在犯罪中的地位和作用，对不同层级、不同作用、不同地位人员的认罪认罚标准进行区分判断。首先，在黑恶势力犯罪组织中，上层领导是全局决策者，下层成员是具体实施者，而中层骨干扮演“中间人”角色，负责上传下达，维系组织运作，三者之间存在层级信息差，应当适用阶梯化的“认罪”标准：中层骨干需供述能反映组织存在的事实、上层领导所指使实施的违法犯罪活动、有无“保护伞”、下层成员所具体实施的违法犯罪活动等；上层领导需供述能够反映组织存在的事实、所策划实施的违法犯罪活动、有无“保护伞”以及具体情况等；而对于下层人员不应作过多要求，供述所具体参与实施的违法犯罪活动即可。〔37〕 其次，关于“认罚”的问题，可将是否愿意供述组织其他成员作为“认罚”的考量因素之一，“若供述了该犯罪组织其他成员的犯罪事实，则看该被追诉者是否成立自首或立功，若成立则在该基础上继续适用认罪认罚从宽制度，进一步扩大从宽幅度，若不成立，则根据其所供述的内容考量其悔罪性，从而确定相当的从宽幅度”〔38〕。最后，对于自愿性的判断，要特别注意防止“顶包认罪”“丢卒保车”等不完全型、投机型、侥幸型等认罪认罚情形，注意其身份地位与认罪认罚内容的匹配性，防止犯罪嫌疑人钻空子。〔39〕 同时也要注重外部保护机制的构建，保障犯罪嫌疑人获得法律帮助的权利，进而保障认罪认罚从宽制度的适用质量。

（二）在重大涉众型金融犯罪中应审慎适用认罪认罚从宽制度

近年来，重大涉众型金融犯罪层出不穷，成为社会热点问题。“e 租宝”“泛亚系”“快鹿系”“阜兴系”“钱宝”等重大非法集资案件，以及徐翔案、

〔37〕 参见蔡军、潘智源：《黑恶势力犯罪案件中认罪认罚从宽制度的合理适用》，载《河南财经政法大学学报》2020 年第 4 期。

〔38〕 蔡军、潘智源：《黑恶势力犯罪案件中认罪认罚从宽制度的合理适用》，载《河南财经政法大学学报》2020 年第 4 期。

〔39〕 参见樊崇义：《“扫黑除恶”斗争中相关问题研究》，载《人民检察》2019 年第 1 期。

“伊世顿”案等重大证券期货类犯罪案件，制造了大量社会矛盾，不断挑动着公众的神经，司法机关会同政府监管部门投入大量精力处理这些案件。相关部门通过加强协调配合，积极参加联席会议，协作推进重大案件侦查、起诉、审判和资产处置工作，合力防范化解金融风险和社会风险；妥善化解矛盾，会同有关部门做好资产处置和矛盾化解工作，全力追赃挽损，切实保障投资参与人的合法权益，维护社会稳定。[40]

在重大涉众型金融犯罪中适用认罪认罚从宽制度，同样要十分慎重。原因在于这类案件具有明显的涉众性，受害者众多，涉案资金规模庞大，证据材料复杂繁多。以证券犯罪为例，其专业性强，查证难度大，适用认罪认罚从宽制度的基础较差。“相较其他犯罪，证券犯罪本身专业性极强，交易过程呈现信息化、无纸化特点，涉案人员使用他人证券、银行账户，利用互联网进行交易，犯罪手段隐蔽，纸质材料稀少，数据销毁后难恢复，查处难度大。尤其是在信息传递型案件中，涉案人员本人并不操作账户，而是利用先进通讯技术将相关信息传递给他人，本人与证券交易、资金的关联性几乎无迹可寻，更加大了事后查证的难度。”[41]另外，证券犯罪涉案人员的专业性较强，反侦查意识较强，以及证券行政稽查与司法调查还存在衔接不畅之处，证券犯罪适用认罪认罚从宽制度的司法实践样本较少等原因，都可能构成在此类案件中适用认罪认罚从宽制度的现实困难。

重大涉众型金融犯罪适用认罪认罚从宽制度，应严格把握法律标准。

第一，在认罪的把握上，如果犯罪嫌疑人只如实交代自己在共同犯罪中的犯罪事实，但对同案犯的犯罪事实没有交代或交代不清，是否影响对其认罪的认定？对此不能一概而论，因为涉众型金融犯罪的特征决定了部分犯罪嫌疑人确实有可能对他人的犯罪事实并不知情，故有必要根据未交代或交代不清的原因分类处理。如果行为人只交代自己的犯罪事实，有意隐瞒同案犯的犯罪事实，妄图使其蒙混过关，不能认定为如实供述罪行；如果其确实不知同案犯的犯罪事实，比如在非法集资案件中，层级众多，工作模块

---

〔40〕 参见《最高人民法院：平安中国背后的刑事审判数据》，载微信公众号“最高人民法院”2019 年 10 月 25 日，https://mp. weixin. qq. com/s/rnjinp2uly QoMjg52xHtsQ。

〔41〕 张朝霞、卢楠：《证券犯罪案件适用认罪认罚从宽制度的难点及对策》，载《中国检察官》2019 年第 22 期。

多样,各犯罪嫌疑人确有可能互不了解各自的工作内容,这种情况属于客观不能,非故意隐瞒;对于部分犯罪细节或情节,犯罪分子记不清楚或者确实无法说清楚,只要如实供述了基本的犯罪事实和主要情节,就应当认为属于如实供述罪行。若犯罪嫌疑人进行辩解,也要分清辩解的类型,对于行为性质的辩解,不影响对其认罪的认定;对于事实的辩解,则要结合在案证据认真审查犯罪嫌疑人辩解内容是否符合已查实的案情和常情常理。只要犯罪嫌疑人的辩解并非对主要或基本事实故意歪曲,那么就符合刑事诉讼法规定的认罪的内涵要求,不影响对其认罪的判定。〔42〕

第二,在认罚的认定上,涉众型金融犯罪有其特殊性,这类案件中的追赃挽损特别重要,犯罪嫌疑人协助追赃挽损或者主动退赃退赔的情况,是其认罚的关键内容。由于非法集资犯罪侵害到众多投资人的财产权利,主动退赃退赔也是化解社会矛盾、恢复因犯罪破坏的社会关系的关键点,行为人必须积极主动退赃退赔,才能认定认罪和认罚同时成立。〔43〕

第三,在证明标准上应当严格把握,应当力求建立以客观性证据为中心的证据体系。仍以非法集资犯罪为例,其客观性证据主要包括三类:一是证明涉案公司组织架构及人员身份的证据;二是证明非法集资手段的证据;三是证明资金往来和去向的证据。通过客观性证据验证犯罪嫌疑人、被告人有罪供述的真实性,使两者互相印证,形成严密的证据体系。〔44〕不能因为犯罪嫌疑人、被告人表示认罪认罚就放松对客观性证据的收集、审查,甚至降低证据要求和证明标准。

第四,认罪认罚过程中应注意追赃挽损并加大财产刑力度,体现认罪认罚从宽制度恢复社会关系的功能。金融犯罪是典型的贪利型犯罪,司法实践中应重视追赃挽损和罚金刑的适用,应当将追赃挽损情况和履行罚金刑的情况作为对被告人是否从宽以及从宽幅度的重要依据。这也是认罪认罚从宽制度中考察被告人是否同意认罚的重要内容。如前所述,被告人表示

---

〔42〕 参见买忠香、庞雪、闫明:《共同犯罪视角下认罪认罚从宽的适用》,载《检察调研与指导》2019 年第 6 期。

〔43〕 参见姜伟:《非法集资案件如何适用认罪认罚从宽》,载《检察日报》2020 年 4 月 27 日,第 3 版。

〔44〕 参见杜邈、于慧媛:《非法集资犯罪案件如何适用认罪认罚从宽》,载《检察日报》2019 年 12 月 26 日,第 3 版。

认罚，不能仅认可刑罚本身，还包括认可对被害人的退赃退赔。对于犯罪嫌疑人、被告人认罪且积极配合追赃挽损，主动缴纳罚金或提供充足财产担保的，可以给予较大的从宽幅度；对于犯罪嫌疑人、被告人认罪，但客观上不配合司法机关追赃挽损，或者无能力履行财产刑的，在从宽幅度上应当有所区别。对于犯罪嫌疑人、被告人表面上认罪认罚，但在案发前后隐匿、转移个人财产或涉案财物，拒不交代钱款去向的，不能认定具有真实的认罚意愿，对其不得从宽处罚。[45] 另外，应当在认罪认罚过程中建立有效的被害人参与机制，将被害人的意见作为对犯罪嫌疑人、被告人从轻处罚的重要依据。

---

〔45〕 参见杜邈、于慧媛：《非法集资犯罪案件如何适用认罪认罚从宽》，载《检察日报》2019 年 12 月 26 日，第 3 版。

第十章　认罪认罚从宽制度的适用阶段

虽然两高三部《认罪认罚指导意见》第5条中规定，“认罪认罚从宽制度贯穿刑事诉讼全过程，适用于侦查、起诉和审判各个阶段”。但实践操作中，认罪认罚从宽制度集中启动于审查起诉阶段，在侦查阶段或审判阶段启动认罪认罚从宽制度的案件比率较低。认罪认罚从宽制度的立法本意是积极倡导认罪认罚从宽制度的全刑事诉讼流程的适用，进而发挥制度的功能优势。本节讨论的认罪认罚从宽制度适用阶段问题，本质上是认罪认罚程序启动权的问题，对此存在较多争议。有观点认为，只有检察机关才具有程序启动权；有观点认为侦查机关、检察机关、审判机关均可以启动认罪认罚程序；还有观点认为应当赋予被追诉人以认罪认罚从宽程序的启动权。我们认为，公安机关、检察机关、审判机关均有权启动认罪认罚程序，这既是法律规定，也是司法共识。目前，我们亟须探讨的是各阶段启动认罪认罚从宽制度后的主要任务和操作规程，以及被追诉人的认罪认罚从宽程序启动权问题。

第一节　侦查阶段适用认罪认罚从宽制度的规范

侦查阶段是刑事诉讼的起始阶段，也是查明犯罪事实、收集固定犯罪证据、抓捕犯罪嫌疑人最为重要的阶段。侦查阶段适用认罪认罚从宽制度，既有法律和相关司法解释、指导意见的明确依据，更是实现认罪认罚从宽制度法治价值的内在要求。

一、侦查机关可以启动认罪认罚程序

理论界和司法实务界有观点认为，鉴于侦查机关与犯罪嫌疑人的对抗

性质,侦查权与犯罪嫌疑人的权利经常相互排斥,再加上案件事实尚未查明,在该阶段启动认罪认罚程序,可能存一定的弊端。

首先,适用不当可能滋生冤假错案。如果在侦查阶段全面适用认罪认罚从宽制度,甚至为此设置考核指标,容易诱导侦查人员为了获得犯罪嫌疑人的供述而进行刑讯逼供、非法取证等行为,从而造成冤假错案。侦查阶段的主要任务在于侦查取证而非认罪协商,应当明确认罪认罚从宽制度适用的前提不光包括被追诉人认罪认罚,亦包括案件事实清楚、证据确实充分,侦查机关只有进行全面的调查才能避免错案的出现,倘若过度依赖口供而不去收集其罪轻或无罪的证据容易致使证据链不完整,诱发冤假错案。[1]

其次,适用不当可能损害司法公信力。侦查机关的主要职责是对犯罪事实和犯罪嫌疑人进行侦查,并依法采取强制措施。如果侦查人员投入大量的精力适用认罪认罚从宽制度,但是除了在强制措施的适用上有从宽可能性以外,对于用余罪换取口供的行为并不被允许,这就导致从宽的结果和量刑的优惠难以实现。[2] 若侦查机关以缩小侦查范围为对价换取犯罪嫌疑人的积极认罪认罚,则有违刑事诉讼法的基本规定,最终落入辩诉交易的窠臼。若侦查机关以与犯罪嫌疑人进行量刑协商为对价换取犯罪嫌疑人的积极认罪认罚,则很可能会面临审判机关甚至公诉机关对协商结果的更改,因为影响量刑的因素实在太多,尤其是尚处于侦查阶段的案件,事实和证据尚未最终固定,很难对犯罪嫌疑人作出刑事责任方面的科学认定。在强制措施方面,即使侦查机关对认罪认罚的犯罪嫌疑人采取了取保候审等非监禁措施,但该犯罪嫌疑人仍可能在此后的诉讼过程中被逮捕。无论如何,上述情况都是对侦查机关公信力的巨大损害。如果要求侦查机关促使犯罪嫌疑人积极认罪尚属可行,但要求侦查机关促使犯罪嫌疑人积极认罚,似乎勉为其难。

基于以上不利因素,实践中侦查阶段适用认罪认罚从宽制度的比率较低。但若一味地强调侦查机关适用认罪认罚的不利因素,则缺乏了对犯罪

---

〔1〕 参见陈卫东:《认罪认罚从宽制度试点中的几个问题》,载《国家检察官学院学报》2017 年第 1 期。

〔2〕 参见王瑞剑:《认罪认罚从宽制度的衔接问题研究——以侦查阶段的认罪认罚从宽为视角》,载《四川警察学院学报》2016 年第 6 期。

嫌疑人在侦查阶段积极认罪认罚的正向激励,也难以进一步提高侦查效率,不免有裹足不前之嫌。有观点就提出,虽然从法律上讲,公安机关并不负有促使犯罪嫌疑人认罪认罚的职责,但是这种规定并不意味着犯罪嫌疑人不能进行认罪认罚的意思表示以及公安机关在移交审查起诉提出起诉意见时进行说明。[3] 即便不进行量刑协商,公安机关亦可向犯罪嫌疑人积极释明认罪认罚的法律规定,并将犯罪嫌疑人的认罪认罚态度记录在案,供随后的诉讼程序综合考量。

我们认为,侦查机关享有认罪认罚从宽程序的启动权。赋予其程序启动权,能够引导犯罪嫌疑人如实供述,降低收集证据的难度和成本,从而可以快速、准确地查明犯罪事实,提高诉讼效率,这符合认罪认罚从宽制度的价值目标。侦查机关与犯罪嫌疑人基于认罪认罚从宽制度,建立良好的互动关系,也可以加强双方的真诚沟通,减少矛盾对抗,更有利于侦查机关听取犯罪嫌疑人的意见,避免先入为主,实质上可以降低冤假错案发生的概率。

二、认罪认罚从宽制度在侦查阶段的合理适用

侦查阶段适用认罪认罚从宽制度能够及时为侦查工作指明方向,避免由于侦查方向的偏差造成司法资源的浪费,从而提高打击犯罪的效率。但是也应当明确,倘若要求在侦查阶段进行充分的量刑协商,难免会弱化检察机关对侦查行为的监督,甚至侵蚀检察机关的起诉权和求刑权。侦查阶段对认罪认罚从宽制度的过分追求,也会诱导侦查机关过分关注犯罪嫌疑人的口供,降低通过收集客观证据证明犯罪事实的原动力,甚至会降低侦查质量,形成权力寻租空间,诱发冤假错案。另外,侦查阶段也不具备量刑协商的现实基础,侦查机关很难给予犯罪嫌疑人以切实的量刑优惠,无效的协商还会浪费司法资源和贬损侦查机关的公信力。因此,有必要探索侦查阶段适用认罪认罚从宽制度的基本规范。

(一)应坚持证据裁判原则不动摇

证据裁判原则是现代刑事诉讼法的根基,是我国正在推行的“以审判为中心”的诉讼制度改革的核心。司法机关认定案件事实,应当根据审理

---

〔3〕 参见杨玉晓:《完善认罪认罚从宽制度的思考》,载《法制与经济》2016 年第 10 期。

查明的证据,非合法有效的证据不能认定案件事实。在我国刑事诉讼体系中,公、检、法各机关之间相互配合、相互制约。侦查机关的法定职责就是侦查犯罪,调查案件事实,固定犯罪证据,并且应当严格按照审判的证明标准进行证据收集,以体现刑事诉讼中的“以审判为中心”。侦查机关办理刑事案件,即使对于自愿认罪认罚的犯罪嫌疑人,仍应当客观、全面地收集证明案件所有待证事实的证据材料,尤其要注意收集证明犯罪嫌疑人无罪、罪轻的证据材料,不能为了寻求认罪认罚而再次抱起“口供为王”的落后刑事诉讼理念,不得对口供产生过度依赖,加强对客观证据的搜集,坚持证据裁判原则不动摇。

(二)完善认罪认罚的流转衔接制度

在认罪认罚案件中,侦查阶段的主要任务是鼓励、保障犯罪嫌疑人自愿尽早认罪。为此,在程序方面,对于犯罪嫌疑人主动认罪认罚的,侦查机关应当及时记录在案,并详细记录具体情况在案件进行衔接流转的过程中进行开示,提出该制度的适用意见。[4] 通过侦查机关、检察机关和审判机关之间对案件的有效衔接,保障侦查机关启动认罪认罚从宽制度的程序性权力,保障犯罪嫌疑人获得认罪认罚教育和表达认罪认罚意愿的权利,从而为认罪认罚案件的顺畅处置奠定坚实基础。

根据两高三部《认罪认罚指导意见》关于侦查机关职责的规定,侦查机关在认罪认罚案件中,主要履行以下职能:

一是权利告知和听取意见。侦查过程中,公安机关应当告知犯罪嫌疑人享有的诉讼权利、如实供述罪行可以从宽处理和认罪认罚的法律规定,听取犯罪嫌疑人及其辩护人或者值班律师的意见,记录在案并随案移送。同时规定,犯罪嫌疑人向看守所工作人员或者辩护人、值班律师表示愿意认罪认罚的,有关人员应当及时告知办案单位。

二是认罪教育。公安机关在侦查阶段应当同步开展认罪教育工作,但不得强迫犯罪嫌疑人认罪,不得作出具体的从宽承诺。犯罪嫌疑人自愿认罪,愿意接受司法机关处罚的,应当记录在案并附卷。

三是在起诉意见中载明犯罪嫌疑人认罪认罚情况。公安机关若认为案

〔4〕 参见陈卫东:《认罪认罚从宽制度试点中的几个问题》,载《国家检察官学院学报》2017年第1期。

件符合速裁程序适用条件的,可以在起诉意见书中建议人民检察院适用速裁程序办理,并简要说明理由。且公安机关对可能适用速裁程序的案件应当快速办理,对犯罪嫌疑人未被羁押的,可以集中移送审查起诉,但不得为集中移送拖延案件办理。

四是探索集约和简约化的办案机制。如加快推进公安机关执法办案管理中心建设,探索在执法办案管理中心设置速裁法庭,对适用速裁程序的案件进行快速办理。

需要指出的是,上述规定系两高三部对认罪认罚案件作出的具体指导意见,故仅规定了公安机关在侦查阶段的职能。我们认为,如果案件由国家安全机关、监狱、检察机关自侦部门等在行使法定类型案件的侦查权过程中,亦可参照适用上述规定。甚至监察机关在办理由其管辖的案件过程中,亦可参照适用上述规定。

(三)禁止对犯罪嫌疑人作出量刑承诺

侦查机关在对犯罪嫌疑人进行认罪教育,向其释明认罪认罚从宽制度的过程中,应限制侦查机关与犯罪嫌疑人的协商范围,不宜进行实体从宽的协商,也不宜以撤销案件或者不追究他案等方式体现对犯罪嫌疑人的从宽处理。〔5〕 但是,侦查机关可以通过对强制措施的变更来促使犯罪嫌疑人认罪认罚。〔6〕 这既是对侦查机关认罪认罚协商的权限限定,也是为了保障认罪认罚协商内容的合法性和有效性,是进一步提高侦查机关司法公信力的有力保障。根据2018年《刑事诉讼法》第162条的规定,犯罪嫌疑人自愿认罪的,应当记录在案,随案移送,并在起诉意见书中写明有关情况。这是对侦查机关适用认罪认罚从宽制度的法定要求,也是其法定义务。另外,根据两高三部《认罪认罚指导意见》,侦查机关的认罪认罚从宽制度权限包括以下几个方面:一是权利告知和听取意见,即侦查机关应告知犯罪嫌疑人认罪认罚的诉讼权利,以及认罪认罚的法律规定,并积极听取犯罪嫌疑人、辩护人、值班律师的意见;二是认罪教育,即在侦查过程中应当同步进行认罪教育,但不得强迫犯罪嫌疑人认罪,也不得作出具体的从宽承诺,对于犯罪嫌

〔5〕 参见卢广:《侦查阶段对认罪认罚犯罪嫌疑人"从宽"界限探究》,载《经济与社会发展》2016年第6期。

〔6〕 参见陈光中、马康:《认罪认罚从宽制度若干重要问题探讨》,载《法学》2016年第8期。

疑人的自愿认罪认罚表示，应记录在案；三是起诉意见，即侦查机关在起诉意见书中应当写明犯罪嫌疑人认罪认罚情况，对于符合适用速裁程序审理条件的，可以在起诉意见书中提出建议；四是执法办案管理中心建设，从体制上保障侦查阶段认罪认罚从宽制度的施行，并提高刑事诉讼体系的协调性。由此可见，在法律规定上实际已经禁止了侦查机关与犯罪嫌疑人进行量刑协商，更不允许作出量刑承诺。我国刑事诉讼实行公、检、法三机关分工配合、互相制约的机制，若侦查机关就量刑问题与犯罪嫌疑人进行协商，则将造成侦查、起诉、审判机关分工不清的后果，有违刑事诉讼的基本法理，也不符合司法公正的要求。

第二节　审查起诉阶段适用认罪认罚从宽制度的规范

一、检察机关启动认罪认罚程序的优势

检察机关在认罪认罚从宽制度中通常处于主导地位。由检察机关启动认罪认罚从宽制度具有以下优势：

首先，具有明确的法律依据。2018 年《刑事诉讼法》和两高三部《认罪认罚指导意见》为控辩协商设计了较为完善的程序性规定，有助于保障控辩协商的依法开展。控辩协商也是检察机关提出量刑建议的重要前提，量刑建议是检察机关行使控辩协商职能的必然要求。

其次，可以提高办案质量，减少冤假错案。如果赋予侦查机关认罪认罚从宽程序的启动权，可能会带来刑讯逼供、降低案件侦查取证质量等忧虑。由检察机关根据侦查结果适时启动认罪认罚程序，则可以避免以上担忧，同时有利于实现对侦查活动的监督，防范冤假错案的产生。

再次，可以促进协商性司法目标的实现。认罪认罚从宽制度中的协商，要求双方应当具有平等的协商地位。在侦查阶段，考虑到侦查机关破案的压力、采取强制措施的强度、犯罪嫌疑人关押的场所等情况，公安机关相对于犯罪嫌疑人，对案件走向拥有绝对的主导权，占有绝对优势地位。而在审查起诉阶段，检察机关基于相对稳定的事实和证据，同时考虑其法律监督角

色,其更具有与犯罪嫌疑人平等协商的可能性,从而实现控辩协商的目标。

最后,符合刑事诉讼的客观规律。认罪认罚从宽制度包括认罪和认罚两个方面,其制度精髓就是控辩双方之间的平等协商。侦查阶段属于查明刑事案件事实、证据的阶段,该阶段中的刑事案件尚未形成稳定、可靠的事实和证据支撑,因此缺乏认罪认罚协商的基础。而案件一旦移送审查起诉,一般来讲基本事实和基本证据已经查清,被追诉人的供述已经稳定,被害方以及社会相关方面对案件的认识和预期已经形成,此时如果被追诉人积极要求认罪认罚,检察机关就可以顺势启动认罪认罚从宽程序,基于较为清晰和稳定的事实与辩方进行协商,组织签署认罪认罚具结书,并向人民法院提出相对精准的量刑建议。上述过程符合认罪认罚从宽制度的适用规律,也是发挥认罪认罚从宽制度应有价值的必然要求。

二、认罪认罚从宽制度在审查起诉阶段的合理适用

审查起诉阶段是适用认罪认罚从宽制度的主要阶段,较之其他诉讼阶段更具优势。审查起诉阶段适用认罪认罚从宽制度,应做好以下工作。

(一)做好认罪认罚案件的衔接工作

2018年《刑事诉讼法》第162条规定,公安机关侦查终结的案件,应当做到犯罪事实清楚,证据确实、充分,并且写出起诉意见书,连同案卷材料、证据一并移送同级人民检察院审查决定。犯罪嫌疑人自愿认罪的,应当记录在案,随案移送,并在起诉意见书中写明有关情况。据此,移送审查起诉的案件,应做到事实清楚,证据确实、充分,为检察机关审查案件事实,对案件定性和量刑情节作出判断,为犯罪嫌疑人适用认罪认罚从宽制度提供必要前提。检察机关在审查起诉案件时,应当注意审查侦查机关移送的案件的证据等材料,尤其是犯罪嫌疑人的认罪认罚意愿,在犯罪嫌疑人已经接受过认罪教育,有认罪认罚意愿的情况下,应当及时讯问犯罪嫌疑人,了解其对案件的事实、证据及最终处理情况的意见,符合认罪认罚条件的,应及时启动认罪认罚程序。

(二)严格履行认罪认罚案件的审查程序

2018年《刑事诉讼法》第173条规定,人民检察院审查案件,应当讯问犯罪嫌疑人,听取辩护人或者值班律师、被害人及其诉讼代理人的意见,并

记录在案。辩护人或者值班律师、被害人及其诉讼代理人提出书面意见的，应当附卷。犯罪嫌疑人认罪认罚的，人民检察院应当告知其享有的诉讼权利和认罪认罚的法律规定，听取犯罪嫌疑人、辩护人或者值班律师、被害人及其诉讼代理人对下列事项的意见，并记录在案，包括涉嫌的犯罪事实、罪名及适用的法律规定，从轻、减轻或者免除处罚等从宽处罚的建议，认罪认罚后案件审理适用的程序以及其他需要听取意见的事项。上述规定为检察机关在审查起诉阶段适用认罪认罚从宽制度规定了明确的程序、内容、职权和职责，检察机关应严格遵守法律规定，科学适用认罪认罚从宽制度。

（三）做好认罪认罚具结和案件起诉工作

2018 年《刑事诉讼法》第 174 条规定，犯罪嫌疑人自愿认罪，同意量刑建议和程序适用的，应当在辩护人或者值班律师在场的情况下签署认罪认罚具结书。《刑事诉讼法》第 176 条规定，人民检察院认为犯罪嫌疑人的犯罪事实已经查清，证据确实、充分，依法应当追究刑事责任的，应当作出起诉决定，按照审判管辖的规定，向人民法院提起公诉，并将案卷材料、证据移送人民法院。犯罪嫌疑人认罪认罚的，人民检察院应当就主刑、附加刑、是否适用缓刑等提出量刑建议，并随案移送认罪认罚具结书等材料。另外，两高三部《认罪认罚指导意见》又规定了证据开示、社会调查评估等制度。上述规定，明确了检察机关在办理认罪认罚案件过程中的具结和量刑建议规定，如前所述，这既是检察机关的职权，亦是其职责。

第三节 审判阶段适用认罪认罚从宽制度的规范

审判阶段适用认罪认罚从宽制度，主要包含两个方面：一是对于公诉机关起诉的认罪认罚案件，如何组织庭审程序，如何审查认罪认罚的自愿性、合法性、合理性，如何审查、采纳或要求调整量刑建议等；二是被告人在审判阶段才表达认罪认罚意愿，审判阶段如何启动认罪认罚从宽制度的适用问题。由于第一个问题涉及的内容有专章讨论，在此仅就第二个问题进行探讨。

一、审判阶段启动认罪认罚程序的认识分歧

理论界和实务界对于在审判阶段启动认罪认罚程序同样存在分歧。有观点认为,审判阶段在刑事诉讼中的定位是对侦查机关侦查终结并移送检察机关审查起诉的案件,通过审理作出最终裁判。由于控辩协商是认罪认罚从宽制度的精髓,也是实现认罪认罚从宽制度价值的重要方面,故在审判阶段才开始启动认罪认罚程序,似乎无法充分体现控辩协商的精神。认罪认罚从宽制度的首要目标在于提高诉讼效率。被追诉人真诚认罪悔罪,积极配合司法机关调查取证,积极赔偿被害方的损失,可以提高刑事诉讼全链条的工作效率。由于案件侦查、审查起诉一般耗时较长,故认罪认罚从宽制度的价值更多地体现在审前阶段。一旦案件进入审判阶段,复杂的调查取证环节已经结束,从司法实践来看,绝大多数案件已经做到事实清楚、证据确实、充分,若被告人在审前阶段没有认罪认罚,而在审判阶段才提出认罪认罚,则难以实现节约司法资源的目的。故在审判阶段才开始适用认罪认罚从宽制度,已没有必要性。

我们认为,若被告人在审判阶段表示出认罪认罚意愿,则启动相应的认罪认罚程序完全必要,且应当鼓励。当然,被告人在审前阶段未自愿如实供述自己的罪行,未主动要求认罪认罚,确实浪费了一定的司法资源,但认罪认罚从宽制度的价值除了节约司法资源以外,还包括恢复被犯罪行为破坏的社会关系,实现社会整体和谐,从而在更高层次上实现刑事诉讼的公平正义。效率价值仅是认罪认罚从宽制度价值体系中的一环,不能因为缺少了效率价值,而放弃认罪认罚从宽制度的其他价值。况且,在审判阶段适用认罪认罚从宽制度,仍然具有相当的效率价值。另外,认罪认罚作为被告人认罪悔罪态度的集中体现,直接影响对其定罪量刑,也直接影响被害人权利的保障,由此可见,认罪认罚属于被告人和被害人应当享有的合法权益的重要组成部分,应当得到保障。正因如此,立法上并未对审判阶段启动认罪认罚程序作出限制。

二、认罪认罚从宽制度在审判阶段的合理适用

在认罪认罚案件中,审判阶段的主要职能是对被告人认罪认罚的自愿性、合法性、合理性进行审查,以及对控辩双方量刑协商的结果即检察机关

量刑建议的合理性进行审查、确认。若审前阶段未适用认罪认罚从宽制度，被告人在审判阶段积极要求认罪认罚的，司法机关应当启动认罪认罚程序，但审判阶段的认罪认罚与审前阶段应当有所区别。

（一）无需进行控辩协商和签署认罪认罚具结书

认罪认罚从宽制度的典型特征是控辩双方的协商。根据2018年《刑事诉讼法》第201条的规定，对于认罪认罚案件，除法定情形以外，人民法院一般应当采纳人民检察院指控的罪名和量刑建议。故认罪认罚案件一般应当由检察机关与辩方进行量刑协商，并提出量刑建议，而签署认罪认罚具结书一般被视为控辩协商的最终成果，具结书也是一份正式协议。审前阶段的认罪认罚案件，根据法律规定应当签署认罪认罚具结书。

但是，如果审前阶段被追诉人未认罪认罚，而在审判阶段表示认罪认罚的，人民法院是否应当延期审理，由检察机关与被告人、辩护人进行量刑协商，签署认罪认罚具结书，并由人民法院按照认罪认罚案件的审理程序和审查标准进行审理？也就是说，审判阶段出现的认罪认罚案件，是否还需要控辩协商和具结程序？对此问题，理论界和实务界曾有不同看法。两高三部《认罪认罚指导意见》并未明确规定被告人在审判阶段表示认罪认罚时是否需要恢复控辩协商和认罪认罚具结程序，仅在第49条规定"被告人在侦查、审查起诉阶段没有认罪认罚，但当庭认罪，愿意接受处罚的，人民法院应当根据审理查明的事实，就定罪和量刑听取控辩双方意见，依法作出裁判"。最高人民法院《关于适用〈中华人民共和国刑事诉讼法〉的解释》第356条规定，被告人在人民检察院提起公诉前未认罪认罚，在审判阶段认罪认罚的，人民法院可以不再通知人民检察院提出或者调整量刑建议。根据上述规定，被告人在审判阶段要求认罪认罚的，人民法院将认罪认罚作为量刑因素予以考量即可，无需由人民检察院提出或者调整量刑建议，否则不仅会造成诉讼程序的烦琐，降低审判的效率，浪费司法资源，而且与"以审判为中心"的诉讼制度改革的要求相悖，不是说每一个案件必须有量刑建议或者调整量刑建议。〔7〕由此观之，在此情况下也不再需要控辩双方就量刑问题进行协商并签署认罪认罚具结书。

---

〔7〕参见李少平、杨万明、《刑事诉讼法解释》起草小组：《最高人民法院关于适用〈中华人民共和国刑事诉讼法〉的解释理解与适用》，人民法院出版社2021年版，第405～406页。

关于被告人在审判阶段要求认罪认罚的情况下，人民法院是否需要人民检察院提出或调整量刑建议的问题，虽然司法解释对此已有明确规定，但仍需进一步统一认识。原因在于，2018 年《刑事诉讼法》第 201 条规定，人民法院经审理认为量刑建议明显不当，或者被告人、辩护人对量刑建议提出异议的，人民检察院可以调整量刑建议。人民检察院不调整量刑建议或者调整量刑建议后仍然明显不当的，人民法院应当依法作出判决。两高三部《认罪认罚指导意见》第 41 条进一步明确，人民法院经审理，认为量刑建议明显不当，或者被告人、辩护人对量刑建议有异议且有理有据的，人民法院应当告知人民检察院，人民检察院可以调整量刑建议。人民法院认为调整后的量刑建议适当的，应当予以采纳；人民检察院不调整量刑建议或者调整后仍然明显不当，人民法院应当依法作出判决。司法实践中，人民法院是否必须建议人民检察院调整量刑建议，存在较激烈的争议，不少地方的检察机关甚至为此提出抗诉。就审判机关而言，主流的观点认为，在量刑建议明显不当的情况下，通知人民检察院调整量刑建议，只是工作层面的要求，不是法定义务。〔8〕

我们认为，人民法院如果认为人民检察院的量刑建议明显不当，一般应当建议人民检察院进行调整，但这只是工作要求，即使根据案件情况，未建议人民检察院调整量刑建议，或者未通过书面等形式建议人民检察院调整量刑建议，而是根据查明的事实、证据直接作出判决，也不属于程序不当，更不属于程序违法。主要理由是根据证据裁判原则，人民法院作出判决的依据是经过庭审查明的事实和证据，这些事实和证据均经控辩双方通过举证、质证等法庭调查程序查证属实，并听取了控辩双方的辩论意见，控辩双方对定罪和量刑均已充分阐明自己的观点，人民法院据此作出判决符合实质公平原则，并未剥夺控辩双方的任何权利。量刑建议仅是检察机关求刑权的具体表现形式，人民法院作出判决的根据并非检察机关的量刑建议，否则 2018 年《刑事诉讼法》和两高三部《认罪认罚指导意见》就不会规定人民检察院可以调整，也可以不调整量刑建议，也不会规定量刑建议明显不当情况下人民法院可以依法不予采纳。也就是说，人民法院可以采纳或者不采纳

---

〔8〕 参见李少平、杨万明、《刑事诉讼法解释》起草小组：《最高人民法院关于适用〈中华人民共和国刑事诉讼法〉的解释理解与适用》，人民法院出版社 2021 年版，第 403 ~404 页。

量刑建议,但不存在确认或者不确认量刑建议的问题。量刑建议对于人民法院的判决来讲,并非不可或缺。

通过上述分析,我们更加可以得出结论,对于审前阶段未认罪认罚,在审判阶段提出认罪认罚的案件来讲,完全可以不再履行控辩协商和认罪认罚具结程序,也可以不再要求检察机关出具或者调整量刑建议。但被告人的认罪认罚情况毕竟影响对其定罪量刑,属于应当查明的事实,故如后文所述,人民法院应当在庭审过程中或者庭下征求控辩双方的意见,并综合考虑各方面情况作出公正判决,这符合诉讼效率和实质公平的原则。

(二)应当听取控辩双方的意见

根据两高三部《认罪认罚指导意见》第 49 条的规定,被告人当庭认罪,愿意接受处罚的,法院应当根据审理查明的事实,就定罪和量刑听取控辩双方意见,依法作出裁判。这一规定明确审判阶段适用认罪认罚的案件,人民法院在审理过程中应当听取控辩双方的量刑意见。[9] 有观点认为,此种情形下也应允许控辩双方进行量刑的协商。[10] 如前所述,被告人在审判阶段才表示认罪认罚,出于诉讼效率考虑可以不再恢复控辩协商和认罪认罚具结程序,但被告人的认罪认罚情况毕竟影响对其定罪量刑,属于应当查明的事实,人民法院在庭审过程中或者庭下征求控辩双方的意见,并综合考虑各方面情况作出公正判决。从实质上讲,听取控辩双方意见的过程,既是对被告人认罪认罚自愿性的审查过程,也是对被告人刑事责任的研判和确定过程,在此过程中控辩双方均可以充分发表意见,其效果融合了认罪认罚具结程序、检察机关量刑建议程序、量刑建议的审查和调整程序等多个环节。因此,听取控辩双方意见是保证审判阶段认罪认罚案件依法、公正、高效审理的必要环节。

(三)注重被害人的主体地位和权益保护

在认罪认罚从宽制度运行过程中,重视被害人的主体地位,平等保护被害方与加害方的合法权益,尽量恢复被犯罪行为破坏的社会关系,倡导社会的和谐,这些均是认罪认罚从宽制度所提倡的价值追求。对于审判阶段开

---

〔9〕 参见陈瑞华:《认罪认罚从宽制度的若干争议问题》,载《中国法学》2017 年第 1 期。

〔10〕 参见苗生明、周颖:《〈关于适用认罪认罚从宽制度的指导意见〉的理解与适用》,载《人民检察》2020 年第 2 期。

始的认罪认罚案件而言，虽然刑事诉讼法和相关司法解释并未规定征求被害人意见的程序，但就认罪认罚从宽制度的设计初衷和意义而言，如果在审判阶段被告人要求认罪认罚的，人民法院应当依法查明其认罪认罚的自愿性和动机，并根据适用认罪认罚从宽制度的条件要求，对认罪认罚合法性进行审查，听取控辩双方意见，并听取被害人意见，还要查明被告人有无对被害人进行补偿的意愿和能力，以此作为对被告人从宽处罚程度的重要参考。如果不听取被害人意见，不考察被害人损失的弥补情况，就直接根据认罪认罚从宽制度对被告人从宽处理，既有悖于认罪认罚从宽制度的设计初衷，又可能留有无法挽回的后遗症。另外，根据两高三部《认罪认罚指导意见》，听取被害人意见是认罪认罚案件的必备程序，审判阶段才启动的认罪认罚案件，同样应当遵守认罪认罚从宽制度的程序性规定。听取被害人意见与不再需要控辩协商和认罪认罚具结不同，前者并无其他替代措施和程序，后者通过庭审和庭下听取控辩双方意见的方式就可以实现既定目标。因此，听取被害方的意见，就被害方的补偿问题进行调查，应当作为人民法院审理认罪认罚案件的必要程序。

（四）合理确定和变更案件的审理程序

被告人在审判阶段提出认罪认罚要求以后，人民法院应当审查其认罪认罚的自愿性、合法性，并告知其相应的认罪认罚法律后果。如果人民法院决定对其适用认罪认罚从宽制度的，还应审查该案件是否符合速裁程序、简易程序的适用条件。若符合速裁程序、简易程序适用条件，人民法院应当征求控辩双方意见，即是否同意对本案继续适用速裁程序或简易程序进行审理。如果控辩双方同意，人民法院可以继续适用速裁程序或简易程序进行审理；如果控辩双方不同意，或者不符合法定条件，应当裁定转为普通程序审理。但是，原本适用普通程序审理的案件，不能因为审判阶段的认罪认罚而裁定转为速裁程序或简易程序审理。出于诉讼效率的考虑，对于被告人积极认罪认罚的案件，人民法院可以适当简化法庭调查及法庭辩论等环节，并听取被告人的最后陈述。

（五）合理确定从宽处理的幅度

认罪认罚从宽制度在从宽处理问题上有一个基本原则，即早认罪优于晚认罪，稳定认罪优于不稳定认罪。允许被告人在审判阶段提出认罪认罚要求，是对被告人合法权益的保障，但是因为其认罪认罚时间较晚，客观上在侦查和审查起诉阶段并未起到提高诉讼效率、节约司法资源的作用，因此其认罪认罚效果应有别于审前阶段认罪认罚的犯罪人，对其从宽处罚的幅度应当进行限制。[11] 具体从宽幅度，还应结合案件性质、情节、社会危害性大小、被告人认罪认罚态度、被害人损失弥补程度等情况综合判断。

另外，在二审阶段才表示认罪认罚的案件，人民法院亦应当综合衡量上述情况，并重点考虑其认罪认罚的时间较晚、是否具有认罪认罚的实质价值、自己对处理案件和修复社会关系的作用，来综合考虑是否从宽处理以及幅度。一般来讲，对在审判阶段和二审阶段才表示认罪认罚的被告人，从宽处理的幅度应当小于审前阶段认罪认罚的被告人，甚至可以对其不从宽处理。对此，刑事诉讼法的司法解释以及两高三部《认罪认罚指导意见》均作出了规定，对于认罪认罚案件，应当根据被告人认罪认罚的阶段早晚以及认罪认罚的主动性、稳定性、彻底性等，在从宽幅度上体现差异，对于被告人在第一审程序中未认罪认罚，在第二审程序中认罪认罚的案件，应当根据其认罪认罚的具体情况决定是否从宽，并依法作出裁判，确定从宽幅度时应当与第一审程序认罪认罚有所区别。

第四节　被追诉人享有在任何阶段认罪认罚的权利

一、应赋予被追诉人启动认罪认罚程序的权利

认罪认罚从宽制度的确立，被视为在中国建立控辩协商制度的重要标志。据统计，2019 年 12 月，全国认罪认罚从宽制度平均适用率超过 80%。[12] 这意味着随着认罪认罚从宽制度的推进，控辩协商理念在我国刑事诉讼中已经落地生根。但是，在更加偏向于职权主义诉讼模式的国家引入控辩协商制度，必须强化被追诉人与控方进行平等对抗的能力。在以控

---

〔11〕 参见杨扬、王平：《对认罪认罚案件量刑建议若干问题的认识与把握》，载《人民司法》2020 年第 1 期。

〔12〕 参见祈彪：《做优刑事检察，何为重？》，载《民主与法制周刊》2020 年第 6 期。

辩协商为核心的制度设计中,尽管针对被追诉人是否有权启动认罪认罚程序仍有争议,但法律应当赋予被追诉人主动启动认罪认罚程序的权利却是改革的应有之义。[13]

(一)有利于鼓励被追诉人积极认罪认罚

赋予被追诉人以认罪认罚从宽程序的启动权是促进其形成认罪认罚意愿的重要因素。当其知悉认罪认罚从宽制度能带给其好处,且知道能够通过自己的主动作为而实现这种好处时,其主动认罪认罚的概率就会大大提高。这也能够促使其主动提供相关的证据线索从而提高案件侦破率,更有利于形成相互配合的合作式控辩关系。

(二)有利于保障被追诉人的主体地位

赋予被追诉人以认罪认罚从宽程序的启动权,有利于保障其主体地位。若被追诉人不具有启动认罪认罚从宽程序的权利,则其主体地位容易被忽视,从而影响认罪认罚从宽制度的功能发挥。被追诉人在对程序的启动、进行及结果影响力有限的情况下,无法充分实现自己的利益需要。[14] 而诉讼主体能否积极参与诉讼程序,是衡量诉讼程序民主化程度的重要标志。[15] 赋予被追诉人以程序启动权正是对其主体地位的有力保障,可以提高被追诉人在认罪认罚案件中的地位,实现控辩双方的平等对抗,真正实现由量刑建议向量刑协商的转变。被追诉人也可以通过自愿认罪认罚获得从宽处理的可能性,有利于维护其诉讼权利。

(三)有利于提高服判息诉率

一方面,赋予被追诉人以认罪认罚从宽程序的启动权,能够避免在某些案件中司法机关出于种种原因而不愿意适用认罪认罚从宽制度,从而剥夺被追诉人认罪认罚权利的现象,避免被追诉人在后续程序中产生不满的情绪。[16] 另一方面,赋予被追诉人主动适用认罪认罚从宽制度的权利,也有利于实现对被追诉人的改造。刑罚的目的不只是惩罚犯罪,更在于教育和

---

〔13〕 参见杜磊:《认罪认罚从宽制度适用中的职权性逻辑和协商性逻辑》,载《中国法学》2020年第4期。

〔14〕 参见徐美君:《刑事诉讼普通程序简化审实证研究》,载《现代法学》2007年第2期。

〔15〕 参见龙宗智、潘君贵:《我国实行辩诉交易的依据和限度》,载《四川大学学报(哲学社会科学版)》2003年第1期。

〔16〕 参见陈光中、马康:《认罪认罚从宽制度若干重要问题探讨》,载《法学》2016年第8期。

改造被告人,实现法律的教化作用。被告人肯于认罪认罚说明其具有明确的悔罪表现,其人身危险性和再犯可能性降低。赋予其自主程序的启动权更有助于帮助罪犯实现改造,重新搭建回归社会的桥梁。[17]

总之,无论在哪个诉讼阶段,被追诉人均享有认罪认罚的权利。若不能保障被追诉人启动认罪认罚程序的主动性、积极性,则在任何诉讼阶段均无法顺利适用认罪认罚从宽制度。

二、应保障被追诉人权利义务的协调统一

根据2018年《刑事诉讼法》的规定,侦查机关、检察机关、审判机关均应对被追诉人进行认罪认罚从宽制度的宣示和告知,并进行认罪教育,保障被追诉人对认罪认罚从宽制度及其法律后果的知情权和自主选择权。同时,被追诉人还享有获得法律帮助的权利、获得辩护的权利、与检察机关进行控辩协商的权利,以及获得程序上从简、实体上从宽处理的权利。被追诉人除了享有上述权利以外,还无差别地享有2018年《刑事诉讼法》规定的其他当事人权利,如使用本民族语言文字参与诉讼、申请回避权、控告申诉权、参加庭审权、申请重新鉴定勘验权、发表意见权、陈述权、上诉权甚至反悔权等。当然,鉴于认罪认罚从宽制度的特殊性,有观点认为被追诉人实际上是放弃了部分程序性和实体性权利,以换取程序和实体上的从宽处理。

我们认为,即使在认罪认罚从宽制度中,被追诉人仍应完整地享有2018年《刑事诉讼法》规定的各项诉讼权利,不应有所区别。至于因为被追诉人自愿认罪认罚,而同意对案件适用更简化的程序进行处理,同意对法庭调查、法庭辩论等进行简化,则属于其对自身诉讼权利的合法处分,并不代表其不享有这些权利,也不代表其放弃这些权利。简化不等于放弃,即使被追诉人提出放弃部分诉讼权利,司法机关也应当在实质上保障其全部的诉讼权利;即使被追诉人自愿认罪,司法机关也应当通过完整的证据链条证明被追诉人有罪,举证责任仍应由控方承担。根据"以审判为中心"的要求和证据裁判原则,法庭调查是庭审中心环节,认罪认罚案件中的法庭调查大幅简化,且调查重点发生变化,但庭审的实质内容和中心作用并未削弱,庭审

---

〔17〕 参见马克昌、卢建平:《外国刑法学总论(大陆法系)》(第2版),中国人民大学出版社2016年版,第366页。

和经庭审确认的事实证据仍是对被追诉人定罪量刑的根本前提。

被追诉人在享有一定诉讼权利的同时，应履行一系列法定义务。除了刑事诉讼法规定的犯罪嫌疑人、被告人的普遍义务以外，在认罪认罚案件中，被追诉人还享有特定义务。首先，被追诉人应保证其认罪认罚的自愿性和合法性，如实供述犯罪事实，不应为了掩盖自身更大罪责而投机取巧，通过自愿认罪认罚而避重就轻。其次，被追诉人应配合司法机关做好认罪认罚的各项程序性工作，如签署认罪认罚具结书，同意适用合适的诉讼程序等。最后，被追诉人应当认真履行认罪认罚从宽制度的其他要求，如积极对被害人进行赔偿，真诚认罪悔罪等。

第十一章　认罪认罚案件的审判程序

第一节　认罪认罚案件审判程序的适用

认罪认罚从宽制度设置初衷之一包含着合理配置司法资源，提高刑事案件的办理质量与效率。[1] 而这一目标的实现需要科学设置认罪认罚案件的审理程序。根据2018年《刑事诉讼法》和两高三部《认罪认罚指导意见》的规定，认罪认罚案件可以适用于所有的审判程序，即认罪认罚案件既可以采用速裁程序审理，也可以采用简易程序审理，部分认罪认罚案件还可以采用普通程序审理。每一种审理程序都有相应的条件要求，整体来看速裁程序的适用条件最严格，但在实践中却成为认罪认罚案件适用最为普遍的程序；简易程序的适用条件适当放宽，在认罪认罚案件中也得到较多适用，但适用率不及速裁程序；普通程序的适用条件最为宽松，但认罪认罚从宽制度在普通程序案件中的适用率最低。这种现象，符合认罪认罚案件的效率特征，也符合认罪认罚从宽制度在司法实践中的客观规律。为进一步发挥认罪认罚从宽制度的价值，应认真探讨认罪认罚案件审判程序的选择和转化问题。

一、被告人享有程序选择权

2018年《刑事诉讼法》以及两高三部《认罪认罚指导意见》分别规定了速裁程序和简易程序的适用条件。但刑事诉讼法及相关司法解释并未正面规定被追诉人享有选择诉讼程序的权利。2018年《刑事诉讼法》第214条

---

〔1〕 2016年全国人大常委会《关于授权最高人民法院、最高人民检察院在部分地区开展刑事案件认罪认罚从宽制度试点工作的决定》。

规定的简易程序适用条件，其中之一是“被告人对适用简易程序没有异议的”；第222条规定的速裁程序适用条件，其中之一是“被告人认罪认罚并同意适用速裁程序的”。同时在《刑事诉讼法》第215条、第223条中又规定了不适用简易程序、速裁程序的情形，其中均包括被告人对适用简易程序、速裁程序有异议的情形。从法律的表述来看，似乎适用简易程序、速裁程序的主动权和积极性在司法机关一端，被告人处于被要求表态是否同意的地位，即是否适用简易程序、速裁程序，被告人通常只能表示是否接受，不能主动建议或者主动选择，适用何种审判程序的建议权在检察机关，决定权在人民法院。

司法实践中，被追诉人积极要求认罪认罚，要求对其适用简易程序和速裁程序从宽处理的情况十分常见。尤其是随着法治教育的深入，被追诉人大多具备上述法律常识，其知道审理程序越简单，对自己越有好处，从而积极要求司法机关对其适用更加简单的办案程序。被追诉人可以积极主动地要求选择审理程序，不但在司法实践中是普遍现象，同时也符合法律的逻辑。我们认为，被追诉人的诉讼主体地位决定了其有权对即将适用的诉讼程序提出建议，并享有主动要求适用速裁程序或者简易程序的权利，司法机关应当及时回应被追诉人的要求，在案件符合简易程序或速裁程序适用条件的情况下，应当同意被追诉人的要求。被追诉人向检察机关提出要求的，检察机关应当进行审查并向人民法院提出适用简易程序或速裁程序审理的建议；被追诉人向检察机关提出要求的，人民法院应当征求检察机关的意见，进行审查并作出决定。赋予被追诉人以选择审判程序的权利在认罪认罚从宽制度中更是“从宽处罚”的具体体现，也是刑事诉讼民主化、科学化的重要体现。

二、认罪认罚案件中速裁程序的适用

关于速裁程序的适用条件，从速裁程序试点运行到2018年《刑事诉讼法》的修订，其间发生了较大变化。2014年《速裁程序试点决定》中规定，“对事实清楚，证据充分，被告人自愿认罪，当事人对适用法律没有争议的危险驾驶、交通肇事、盗窃、诈骗、抢夺、伤害、寻衅滋事等情节较轻，依法可能判处一年以下有期徒刑、拘役、管制的案件，或者依法单处罚金的案件，进一步简化刑事诉讼法规定的相关诉讼程序”，即对于这些案件开始试行速裁程序审理。

随后,最高人民法院、最高人民检察院、公安部、司法部发布的《关于在部分地区开展刑事案件速裁程序试点工作的办法》进一步规定了速裁程序的适用条件,即对危险驾驶、交通肇事、盗窃、诈骗、抢夺、伤害、寻衅滋事、非法拘禁、毒品犯罪、行贿犯罪、在公共场所实施的扰乱公共秩序犯罪情节较轻、依法可能判处一年以下有期徒刑、拘役、管制的案件,或者依法单处罚金的案件,符合下列条件的,可以适用速裁程序:案件事实清楚、证据充分的;犯罪嫌疑人、被告人承认自己所犯罪行,对指控的犯罪事实没有异议的;当事人对适用法律没有争议,犯罪嫌疑人、被告人同意人民检察院提出的量刑建议的;犯罪嫌疑人、被告人同意适用速裁程序的。

2018 年《刑事诉讼法》规定速裁程序的适用条件是:基层人民法院管辖的可能判处三年有期徒刑以下刑罚的案件,案件事实清楚,证据确实、充分,被告人认罪认罚并同意适用速裁程序的,可以适用速裁程序。主要变化体现在:第一,速裁程序的适用条件实际上呈逐步放宽趋势。从试行阶段主要适用于某几类特定犯罪且刑期不能超过 1 年有期徒刑,直至目前可以适用于所有类型的犯罪,且刑期放宽到 3 年以下有期徒刑。第二,不能适用速裁程序的案件也从试点中的八类情形减少为六类,尤其是删除了被告人具有累犯、违反取保候审规定等从重情节,删除了被告人可能无罪或检察机关量刑建议不当等情节,使速裁程序的适用范围大幅拓宽。第三,是否需要同时认罪认罚。试行阶段的速裁程序只要求犯罪嫌疑人、被告人认罪并同意人民检察院的量刑建议,而 2018 年《刑事诉讼法》规定适用速裁程序需被告人既要认罪又要认罚。在速裁程序试行阶段认罪认罚从宽制度处于试行阶段,二者的结合尚不紧密。但随着试点结束,2018 年《刑事诉讼法》将二者紧密结合,速裁程序甚至成为轻罪认罪认罚案件专用的审判程序。

三、认罪认罚案件中简易程序的适用

根据 2018 年《刑事诉讼法》第 214 条的规定,基层人民法院管辖的案件,符合以下条件,可以适用简易程序审理:案件事实清楚、证据充分的;被告人承认自己所犯罪行,对指控的犯罪事实没有异议的;被告人对适用简易程序没有异议的。同时《刑事诉讼法》第 215 条又作了除外规定,被告人是盲、聋、哑人,或者是尚未完全丧失辨认或者控制自己行为能力的精神病人

的;有重大社会影响的;共同犯罪案件中部分被告人不认罪或者对适用简易程序有异议的;其他不宜适用简易程序审理的案件。上述四种情形不适用简易程序审理。表 11 -1 为适用速裁程序和简易程序的对比。

表 11 -1　速裁程序与简易程序之对比

	速裁程序	简易程序
适用条件	基层人民法院管辖的可能判处 3 年有期徒刑以下刑罚的案件;案件事实清楚,证据确实、充分,被告人认罪认罚,同意适用速裁程序审理	基层人民法院管辖的案件;案件事实清楚、证据充分;被告人承认自己所犯罪行,对指控的事实没有异议;对适用简易程序没有异议
不适用情形	被告人是盲、聋、哑人,或者尚未完全丧失辨认或者控制自己行为能力的精神病人;被告人是未成年人;案件有重大社会影响;共同犯罪案件中部分被告人对指控的犯罪事实、罪名、量刑建议或者适用速裁程序有异议的;被告人与被害人或者其法定代理人没有就附带民事诉讼赔偿等事项达成调解或者和解协议的;其他不宜适用速裁程序审理的	被告人是盲、聋、哑人,或者尚未完全丧失辨认或者控制自己行为能力的精神病人;有重大社会影响的;共同犯罪案件中部分被告人不认罪或者对适用简易程序有异议的;其他不宜适用简易程序审理的
审查起诉期限	犯罪嫌疑人认罪认罚,符合速裁程序适用条件的,应当在 10 日以内作出决定,对可能判处的有期徒刑超过 1 年的,可以延长至 15 日	无特别规定
审判组织	可以由审判员一人独任审判	对可能判处的有期徒刑超过 3 年的,应当组成合议庭进行审判; 对可能判处 3 年有期徒刑以下刑罚的,可以由审判员一人独任审判
送达期限	不受普通程序送达期限限制	不受普通程序送达期限限制
权利告知	被告人认罪认罚的,审判长应当告知被告人享有的诉讼权利和认罪认罚的法律规定,审判人员应当当庭询问被告人对指控事实、证据、量刑建议以及适用速裁程序的意见,核实具结书签署的自愿性、真实性、合法性,并核实附带民事诉讼赔偿等情况	审判人员应当询问被告人对指控的犯罪事实的意见,告知被告人适用简易程序审理的法律规定,确认被告人是否同意适用简易程序审理 认罪认罚案件审判人员当庭询问被告人对指控的犯罪事实、证据、量刑建议及适用简易程序的意见,核实具结书签署的自愿性、真实性、合法性

续表

	速裁程序	简易程序
法庭调查和辩论	一般不进行,但在判决宣告前应当听取辩护人的意见和被告人的最后陈述意见	经审判人员许可,被告人及其辩护人可以同公诉人、自诉人及其诉讼代理人互相辩论;不受普通程序关于讯问被告人、询问证人、鉴定人、出示证据、法庭辩论程序规定的限制;但在判决宣告前应当听取被告人的最后陈述意见 认罪认罚案件法庭调查可以简化,但对有争议的事实和证据应当进行调查、质证,法庭辩论可以仅围绕有争议的问题进行
宣判	应当当庭宣判	无特别规定
审理期限	人民法院应当在受理后 10 日以内审结;对可能判处的有期徒刑超过 1 年的,可以延长至 15 日	人民法院应当在受理后 20 日以内审结;对可能判处的有期徒刑超过 3 年的,可以延长至一个半月

速裁程序和简易程序都对庭审程序进行了不同程度的简化。适用简易程序的条件相对于适用速裁程序少了一项,即被告人认罚。不适用简易程序的条件相对于速裁程序少了两项,即被告人系未成年人的,不适用速裁程序但可适用简易程序;被告人与被害人没有达成调解或和解协议的,不适用速裁程序但可适用简易程序。从认罪认罚角度分析,对于刑期在 3 年以上有期徒刑的案件,如果被告人认罪认罚的,大多可以适用简易程序审理。但对于有可能判处无期徒刑、死刑的案件,应归属于有重大社会影响的案件,不适用简易程序审理,但符合认罪认罚条件的,视情况仍可适用认罪认罚从宽制度。对于共同犯罪案件仅部分被告人不认罪或对适用简易程序有异议的,也不适用简易程序审理。需要探讨的是,这两类案件中若被告人或部分共同犯罪人真诚悔罪,积极要求认罪认罚的,是否可以适用认罪认罚从宽制度。我们认为,根据认罪认罚从宽制度的本质特征和目标追求,认罪认罚从宽制度可以适用于所有刑事案件,除了被告人真诚悔罪且自愿认罪认罚之外,不应再附加其他条件,被告人在任何阶段都有"忏悔"的权利。但在司法实践中,对于不能全案适用认罪认罚从宽制度的案件,司法机关一般不会单独和其中的部分被告人进行控辩协商并签署认罪认罚协议。即使有些判

决书载明部分被告人认罪认罚,但从本质上讲此处的"认罪认罚"大多属于一种从宽量刑情节,并无规范的认罪认罚从宽制度之意。

四、认罪认罚案件中普通程序的适用

(一)认罪认罚案件适用普通程序审理的范围

在认罪认罚案件的审判实践中,适用普通程序审理的比例远低于适用简易程序、速裁程序的比例。原因是在普通程序案件中被告人认罪认罚的比例较低,或者因为案件重大、疑难、复杂,不适合引入规范的、兼具程序与实体特征的认罪认罚从宽制度。在此情况下,被告人的认罪认罚表态,应作为其认罪悔罪态度,在量刑过程中予以考虑。

但是,根据2018年《刑事诉讼法》和两高三部《认罪认罚指导意见》的规定,认罪认罚从宽制度没有适用案件罪名和可能判处刑罚的限定,所有刑事案件都可以适用,不能因罪轻、罪重或者罪名特殊等原因而剥夺犯罪嫌疑人、被告人自愿认罪认罚、获得从宽处理的机会。故在适用普通程序审理的案件中,仍可能适用认罪认罚从宽制度。我们应当积极探讨认罪认罚案件适用普通程序审理的条件,以及如何适当简化这类案件的审理程序。

就认罪认罚案件适用普通程序审理的条件来讲,可以利用排除法获得结论,即只要该认罪认罚案件不符合简易程序、速裁程序的适用条件的,均应适用普通程序审理。实际上,此处反过来探讨哪些普通程序案件可以适用认罪认罚从宽制度似乎更有意义,但鉴于我们在认罪认罚从宽制度的适用范围中对轻罪、重罪适用认罪认罚从宽制度的问题有专门探讨,故此处不再涉及。需要注意的是,利用普通程序审理的案件,由于其复杂性,被告人的认罪认罚可能与简易程序、速裁程序案件存在区别。对此,既不应给予苛刻要求,也要保证该案中的认罪认罚符合认罪认罚从宽制度的基本特征。若被告人虽有认罪认罚的意思表示,但控辩双方并未进行认罪认罚协商,则表明检察机关未启动认罪认罚程序。此时,对于被告人的认罪认罚意思表示,司法机关通常将其作为认罪悔罪态度进行评价,并最终体现在人民法院的量刑中。虽然这些被告人也获得了从轻处罚,但认罪认罚从宽制度所包含的程序和实体价值在这类案件中难以完整体现。

(二)认罪认罚案件中的普通程序可以适当简化

认罪认罚案件适用普通程序进行审理,普通程序是否可以适当简化的问题,也应当引起注意。在2018年《刑事诉讼法》修订之前,最高人民法院、最高人民检察院、司法部曾于2003年颁布《关于适用普通程序审理“被告人认罪案件”的若干意见(试行)》,其中规定,被告人对被指控的基本犯罪事实无异议,并自愿认罪的第一审公诉案件,一般适用本意见审理,并规定了相对于普通程序更加简化的案件审理程序,而且规定一般应当庭宣判。理论界和司法实务界称之为“普通程序简化审理”。但2018年《刑事诉讼法》修订以后,简易程序的适用范围已经扩展到基层人民法院管辖的所有被告人认罪的刑事案件,只要符合简易程序的适用条件,均可适用简易程序审理,取消了原来适用简易程序时对法定刑范围的限制。也就是说,对于基层人民法院审理的被告人认罪案件,原则上均可适用简易程序审理;对于中级人民法院一审的案件,均应适用普通程序审理。因此,当前可适用“普通程序简化审理”的案件,仅中级人民法院审理的一审案件在理论上存在可能性。但是,由于以前的“普通程序简化审理”的适用范围不包括以下案件:被告人系盲、聋、哑人的;可能判处死刑的;外国人犯罪的;有重大社会影响的;被告人认罪但经审查认为可能不构成犯罪的;共同犯罪案件中,有的被告人不认罪或者不同意适用本意见审理的;其他不宜适用本意见审理的案件。故在2018年《刑事诉讼法》修订以后,中级人民法院审理的一审案件,可能被判处无期徒刑以上刑罚的,一般具有重大社会影响,即使根据以前的规定也不宜适用“普通程序简化审理”。只有中级人民法院审理的不具有重大社会影响的、能够当庭宣判的、一般判处较轻有期徒刑且被告人认罪的案件,理论上还存在继续适用“普通程序简化审理”的可能性。在当前的司法实践中,“普通程序简化审理”这一概念实际上已经淡出刑事诉讼的视野。但是,2021年《刑事诉讼法解释》第278条规定,“对被告人认罪的案件,在确认被告人了解起诉书指控的犯罪事实和罪名,自愿认罪且知悉认罪的法律后果后,法庭调查可以主要围绕量刑和其他有争议的问题进行。对被告人不认罪或者辩护人作无罪辩护的案件,法庭调查应当在查明定罪事实的基础上,查明有关量刑事实”。这表明,对于被告人认罪案件,庭审查明的重点可以适当简化。在实际庭审过程中,如果被告人认罪态度较好,控辩双方对案件的事实、证据争议不大,审判长一般会适当简化庭审程序。

因此,在认罪认罚案件中即使适用普通程序审理,事实上也可以适当简化审理程序。对此,两高三部《认罪认罚指导意见》第47条进行了明确规定:“适用普通程序办理认罪认罚案件,可以适当简化法庭调查、辩论程序。公诉人宣读起诉书后,合议庭当庭询问被告人对指控的犯罪事实、证据及量刑建议的意见,核实具结书签署的自愿性、真实性、合法性。公诉人、辩护人、审判人员对被告人的讯问、发问可以简化。对控辩双方无异议的证据,可以仅就证据名称及证明内容进行说明;对控辩双方有异议,或者法庭认为有必要调查核实的证据,应当出示并进行质证。法庭辩论主要围绕有争议的问题进行,裁判文书可以适当简化。”我们认为,上述规定恰当反映了认罪认罚案件的庭审重点和庭审方式的特征,司法实践中应当积极参照适用,以进一步提高诉讼效率。而且,该规定仅对案件属于认罪认罚案件作了限制,并未限制重罪案件或有重大社会影响案件的适用,也没有“一般应当当庭宣判”的要求,其适用范围甚至比以前的“普通程序简化审理”更宽泛。

五、认罪认罚案件二审程序的适用

(一)认罪认罚案件的二审程序应适当简化

尽管一审法院适用简易程序和速裁程序审理的认罪认罚案件,被告人的上诉率并不高,但也会有部分被告人提出上诉,或者检察机关提出抗诉,从而启动二审程序。根据2018年《刑事诉讼法》及其司法解释的规定,人民法院审理二审案件没有普通程序、简易程序、速裁程序的区别,统一适用普通的二审程序。但是,在认罪认罚上诉案件大多属于“技术性上诉”、上诉理由大多系“量刑过重”的情况下,普通的二审程序会降低一审认罪认罚案件的效率价值。

首先,一审大多适用简易程序或速裁程序审理认罪认罚案件,在庭前准备、审判组织、审理程序方面,比普通程序大为简化,审理期限比普通程序大为缩短。而该类案件上诉至二审法院后,不但增加了案件移送工作量和时间成本,就二审审理本身来讲,需要组成合议庭、通知二审检察机关阅卷并准备出庭、通知辩护人阅卷并准备辩护、没有辩护人的还需要指定辩护人,然后合议庭要组织开庭,对案件进行全面审理,撰写审理报告,组织合议庭讨论,一系列环节耗费了大量司法资源,使得一审法院通过认罪认罚程序节约的司法资源又被重新耗费。即使二审法院对此类案件不开庭审理,也需要提审上诉人,听取上诉人和辩护人的意见,有的也需要听取检察机关意见,在某些情况下不开庭审理的工作量并不比开庭审理更少。得出上述结论，是建立在当前认罪认罚案件的上诉理由普遍属于“量刑过重”，存在大量“技术性上诉”的情况之上。一审阶段形成的繁简分流，进入二审后又融为合流，出现“一审简、二审繁”的繁简倒挂情况。[2]

其次，二审案件指定辩护的工作量较大。根据最高人民法院、司法部2017年发布的《关于开展刑事案件律师辩护全覆盖试点工作的办法》的规定，二审案件被告人没有委托辩护人的，人民法院应当通知法律援助机构指派律师为其提供辩护。虽然在司法实践中，部分二审案件的被告人没有委托辩护人，但人民法院基于案情简单、书面审理等考虑，并征求上诉人意见，一般也不为其指定辩护人。但作为发展趋势，二审案件辩护律师全覆盖必然会增加人民法院的工作量，并拉长案件处理周期。

司法公正的实现并非简单地要求所有诉讼程序一律完备无缺，而是要根据不同案件的复杂程度，选择适用不同诉讼程序，实现最小司法资源的投入与最大司法公正的产出。2014年《中共中央关于全面推进依法治国若干重大问题的决定》提出完善审级制度，“一审重在解决事实认定和法律适用，二审重在解决事实法律争议、实现二审终审”。相较于一审程序查明事实、认定证据、定罪量刑的司法功能，二审程序的重点应当放在对一审程序的监督上。2021年9月，最高人民法院制定的《关于完善四级法院审级职能定位改革试点的实施办法》也提出：“基层人民法院重在准确查明事实、实质化解纠纷；中级人民法院重在二审有效终审、精准定分止争……”该规定再次突出了二审程序偏重“法律审”的定位。因此，对于认罪认罚案件的二审程序来讲，应当适当从简。

（二）认罪认罚案件二审程序的简化路径

二审程序不存在简易程序、速裁程序的概念。两高三部《认罪认罚指导意见》第45条规定，被告人不服适用速裁程序作出的第一审判决提出上诉的案件，可以不开庭审理。这是为数不多关于认罪认罚案件二审程序的规定。根据2018年《刑事诉讼法》及其司法解释的规定，认罪认罚案件二审程序可以从以下三个方面简化审理程序：

---

〔2〕 参见北京市三中院刑二庭课题组：《中级法院适用认罪认罚从宽制度程序问题调研报告》，载北京市第三中级人民法院官网，http://bj3zy.chinacourt.gov.cn/article/detail/2019/05/id/3974452.shtml。

1. 充分利用不开庭审理制度

根据2018年《刑事诉讼法》及其司法解释的规定，除了被告人、自诉人及其法定代理人对第一审认定的事实、证据提出异议，可能影响定罪量刑的上诉案件；被告人被判处死刑的上诉案件；人民检察院抗诉的案件；应当开庭审理的其他案件，以及被判处死刑的被告人没有上诉，同案的其他被告人上诉的案件以外，其他二审案件均可视情况不开庭审理。对于认罪认罚二审案件来讲，绝大多数案件均属事实较为简单、量刑较轻的案件，故可以适当扩大不开庭审理的范围。另外，对于上诉、抗诉案件，第二审人民法院经审查，认为原判事实不清、证据不足，或者具有《刑事诉讼法》第238条规定的违反法定诉讼程序的情形，需要发回重新审判的，二审法院可以不开庭审理，以简化诉讼程序。

2. 合理确定二审庭审重点

根据《刑事诉讼法》及其司法解释的规定，开庭审理上诉、抗诉案件，可以重点围绕对第一审判决、裁定有争议的问题或者有疑问的部分进行。具体来讲：(1)宣读第一审判决书，可以只宣读案由、主要事实、证据名称和判决主文等；(2)法庭调查应当重点围绕对第一审判决提出异议的事实、证据以及新的证据等进行；对没有异议的事实、证据和情节，可以直接确认；(3)对同案审理案件中未上诉的被告人，未被申请出庭或者人民法院认为没有必要到庭的，可以不再传唤到庭；(4)被告人犯有数罪的案件，对其中事实清楚且无异议的犯罪，可以不在庭审时审理。鉴于认罪认罚案件多系事实清楚、量刑较轻的简单案件，故可以根据上述规定简化审理程序。

3. 健全机制简化办案程序

根据2018年《刑事诉讼法》及其司法解释的规定，二审不开庭审理的案件，应当讯问被告人，听取其他当事人、辩护人、诉讼代理人的意见，合议庭全体成员应当阅卷。在此过程中，通过健全审判管理机制，依靠科技赋能，设置简易案件办案团队，开展在线提审、集中提审、集中听取意见等形式，进一步提高审判效率。另外，第二审人民法院认为第一审判决事实不清、证据不足的，可以在查清事实后改判，也可以裁定撤销原判，发回原审人民法院重新审判。司法实践中，可以进一步完善二审直接改判的机制，减少案件在一审、二审之间的往来反复。

第二节　认罪认罚案件审判程序的转换

鉴于速裁程序、简易程序、普通程序三种审判程序均有不同的适用范围和条件。因此,对于检察机关在审查起诉阶段认为可以适用速裁程序、简易程序审理的案件,法院在审理过程中,如果发现不符合相关程序的适用条件,那么便存在程序之间的转换问题。

对于适用认罪认罚从宽制度案件的程序转化,2018 年《刑事诉讼法》仅在简易程序以及速裁程序中作了零星规定,两高三部《认罪认罚指导意见》进行了大幅度完善。一般来讲,发生程序转换的认罪认罚案件有以下四类情形。

一、因案件情况变化引起的程序转换

2018 年《刑事诉讼法》第 223 条规定,被告人是盲、聋、哑人,或者是尚未完全丧失辨认或者控制自己行为的精神病人的;被告人是未成年人的;案件有重大社会影响的;共同犯罪案件中部分被告人对指控的犯罪事实、罪名、量刑建议或者适用速裁程序有异议的;被告人与被害人或者其法定代理人没有就附带民事诉讼赔偿等事项达成调解或者和解协议的,以及其他不宜适用速裁程序审理的情形,不适用速裁程序审理。2021 年《刑事诉讼法解释》第 370 条进一步规定辩护人作无罪辩护的,不适用速裁程序审理。

2018 年《刑事诉讼法》第 215 条规定,被告人是盲、聋、哑人,或者是尚未完全丧失辨认或者控制自己行为能力的精神病人的;有重大社会影响的;共同犯罪案件中部分被告人不认罪或者对适用简易程序有异议的;其他不宜适用简易程序审理的情形,不适用简易程序审理。2021 年《刑事诉讼法解释》第 360 条进一步规定辩护人作无罪辩护的、被告人认罪但经审查认为可能不构成犯罪的,不适用简易程序审理。

实践中,案件起诉时可能符合速裁程序、简易程序适用条件,但后来出现了上述不适用速裁程序、简易程序的事实或情况的,依法应转为普通程序审理。对于辩护人作无罪辩护,但被告人表示认罪的,考虑辩护人独立辩护原则,被告人的意见和辩护人的意见不能相互代替,也不存在谁从属于谁的

问题，故此种情况下属于某一诉讼参与人对案件事实、性质提出实质性意见，依法适用普通程序审理有利于查明事实、充分质证、充分辩论。对于辩护人未做无罪辩护，但对事实、证据提出实质性辩护意见的，只要被告人表示认罪并同意适用速裁程序、简易程序审理，出于保护被告人程序选择权和程序性利益的考虑，仍可适用速裁程序、简易程序审理，但对于法庭举证质证、法庭辩论等环节，不宜过度简化，一切庭审活动应以案件客观需要为依据，必要时应参照普通程序案件的要求组织法庭调查、法庭辩论。

需要注意的是，法律规定不适用速裁程序、简易程序审理的案件，并不影响认罪认罚从宽制度的适用。即使转为普通程序审理，在符合认罪认罚条件的情况下，仍应积极适用认罪认罚从宽制度，保护被告人的认罪认罚权利，最大限度发挥认罪认罚从宽制度的价值。

二、因案件定性问题引起的程序转换

2018 年《刑事诉讼法》第 226 条规定，在速裁程序审理过程中，法院发现被告人的行为不构成犯罪或者不应当追究刑事责任、被告人否认指控的犯罪事实或者其他不宜适用速裁程序审理的情形的，应当转为简易程序或普通程序重新审理。两高三部《认罪认罚指导意见》第 48 条明确规定，“人民法院在适用速裁程序审理过程中，发现有被告人的行为不构成犯罪或者不应当追究刑事责任、被告人违背意愿认罪认罚、被告人否认指控的犯罪事实情形的，应当转为普通程序审理。发现其他不宜适用速裁程序但符合简易程序适用条件的，应当转为简易程序重新审理”。2021 年《刑事诉讼法解释》第 375 条进一步规定，除了上述情形以外，案件疑难、复杂或者对适用法律有重大争议的，也应转为普通程序或简易程序审理。上述规定明确了这样一个原则，即如果适用速裁程序审理的认罪认罚案件，发生不应定罪、不应追究刑事责任、被告人反悔、被告人翻供、法律适用争议等几类情形时，应当直接转为普通程序审理，而不应转为简易程序审理，转为简易程序审理的前提是符合简易程序适用条件。简易程序适用的前提是被告人认罪，且被告人应当被认定为有罪，若被告人的罪与非罪问题发生变化，则转为普通程序审理有利于全面查清事实、充分举证质证、充分听取控辩双方意见，从而作出正确判决。

2018 年《刑事诉讼法》第 221 条规定，人民法院在审理过程中，发现不宜适用简易程序的,应当按照普通程序重新审理。对此,2021 年《刑事诉讼法解释》第 368 条进一步规定,如果出现被告人的行为可能不构成犯罪、可能不负刑事责任、被告人当庭对起诉指控的事实予以否认、案件事实不清和证据不足、其他不应当或不宜适用简易程序的情形,应转为普通程序审理。需要注意的是,在案件定性等问题上出现新情况,需要转换审理程序的,并不必然影响认罪认罚从宽制度的适用。但当被告人系违背意愿认罪认罚的,除了依法应当进行程序转换以外,转换为普通程序审理后仍不能适用认罪认罚从宽制度。实践中,被告人若表示自愿认罪认罚,且控辩双方能够达成认罪认罚协议的,仍可适用认罪认罚从宽制度。

三、因量刑问题引起的程序转换

2018 年《刑事诉讼法》第 201 条第 2 款规定,人民法院经审理认为量刑建议明显不当,或者被告人、辩护人对量刑建议提出异议的,人民检察院可以调整量刑建议。人民检察院不调整量刑建议或者调整量刑建议后仍然明显不当的,人民法院应当依法作出判决。该条款是对量刑建议采纳与否及相关程序性问题的规定。根据该规定,调整量刑建议、法院不采纳公诉机关的量刑建议并不必然导致审判程序的转换。但根据两高三部《认罪认罚指导意见》第 41 条第 2 款的规定,适用速裁程序审理的认罪认罚案件,人民检察院调整量刑建议应当在庭前或者当庭提出。调整量刑建议后,被告人同意继续适用速裁程序的,不需要转换程序处理。该条规定对速裁程序的继续适用设置了前提条件,即被告人同意继续适用速裁程序。实践中,被告人认罪认罚和同意适用速裁程序紧密相关,但在量刑建议发生调整的情况下,被告人是否仍然同意认罪认罚,以及同意适用速裁程序,则应当单独征求被告人意见。由于审判阶段尤其是当庭调整量刑建议的,检察机关一般不会和被告人重新进行量刑协商和重新具结,量刑建议的调整往往是检察机关的单方行为,如果调整量刑建议对被告人有利的,其很可能会同意继续认罪认罚并适用简易程序,反之其有可能不会同意继续认罪认罚并适用简易程序。因此,两高三部《认罪认罚指导意见》规定应再次征求被告人的意见,才能决定是否需要转换审判程序。

四、认罪认罚自愿性瑕疵引起的程序转换

被追诉人自愿认罪认罚是适用速裁程序的必要条件,也是适用简易审理程序的重要条件。因为认罪认罚的自愿性与适用速裁程序、简易程序的自愿性紧密相关,故认罪认罚自愿性出现瑕疵,有可能影响速裁程序、简易程序的适用。

(一)一审案件中的程序转换

对于一审案件,两高三部《认罪认罚指导意见》第 39 条第 3 款规定:"被告人违背意愿认罪认罚,或者认罪认罚后又反悔,依法需要转换程序的,应当按照普通程序对案件重新审理。"两高三部《认罪认罚指导意见》第 48 条规定,人民法院在适用速裁程序审理过程中,发现被告人违背意愿认罪认罚的,应当转为普通程序审理。两高三部《认罪认罚指导意见》第 53 条规定:"案件审理过程中,被告人反悔不再认罪认罚的,人民法院应当根据审理查明的事实,依法作出裁判。需要转换程序的,依照本意见的相关规定处理。"根据上述规定,如果经审查被告人认罪认罚意愿有瑕疵,或者被告人认罪认罚以后又反悔的,原则上应当转为普通程序审理;被告人虽然违背意愿接受检察机关的量刑建议,违背意愿签署具结书,但是对犯罪事实表示认可的,属于仅认罪不认罚的情形,此时若其他条件亦符合简易程序的适用规定的,可以转为简易程序审理。

(二)二审案件中的程序转换及特定情形之辨析

对于二审案件而言,如果适用速裁程序审理的认罪认罚案件,被告人上诉的,需要区分具体情形作出处理。两高三部《认罪认罚指导意见》第 45 条第 1 项规定,第二审人民法院审查后,发现被告人以事实不清、证据不足为由提出上诉的,应当裁定撤销原判,发回原审人民法院适用普通程序重新审理,不再按认罪认罚案件从宽处罚。此处与 2021 年《刑事诉讼法解释》第 377 条的规定存在差异,需要认真辨析。根据 2021 年《刑事诉讼法解释》第 377 条的规定,"适用速裁程序审理的案件,第二审人民法院依照刑事诉讼法第二百三十六条第一款第三项的规定发回原审人民法院重新审判的,原审人民法院应当适用第一审普通程序重新审判"。而根据 2018 年《刑事诉讼法》第 236 条第 1 款第 3 项的规定,原判决事实不清或者证据不足的,

可以在查清事实后改判,也可以撤销原判,发回原审人民法院重新审判。因此,二审案件的处理方式有两种,一种是查清事实后直接改判,另一种是发回重审。正常情况下,这两种处理方式不会产生分歧,但在适用速裁程序审理的认罪认罚案件中被告人上诉的,需要具体情况具体分析。

1. 两高三部《认罪认罚指导意见》规定不论经过查证是否属于事实不清、证据不足的情形,只要被告人以该理由提出上诉,均应直接发回重审,按照普通程序进行审理。这样规定的理由,盖因被告人只要以事实不清、证据不足为由提出上诉,就说明其推翻了认罪认罚协议,属于认罪认罚后的反悔,导致一审对其适用认罪认罚从宽制度的基础不复存在,二审发回重审并按照普通程序审理,“属于带有惩罚性质的程序转化”〔3〕。但是2018年《刑事诉讼法》及其司法解释却要求发回重审的前提是经过审理确定原判事实不清、证据不足,不应仅凭被告人的个人辩解。这样规定是为了维持一审判决的稳定性和既判力,避免大量案件被发回重审,影响审判效率。实践中,认罪认罚案件的被告人上诉情况较多,执行刑事诉讼法的规定有其必要性。但是,2018年《刑事诉讼法》及其司法解释没有站在惩戒认罪认罚失信行为的角度作出规定,体现了立法的导向作用。在上述情况下,为了惩戒失信行为而牺牲了判决的稳定性、刑法的实质判断性,并非最优选择。因此,2018年《刑事诉讼法》及其司法解释的规定值得肯定。

2. 对于速裁程序审理的认罪认罚案件,被告人提出上诉,二审经审查认为原判决事实不清、证据不足,二审应发回原审法院按照普通程序重新审判,还是可以在查清事实的基础上依法改判,尚存分歧。根据两高三部《认罪认罚指导意见》的规定,这种情形下应当发回重审并适用普通程序进行审理,但根据2018年《刑事诉讼法》及其司法解释的规定,二审法院在查清事实的基础上直接改判也符合法律规定。根据2018年《刑事诉讼法解释》第377条的文义解释可以推导出,对于速裁程序案件若二审查明系事实不清、证据不足的,可以发回重审,也可以依法改判。此处表面上看存在矛盾,但2018年《刑事诉讼法》及其司法解释的规定更为合理:一是其法律效力的位阶比两高三部《认罪认罚指导意见》高,应当根据其规定执行;二是即使发回重审,依法也不能加重对被告人的刑罚,仅是适用普通程序审理而

〔3〕 陈永生:《认罪认罚案件的程序转化》,载《检察日报》2020年4月13日,第3版。

已，而二审直接查明事实并改判，也不会加重被告人的刑罚，且也是用普通程序审理，故二者在法律效果上并无实质区别。至于两高三部《认罪认罚指导意见》规定的“不再按照认罪认罚案件从轻处罚”，与当前刑事诉讼理论和法律规定的上诉不加刑原则不符，不能因系认罪认罚案件而轻易突破，除非一审检察院提出抗诉或在发回重审后又补充起诉，否则不能在案件发回重审后加重对被告人的处罚。有观点可能认为，如果发回重审，且根据新查明的事实应当减轻对被告人的处罚的，鉴于其违反认罪认罚协议，不应再对其适用认罪认罚从宽制度，在减轻处罚时可以适当收紧减轻幅度。但这种政策效果在二审直接改判的情况下也可以实现，二审可以考虑被告人认罪认罚的真实性、自愿性、有效性等因素，决定对其不再适用认罪认罚从宽制度，并收紧对其减轻处罚的幅度。

3. 根据两高三部《认罪认罚指导意见》第45条第2项的规定，适用速裁程序审理的认罪认罚案件，若被告人以量刑不当为由提出上诉的，二审经审查原判量刑适当的，应当驳回上诉、维持原判；原判量刑不当的，经审理后依法改判。从本质上讲，被告人以量刑不当为由提出上诉，是对认罪认罚协议的违反，依法应当受到否定性评价，但两高三部《认罪认罚指导意见》却规定二审法院实质审查后维持原判或依法改判，并未规定发回原审法院适用普通程序重新审理。此处，两高三部《认罪认罚指导意见》未进一步突出认罪认罚案件的特殊性，未体现对被告人背弃认罪认罚协议行为的惩罚。两相对比，可以发现该条第1项的规定更多的是为了用普通程序解决查明事实、依法裁判的问题，其对背弃认罪认罚协议行为的惩罚并不像有关学者所期望的那么明显。

第十二章　认罪认罚合法性的审查

程序从简并不足以吸引犯罪嫌疑人自立案之初就自动选择认罪认罚。对犯罪嫌疑人而言，实体上的从宽，即量刑的优惠、减让才是认罪认罚的最大心理动因。因此，认罪认罚控辩量刑协商是认罪认罚从宽制度的逻辑延展，[1]更是认罪认罚从宽制度科学运行的关键所在。但是如何进行协商，实践中不同地区有不一样的操作，欠缺统一的操作指引，难以保证认罪认罚协商的合法性、合理性。对于人民法院来讲，如何审查认罪认罚协议的效力，也应当加以探索和规范。我们认为，可以从参与主体、协商范围、协商程序、协商效力、协商幅度等方面展开讨论，思考进一步规范量刑协商制度的有效途径。

第一节　审查控辩协商的参与主体

控辩协商的目的是解决被追诉人是否认罪认罚、案件是否可以适用认罪认罚程序、如何定罪量刑并签署认罪认罚具结书等问题。因此，检察机关和犯罪嫌疑人是当然的参与主体。根据法律规定，检察机关在控辩协商过程中需要听取辩护人或者值班律师的意见，故辩护人或值班律师也应参与控辩协商。从诉讼权利平等以及保障犯罪嫌疑人主体地位的角度出发，检察机关和犯罪嫌疑人都有权提议进行控辩协商。

一、辩护律师或值班律师

在认罪认罚案件中，辩护律师或者值班律师担负着维护被追诉人合法

---

〔1〕 参见王戬：《认罪认罚从宽的程序性推进》，载《华东政法大学学报》2017 年第 4 期。

权益的重任。尤其是设立值班律师就是为了解决被追诉人在到案之初孤立无援的问题,故二者均应属于控辩协商的必要参与者。但是,司法实践中对值班律师的角色定位至今尚未达成共识,明确值班律师的定位问题是其在认罪认罚案件中能否进行有效辩护的关键。从法律规范来看,《认罪认罚从宽制度试点办法》以及两高三部《认罪认罚指导意见》将值班律师和辩护人进行了区分,将值班律师的职责规定为提供法律咨询、程序选择、申请变更强制措施等法律帮助。对此主要存在两种观点:一种观点认为认罪认罚从宽制度中,值班律师定位为法律帮助者而非辩护人更具有可行性,更加符合认罪认罚从宽程序的程序与公正价值,能够在保障推行认罪认罚案件快速审理的同时保障被告人及时获得必要诉讼帮助;〔2〕另一种观点则认为值班律师辩护人化实有必要,现有模式运作下留给控辩双方的协商余地较小,权力与权利的不平等关系弱化了认罪认罚从宽制度的协商性色彩,难以充分体现控辩协商的本质内涵。〔3〕 尤其是在现行法律规范并没有赋予值班律师会见、阅卷和调查核实权的场域下,只有将现行值班律师、辩护律师和法律援助律师三类律师角色"归一"或者赋予充分的诉讼辩护权利,才能够与控方进行平等的协商和对话,尽其所能地守护被追诉者的合法权益。〔4〕我们认为,尽管《认罪认罚从宽制度试点办法》将辩护人、值班律师、指定律师等进行了区分,但值班律师的工作实际上具有辩护人性质,法律帮助权与辩护权并不能截然分开,提供辩护也是为被追诉人提供法律帮助,本质上与法律帮助同义。只不过,由于值班律师并非被追诉人委托的专门为其提供法律帮助的人,其更多地带有公益性的法律援助性质,故法律帮助权的内容和辩护权的内容存在差别,值班律师的权利也与辩护人权利不同。值班律师制度确立的初衷就是保障被追诉人认罪认罚的自愿性及程序选择的自主性,故值班律师应当在充分了解案情的基础上,根据全案的事实、证据为被

〔2〕 参见孔冠颖:《认罪认罚自愿性判断标准及其保障》,载《国家检察官学院学报》2017 年第 1 期。

〔3〕 参见吴思远:《我国控辩协商模式的困境及转型——由"确认核准模式"转向"商谈审查模式"》,载《中国刑事法杂志》2020 年第 1 期。

〔4〕 参见陈瑞华:《认罪认罚从宽制度的若干争议问题》,载《中国法学》2017 年第 1 期;韩旭:《辩护律师在认罪认罚从宽制度中的有效参与》,载《南都学坛》2016 年第 6 期;赵恒:《认罪认罚从宽制度适用与律师辩护制度发展——以刑事速裁程序为例的思考》,载《云南社会科学》2016 年第 6 期。

追诉人提供客观、有针对性的法律意见。从这一点来讲,未来的发展方向应该是赋予值班律师与辩护人类似的权利。

二、被害人的参与

被害人是刑事诉讼中的当事人。在认罪认罚案件中,被害人一般不直接参与控辩双方的协商过程,但司法机关仍应重视被害人在认罪认罚案件中的主体地位和表达意见的权利。犯罪发生在犯罪人和被害人之间的互动关系中,社会关系的修复则处于犯罪人、被害人、社会、国家等主体的互动关系中。[5] 控辩协商作为认罪认罚案件的重要特征,应当重视被害人的地位和意见,让被害人所遭受的痛苦真正被犯罪人和司法机关了解,一方面有利于正确定罪量刑,另一方面有利于犯罪人发自内心地寻求忏悔。通过被害人在量刑协商中的参与,可以充分考虑不同诉讼主体的利益诉求,不仅使被追诉人可以通过量刑协商获取“优惠”,而且可以满足被害人的报应和恢复心理,避免被害人因为辩诉协商而上访、申诉,影响社会稳定和治理效果最大化实现。[6] 因此,检察机关在与犯罪嫌疑人进行协商的时候应当提前听取被害人的意见。这样虽然可能会降低诉讼效率,但是为了实现被害人权利保障和社会关系的修复,这种价值追求上的平衡是适当的。但是,被害人参与认罪认罚协商需要控制在一定限度之内,协商性司法主要发生在被追诉者和司法机关之间,认罪认罚的结果主要是根据控辩双方的合作与妥协,被害人可以发表自己的意见,但是不能成为量刑协商过程的主导性因素。被害人参与认罪认罚协商限定在保障其知情权、发表意见和建议权为宜。[7]

三、法官的参与

法官是否可以与被告人进行量刑协商的问题,历来存有争议。有观点

〔5〕 参见刘军、潘丙永:《认罪认罚从宽主体性协商的制度构建》,载《山东大学学报(哲学社会科学版)》2020 年第 2 期。

〔6〕 参见张春柳:《协商性司法视野下认罪认罚案件的量刑协商机制构建》,载《广西政法管理干部学院学报》2019 年第 5 期。

〔7〕 参见叶青、吴思远:《认罪认罚从宽制度的逻辑展开》,载《国家检察官学院学报》2017 年第 1 期。

认为,认罪认罚从宽制度作为一项刑事诉讼制度,适用于刑事诉讼的所有环节,协商机制不仅可以在审查起诉阶段展开,也可以在审判阶段、侦查阶段进行,只是发生的场合、功能和具体协商方式不同。[8] 发生在审判阶段的审辩协商,主要是如何对认罪认罚的被告人从宽处理。尤其是在量刑建议没有被法庭采纳的情况下,由法官主导与辩方进行协商,可以实现对认罪认罚的被告人合理从宽处罚的目的。这在其他国家和地区的法律规范中具有先例,比如德国于2009年新增的有关协商的条文将德国的量刑协商置于刑事诉讼的所有阶段,我国台湾地区的"刑事诉讼法"第455条也规定了审判中的协商程序。[9] 有的学者认为,法官不应当与辩方进行认罪协商,从美国的辩诉交易制度和德国的控辩协商制度来看,美国的辩诉交易制度主要是检察官和辩护律师作为"交易"对手,双方可以就定罪、罪名和量刑问题展开协商,在互利互让的前提下达成协议,法官一般不参与这种控辩双方的协商活动,只是对被告人作出有罪答辩的自愿性、明智性和事实基础进行形式上的审查。[10] 美国的辩诉交易制度的经验和教训表明,如果法官介入控辩双方的答辩协商过程,必将会使得刑事诉讼程序失去最基本的中立性和超然性,也容易使得被告人失去真正的自由选择权。[11] 也正因如此,法官过分积极地参与辩诉交易,被视为一审法院的程序错误,可以成为上诉法院撤销原判的理由。[12] 而德国的控辩协商制度中,控辩双方与法官可以就量刑问题进行协商,并达成某种协议,从而快速将案件加以了结,在一定程序上这种控辩协商就是通常说的"以认罪交换减刑"。[13] 我国的量刑协商则不同于大陆法系的德国,主要发生在审查起诉阶段,检察官主导了协商的整个过程,法官只是在庭审阶段对检察官起诉的犯罪事实、罪名、量刑建议进

---

〔8〕 参见刘军、潘丙永:《认罪认罚从宽主体性协商的制度构建》,载《山东大学学报(哲学社会科学版)》2020年第2期。

〔9〕 参见陈瑞华:《认罪认罚从宽制度的若干争议问题》,载《中国法学》2017年第1期。

〔10〕 参见陈瑞华:《美国辩诉交易程序与意大利刑事特别程序之比较(上)》,载《政法论坛》1995年第3期;陈瑞华:《美国辩诉交易程序与意大利刑事特别程序之比较(下)》,载《政法论坛》1995年第4期。

〔11〕 参见张吉喜:《论认罪认罚协商机制的构建》,载《法治论坛》2018年第4期。

〔12〕 参见陈瑞华:《认罪认罚从宽制度的若干争议问题》,载《中国法学》2017年第1期。

〔13〕 参见[德]约阿希姆·赫尔曼:《协商性司法——德国刑事程序中的辩诉交易?》,程雷译,载《中国刑事法杂志》2004年第2期。

行形式审查,原则上也都会予以采纳,实质上处于一种“事后形式审查”的地位。

我们认为,认罪认罚从宽制度的适用阶段没有禁区,量刑协商可以发生在审判阶段,法官也可以参与协商过程。但是法官在量刑协商过程中,不是作为一方当事人出现,其需要坚持中立原则,需要有特别的参与形式。具体来讲,审判阶段的量刑协商参与主体仍是控辩双方,法官参与量刑协商主要是起到主持协商程序、监督协商过程、审查协商结果、决定是否采纳等作用。人民法院审理认罪认罚案件,法官需要对控辩双方协商过程和协商结果的正当性、合法性、合理性进行司法审查,并最终决定是否采纳。若被告人在审判阶段才表示认罪认罚的,法官则可以发挥主持认罪认罚从宽程序的作用,其可以征求控辩双方关于案件事实、证据、被告人认罪认罚自愿性、合法性,以及最终定罪量刑的意见,这都体现了法官在认罪认罚协商中的参与性。在认罪认罚从宽制度试点运行过程中,有的地方对此作出了明确规定。如天津市高级人民法院、天津市人民检察院、天津市公安局等《关于开展刑事案件认罪认罚从宽制度试点工作的实施细则(试行)》中规定,“审判过程中,被告人、辩护人对量刑建议提出异议的,人民法院可以建议人民检察院与被告人、辩护人重新进行量刑协商”。无论审判阶段是否有必要再次进行控辩协商,人民法院参与认罪认罚协商程序都是合理的。

第二节　审查控辩协商的范围

控辩双方应当在何种范围内开展协商,控辩协商的内容如何规范,在不同的国家和地区存在一定差异。美国辩诉交易制度的实践经验表明,由于检察官在罪名协商及罪数协商中享有极大的权力,有权决定以重罪还是轻罪起诉、是否加减罪名数量、是否提及加重情节、是否提及犯罪记录等,这些都是与辩方进行协商的有力筹码。[14] 由于控辩双方之间协商的空间极大,检察官享有较大的自由裁量余地。在意大利“依当事人请求而适用刑罚的

〔14〕 参见吴思远:《我国控辩协商模式的困境及转型——由“确认核准模式”转向“商谈审查模式”》,载《中国刑事法杂志》2020 年第 1 期。

程序”中，检察官所具有的自由裁量权限比较有限，只可以在法律规定的起诉标准和定罪标准下与被告人进行法律许可范围内的刑罚协商。[15] 在我国台湾地区，根据其“刑事诉讼法”规定，检察官与被告人的协商范围仅仅限于量刑范围之内。[16] 同样地在德国的控辩协商制度中，控辩双方与法官可以就量刑问题进行协商，并且达成某种协议。[17]

在量刑协商的范围上，我国的认罪认罚从宽制度受制于法律明确规定，遵循着“有限协商原则”，控辩双方只能就强制措施的适用、量刑建议、程序选择、涉案财物以及赔偿事宜的处理等问题进行协商，不能就罪名和罪数进行协商。协商的内容主要包括：

首先，量刑协商是控辩协商中的核心内容。与西方的辩诉交易不同，我国的量刑协商既有充足的协商空间，也有明确的法律边界，还需要有充分的证据支持。刑罚的轻重应当与犯罪人的犯罪行为和刑事责任相当，不能过轻或者过重，防止司法机关与被追诉人进行突破法律规定的协商。当然，控辩双方即使就量刑问题达成了一致协议，仍然需要经过法官的实质审查，并由人民法院决定是否采纳。

其次，程序协商是认罪认罚协商制度的重要组成部分。认罪认罚从宽制度是包含了实体与程序一系列法律制度的集合体，它与速裁程序、简易程序、普通程序共同发挥作用。司法实践中，对于认罪认罚案件需要确定合适的审理程序，被追诉人享有适用某种诉讼程序的请求权，公诉机关享有审理程序的建议权，人民法院享有审理程序的决定和调整权。故在认罪认罚案件中，控辩双方应当对案件适用的诉讼程序进行协商，并达成一致意见。

最后，强制措施的适用、对被害人的赔偿等内容，均是认罪认罚案件中控辩协商的重要内容。另外，我国《刑事诉讼法》中当事人和解的公诉案件诉讼程序实际上亦是认罪认罚协商制度中的一项重要内容。[18]

---

〔15〕 参见孙维萍：《意大利式“辩诉交易”与美国辩诉交易之比较》，载《北京航空航天大学学报（社会科学版）》2011 年第 1 期。

〔16〕 参见臧德胜、杨妮：《论认罪认罚从宽制度中被告人上诉权的设置——以诉讼效益原则为依据》，载《人民司法（应用）》2018 年第 34 期。

〔17〕 参见臧德胜、杨妮：《论认罪认罚从宽制度中被告人上诉权的设置——以诉讼效益原则为依据》，载《人民司法（应用）》2018 年第 34 期。

〔18〕 参见朱孝清：《侦查阶段是否可以适用认罪认罚从宽制度》，载《中国刑事法杂志》2018 年第 1 期。

第三节　审查控辩协商程序的正当性

量刑协商是认罪认罚从宽制度中的关键环节,这种协商的理想模式是检察官与被追诉人之间进行控辩协商。二者都是认罪认罚协商制度中的关键主体,有权提出协商,也有权终结协商。认罪认罚协商应当是控辩双方基于理性而开展的一系列交互活动,包括提出主张、协商对话、达成协议、配合履约等步骤。为了使控辩双方可以顺利达成良好的协商结果,除了完善辩护制度外,还应该将协商的步骤和要求纳入程序法的规制之下。[19]

一、协商的基础

在控辩协商过程中,充分保障被追诉人的合法权益,以及赋予值班律师必要的诉讼权利,是保证控辩双方平等协商的关键所在。在刑事诉讼中,被追诉人往往处于国家权力的压制之下,无法以个人力量去抵抗代表国家的检察权,此时值班律师、辩护律师的有效参与就尤为关键。但是若值班律师只是负责提供有限的法律帮助,而不享有履行职责应有的诉讼权利,则其法律帮助效果必将大打折扣。因此,有效的控辩协商必须建立在一定基础上。

首先,应当保障值班律师的知情权。值班律师有权获知被追诉人的身份信息、前科情况、被指控罪名、犯罪事实、量刑情节以及目前检察机关所掌握的全部证据材料。其次,需要保障值班律师的会见权。会见既是值班律师了解案件信息的重要途径,也是处于羁押状态的被追诉人获得法律咨询的唯一渠道。只有值班律师和被追诉人实现了接触,才能就其所享有的认罪认罚权利和量刑协商内容进行充分的沟通和对话,保障被追诉人认罪认罚的明智性、自愿性和合法性。最后,需要保障值班律师的阅卷权。认罪认罚协商应当建立在控辩双方信息对等基础上,值班律师只有充分阅卷,才能充分了解案情,才可以客观、全面、有效地为被追诉人提供法律帮助。同时,值班律师通过查阅全案卷宗,可以审查案件是否达到了证据确实、充分的要求,检察机关认定的罪名和量刑情节是否准确、提出的量刑建议是否适当

---

〔19〕 参见林钰雄:《严格证明与刑事证据》,法律出版社 2008 年版,第 7 页以下。

等,从而在签署认罪认罚具结书过程中,为被追诉人提供更有针对性的法律建议。[20]

二、协商的目的

认罪认罚协商应当围绕控辩双方的主要分歧展开,目的是消除分歧,达成共识。控辩协商制度的出现,打破了原来的权力格局,对控审主体进行了新的角色定位和权力分配,检察机关成为最终量刑结果的重要参与主体。根据2018年《刑事诉讼法》第201条的规定,对于认罪认罚案件,人民法院依法作出判决时,一般应当采纳检察机关提出的量刑建议。实践中,2020年1月至9月,全国检察机关办理的认罪认罚的案件中,对于检察机关提出的量刑建议,法院采纳率高达93.3%。[21] 因此,实践中应当更加注重控辩协商的有效实现,控辩协商应当紧密围绕定罪量刑争议问题,平等顺畅地发表意见,充分了解双方关切,力求达成最大共识。

三、协商的方式

认罪认罚协商应以"面对面协商"为主要方式。实践中,量刑协商一般由检察机关主导,检察机关根据案件证据和情节提出具体量刑建议后征求被告人及其辩护人的意见,这种事后的"背靠背"的征求意见方式并不能满足量刑协商的需要,更无法体现控辩协商的平等性。控辩协商的实质在于控辩双方就被告人量刑方面的问题进行充分沟通,以在量刑建议中吸收辩方的量刑意见,实现有效的量刑辩护。而协商最恰当的方式就是"面对面协商",只有这样才能充分了解彼此的合理诉求、听取被追诉人及辩护人的合理化意见,真正发挥控辩协商的作用。[22]

四、协商的流程

一般来讲,控辩协商可以遵从以下流程:

---

〔20〕 参见李永航:《认罪认罚从宽制度下的有效法律帮助问题研究》,载《西部法学评论》2019年第2期。

〔21〕 参见最高人民检察院:《2020年1至9月全国检察机关主要办案数据》,载微信公众号"最高人民检察院"2020年10月19日,https://mp.weixin.qq.com/s/I4obJqA1G1XoLjc62TxSMA。

〔22〕 参见闵春雷:《认罪认罚案件中的有效辩护》,载《当代法学》2017年第4期。

第一，检察机关收到侦查机关移送审查起诉的案卷材料后，经过对事实、证据以及被追诉人认罪认罚态度的审查，认为可以适用认罪认罚从宽制度的，及时通知法律援助机构指派值班律师或者告知被追诉人有权聘请辩护律师为其提供法律帮助和辩护。

第二，检察机关应当告知值班律师或辩护人被追诉人的基本信息，羁押状态和场所，初步审查的事实、罪名、量刑情节、拟提出的量刑建议和建议使用的审判程序，保障被追诉人和辩护人的知情权。同时，检察机关应当积极与被害方进行沟通，听取被害方对处理案件以及弥补自身损失等方面的意见。如果有可能对被追诉人适用认罪认罚程序，且可能适用非监禁刑的，检察机关还应当通过社区矫正部门对被追诉人进行社会危险性的调查评估。上述过程都为接下来的认罪认罚协商奠定基础。

第三，被追诉人处于羁押状态的，值班律师或者辩护人可以申请会见被追诉人，向其了解案情，听取其陈述和意见，为其提供法律帮助。值班律师可以就检察机关认定的罪名、量刑情节是否准确、合理，提出的量刑建议和拟适用的审判程序是否可以接受，以及被追诉人享有的其他诉讼权利等问题，向被追诉人进行解释和说明。被追诉人未被羁押的，检察机关可以通知被追诉人至律师值班室会见，或者由值班律师、辩护人自行与被追诉人沟通。

第四，值班律师或辩护人会见被追诉人后，应当将辩方意见及时向检察机关反馈和沟通。如果辩方对检察机关认定的事实、证据、拟起诉的罪名、提出的量刑建议、建议适用的审判程序等问题均没有异议，同意签署认罪认罚具结书的，检察机关可以在值班律师或辩护人见证下与被追诉人签订认罪认罚具结书。如果辩方对案件的事实、证据、拟认定的罪名，或者量刑建议、拟适用的审判程序有异议，以及被追诉人或其家属拟进一步对被害人退赃退赔等，值班律师或辩护人应当进一步与检察机关沟通，检察机关应当将辩方意见以及沟通协调情况记录在案。若经过控辩协商，能够达成共识，则可以继续签署认罪认罚具结书，若意见仍有关键分歧，则终止认罪认罚程序。需要注意的是，即使终止了认罪认罚程序，检察机关在后续审查起诉过程中仍应充分听取辩方意见。

第五，检察机关应当将控辩协商的过程材料移送人民法院，作为人民法院审查认罪认罚自愿性、合法性、合理性的必备材料。随着认罪认罚从宽制度及配套制度的完善,认罪认罚协商的全过程应当制作同步录音录像,并探索电子卷宗移送等改革措施。

第四节　审查控辩协商的幅度

量刑协商的幅度问题关系检察机关的量刑建议精准度,是检察机关提出量刑建议过程中的重点和难点。在美国辩诉交易制度中,控辩双方应当就量刑协商幅度有关的事实和法律问题形成明确、一致的意见,即量刑幅度约定。控辩双方可以依照《联邦量刑指南》中的量刑标准,较为准确地计算出具体的刑种与刑度。根据美国司法部的量刑建议政策,联邦检察官的量刑建议必须公正、全面地反映被告人被控犯罪行为的完整性、危害性和严重性,必须符合《联邦量刑指南》及其他有关量刑的法律规范,并且需要对被告人的犯罪前科与历史表现予以充分考量。[23]

一、控辩协商及从宽处罚的幅度缺乏统一标准

目前,我国在法律和量刑规范化层面,还没有较为成熟和达成共识的认罪认罚从宽幅度的规定。最高人民检察院的《人民检察院办理认罪认罚案件开展量刑建议工作的指导意见》只是将被告人认罪作为一种从轻量刑情节,没有为被告人认罪认罚确定具体的从轻比例。司法实践中,不同地区不仅从宽的幅度存在较大差异,从宽的模式也不完全统一。例如,有的地区规定,"根据犯罪嫌疑人认罪认罚的诉讼阶段适用不同的从宽幅度"。其实施细则规定,"侦查阶段认罪认罚的,且在后续审查批捕、审查起诉、审判阶段态度未发生改变并签署具结书的,可以减少基准刑的60%以下;审查批捕、审查起诉阶段自愿认罪认罚且签署具结书,在后续审判阶段态度未发生转变的,可以减少基准刑的40%以下;审判阶段自愿认罪认罚且签署具结书的,可以减少基准刑的20%以下;被追诉人态度虽有反复,但是在庭审结束之前自愿认罪认罚并签署具结书的,可以减少基准刑的10%以下"。有的

[23] 参见黄黔:《论认罪认罚从宽制度中的量刑建议》,浙江大学2019年硕士学位论文,第17页。

地区规定,“根据认罪认罚案件适用审判程序的不同适用不同的从宽幅度”。其实施细则规定,被追诉人认罪认罚的,“在确保法律效果和社会效果的前提下,可以减少基准刑的15%以下;选择适用速裁程序的,可以再减少基准刑的15%以下;选择适用简易程序的,也可以比照速裁程序酌情从宽”。有的地区还规定,“根据被追诉人认罪认罚的诉讼阶段及其在案件办理中的作用适用不同确定从宽幅度”。其实施细则规定,“一般情况下,在审查起诉阶段和审判阶段认罪认罚的,可以分别减少基准刑的40%和20%以下,但是如果被追诉人在审查起诉或者审判阶段认罪认罚过程中提供关键证据,人民检察院和人民法院可以适当提高从宽幅度”。〔24〕

二、法律属性和政策属性的协调

我们认为,认罪认罚从宽制度是一项集程序与实体于一身的综合性法律制度,具有政策性和法律性两方面特征,其虽然不是一项独立的量刑情节,但对量刑轻重确能产生实质性影响。因此,在控辩协商确定认罪认罚从宽幅度过程中,以及人民法院最终量刑过程中,均需要注意以下两个方面:

(一)认罪认罚从宽的法律属性和政策属性

认罪认罚从宽制度具有法律性。认罪认罚从宽处罚的基础,除了宽严相济刑事政策、恢复性司法制度等法律政策、法律原则以外,我们需要在刑事实体法中寻找对被追诉人从轻处罚的法律依据。这就不可避免地涉及与实体法中的“自首”“坦白”“立功”“积极退赃退赔”“获得被害人谅解”等法定或酌定量刑情节进行功能互补和协调。认罪认罚从宽制度的特点体现在“认罪”前提下的“从宽”,二者紧密联系、互为因果。认罪认罚从宽制度,与其他法定和酌定从轻处罚情节之间,既有重合也有超越。认罪认罚从宽制度以法律精神和法律原则为指引,以具体的法定或酌定从轻处罚情节为依托,通过给予被追诉人更大幅度的量刑优待,达到从宽处罚的效果。因此,决定对某一被追诉人从轻处罚,首先应当寻找实体法上的法定或酌定从轻处罚情节。当然,认罪认罚从宽制度还包括程序上的从简,使被追诉人减少诉累,增加其对未来刑罚的可预见性,程序从简也是控辩之间进行量刑协商

---

〔24〕 参见最高人民法院刑一庭课题组、沈亮:《关于刑事案件速裁程序试点若干问题的思考》,载《法律适用》2016年第4期。

的内容之一。

认罪认罚从宽制度还具有政策性，需要把握从宽处罚的政策根据，处理好从宽政策和从宽情节之间的关系。如前所述，认罪认罚从宽制度的政策依据包括宽严相济刑事政策、恢复性司法制度等法律政策和法律原则，把握认罪认罚从宽处罚的政策依据，一是要合理确定认罪认罚从宽处罚的幅度问题，二是要研究在没有法定或酌定从轻处罚情节的情况下，如何兑现认罪认罚从宽的政策问题。

我们认为，认罪认罚的从宽处罚，首先应当以法定或酌定量刑情节为基础，根据被追诉人认罪认罚的早晚、作用、彻底性、稳定性、被害人的态度等情形综合判断，在法定或酌定量刑情节所允许从宽处罚的幅度内选择较大的从宽处罚幅度。如果单纯考虑被追诉人的量刑情节，应当或者可以对其减轻处罚，那么考虑到其同时愿意认罪认罚，此时应当选择对其减轻处罚，减轻处罚的幅度根据各类影响量刑的因素综合判断；如果单纯考虑被追诉人的量刑情节，应当或者可以对其从轻处罚，那么考虑到其同时愿意认罪认罚，此时应当在较大幅度上对被追诉人从轻处罚，如果被追诉人的量刑情节根据法律规定包含减轻处罚幅度的，此时亦可对其适当减轻处罚，具体选择从轻还是减轻处罚，应根据各类因素综合判断。另外，如果被追诉人不具备法定或酌定从宽处罚情节的，此时应着眼于认罪认罚从宽制度的政策属性，在法定量刑幅度内对被追诉人选择较轻的宣告刑，以体现其认罪认罚的价值，兑现认罪认罚从宽政策。

（二）阶梯式从宽量刑机制的构建

量刑问题的复杂性决定了在认罪认罚案件中，应当着眼构建阶梯式的刑罚减让机制。检察机关与辩方进行控辩协商并提出量刑建议时，应当结合被追诉人罪行的轻重，认罪认罚的时间、价值、彻底性，退赃赔偿情况以及被害方态度，尤其是被追诉人有无法定或酌定从轻处罚情节，对被追诉人的社会危害性、人身危险性进行综合评估，提出合理的量刑建议。原则上被追诉人认罪认罚阶段越靠前，量刑建议从宽幅度应当越大，被追诉人有法定或酌定从宽处罚情节，量刑建议应在法定或酌定从宽处罚情节范围内选择更大的从宽幅度。实践中，可以探索“阶梯式从宽量刑机制”，即根据被追诉人认罪认罚的诉讼阶段，确定程度不同的量刑优惠比例，同时又要与自首、坦白、立功、从犯等法定、酌定量刑情节保持科学的从宽梯度。例如，厦门市人民法院创立的“321”阶梯式从宽量刑模式，“犯罪嫌疑人在侦查阶段认罪的，法院最多可以减少基准刑的 30%；在审查起诉阶段认罪的，法院最多可以减少基准刑的 20%；在审判阶段认罪的，法院最多可以减少基准刑的 10%。被告人认罪后又翻供的，不得认罪处罚。但是在一审判决前又认罪的，可以以其最后认罪的阶段来确定从宽幅度”〔25〕。又如，济南市人民法院也推出了“阶梯式从宽量刑模式”，即犯罪嫌疑人在侦查阶段认罪认罚的，法院最多可以减少基准刑的 35%；审查起诉阶段认罪认罚的，法院最多可以减少基准刑的 25%；在审判阶段认罪认罚的，法院的减刑幅度最高可以达到 15%。〔26〕

2014 年，上海市高级人民法院颁布了《〈关于常见犯罪的量刑指导意见〉实施细则》，该规定同样遵循了认罪认罚越早，量刑从宽幅度越大的原则。该实施细则第一章第 3 节第 9 条至第 16 条关于“自首、立功、坦白、当庭自愿认罪、同案犯供述、退赔退赃以及积极赔偿”情形的量刑减让规定，既考虑到认罪认罚作为新的影响量刑的因素，又考虑到与原有的量刑减让体系相互协调，使认罪认罚从宽制度以最“和谐”的方式融入现有量刑指导体系，形成一套以认罪认罚时间为主要考量因素，集悔罪表现、罪行轻重、犯罪性质等要素于一体的“层级式”量刑减让规则。第一，对于侦查阶段认罪认罚的，如实供述犯罪行为、积极退赔退赃以实现犯罪侵害利益的最大程度恢复的或者得到被害人原谅的，且后续不反悔，可以比照实施细则关于刑事和解与积极赔偿的减让幅度予以 30% ~50% 基准刑的减少考量；第二，对于侦查阶段认罪认罚的，如实供述犯罪行为、认罪态度良好，且后续不反悔，可以比照实施细则关于自首、立功、坦白的减让幅度予以 20% ~40% 基准刑的减少考量；第三，对于审查起诉阶段认罪认罚的，如实供述犯罪行为、退赔退赃、积极赔偿被害人损失的，后续不反悔且选择简易程序或者速裁程序的，可以予以 10% ~30% 基准刑的减少考量；第四，对于审判阶段认罪认罚的，比照实施细则关于当庭自愿认罪的减让规定，根据犯罪性质、罪行轻重、

〔25〕 北京市海淀区人民法院课题组：《关于北京海淀全流程刑事案件速裁程序试点的调研——以认罪认罚为基础的资源配置模式》，载《法律适用》2016 年第 4 期。

〔26〕 参见祁云奎、袁鄰：《探索开展认罪认罚从宽制度试点工作新做法》，载《人民法院报》2018 年 11 月 28 日，第 6 版。

认罪程度以及悔罪表现等情况,可以减少基准刑的10%以下;第五,对于未能赔偿被害人经济损失、犯罪性质严重、犯罪情节恶劣、累犯、有前科的犯罪嫌疑人以及严重危害社会治安的犯罪等,在决定是否从宽和把握从宽幅度的时候应当从严掌握。

第五节　审查控辩协商的效力

一、认罪认罚具结书的性质

在明确认罪认罚案件量刑协商效力之前,我们需要对认罪认罚具结书的性质进行界定。在办理认罪认罚案件过程中,控辩协商的关键就是签署认罪认罚具结书,它既是控辩协商结果的载体,又是控辩协商效力的依据。

首先,认罪认罚具结书具有"量刑协议书"的性质。[27] 在被追诉人表达了认罪认罚意愿,检察机关在确保定罪事实清楚、适用罪名正确的基础上,就案件的量刑问题与辩方协商,被追诉人在听取辩护人或者值班律师的意见后可以表达自己的求刑意愿,以便检察机关进行全面、客观和综合考量。但是,这种控辩量刑协商限于合理的商讨和对话范围内,对于过分的量刑减让请求和于法无据的认罪认罚要求,都可能使"量刑协议书"无法达成。在检察机关与被追诉人及辩护人或者值班律师就量刑方案达成一致意见后,即可签署认罪认罚具结书。实质上,认罪认罚具结书记录了控辩双方就量刑事项所达成的协议,以及达成协议的前提和过程。因此,认罪认罚具结书首先具有证据作用,证明控辩双方认罪认罚协商的合法性,以及被追诉人对认罪认罚法律后果的明知性,对认罪认罚结果的自愿性等内容,供法庭审理程序进行审查。

其次,认罪认罚具结书又可以发挥"契约"作用。认罪认罚具结书的效力近似于"契约",这种"契约"效力在于对控辩双方协商行为的约束,而非对案件事实的固定。认罪认罚具结书所包含的"契约"属性,不仅决定了其必然要有两方以上的签约主体,而且签约主体的行为也要受到具结内容的

〔27〕 参见陈瑞华:《论量刑协商的性质和效力》,载《中外法学》2020年第5期。

约束，否则应承担一定的责任或者遭受不利的后果。如果说控辩协商模式能够体现出“契约精神”的平等价值追求，那么认罪认罚具结书在签署之后，仍然应当平等地规制双方的履约行为。根据《刑事诉讼法》的规定，除特殊原因外人民法院一般应当认可控辩协商的量刑结果，这也是对控辩双方“契约”的“司法保护”。如果在庭审中，被告人、辩护人确有证据证明原量刑协商的结果不当的，检察机关可以与被告人、辩护人进行新的量刑协商，也可以由法院依法裁判。然而，虽然认罪认罚具结书具有“契约”效力，但并非不可反悔或撤回，根据法律规定，被追诉人表示反悔并不再认罪认罚的，该案就不再适用认罪认罚从宽制度，检察机关若基于新的事实和情节，决定不再根据控辩协商的结果提出量刑建议，且控辩双方又无法达成新的“契约”的，则该案同样不再适用认罪认罚从宽制度。〔28〕

二、认罪认罚协商的效力

随着认罪认罚从宽制度的实施，围绕着控辩双方所达成的量刑协议的效力，实践中表现为检察机关量刑建议的效力问题，诉讼各方都发生了一些争议，引发了不同司法机关以及理论界对认罪认罚协议效力问题的质疑和讨论，甚至一度冲击了检、法之间的“和谐”关系。其中以北京市第一中级人民法院判决的“余金平交通肇事逃逸上诉案”、河北省保定市中级人民法院审理的“王建东寻衅滋事案”所引起的舆论效应最为典型，这两件案件互成对比，成为检、法之间在量刑建议效力问题上观点碰撞的“主战场”。

在“余金平交通肇事逃逸上诉案”中，被告人余金平交通肇事致人死亡后主动投案，如实交代犯罪事实并且认罪认罚，检察机关提出了3年有期徒刑并适用缓刑的量刑建议，但一审法院认为该量刑建议明显不当，没有建议检察机关调整量刑建议而是直接判处被告人余金平有期徒刑2年。对此判决结果，被告人余金平提出了上诉、检察机关也提出抗诉。北京市第一中级人民法院在二审中，既没有维持一审法院的判决，也没有支持被告人的上诉和检察院的抗诉，而是直接改判被告人余金平有期徒刑3年6个月。〔29〕

---

〔28〕 参见刘原：《认罪认罚具结书的内涵、效力及控辩应对》，载《法律科学》2019年第4期。

〔29〕 参见余金平交通肇事逃逸上诉案，北京市第一中级人民法院（2019）京01刑终628号刑事判决书。

在“王建东寻衅滋事案”中，被告人王建东自首后积极赔偿被害方的损失并且认罪认罚，检察机关据此提出了1年3个月有期徒刑的量刑建议。一审法院认为量刑建议不当并判处王建东有期徒刑2年。对此，被告人王建东提出上诉。二审法院认为上诉人王建东签署了认罪认罚具结书，检察机关提出的量刑建议对人民法院的判决具有一定约束力，一审法院非因法定原因不采纳检察机关的量刑建议不妥，遂对该案进行了改判，支持检察机关在一审中的量刑建议。〔30〕

两个典型案件，均存在支持和反对的观点。支持“王建东寻衅滋事案”二审判决的观点认为，认罪认罚案件中的量刑建议不仅对于控辩双方具有约束力，对于法院同样也具有约束力。只有在具体个案中，控辩审三方恪守诚实信用原则，确保协商结果在司法程序中有效落实，认罪认罚案件中的“诉讼交易习惯”才会逐渐形成。在这种“诉讼交易”中，任何一方不守诚信或者不守约，都可能破坏市场交易秩序，影响以后的类似交易。〔31〕 支持“余金平交通肇事逃逸上诉案”二审判决的观点则认为，人民法院依法独立行使审判权是宪法和法律的明文规定，也是现代刑事诉讼科学性和进步性的最大体现，理所应当。2018年《刑事诉讼法》第201条规定了因量刑建议本身存在问题而导致不被采纳的例外情形，也就说明了检察机关的量刑建议不能代替法官的量刑裁判权，量刑建议只是在有限范围内对人民法院的判决起到一定程度的影响，人民法院判决的依据是事实和法律，而并非检察机关的量刑建议。对于控辩双方达成的量刑协议，人民法院拥有实质审查权。量刑建议和量刑情节本身不属于审判对象的范围，人民法院不采纳量刑建议，甚至超出量刑建议的范围加重对被告人的处罚，并不违反控审分离原则。〔32〕 除了上述两个案件反映出的情况，实践中遇到被告人在审判阶段对认罪认罚协议表示反悔、检察机关在审判阶段撤回量刑建议、认罪认罚的被告人提出上诉等情况，其实都涉及控辩协商及量刑建议效力问题的争论。

---

〔30〕 参见王建东寻衅滋事案，河北省保定市中级人民法院(2020)冀06刑终137号刑事判决书。

〔31〕 参见陈瑞华：《司法过程中的对抗与合作——一种新的刑事诉讼模式理论》，载《法学研究》2007年第3期。

〔32〕 参见周长军：《认罪认罚案件中法院变更量刑建议的法理分析》，载《云南社会科学》2022年第2期。

我们认为,认罪认罚具结书是控辩双方达成的量刑协议,体现了双方对量刑方案所形成的合意。作为一份“量刑协议书”,认罪认罚具结书对检察机关、被追诉人都具有约束力。

首先,对于检察机关来讲,其是控辩协商的主导者,也是提出量刑建议的主体。基于检察机关的公信力和被追诉人的信赖利益,检察机关不得随意变更或撤回量刑建议。从法律规范的层面来看,并未明确规定检察机关享有撤回或者变更量刑建议的权力,只是规定了审查起诉阶段的量刑建议提出权和审判阶段的量刑建议调整权。[33] 量刑协议是控辩双方的量刑合意,具有公权力要素,为维护检察机关的公信力和诉讼权威不能轻易撤回或者更改,只有在被告人违反协议的情况下,才可为之。[34] 在犯罪嫌疑人签署具结书后,应当认为双方已经正式达成了量刑协商,检察机关不得随意撤销或者变更量刑建议,这是对公权力的法律约束,同时体现了司法的谦抑性原则,防止检察机关随时给被追诉人添加额外的负担。如果被追诉人对认罪认罚具结书表示反悔,导致无法继续适用认罪认罚从宽制度的,可以直接程序回转,已经作出的量刑建议自动失效,检察机关可以根据案件事实、证据以及被追诉人的认罪悔罪态度,重新且独立提出量刑建议,或者由人民法院依法裁判。一般来讲,此时的量刑建议或裁判结果会比认罪认罚具结书载明的刑罚更重,体现了被追诉人反悔所要承担的不利后果。而对于检察机关来讲,无论在任何诉讼阶段,假如其单独变更或撤回量刑建议的,应当理解为违约行为,被告人有权选择程序回转而终止认罪认罚从宽制度的适用,案件转入普通诉讼程序,此时对于被追诉人来讲,由于其仍具有认罪认罚态度,不应由其承担终止认罪认罚程序的不利后果。基于法律的客观性,此时也不宜由检察机关承担违约“赔偿刑期”的责任,人民法院应当认真审查认罪认罚的过程和检察机关撤回量刑建议的原因,结合案件事实、情节及被告人事实上的认罪认罚态度,公正作出判决。

其次,对于被追诉人来讲,其作为控辩协商的参与方,既然承认了检察机关指控的犯罪事实,也就是接受了认罪认罚具结书所载明的刑罚后果,其

---

〔33〕 参见张春柳:《协商性司法视野下认罪认罚案件的量刑协商机制构建》,载《广西政法管理干部学院学报》2019 年第 5 期。

〔34〕 参见李懿艺:《论认罪认罚案件中量刑建议的约束力》,载《政法学刊》2018 年第 2 期。

应当受量刑建议的约束。不过,这种对被追诉人的限制相对于检察机关来讲,其约束力应当有所弱化,这不仅仅是辩护制度和人权保障的应有之义,也是对检察机关在刑事追诉中强势地位的制度回应。既然被追诉人在认罪认罚案件中放弃了部分辩护权利,那么其相对于检察机关的量刑建议来讲,应当处于被宽宥对待的一方,从认罪认罚从宽制度的设计上要尽量均衡控辩双方的力量。为了保障被告人认罪认罚的自愿性,应当赋予其撤回认罪认罚意愿的权利。但是,需要根据具体情形,为被追诉人设置相应的撤销权后果,以保障被追诉人合理的撤销权,限制其不合理的任意撤销权,否则任意地撤回,既不利于诉讼效率的提高,也不利于认罪认罚从宽制度的价值实现。具体而言:(1)在审查起诉阶段,控辩双方达成协议后,由于案件还未进入审判阶段,应该更加侧重于保障犯罪嫌疑人认罪认罚的自愿性,犯罪嫌疑人可以无条件地行使撤回权,但是否适用认罪认罚程序对犯罪嫌疑人的刑罚仍然会产生影响。(2)在审判阶段,由于诉讼程序已经进行大半,从诉讼经济和人权保障的角度,不能完全剥夺被告人的认罪认罚撤回权,但是应当明确告知被告人行使撤回权是有条件的,其也应承担一定的法律后果。撤回的条件包括其之前的认罪认罚并非自愿、其并不知晓认罪认罚的法律后果、其未获得有效的法律帮助等,此时被告人有权撤回认罪认罚意愿,且无需因此承担额外的不利后果。若被告人并无适当理由而任意撤回认罪认罚意愿,则应当具体问题具体分析;若其仅对行为性质提出辩解或者对量刑建议不满意,则仍应根据其法定或酌定量刑情节依法判处,只不过不再享有认罪认罚的量刑从宽优待;若其表示不认罪甚至翻供,则应当根据查明的事实依法判处。

最后,对于人民法院来讲,有观点认为,无论是认罪认罚具结书,还是建立在具结书基础上的量刑建议,对于法院的量刑裁决都应具有法律效力。[35] 只有这样才能保证控辩协商的成果得以实现,认罪认罚从宽制度得以顺畅运行。实际上,控辩协商协议及量刑建议对于人民法院的约束力问题值得研究,理论界存在争议,司法实务界更是争论不断,这在上文提到的

〔35〕 参见陈国庆:《量刑建议的若干问题》,载《中国刑事法杂志》2019 年第 5 期。

两个典型案例中体现得淋漓尽致,相关各方均加入对这一问题的论战之中。[36] 同样的情况也在美国辩诉交易中出现,美国联邦最高法院曾经在"布克尔案"的法院意见中认定《联邦量刑指南》为建议性规范,对量刑法官没有强制性效力。但是为了保证辩诉交易的正常运行,联邦法院对于《联邦量刑指南》一般持以下立场:虽然在"布克尔案"之后《联邦量刑指南》只具有建议性,但是对与之偏离的判决,辩方可以通过要求上诉法院进行合理审查,无合理根据而与《联邦量刑指南》相偏离的刑罚裁量会被上诉法院改判,这使得量刑法官受到了实质上的约束。[37] 在美国司法实践中,尽管没有法律规定法官必须接受检察官的量刑建议,但是法官一般会出于诉讼效率的考量,不愿让辩诉交易机制回转而选择接受检察官的量刑建议,除非量刑建议的刑罚存在极大不合理之处。[38]

我们认为,认罪认罚具结书及检察机关的量刑建议对于人民法院来讲,并不具有当然的约束力,显而易见的理由是人民法院并非缔约方。只不过,刑事诉讼法要求人民法院对量刑建议进行实质审查后,除非出现法定情形,一般应当按照量刑建议的内容作出裁判。在此需要明确两点:一是量刑建议只是人民法院判决时的参考,其并非具有裁判性质的司法文件,人民法院即使采纳检察机关的量刑建议,也是依法行使审判权的表现,并非对量刑建议作出的司法确认;二是刑事诉讼法规定人民法院一般应当采纳量刑建议,是基于诉讼经济的现实考虑和激励被追诉人积极认罪悔罪、实现司法领域社会和谐的政策考虑,从而实现认罪认罚从宽制度的价值目标。人民法院绝不是代替检察机关实现国家信用,否则就会对检察机关和人民法院从职责、目标和道义上进行捆绑,陷入缺乏相互制约的纠错机制的窠臼。检察机关的公信力应当通过其积极履职尽责,全面查清案件事实,提出符合法律规定、具有相当合理性且令人信服的量刑建议来实现。此时又不免涉及精准

〔36〕 参见朱孝清:《刑事诉讼法第 201 条规定的合理性》,载《检察日报》2019 年 11 月 7 日,第 3 版;卞建林、陶加培:《认罪认罚从宽制度中的量刑建议》,载《国家检察官学院学报》2020 年第 1 期;李奋飞:《论"确认式庭审"——以认罪认罚从宽制度的入法为契机》,载《国家检察官学院学报》2020 年第 3 期。

〔37〕 参见张春柳:《协商性司法视野下认罪认罚案件的量刑协商机制构建》,载《广西政法管理干部学院学报》2019 年第 5 期。

〔38〕 参见[美]爱伦·豪切斯泰勒·斯黛丽、[美]南希·弗兰克:《美国刑事法院诉讼程序》,陈卫东、徐美君译,中国人民大学出版社 2002 年版,第 567 页。

刑量刑建议和幅度刑量刑建议的问题，应当说从实现检察机关公信力的角度出发，哪种类型的量刑建议有助于实现公信力，就应当提出哪种量刑建议，量刑建议不能被内部考核等外在因素所左右。

第十三章 认罪认罚自愿性的审查

认罪认罚从宽制度体现了保障人权、程序正义和诉讼效率等刑事诉讼价值追求。为了避免被追诉人在受到强迫、欺骗、威胁的情况下作出非自愿性的认罪认罚表示,认罪认罚自愿性审查成为认罪认罚案件审理过程中的重点和难点。

在美国的辩诉交易制度中,法官一般不参与这种控辩双方的协商活动,但是对被告人作出的有罪答辩自愿性、明智性和事实基础进行形式上的审查。[1] 在德国控辩协商制度中,控辩双方与法官在就量刑问题进行协商的过程中,法官就会考量被告人认罪认罚的自愿性,作出相应的实质审查判断。[2] 我国 2018 年《刑事诉讼法》确立了法院对认罪认罚案件的审查制度。不论是普通程序、简易程序还是速裁程序,认罪认罚案件庭审时要重点对认罪认罚的自愿性和具结书内容的真实性、合法性进行审查核实。[3] 目前,虽然认罪认罚从宽制度已经实施了几年时间,但针对认罪认罚自愿性审查仍然存在立法不足、操作规程不统一、审查标准模糊等问题。认罪认罚自愿性审查机制需要进一步完善,不应当停留在形式审查层面,应当更加注重对认罪认罚自愿性的实质性审查。

---

〔1〕 参见陈瑞华:《美国辩诉交易程序与意大利刑事特别程序之比较(上)》,载《政法论坛》1995 年第 3 期;陈瑞华:《美国辩诉交易程序与意大利刑事特别程序之比较(下)》,载《政法论坛》1995 年第 4 期。

〔2〕 参见施鹏鹏、褚侨:《德国刑事协商制度的新动态》,载《检察日报》2019 年 4 月 3 日,第 3 版。

〔3〕 参见最高人民法院刑一庭课题组、沈亮:《刑事诉讼中认罪认罚从宽制度的适用》,载《人民司法(应用)》2018 年第 34 期。

第一节 认罪认罚自愿性的审查标准

在推进认罪认罚从宽制度改革的过程中，认罪认罚自愿性的审查可以说是最为复杂的问题之一。其复杂性在于，认罪认罚自愿性的审查过程较为抽象，影响自愿性认定的因素较多，在司法实践中难以抽象出普遍适用的客观评价标准，只能根据主客观相统一的刑事诉讼基本理念进行价值判断。即便是在美国，虽然已经确立认罪答辩自愿性和自白任意性规则近60年，但联邦最高法院对自愿性的认识依旧充满犹疑、摇摆、困惑和反复。[4]

由于自愿性概念的模糊，我国司法机关在审查认罪认罚自愿性的时候，通常依靠经验积累或者地方法院内部规定的客观化尺度进行判断。这些客观化的判断尺度在一定程度上可以弥补判断标准缺失问题，有利于提供客观的评价标准，避免“千人千面”的随意性，从这一点来看，客观化的判断标准有其科学性。但是认罪认罚自愿性是被追诉人的主观心理状态，倘若撕裂主客观的有机统一，忽略被追诉人的内在心理因素，完全依靠客观标准终究难以探察其内心的真实想法。司法实践中，被追诉人自愿认罪认罚的原因很多：有的是出于排解心理压力的需要，有的是基于利益算计而带有较强的投机性，有的则是内心的真诚悔过和犯罪后的愧疚，等等。因此，在认罪认罚自愿性审查过程中，需要坚持主客观相统一的评价标准，力求评价的准确性。

笔者认为，基于认罪认罚自愿性审查的主客观相统一需求，应当在充分提炼实践经验的基础上，结合法规范分析，构建自愿性评价的“客观性判断标准”和“主观性判断标准”，即一方面以被告人认罪认罚过程的程序和实体合法性为“客观性判断标准”，另一方面以被告人对认罪认罚的主观明知和内在动机的考察为“主观性判断标准”。

一、客观性判断标准

在我国认罪认罚从宽处罚的语境下，“认罪”意味着对被指控犯罪事实

---

〔4〕 参见陈光中、马康：《认罪认罚从宽制度若干重要问题探讨》，载《法学》2016年第8期。

的承认和叙述。[5] 2018年《刑事诉讼法》、2021年《刑事诉讼法解释》2013年最高人民法院《关于建立健全防范刑事冤假错案工作机制的意见》以及2017年最高人民法院等五部门《关于办理刑事案件严格排除非法证据若干问题的规定》中对“禁止性侦查行为”进行了明确梳理和归类，这从反面为被告人认罪认罚自愿性设定了客观评价标准。将“自愿性”从对被告人主观意志的判断，转为对“刑讯逼供、威胁、引诱以及欺骗等”禁止性侦查行为的客观行为的判定，这就是自愿性判断的客观标准。因为，被告人的认罪供述必须完全出于其自由的主观意志，不得有任何来自外界的客观干扰或者强迫，这包括来自侦查机关、检察机关故意施加的，也包括其他诉讼参与人甚至是辩护人、被害人或者其亲属等有意或者无意对被告人所形成的心理威慑或者压迫。据此，认罪认罚自愿性的客观审查标准可以从两方面来理解。第一，司法机关不能以刑讯逼供、肉刑或者变相肉刑以及其他使被告人在肉体上或者精神上遭受剧烈痛苦的做法强迫被追诉人认罪认罚；第二，司法机关不能采取威胁、引诱、欺骗等精神强迫的非法方式让被追诉人认罪认罚。其中，对于实践中可能出现的司法机关以“罪名、罪数减少或者不符合规定的大幅度减免刑罚”假条件诱骗被追诉人认罪供述，以“坦白从宽、抗拒从严”结合羁押措施对被追诉人施以威胁的，均可界定为非自愿认罪认罚。[6]

除了“禁止性侦查行为”以外，认罪认罚自愿性的客观评价标准中还应当包括认罪认罚程序的合法性判断。程序之于实体，在现代刑事诉讼中的地位越来越重要，程序不公正必然导致实体难以公正。认罪认罚程序具有客观性、可审查性、明确性等特质，具备作为客观评价标准的可行性。2018年《刑事诉讼法》及2021年《刑事诉讼法解释》和两高三部《认罪认罚指导意见》针对认罪认罚从宽制度规定了复杂的司法程序，包括认罪认罚程序的启动、法律帮助、认罪认罚具结书的签署、社会调查、量刑建议等，尤其是认罪认罚法律后果的充分告知，以及被追诉人对这种法律后果的明确知情，

---

〔5〕 参见魏晓娜：《完善认罪认罚从宽制度：中国语境下的关键词展开》，载《法学研究》2016年第4期。

〔6〕 参见孔冠颖：《认罪认罚自愿性判断标准及其保障》，载《国家检察官学院学报》2017年第1期。

这些司法程序是保障认罪认罚从宽制度合法、有效实施的关键。人民法院在审查认罪认罚案件过程中,应当实质审查认罪认罚的程序,若发现程序瑕疵,则应当对被告人的认罪认罚的自愿性质疑;若发现程序违法,则原则上应当否定被告人认罪认罚的自愿性。至于能否从根本上否定被告人的认罪认罚效力并排除认罪认罚从宽制度的适用,应根据审理查明的被告人真实意愿,并结合案件情况作出合理判断。

二、主观性判断标准

一方面,认罪认罚从宽制度关系被追诉人的切身利益,被追诉人理应对认罪认罚的法律后果充分知悉,并具有自主判断和决策的意志自由。这既是正当程序的要求,也是达成认罪认罚从宽制度价值目标的根本要求。若被追诉人对认罪认罚的性质、要求和法律后果不知情,则其处分自身权利的结果就不具有正当性,其所作出的认罪认罚意愿就缺乏实现的可能性,国家对其施加的刑罚也就缺乏实效性,更无法实现宽严相济、恢复社会关系、实现社会和谐等政策目标。另一方面,被追诉人的主观动机同样十分重要。若被追诉人心怀真诚的认罪悔罪动机接受认罪认罚,则可以真正实现认罪认罚从宽制度的价值目标。反之,若被追诉人怀有投机取巧、避重就轻等认罪认罚动机,则认罪认罚从宽制度的作用就无从发挥。司法实践中,有些被告人口口声声认罪悔罪,但是他们有的缺乏对认罪认罚从宽制度的真正理解,缺乏有效的法律帮助,对自己所认之罪是否与事实相符、是否有证据支持、是否构成犯罪均一知半解,或者为了获得从轻处罚而放弃最基本的自我辩护权;有的口头上表示认罪,但内心却对司法程序充满了怀疑,对被害人的损失缺乏最基本的同理心,他们认罪认罚只是为了获得从轻处罚,并非真正认罪悔罪。被追诉人在这种动机下的认罪认罚虽然也是出于自由意志支配下的自愿行为,但本质上却属于虚假的自愿,违背了认罪认罚从宽制度的自愿性要求。因此,对被追诉人的自由意志和主观动机的考察十分必要,具体包括以下内容:一是应当明知其被指控的罪名,被追诉人对其被指控犯罪性质的明知,是正当程序首要且公认的一项要求;[7] 二是明知范围应当扩展至对"认罪认罚后果"的认可,即应当明知并且愿意承受所认之罪产生的

[7] See Smith v. O'Grady, 312 U.S. 329, 334(1941).

刑罚后果;三是应当明知认罪认罚后可能承担的诉讼程序上的简化;四是应当明知认罪认罚后需要积极主动退赔退赃并且争取被害人及其家属的原谅,认罪认罚需要具备实质性。从信息对称的角度来看,只有在被追诉人对检察机关掌握的证据有全面细致的了解,对所要面临的不利后果有充分认知,其权衡利弊后再作出认罪认罚决定,这种认罪认罚才是自愿和明智的。

第二节　认罪认罚自愿性审查的内容

根据2018年《刑事诉讼法》第190条的规定,人民法院对认罪认罚案件进行自愿性审查,可以分为两部分内容:其一,认罪认罚的自愿性和程序合法性,这体现了司法机关在认罪认罚程序中对被追诉人自由意志和程序选择权的尊重,从而保障认罪认罚程序的公正性;其二,认罪认罚具结书的真实性和法律适用的正确性,这关系到被追诉人是否真正实施了犯罪行为和量刑建议的合法性,保障认罪认罚结果的公正性。[8]

认罪认罚自愿性审查需要综合考虑影响被追诉人作出这种选择的各种因素,以确认被告人认罪认罚是在其自由意志支配下作出的意思表示,没有受到任何的胁迫、欺诈或者不正当引诱。[9] 参考国外的认罪答辩程序有益经验,结合我国的刑事诉讼法规范,我们可以从以下方面全面、充分地审查认罪认罚自愿性。

一、审查权利告知情况

两高三部《认罪认罚指导意见》第22条规定了侦查机关在侦查过程中,应当告知犯罪嫌疑人享有的诉讼权利、如实供述罪行可以从宽处罚和认罪认罚的法律规定;第23条规定了侦查机关应当对犯罪嫌疑人同步开展认罪教育;第26条规定了检察机关当告知犯罪嫌疑人享有的诉讼权利和认罪认罚的法律规定,保障犯罪嫌疑人的程序选择权。上述规定说明,在认罪认

---

〔8〕 参见史立梅:《认罪认罚从宽程序中的潜在风险及其防范》,载《当代法学》2017年第5期。

〔9〕 参见[日]田口守一:《刑事诉讼的目的》(增补版),张凌、于秀峰译,中国政法大学出版社2011年版,第128~129页。

罚案件中，被追诉人对诉讼权利的明知是开展认罪认罚程序必备的前置性要件，也是司法机关应当履行的法定义务。人民法院在审判过程中，应当首先围绕侦查机关、检察机关是否确实、有效地告知了被追诉人相关诉讼权利和认罪认罚从宽制度的法律规定开展调查，以确认被告人认罪认罚的基础是否存在。法官可以在庭前和庭审程序中询问被告人是否收到过侦查机关、检察机关的权利告知，本人是否以口头或者书面形式表达过对适用认罪认罚从宽制度的认可，并审查相应告知程序的书面材料，还要再次确认被告人对认罪认罚决定的认知程度和自愿性。

二、审查获得法律帮助的情况

两高三部《认罪认罚指导意见》第 4 部分专门规定了“犯罪嫌疑人、被告人辩护权保障”的问题。根据该部分的规定，司法机关应当保障犯罪嫌疑人、被告人获得有效法律帮助，确保其了解认罪认罚的性质和法律后果，自愿认罪认罚；应当建立派驻值班律师制度，切实维护犯罪嫌疑人、被告人的合法权益，确保犯罪嫌疑人、被告人在充分了解认罪认罚性质和法律后果的情况下，自愿认罪认罚；司法机关应当确保值班律师依法履职，为其提供法律规定的便利条件；还规定了法律帮助的衔接问题以及辩护人的职责。上述规定，构建了比较完整的认罪认罚案件律师帮助和辩护制度。人民法院在审理认罪认罚案件中，应当重点审查被告人是否在认罪认罚过程中获得充分、有效的法律帮助和辩护，应当为被告人行使辩护权提供积极保障。被告人获得有效法律帮助和辩护是其自愿认罪认罚的必要前提，如果司法机关在认罪认罚程序中未依法保障甚至剥夺了被告人的上述权利，人民法院应当否定被告人认罪认罚的自愿性。如前所述，这能否从根本上否定被告人的认罪认罚效力并排除认罪认罚从宽制度的适用，应根据审理查明的被告人真实意愿，并结合案件情况作出合理判断。

三、审查对认罪认罚的明知性

两高三部《认罪认罚指导意见》明确规定了侦查机关、检察机关对被追诉人认罪认罚权利和法律后果的告知义务，规定了被追诉人享有获得法律帮助和辩护的权利，又规定了检察机关在办理认罪认罚案件中的证据开示、签署具结书的程序。这些规定均是为了保障被追诉人对自己的认罪认罚决定具备全方位的明知性,从而确保其是在明知的基础上自愿作出的认罪认罚决定。因此,人民法院在审查被告人认罪认罚自愿性的过程中,应当对其明知性进行审查。人民法院不能仅仅依靠“是或者否”的选择题方式去向被告人求证,而要通过“具体疑问”的审查方式去探知被追诉人的内心深处。明知毕竟属于心理世界的范畴,人民法院可以通过对被告人权利保障情况的审查,结合被告人本人的陈述,作出合理判断。需要注意的是,此处的明知性只需要达到一般概括性认识即可,不能苛求被告人对案件的行为性质、证据标准、法律适用、认罪认罚法律规定具备专业知识。

四、审查认罪认罚程序的合法性

两高三部《认罪认罚指导意见》规定了认罪认罚案件的详细办理流程,包括从犯罪嫌疑人、被告人的权利保障程序到被害方的权益保障程序,从强制措施的适用到诉讼程序的选择和转换,从侦查机关的法定职责到检察机关的法定职责,从控辩协商签署具结书到量刑建议的提出、审查和采纳,从全流程的社会评估调查到从宽政策的兑现,从认罪认罚的反悔和撤回到速裁程序、简易程序和普通程序的适用,以及第二审程序认罪认罚的处理、未成年人认罪认罚案件的办理等诸多程序性规定。程序正义是实体正义的前提和保障。人民法院审查被告人认罪认罚的自愿性,必须对认罪认罚程序的合法性进行实质审查。如前所述,认罪认罚程序的合法性是认罪认罚自愿性审查的客观性标准,通过审查被告人作出认罪认罚选择的时候是否遭受法律明文规定的“禁止性侦查行为”,从而确定认罪认罚自愿性的有无,并从根本上杜绝冤假错案的发生。

五、审查事实与证据

职权主义诉讼模式下的刑事诉讼以发现真实和犯罪控制为目的,国家与被追诉人在认罪认罚过程中开展的合作是有限的,无论被告人是否认罪,都应当坚持证据裁判原则,定罪量刑必须有足够的事实基础和证据支撑。因此,人民法院在审理认罪认罚案件过程中,应当坚持对事实和证据的实质审查,应当查明与定罪量刑有关的所有事实和法定、酌定量刑情节,在此基础上才能作出最终裁判。具体到认罪认罚自愿性的审查上,需要强调的是被告人的认罪认罚必须建立在事实清楚,证据确实、充分的条件下,在此基础上的认罪认罚意愿才具备自愿性和合法性，对于没有事实和证据基础的认罪认罚案件，即使被告人表示认罪认罚也不应当采纳其意见，必要时应当将案件转为普通程序进行审理，确保认罪认罚案件的办案质量。总之，判断被告人有罪供述的真实性及认罪认罚的自愿性，需要综合全案证据判断是否符合“犯罪事实清楚，证据确实、充分”的证明标准，确保对认罪认罚的被告人罚当其罪。

第三节　认罪认罚自愿性审查的程序

相较于侦查机关和检察机关而言，人民法院担负着最终定罪量刑的责任，对认罪认罚案件具有终局裁判的权力。因此，人民法院应当建立一套体系化的认罪认罚自愿性审查程序。

一、探索建立相对独立的庭前审查程序

案件进入审判阶段以后，由于速裁程序、简易程序、普通程序的程序定位和法律规定不同，各审理阶段的重点和任务亦不相同。相对于普通程序来讲，速裁程序和简易程序由于庭审时间较短，无法完成过多的实质性审查任务，因此案件中的大量实质性审查工作不可避免地从庭审转移至庭前甚至庭后，尤其是对于事实、证据的审查，实践中多转移至庭前阶段开展。这样做一方面可以为即将到来的庭审做好充分准备，进一步提高庭审效率，另一方面也是庭审程序简化后的现实需要。根据庭审实质化的要求，庭审应当作为事实查明、证据质证、发表意见、作出裁判的“主战场”，但是根据认罪认罚从宽制度以及速裁和简易审理程序所要实现的繁简分流安排，速裁程序、简易程序的庭审重心并非事实查明和证据质证，而是听取各方关于案件情况的意见，以便法庭更好地把握全案事实和各方态度。在这样的制度安排下，庭前审查成为案件审理必不可少的一环。但庭前审查并非书面审理，庭前审查可以归纳争议焦点和案件需要查明的重点，以便在庭审中有目的地开展法庭调查和法庭辩论，最终既确保案件质量，又提高庭审效率。由于认罪认罚案件绝大多数均适用速裁程序或简易程序，因此构建针对认罪认罚案件的庭前审查程序十分必要。庭前审查阶段的主要任务，就是审查

案件的程序性和实体性材料，梳理案件的重点和难点，开展与认罪认罚有关的程序性事项如听取被害方意见、进行社会调查等，从而为庭审做好充分准备，保障庭审顺利进行。对于认罪认罚案件来讲，认罪认罚自愿性、客观性审查工作可以通过审前程序来完成，再通过庭审程序解决疑问。认罪认罚案件的庭前审查程序，可以参照庭前会议的组织形式，但可以更加灵活，形式可以更加创新。

二、规范人民法院的权利告知程序

根据两高三部《认罪认罚指导意见》第 39 条的规定，人民法院在认罪认罚自愿性、合法性审查过程中，应当告知被告人享有的诉讼权利和认罪认罚的法律规定，听取被告人及其辩护人或者值班律师的意见。这实质上是对人民法院权利告知义务的规定。人民法院充分告知被告人与认罪认罚从宽制度有关的权利义务是开展认罪认罚自愿性审查的必要前提。人民法院履行权利告知义务，告知方式可以分为书面和口头两种形式，书面告知可以在法院向被告人送达起诉书副本的同时进行，一般采用告知书或讯问笔录的形式，书面告知应当载明被告人依法所享有的诉讼权利，尤其是认罪认罚的性质、后果，讯问被告人关于其认罪认罚决定的意见以及对案件事实、证据、审理程序、检察机关量刑建议的意见，这样不但达到权利告知的目的，而且还可以初步了解被告人认罪认罚的自愿性和真实态度，为庭前审查、庭审调查奠定基础。若此时被告人表示不再认罪认罚，或者提出认罪认罚程序瑕疵的，则可以依法采取转换程序、建议检察机关依法处理等措施。口头告知原则上以庭审过程中的当庭告知为主，也可以通过庭前讯问被告人的方式口头告知。口头告知应当在法庭事实调查阶段进行，一般应当在举证质证之前完成告知、讯问等活动，以便为接下来的庭审程序做好准备，如果发现需要转换庭审程序等情况，应及时依法进行处置。

三、明确自愿性审查的方法

认罪认罚自愿性审查需要遵循综合判断的原则，即通过具体而详细的讯问、运用互相印证的审查逻辑、考虑影响被告人供述的各种因素，综合评判被告人认罪认罚的自愿性、真实性与合法性。司法实践中，庭前阅卷和庭审中讯问是认罪认罚自愿性审查的两种主要方式。实践证明，无论是法官还是控辩双方,单纯通过庭前阅卷难以发现认罪认罚自愿性的瑕疵,因为单就认罪认罚程序而言,相关程序性文书一般都较为完善,明显的瑕疵一般不会出现。但是,庭前阅卷仍然十分重要,其除了审查认罪认罚自愿性问题以外,最重要的是对案件事实和证据的审查、提炼,为后续审理程序奠定基础。刑事诉讼中的直接言词原则告诉我们,认罪认罚自愿性审查中的讯问环节尤为重要,它可以破除庭前阅卷的弊端,更有利于倾听被告人的真实想法。因此,庭审讯问不能流于形式,应给予被告人充分发言的机会,审判人员也不能采用封闭式提问、引导式发问、限制性回答等不当方式,应当充分发挥庭审中的法庭事实调查、法庭讯问环节的作用,将问题具体化。比如从讯问被告人是否依法获得了有效法律帮助,到讯问具体获得了哪些方面的帮助,综合了解被告人对于认罪认罚过程的认知和把握程度。另外,认罪认罚自愿性审查也应当采取互相印证的审查逻辑,以自愿性辅助判断真实性,以真实性印证自愿性。[10] 虽然司法实践中自愿性的供述和真实性的供述可能存在不一致的地方,但是从法律原则来讲,我们总是追求被告人能够基于个人自愿作出真实的供述,而且即便是真实的供述,如果违反取证程序,从而造成诱供、逼供,也应当一律排除。因此,司法实践中将供述自愿性的审查和供述真实性的审查结合起来,可以使法官更加全面、准确地对其进行把握。

四、明确不同案件的审查方式

认罪认罚从宽制度的目的之一是实现案件繁简分流。对于认罪认罚案件自愿性审查来讲,也应当贯彻繁简分流的原则。因为速裁程序、简易程序相对于普通程序来讲,已经实现了一次繁简分流,在认罪认罚案件中再次通过自愿性审查的难易程度进行适当分流,对于难度较大的案件投入更多资源和精力,对于难度较小的案件则注重效率提升,可以在速裁程序、简易程序以及部分认罪认罚普通程序案件中进一步实现繁简分流、难案精审、简案快办。因此,基于人权保障和诉讼效力的理念,人民法院需要根据案件差异作出繁简不同的自愿性审查程序设计。具体来讲,可以根据刑罚的轻重、认罪认罚的稳定性等情况,采用繁简有别的认罪认罚自愿性审查程序。

---

〔10〕 参见闫召华、李艳飞:《论认罪认罚的自愿性及其保障》,载《净月学刊》2018 年第 2 期。

（一）轻罪案件的自愿性审查

对于认罪认罚案件中可能被判处非监禁刑或者3年以下有期徒刑的被告人，对其自愿性审查以采取较为便利的书面审查方式为主，辅之以庭审讯问的方式。其原因是可能判处非监禁刑或3年以下有期徒刑的被告人，其社会危害性和人身危险性不大，可改造性较强，如果被告人并非自愿认罪认罚，或者对认罪认罚协议的合法性、自愿性存在辩解，其完全可以在侦查和审查起诉阶段就提出，或拒绝签署认罪认罚具结书，也可以在人民法院书面告知认罪认罚权利时作出明确的不接受认罪认罚的意思表示。针对轻罪案件，认罪认罚自愿性审查的关键在于建立被告人与人民法院之间的认罪认罚信赖关系，突出法官保留原则和法院裁判职能，对于通过书面审查辅之以庭审讯问的方式，被告人明确认可其认罪认罚意思表示的，一般即符合认罪认罚自愿性的要求。

（二）重罪案件的自愿性审查

首先指出的是，重罪的概念在司法实践中并不统一。此处的重罪案件，主要是指事实、证据相对复杂，宣告刑较重的案件。如对于认罪认罚案件中可能判处3年以上有期徒刑的被告人，人民法院在自愿性审查过程中应当依法从严。人民法院可以在正式庭审前提审被告人，或者要求被告人发表书面意见，从而对认罪认罚具结书进行审查，并对其认罪认罚的真实意思进行讯问，即采取书面核实和提审核实的方式进行庭前审查。司法实践中，对于可能判处3年以上较重刑罚的案件，审查重点往往集中在案件的事实是否清楚，证据是否确实、充分上，对认罪认罚自愿性的审查也更多地与真实性、合法性审查相结合。因此，对于可能判处3年以上较重刑罚的被告人，审判人员应当详细阅卷，并提审被告人进行印证，不仅需要对书证的审查做到万无一失，还需要通过讯问的方式设身处地地了解被告人对认罪认罚的真实想法。庭前提审可以达到两个目标：一是针对之前阅卷中存在的疑问、合理怀疑的部分可以与被告人直接进行交流；二是当面确认被告人表达自由意志的能力和所要表达的内容。在庭前审查的基础上，对于可能判处较重刑罚的案件，庭审程序同样在认罪认罚自愿性的审查过程中发挥关键作用，应当通过实质化的庭审对被告人的认罪认罚的自愿性、合法性、合理性进行审查。

（三）疑难复杂案件中的自愿性审查

需要指出的是，对于疑难、复杂和社会影响较大的案件，一般情况下应适用普通程序审理。如前所述，认罪认罚从宽制度原则上适用于所有类型的案件。若根据案件实际情况，对疑难复杂案件可以适用认罪认罚从宽制度，则在这类案件中对认罪认罚自愿性、合法性的审查更应当程序严密、标准从严。对这类案件的认罪认罚自愿性审查，应当做到庭前审查与庭审审查相结合、书面审查与直接言词审查相结合、审判程序与审判辅助程序相结合，在自愿性的认定标准上应当借鉴“排除合理怀疑”的标准。具体来讲，庭前审查可以视情况召开庭前会议，专门解决认罪认罚自愿性问题，庭前会议除了控辩双方以外，还可以安排被害方参加，也可以邀请社区调查机构、廉政监督员等第三方主体参与。庭审过程中应当将认罪认罚自愿性审查作为庭审重点，并组织控辩双方围绕与被告人认罪认罚有关的事实、证据问题进行讯问、举证和质证，听取被告人关于认罪认罚的意见。庭审过程中除了调查认罪认罚自愿性以外，还应当根据普通程序的审理要求，突出庭审的实质化，对全案事实和证据进行审理、质证、辩论，确保案件事实清楚，证据确实、充分，排除合理怀疑，防止这类案件出现被告人认罪认罚但案件事实不清，甚至冤假错案等问题。

（四）认罪认罚的稳定性与审查方式

在认罪认罚案件中，有的被追诉人自始至终稳定表达认罪认罚意愿，配合司法机关开展认罪认罚程序；有的被追诉人在诉讼初始阶段并未表示认罪认罚，后来在事实和证据面前才决定认罪认罚；有的被追诉人虽然表达了认罪认罚意愿，但认罪认罚不彻底，甚至存在反悔、反复的情况；还有的被追诉人并未明确表示认罪认罚与否，含糊其词、察言观色，签署认罪认罚具结书时或犹豫不决，或简单随意、听之任之等。认罪认罚意愿是否稳定，在很大程度上影响了认罪认罚自愿性、合法性的判断，也在很大程度上影响了对被告人的最终量刑。因此，需要根据认罪认罚意愿稳定与否，采取繁简得当的认罪认罚自愿性审查程序。原则上来讲，对于被告人稳定认罪认罚的案件，自愿性审查的程序和标准可以适当放宽；对于存在被告人前后反复等情形的认罪认罚案件，自愿性审查的程序和标准应适当从严。通过结合认罪认罚稳定性与轻罪、重罪、疑难复杂案件等案件类型予以判断，人民法院可以选择合适的认罪认罚自愿性审查程序。

第十四章　认罪认罚案件的证明标准问题

认罪认罚从宽制度追求程序上从简、实体上从宽。虽然两高三部《认罪认罚指导意见》中明确提出认罪认罚案件应当坚持证据裁判原则，但案件的证明标准问题在理论和实践中仍然会产生很大争议。在明确证据裁判原则的基础上，我们需要对其进一步诠释，以期统一思想认识，更有利地开展司法实践。

第一节　证明标准维持说

一、证明标准维持说的主要观点

证明标准维持说认为，即便是认罪认罚从宽的案件亦应当坚持“案件事实清楚，证据确实、充分，排除合理怀疑”的证明标准不动摇。[1] 这就要求司法机关基于客观真实原则审查判断被追诉人的有罪供述和其他证据是否达到了法定的证明标准。如果未达到法定证明标准，即便是被追诉人自愿作出有罪供述，也不应当依据认罪认罚从宽制度对其定罪处罚，其目的是竭尽所能地避免冤假错案的发生。我国刑事诉讼法对于刑事案件的证明标准提出了明确要求，对于案件的事实的证明要达到结论唯一性、确定性，客观上符合事实真相。[2] 这种对认罪认罚案件证明标准的坚持更能体现出对实质正义的坚定追求。坚持法定证明标准不动摇，在司法实践中具有以下作用：

---

〔1〕 参见孙长永：《认罪认罚案件的证明标准》，载《法学研究》2018 年第 1 期。

〔2〕 参见陈光中、马康：《认罪认罚从宽制度若干重要问题探讨》，载《法学》2016 年第 8 期。

(一)有利于防范冤假错案的出现

相较于普通刑事案件的侦查与审查起诉而言,认罪认罚案件中的控辩地位发生了明显的转变,形成了协商合作的司法机制,这在凸显被追诉人主体地位的同时也带来了可能存在的违法协商、刑讯逼供等造成冤假错案的空间。为了避免不可预期的负面后果,保证认罪认罚案件的质量,更好地实现公平公正的价值追求,就应当坚持对案件事实和证据的从严把握,坚持法定的证明标准不动摇。

(二)有利于贯彻疑罪从无的原则要求〔3〕

疑罪从无原则是刑事诉讼中的基本原则,意在保障被追诉人不被任意出入罪,使其有能力面对强大的国家机器。疑罪从无原则要求公诉机关不仅要承担证明犯罪的责任,而且还要将被告人的犯罪证明到“犯罪事实清楚,证据确实、充分”以及“排除合理怀疑”的高度,否则就应当作出有利于被告人的判决。这种对于实体正义的最大坚持,反映到证明标准上就要求认真贯彻刑事诉讼法规定的标准,不应以认罪认罚为借口对证明标准问题有丝毫降低,不应因案件情节的特殊性而动摇法定证明标准。

二、证明标准维持说面临的主要挑战

(一)可能有损认罪认罚从宽制度的效率价值

坚持法定证明标准的强制性不动摇其实在一定程度上忽视了认罪认罚从宽制度对于案件繁简分流以及在提高诉讼效率方面的附属价值。〔4〕司法实践中,经常面临着刑事案件“简易程序不简”的现实问题。如对于速裁程序、简易程序而言,本可以简化法庭调查和法庭辩论,对于证据也可以进行综合出示甚至仅询问被告人的意见而不再出示证据,但是如果困于对法定证明标准的把握,很多案件要么需要法官在庭前阶段进行大量的阅卷和查证,从而有可能损害庭审的实质性,要么只能在法庭上无一例外地进行实质性的举证和质证,如此一来确实难以发挥认罪认罚从宽制度提高诉讼效率的目的。

---

〔3〕 参见陈瑞华:《认罪认罚从宽制度的若干争议问题》,载《中国法学》2017 年第 1 期。

〔4〕 参见李勇:《证明标准的差异化问题研究——从认罪认罚从宽制度说起》,载《法治现代化研究》2017 年第 3 期。

（二）可能有损司法资源的优化配置

中央政法委原书记孟建柱提出，要研究探索对被告人认罪与否、罪行轻重、案情难易等不同类型案件，实行差异化证明标准，强调把不认罪和认罪后又翻供的案件作为推进庭审实质化的重点。[5] 这就要求做到简单案件简易审、复杂案件全面审，利用差别化的证明标准来促进案件繁简分流的实现。同时也只有在实现案件的繁简分流之后，才能让更多的司法资源集中于对重大、疑难、复杂案件的审理上，实现对司法资源的优化配置，提高案件的审判质量，防范冤假错案的发生。因此，如果坚持认罪认罚案件适用严格的证明标准，与普通案件采用同一化的证明方式，恐难以真正发挥认罪认罚从宽制度的内在价值。

第二节　证明标准降低说

一、证明标准降低说的主要观点

降低证明标准的观点认为，认罪认罚案件的证明标准并不需要达到“排除合理怀疑”的程度，也就是说对于“排除合理怀疑”的证明要求降低了。只要根据常识或者生活经验能够确信基本犯罪事实，相信其为犯罪嫌疑人所为，再加之其自愿认罪认罚就可以对案件进行判定。[6] 这种观点的核心就在于不需要将全案的事实都做到有确实充分的证据加以证明，只需要法官在内心能够形成心证，实现内心确信。证明标准降低说反映了以下客观情况：

（一）有利于满足效率价值的内在要求

持降低证明标准观点的学者，一般以简易程序和速裁程序为例，认为协商性司法、庭审调查简化、效率为主的价值取向，使难以维系普通程序中的“排除合理怀疑”，对被告人定罪的证明标准可适当降低。[7] 这种观点将

---

〔5〕 参见邢丙银：《中央政法委：将研究提出以审判为中心的诉讼制度改革具体意见》，载澎湃新闻2016年1月22日，http://www.thepaper.cn/newsDetail_forward_1423978。

〔6〕 参见谢登科：《论刑事简易程序中的证明标准》，载《当代法学》2015年第3期。

〔7〕 参见汪海燕：《认罪认罚从宽案件证明标准研究》，载《比较法研究》2018年第5期。

认罪认罚从宽制度的首要价值确定为诉讼效率的提高，而且基于实践中绝大多数被追诉人都可以做到自愿、理智地认罪，很少有人将自己的合法权益置于不利地位这一判断。在此情况下，只要被追诉人自愿认罪认罚，只要案件基本事实清楚，基本证据确实、充分，就无需对案件事实进行反复证明。

（二）体现出了控辩关系的现状

有观点认为，鉴于认罪认罚从宽制度中协商合作的新型控辩关系的形成，认罪认罚案件的庭审阶段流于形式已经不可避免。而人民法院的审理更多的是对于控辩合意与被告人认罪认罚的自愿性进行审查，只要双方达成合意的事实清楚并有证据支撑即可，所以放宽证明标准势在必行。[8] 这种观点将控辩关系的转变作为立论基础，本质上是认为目前刑事诉讼制度已经出现了辩诉交易的新动向，控辩协商的协议具有相当的刚性作用，甚至人民法院的审判权逐渐转变为对认罪认罚协议的确认权。

二、证明标准降低说面临的主要挑战

（一）容易诱发冤假错案

证明标准降低说希望通过降低证明标准来提高认罪认罚案件的诉讼效率，但是证明标准的降低与案件质量的降低之间往往具有相关性，降低证明标准虽然有可能不会产生较大的影响，但是若作为一种制度和执法标准推广开来，则从较大的视野和较长的司法实践来看，难以保证认罪认罚案件的公平、公正处理。而且，具体如何降低证明标准也难以量化，若在证明标准问题上“刹不住车”，允许个案处理，则案件质量更让人难以放心。况且，认罪认罚自愿性的保障问题本来就是该类案件中应当详细审查的问题，若对于事实不清、证据不足的案件，强行让被追诉人认罪认罚，或者以从轻处理为诱饵“消化”案件，则人权保障和司法文明将无从体现。

（二）口供为王的观念更加深重

在认罪认罚案件中，若要降低证明标准，还将面临被告人口供的价值再次极端凸显的问题。若将控辩双方协商的合意作为案件事实与证据认定的基础，则必然会产生逆向引导作用，使侦查机关、检察机关可能将犯罪嫌疑

〔8〕 参见山东省高级人民法院刑三庭课题组、傅国庆：《关于完善刑事诉讼中认罪认罚从宽制度的调研报告》，载《山东审判》2016 年第 3 期。

人的认罪认罚供述作为证据收集的重心,甚至将证据收集的全面性、合法性抛诸脑后。[9] 我国的刑事诉讼法经过多年努力,尚未成功克服口供为王的桎梏,若在认罪认罚案件中降低客观证明标准,转而过于关注被追诉人的认罪认罚意愿,则刑讯逼供等司法痼疾有可能再次复燃。

(三)实体公正难以保障

刑事案件的审理应当以发现实体真实为原则,公正应当是高于效率的价值追求,任何以牺牲公正为前提的提高效率都应当被摒弃。在认罪认罚案件中,若出于效率价值的考虑而降低证明标准,甚至放任由此导致的口供至上等负面影响,则刑事诉讼中的实体公正必然会在一定程度上受到损害。

总之,认罪认罚从宽制度倡导协商性司法,倡导通过积极鼓励被追诉人认罪悔罪,恢复被犯罪行为破坏的社会关系,从而提高刑事诉讼的效率。但是在推行认罪认罚从宽制度的同时,也应注意克服其衍生出来的负面因素。

第三节 证明对象限定说

一、证明对象限定说的主要观点

所谓证明对象限定说,更多的是在坚持证明标准不降低的基础上,期望对证明的对象进行限定,以减轻证明责任。具体而言,就是区别"基本事实"与"基本证据"。对于案件的一些次要事实与情节并不需要达到法定的"排除合理怀疑"的证明标准,但是对于"基本事实"和"基本证据"仍应当坚定证明标准不降低,即影响被追诉人定罪量刑的主要犯罪事实和情节清楚,对于能够证明案件基本事实的证据确实、充分。[10] 这种观点的核心在于降低整体案件证明责任的任务量,但是对于关键的案件事实并不降低证明标准,以此达到既保证案件质量,又提高司法效率的目的。

二、证明对象限定说面临的主要挑战

证明对象限定说目的是在保障实体公正的基础上,进一步提高诉讼的

〔9〕 参见汪海燕:《认罪认罚从宽案件证明标准研究》,载《比较法研究》2018年第5期。

〔10〕 参见陈光中、马康:《认罪认罚从宽制度若干重要问题探讨》,载《法学》2016年第8期。

效率,符合认罪认罚从宽制度的价值取向。但是该观点面临一个更加难以回答的问题,就是一个案件中何为“基本事实”,何为“基本证据”?〔11〕一种具有代表性的观点认为,“基本事实”和“基本证据”其实就是指“主要事实”和“主要证据”,也就是说与定罪量刑有关的事实和证据,并据此认为在认罪认罚案件中只要保证主要事实和主要证据清楚即可。〔12〕然而这一观点似乎并不具备说服力,我国对于刑事案件证明标准的规定原本就是“与定罪量刑有关的事实和证据”,即使在普通刑事案件中,证明对象也限定在主要的事实与证据范围之内,用此标准去区分认罪认罚案件的特殊性恐怕并不适当,也并不明确。

第四节　认罪认罚案件证明标准的合理构建

一、刑事诉讼法定证明标准的实质内涵

证明标准又称证明尺度、证明程度,就是证据对案件事实的证明所要达到的程度。我国刑事诉讼中的法定证明标准为“事实清楚,证据确实、充分”,具体而言包含三个实质层次:一是定罪量刑的事实都有证据证明;二是据以定案的证据均经法庭程序查证属实;三是综合全案证据,对所认定的事实已经排除合理怀疑。〔13〕这是刑事案件所应达到的客观证明标准,也是能够保障案件获得实质正义的客观要求。其实无论是我国的“证据确实、充分”,还是英美法系的“排除合理怀疑”,抑或大陆法系的“内心确实”,都难以摆脱抽象而难以定义的命运。〔14〕这一判断更加凸显了裁判者形成内心确信的重要性。虽然这一标准看似难以具体化,但是应当抓住一点,即对于任何刑事案件,如果难以排除合理怀疑,均不应作出对被告人不利的判决。所谓的“疑点利益归于被告”即是此意。各国刑事诉讼法均努力通过

---

〔11〕参见孙远:《论认罪认罚案件的证明标准》,载《法律适用》2016 年第 11 期。

〔12〕参见朱孝清:《认罪认罚从宽制度的几个问题》,载《法治研究》2016 年第 5 期。

〔13〕参见郎胜主编:《中华人民共和国刑事诉讼法释义》,法律出版社 2012 年版,第 115 ~ 116 页。

〔14〕参见李勇:《认罪认罚案件“程序从简”的路径》,载《国家检察官学院学报》2019 年第 6 期。

立法和司法判例实现证明标准的规范化、具体化,而且在发展方向上均是不断提高刑事诉讼的证明标准。

二、认罪认罚案件坚持法定证明标准的必要性

(一)符合无罪推定的精神

我国刑事诉讼法并未确定无罪推定原则,但2018年《刑事诉讼法》第12条规定的“未经人民法院依法判决,对任何人都不得确定有罪”体现了无罪推定的精神。我国刑事诉讼法明确了控方证明责任,即证明被告人有罪的责任均由控方承担,当控方不能提供确实充分的证据证明被告人的犯罪事实时,或者无法在审判者心中形成内心确信排除合理怀疑时,就应当做疑罪从无的处理。[15] 如前所述,对于认罪认罚案件,即使被告人认罪认罚但是当证据不足以证明被告人犯罪时,亦不得降低证明标准判定其有罪。

(二)符合实质真实的要求

实质真实是现代刑事诉讼的核心。无论是认罪认罚案件还是普通刑事案件,实体真实不但是法律的要求,也是显而易见的法理,更是人权保障的必然要求。实质真实原则要求的是一种客观的真实,对于认罪认罚案件来讲,并不能单纯地依靠犯罪嫌疑人、被告人所作出的有罪供述而认定其有罪,认定被追诉人的罪行必须以客观、真实的证据予以证明,这既是刑事诉讼法的明确规定,也是将案件真正做成铁案的必要前提。只有当案件的证据达到确实、充分的标准时,才能对被告人作出有罪判决。

(三)有利于防范冤假错案

近年来,全国有多个案件进行了再审纠错,引起社会舆论的高度关注,充分说明刑事案件的质量是刑事诉讼的生命线。客观来讲,根据事后查明的事实,有些刑事案件确实存在证据不充分、定案过度依赖口供,甚至刑讯逼供的情况。一般来讲,认罪认罚案件中被告人之所以能够获得从宽处罚的结果,是因为其有罪供述能够帮助司法机关尽快建立完整的证据链条,在实质上起到了加快办案进度,提高司法效率的作用。但若为了提高办案效率而随意降低证明标准,过度依赖被告人的口供,甚至在有认罪认罚供述的

〔15〕 参见陈瑞华:《认罪认罚从宽制度的若干争议问题》,载《中国法学》2017年第1期。

情况下，怠于全面收集证据，尤其是怠于收集对被告人有利的证据，则很容易造成冤假错案。严格的证明标准能够在某种程度上防范侦查机关非法获取证据的行为，保障案件的公平和公正。

（四）符合刑事诉讼的司法实践

实践中，罪刑法定原则要求控辩双方在协商过程中并不能针对案件的事实、性质、起诉的范围等问题进行协商，这也体现了我国认罪认罚从宽制度与英美国家辩诉交易制度的本质区别。案件事实、性质、起诉范围等问题不在控辩协商的范围内，从侧面说明对于案件事实的证明，应当做到证据确实、充分的标准，即应当坚持法定证明标准，不允许有任何协商、变通的余地。虽然认罪认罚从宽制度是对宽严相济刑事政策的具体化和实践化，但是罪刑法定原则仍然是刑事诉讼的基石。因此，即使被告人认罪认罚，对其适用从宽处理的类型、幅度也应当根据法律的规定进行判断，据以从轻的情节也属于案件必须查明的事实，对这类事实的证明亦需要达到确实、充分的程度。也就是说，认罪认罚案件中的事实、法律问题并不是可以协商的问题，唯有从宽处罚的幅度问题，可以视情况协商。总之，认罪认罚从宽制度并未重塑刑事案件的证明标准。

三、认罪认罚案件证明标准问题的构建思路

（一）证明标准不降低但证据标准可以差异化〔16〕

如前所述，证明标准更多的是一种抽象的证明尺度，表达了证据对案件证明所需要达到的标准，而证据标准是证明标准在具体案件中运用所形成的证据规则。〔17〕证据标准主要涉及对证据能力、证据性质、证据数量及完成形态的判断。一方面，证据必须具有证据能力才被准许进入法庭，而证据能力又反向形塑侦查阶段的合法取证方式；另一方面，要件事实的性质和数量决定了被允许进入审判阶段的案件对要件证据的要求。〔18〕具体而言，证据标准是具体应用和评价证据的问题，因个案而不同，也就是要具体到个案，为了达到“确实、充分”的证明标准，需要哪些证据、需要什么样证据的

〔16〕 参见胡雪萍、李勇：《认罪认罚案件的证据规则适用》，载《人民检察》2019 年第 16 期。

〔17〕 参见李勇：《认罪认罚案件“程序从简”的路径》，载《国家检察官学院学报》2019 年第 6 期。

〔18〕 参见熊晓彪：《刑事证据标准与证明标准之异同》，载《法学研究》2019 年第 4 期。

问题;而证明标准是抽象且统一的。基于证据标准的特殊性,实践中在坚持案件证明标准不降低的情况下,可以根据案件情况,实现证据标准上的多样化。

第一,可适当调整对证据能力的要求。在不降低整体证明标准的前提下,在认罪认罚案件中可以探索对证据能力进行变动,对特定证据的证明力大小进行调整。例如,在认罪认罚案件中,被告人的口供是一个重要的证据类型,但是根据一般经验,口供的证明力不如物证、书证等客观证据稳定、有效。所以,结合具体案件的特征,可以重新考量口供在刑事案件中的证明力大小,降低对口供证据的补强要求,这是基于理性人一般不会自我归罪的常识,而重点审查供述的自愿性。〔19〕 这不失为解决认罪认罚案件证据标准问题的一个重要的突破口。

第二,可适当调整对证据数量的要求。在认罪认罚案件中,对能够作为定罪依据的证据形态或者证据的数量问题,也可以进行区别化的规定。例如,在某些情况下,可以适当强化传来证据的证明力,对于非原始证据的证据能力也予以肯定,同时降低对证据数量的要求,只要能够形成完整的证据链条即可。相对于普通刑事案件,认罪认罚案件可以不对证据的种类和数量做过于细化的要求。

第三,积极探索认罪认罚案件的类案证据标准。实践中,很多地方均针对特定类型的案件制定了类案证据标准,详细规定了类案证据的种类、数量、形式、内容等。对于认罪认罚案件,也可以不断地完善类案证据标准,并根据认罪认罚案件的特点和实践需求,制定出符合认罪认罚案件特点的证据标准体系,以此指导认罪认罚案件的侦查、审查起诉、审判工作,提高诉讼效率。

(二)证据能力不降低但证明规则可以灵活化

通常来讲,刑事案件的证明规则应当遵循严格证明规则,即拥有证据能力的证据经过正式的证据调查程序作出的证明,其包括证据资格的严格性和证明程序的严格性。故对于严格证明标准来讲,认罪认罚案件的灵活证明规则主要的区别就在于对证据能力的要求以及是否必须经过严格的证据

---

〔19〕 参见秦宗文:《认罪认罚从宽制度的效率实质及其实现机制》,载《华东政法大学学报》2017 年第 4 期。

调查程序。[20] 其中对于证据能力来讲，更多指的是证据的合法性问题。具备证据能力的证据应当是具备合法性、真实性与关联性的证据，所以为了避免非法证据的出现，在刑事诉讼中应当坚持对证据能力的严格要求，在任何时候都应当坚持对证据的合法性问题不动摇。例如，在证据形式上应当坚持法定的证据形式，在取证程序上应当坚持法定的严格取证程序等。但是，对于证明程序却可以根据认罪认罚案件的特点，适当探索自由的证明规则。这是因为对于认罪认罚案件来讲，控辩双方在定罪问题上的争议已经消除，如果仍然坚持严格证明标准，将会造成不必要的诉累，导致刑事诉讼的效率低下。控辩双方认可的证据不必进行质证，因而法庭调查与法庭辩论阶段可以省略，由此提高诉讼效率。[21] 这种灵活的证据调查规则，既能顺应认罪认罚案件证据的结构特点，也能够充分尊重控辩双方协商的结果。在认罪认罚案件中，尤其能够促进诉讼效率的有效提升，有助于实现认罪认罚案件的价值目标。为了实现较为灵活的证明规则，可以从以下方面着手：

第一，可以进一步简化法庭审理程序。2021 年《刑事诉讼法解释》第 365 条规定，适用简易程序审理的案件，公诉人可以摘要宣读起诉书；公诉人、辩护人、审判人员对被告人的讯问、发问可以简化或者省略；对控辩双方无异议的证据，可以仅就证据的名称及所证明的事项作出说明；对控辩双方有异议，或者法庭认为有必要调查核实的证据，应当出示，并进行质证；控辩双方对与定罪量刑有关的事实、证据没有异议的，法庭审理可以直接围绕罪名确定和量刑问题进行。该解释第 372 条规定，对于适用速裁程序审理的案件，可以集中开庭，逐案审理；公诉人简要宣读起诉书后，审判人员应当当庭询问被告人对指控事实、证据、量刑建议以及适用速裁程序的意见，核实具结书签署的自愿性、真实性、合法性等。以上是刑事诉讼法关于简易程序和速裁程序的规定，这些规定同样适用于认罪认罚案件。在认罪认罚案件庭审过程中，法庭应当根据案件事实和全案证据情况，合理掌控庭审节奏。对于案件事实较复杂、证据较多、被告人预期量刑较重的案件，不能仅因被告人认罪认罚就大幅简化举证质证环节，更不能仅询问控辩双方对全案证

〔20〕 参见樊崇义：《认罪认罚从宽与自由证明》，载《人民法治》2017 年第 6 期。

〔21〕 参见樊崇义、李思远：《认罪认罚从宽制度的理论反思与改革前瞻》，载《华东政法大学学报》2017 年第 4 期。

据是否有异议,否则就真的会使庭审流于形式,违背庭审实质化的要求,使得案件审理完全转入庭下,书面化的审理程序属于刑事诉讼制度的倒退,这绝不是认罪认罚从宽制度的初衷。认罪认罚从宽制度与庭审实质化并不矛盾,关键是如何适当把握。对于案情简单、证据较少、控辩双方均没有异议的案件,可以大幅简化庭审程序,但仍应保留举证质证环节,并着重就证据的合法性以及证据的综合分析判断进行法庭调查。

第二,可以灵活性地出示证据。在严格证明方法的要求下,刑事案件中所采用的证据不但必须是法定证据,而且要经过法定的调查程序才能取得证据能力,以此形成法官裁判的基础。这就需要在法庭举证质证环节设计相应的严格程序规范。在普通程序案件中,我国刑事诉讼法也规定了各类证据的审查判断标准,且十分严格。我国台湾地区的"刑事诉讼法"也对证据调查程序问题作出了规定,如书证必须经过宣读才能算作合法的调查,才能作为证据使用。相比之下,若采用自由证明的方法,则法庭调查的形式就可以简化并且多样化。如对于书证的当庭调查,可以交由被告人简要翻阅,以此代替宣读;对于证人证言,可以分组说明证明的内容,并不需要逐个宣读等。同时,对于证据的形式也不限于直接言词的形式,〔22〕例如,法官并非必须当庭口头听取当事人、证人或有关人员的陈述,转而可以通过相关人员自书情况说明、电话询问等形式了解相关情况,并作为证据使用;法庭审理也并非必须以口头陈述的方式进行,控辩双方的举证、质证可以借助多种展示方式进行展示,也可以书面发表质证意见等。

第三,应注意严格证明与自由证明之间的适当转化。根据证明对象所属领域不同,证明可以分为严格证明和自由证明。这组概念来自大陆法系,为我国刑事诉讼法所吸收、借鉴。严格证明,在证明方法上适用最为严格的方法,依照法定程序运用法定证据进行证明。自由证明则可以采用诸如查阅卷宗、电话询问等非正式方式予以证明。严格证明适用最严格的证据规则,自由证明不受证据规则限制。严格证明要达到内心确信的程度,自由证明只需达到高度可能性的程度。

认罪认罚案件中,在采用自由证明规则的基础上,也应当科学把握严格

〔22〕 参见魏晓娜:《完善认罪认罚从宽制度:中国语境下的关键词展开》,载《法学研究》2016 年第 4 期。

证明与自由证明之间的必要转换。具言之,对于某些关键性的定罪证据,因为关涉到对案件的最终处理,因此应当适用严格证明标准。对于证明各类法定、酌定量刑情节的证据,以及核心证据之外的补强性证据,则可以在证明形式和证据力上适当放宽限制,采用自由证明规则并不影响对认罪认罚案件的正确处理。法庭审理过程中,法官应当科学掌控庭审节奏,引导控辩双方使用不同的举证、质证方式对不同属性的证据进行举证、质证,同时也应确立差异化的证据审查判断和采信标准,以适应严格证明和自由证明之间的按需转化,在提高诉讼效率的基础上根本性地保障案件的公平与公正。

(三)定罪标准不降低但量刑标准可以差异化

对于证明标准的灵活适用,还有学者提出可以对定罪标准与量刑标准进行区分,对案件的定罪标准由于涉及案件的公正审理,故不得降低;对于案件的量刑标准则可以低于法定的证明标准,如对于各类量刑情节的证明等。在认罪认罚案件中,被追诉人与检察机关形成的是协商性的合作关系,对于有认罪认罚情节的,理应在实体上获得从宽的处理结果,所以对量刑标准的降低处理在一定程度上能够为量刑协商预留必要的幅度,同时保障检察官必要的裁量权。[23] 这种量刑从宽的实践既不会对案件的实体认定造成原则性的违背,亦能够彰显认罪认罚案件实体从宽的恢复性司法的理念,符合认罪认罚从宽制度的价值要求。

需要注意的是,在把握量刑标准从宽的过程中,可以适当引入优势证明标准的概念。优势证明标准,即指支持某一待证事实存在的证据较之那些证明该事实不存在的证据而言,具有明显的优势。换言之,当证明责任的承担者能够证明某一待证事实的存在要比不存在具有更大的可能性时,也就等于达到了优势证据标准。[24] 从这个意义上讲,对于量刑事实的证明标准并不要求达到证据确实充分、排除合理怀疑的严格证明标准,只要能够认定这些量刑事实存在较大可能性,相对于不存在的可能性来讲,可能性处于优势地位即可。在认罪认罚案件中适用量刑事实的优势证明标准,有其合理性,既进一步体现了有利于被告人的原则,又进一步提高了认罪认罚案件的

---

〔23〕 参见陈瑞华:《认罪认罚从宽制度的若干争议问题》,载《中国法学》2017 年第 1 期。

〔24〕 参见陈瑞华:《刑事诉讼中的证明标准》,载《苏州大学学报(哲学社会科学版)》2013 年第 3 期。

诉讼效率。但是,对量刑事实的证明也应具体分析,对于从重量刑事实,如累犯、各种加重构成情节事实等,应当坚持较严格的证明标准;对于从轻量刑事实,则可以适当放宽证明标准。如前所述,认罪认罚从宽制度适用范围较广,导致案件类型和繁简程度大不相同,某一具体案件需要适用何种证明标准,尽管可以在理论上进行细致切分,但是实践中仍应坚持因案制宜,一切都应当以保证案件事实的正确查明和案件的公正处理为根本前提。

第十五章　认罪认罚从宽制度中的量刑建议问题

在认罪认罚从宽制度施行过程中，有关量刑建议问题的讨论尤为激烈，甚至成为制度推进的核心争议焦点。如前所述，量刑建议的性质和效力问题甚至一度上升到审判权与起诉权的再分配高度。实践中，量刑建议由来已久，但认罪认罚从宽制度施行后，量刑建议在某种程度上被赋予了一种制度刚性。本章内容在前述“审查控辩协商的效力”一节对控辩协商及量刑建议的性质、效力问题进行探讨的基础上，对量刑建议问题的模式、制度、程序等问题作进一步探讨。就量刑建议的模式来讲，一般包括确定刑量刑建议和幅度刑量刑建议两种。司法实践中，对量刑建议的各种争论，很大程度上来源于对确定刑量刑建议的“非议”。

第一节　确定刑量刑建议的合理性与弊端

确定刑量刑建议在实践中又被称为精准刑量刑建议。精准刑量刑建议强调刑罚的种类、刑度以及执行方式应尽可能地确定具体，最具代表性的即为确定刑量刑建议。[1] 理论界和司法实务界均有不少观点支持检察机关在认罪认罚案件中提出确定刑量刑建议。确定刑量刑建议在认罪认罚案件中具有一定的进步意义。

---

〔1〕 参见董坤：《认罪认罚案件量刑建议精准化与法院采纳》，载《国家检察官学院学报》2020年第3期。

一、确定刑量刑建议的合理性

（一）有利于保证认罪认罚从宽制度的稳定性

在认罪认罚案件中，检察机关提出确定刑量刑建议能够激发被追诉人认罪认罚的主动性。对于追诉人而言，量刑建议是最直接的、可预见的实体法律后果，量刑建议越精准，认罪认罚的不确定性就越低。被追诉人可以通过认罪选择一个相对能够接受的刑罚预期，并通过控辩协商达成认罪认罚协议，可预见性地实现该预期结果，可以促使被追诉人更容易接受认罪认罚从宽制度，更愿意采用该制度，以实现自身利益的最大化。对于认罪认罚从宽制度来讲，通过制度化的可预期设计，可以最大限度地激发认罪认罚从宽制度的活力，保持该制度的稳定适用。[2]

（二）有利于彰显控辩协商的成果

在认罪认罚案件中，控辩双方的法律地位从对抗走向协商，检察机关依据被追诉人的认罪认罚情况，提出确定刑量刑建议，这不仅是检察机关追诉犯罪的法定职能，更是兑现法律明确地对认罪认罚的犯罪嫌疑人、被告人从宽处理的郑重承诺。[3] 确定刑量刑建议体现了协商性司法的要求，提高了被追诉人在刑事诉讼中的主体地位。若检察机关在控辩协商过程中缺乏作出确定刑量刑建议的权限，则如同不具有“拍板权”的员工代表单位去进行商业谈判，谈判的过程无论如何艰辛，谈判的结果无论如何成功，最终都会因为该员工没有决策权而不了了之。检察机关通过控辩协商，如果可以提出确定刑量刑建议，就可以法定形式确认协商结果，这有助于增强控辩协商制度的生命力。

（三）有助于进一步提高诉讼效率

精准刑量刑建议能够简化和加速法院的审判程序，提高诉讼效率，符合认罪认罚从宽制度的价值要求。如果量刑建议是不确定的，在庭审和裁判中控辩双方可能对刑罚出现不同预期，进而产生争议，影响诉讼效率。[4]

---

〔2〕 参见卞建林、陶加培：《认罪认罚从宽制度中的量刑建议》，载《国家检察官学报》2020 年第 1 期。

〔3〕 参见陈国庆：《量刑建议的若干问题》，载《中国刑事法杂志》2019 年第 5 期。

〔4〕 参见卞建林、陶加培：《认罪认罚从宽制度中的量刑建议》，载《国家检察官学报》2020 年第 1 期。

控辩协商的过程通常是一波三折的，检察机关承担着追诉犯罪的职责，既要利用事实和证据来震慑犯罪分子，又要做好认罪教育工作，争取被追诉人放弃顽抗，积极认罪悔罪，争取与国家合作，从而实现社会和谐。因此，在认罪认罚案件中，检察机关量刑建议的提出通常意味着控辩双方已经就定罪量刑问题达成了协议，犯罪人的态度已经转为积极合作，自愿认罪认罚，这必然有利于提高刑事诉讼的效率和效果。

（四）符合法律规定和立法本意

近年来，量刑建议逐渐向精准化过渡。两高三部《认罪认罚指导意见》第33条规定，办理认罪认罚案件，人民检察院一般应当提出确定刑量刑建议。2018年《刑事诉讼法》第201条规定，对于认罪认罚案件，人民法院依法作出判决时，一般应采纳人民检察院指控的罪名和量刑建议。两高三部《认罪认罚指导意见》之所以明确规定检察机关一般应当提出确定刑量刑建议，是综合考虑了认罪认罚从宽制度的目标、价值与实现可能性，也是对新型控辩关系、新型控审关系的探索和推进。既然刑事诉讼法规定人民法院采纳检察机关的量刑建议是一般原则，这也在一定程度上鼓励了检察机关量刑建议的确定化、精准化。

二、确定刑量刑建议的弊端

在认罪认罚案件中，有关确定刑量刑建议的争论声量最大，有的争论甚至将确定刑量刑建议放在了人民法院裁判权的对立面。尤其是在司法实务部门中，这种争论甚至还带有情绪化色彩，屡屡出现所谓的“橡皮图章”论调。这也充分暴露出确定刑量刑建议无论在理论上还是在实践中，均存在一定的弊端。

（一）确定刑量刑建议难以反映量刑活动的复杂性

周光权教授曾说，量刑从来就很复杂，但一直被低估。[5] 影响量刑的因素很多，量刑时需要考虑的因素同样很多，这涉及对案件事实、证据和情节的把握，对责任刑和预防刑的分配，对刑罚目的和刑罚实现的理解等复杂内容。确定刑量刑建议的提出，应以所处立场的客观性、量刑信息的充分

---

〔5〕 参见周光权：《量刑何以更精准》，载哔哩哔哩网2020年5月24日，https://www.bilibili.com/video/av668371460。

性、量刑情节的稳定性、量刑标准的明确性、量刑程序的公平性为前提。[6]但是,这些前提条件在实践中并不总是具备,尤其是在审前阶段,案件事实、证据、情节以及被追诉人的自身因素尚未稳定,不到最终定罪量刑的时刻,都有可能出现"意外情况",即使一审已经判决,在二审期间甚至还会出现足以影响定罪量刑的因素。即使是类案判决的大数据分析也不可能完全替代个案情节的综合裁量。确定刑量刑建议的科学性也不仅仅依赖于对案件信息的掌握程度,有时也与检察官的自身立场和办案能力息息相关。在认罪认罚案件中,基于被追诉人与检察官协商合作的司法立场,以及被追诉人一般是在被羁押的情况下被动协商,检察官的主导地位相对较强,倘若一味地鼓励检察官提出精准的量刑建议,很多情况下难以反映量刑的复杂性。况且,起诉至最终定罪量刑尚有较大距离,其间可以发生很多足以影响量刑的因素,如何保障量刑建议的客观公允、合理合法,仍需要进一步探索。再者,量刑活动本身就是一种自由裁量的过程,即便具有明确的量刑指导意见,也需要自由裁量。自由裁量是审判权的应有之义,但并非求刑权所能涵盖,检察机关为了提出精准的量刑建议,而在复杂的量刑活动中进行精准的裁量和选择,有违审判权和检察权的本质。需要指出的是,司法实践中的数据显示,人民法院对检察机关精准刑量刑建议的采纳率很高,但这并不足以说明这些量刑确实"完美",甚至连"适当"都不无勉强。很多情况下,是检察机关考核压力的积累、案件审限的束缚、量刑调整的复杂程序等综合因素的作用结果。

（二）确定刑量刑建议实质上违背了控审分离原则

根据各司法机关的职责划分,检察机关在刑事诉讼中承担的是审查起诉职能,对于检察机关所提出的量刑建议采纳与否,作出最终判决仍应当是法官的法定职责,应当明确过于强调量刑建议对量刑裁判的制约容易导致求刑权对量刑权的僭越。[7] 而且,检察机关作为指控机关,同时赋予其提出具有较大约束力的精准刑量刑建议的权利,实质上其既是"运动员",又

---

〔6〕 参见闫召华:《论认罪认罚案件量刑建议的裁判制约力》,载《中国刑事法杂志》2020 年第 1 期。

〔7〕 参见闫召华:《论认罪认罚案件量刑建议的裁判制约力》,载《中国刑事法杂志》2020 年第 1 期。

是“裁判员”,这违背了控审分离的原则。从另一个角度看,目前司法责任制改革不断推进,法官需要终身承担案件责任。对于一个案件的处理结果,若需要由法官承担相应的法律后果,则其应当对处理结果具有完整的裁量权。确定刑量刑建议由检察机关作出,但在形式上却要求人民法院承担审判责任,这种制度设计难免会引起一定的抵触情绪。诚然,人民法院可以建议检察机关调整量刑建议,人民法院也可以不采纳量刑建议,但如果将其作为一种制度化设计,确定刑量刑建议为裁判权带来的压力或羁绊,仍然是相当明显的。这种抵触情绪最终会影响量刑建议制度的正常功能。

(三)确定刑量刑建议降低了刑罚效果

在认罪认罚案件中,确定刑量刑建议是检察机关与被告人就量刑问题进行从宽协商所达成的协议。倘若人民法院不采纳其量刑建议,一是对检察机关的司法公信力带来损害;二是容易引起检察机关的不满情绪,若再结合量刑建议采纳率等考评体系,则这种不满情绪更加强烈;三是使被告人不明就里,眼花缭乱,难以理解其是否被罚当其罪,甚至引发长期申诉,提高了改造犯罪的难度,降低了刑罚预防犯罪的效果。实践中出现的许多抗诉案件,实际上就是审判权和求刑权之间的碰撞。这类抗诉案件,既牵扯了大量司法资源,又引起了舆论围观,究其原因,是检察机关与审判机关对量刑建议存在立场差异。

(四)提出确定刑量刑建议的基础不稳固

认罪认罚从宽制度的特色就是允许控辩双方进行协商,量刑建议也是在听取辩方意见的基础上得出的。但是,若提出确定刑的量刑建议,并赋予量刑建议以准裁判性质,则应当深入考察提出量刑建议的根基问题。根据现代诉讼理论,人民法院作出刑事裁判的前提是案件经过公开、公平、相互制约的审理程序,其中开庭审理是人民法院审理程序中的重中之重,是中心环节,因此我们一直在提倡庭审的实质化。在庭审过程中,控辩审三方根据法律规定各司其职,所有证据均经过举证质证,所有各方的意见均平等听取,以保证最终判决的公正性。而在量刑建议过程中,检察机关作为国家公诉机关,在控辩协商过程中难免会出现双方不对等的情况,包括地位不对等、信息不对称、心理状况不平衡。实践中,适用认罪认罚从宽制度的案件,控辩双方在协商时辩方经常无法获知案件全部事实和证据,两高三部《认罪认罚指导意见》所规定的证据开示制度仅是少数案件的锦上添花之作，这将有助于树立典型，评选精品案例，大部分认罪认罚案件并未经过严格规范的证据开示。检察机关是国家公诉机关，其对案件的事实、证据情况十分了解，辩方仅能通过与犯罪嫌疑人会见及查阅检方提供的卷宗材料等方式获知案件情况，这造成了信息不对称。另外，检察机关居于国家公诉地位，被追诉人是刑事诉讼程序所要追诉的对象，二者无论在地位还是心理优势方面，均有天壤之别，面对检察机关的量刑协商，被追诉人基本上只能选择是否接受，实际上并不具备协商能力。控辩协商的程序毕竟不具备审判程序的形与实，被追诉人发表意见的权利、获得辩护的权利等，在司法实践中均难以充分保障，与审判程序中的被告人权利保障对比，二者不能同日而语。由此看来，控辩协商的本意是让控方与辩方在平等的基础上进行协商，但最终演变成控方占据主导地位，辩方仅仅作为一个被动接受者的角色，双方并没能做到真正意义上的沟通，控辩协商的作用并没有真正实现。[8] 没有公平的程序，就没有实质的正义，在这样的控辩协商基础上提出确定刑量刑建议，其根基注定是不牢固的。

第二节　幅度刑量刑建议的合理性与弊端

所谓幅度刑量刑建议，是指检察机关在提出量刑建议的时候，并不对刑罚的种类、刑期长短、罚金数额、执行方式等提出确定且精准的建议，而是提出一个量刑幅度，供人民法院在判决时参考。幅度刑量刑建议在认罪认罚从宽制度实施以前，尤其是最高人民检察院推动确定刑量刑建议内部考核以前，是司法实践中的常态。

一、幅度刑量刑建议的合理性

幅度刑量刑建议有其合理性，甚至确定刑量刑建议的弊端均可以理解为幅度刑量刑建议的合理性，在此仅择其要者论述。

---

〔8〕 参见杨梅：《精准刑抑或幅度刑：认罪认罚从宽案件中量刑建议问题》，载《河南工程学院学报（社会科学版）》2021 年第 3 期。

（一）符合提出量刑建议的基础和条件

如前所述，检察机关主导的控辩协商过程不具备审判程序所要求的公平、公开和相互制约性，没有公平的程序，就没有实质的正义，在这样的控辩协商基础上提出确定刑量刑建议，其根基注定是不牢固的。但是，检察机关作为国家公诉机关，负有审查案件材料、依法决定是否起诉的职能。根据刑事诉讼法的规定，检察机关提起公诉时也应当达到案件事实清楚，证据确实、成分的程度，在此基础上，检察机关对被告人的犯罪事实和刑事责任应当有较为准确的判断。需要注意的是，较为准确的判断能够为检察机关提出幅度刑量刑建议提供基础和依据，但尚不具备提出确定刑量刑建议的前提条件，最根本的原因是控辩协商的过程不是审判程序，与审判程序所要求的权利保障相差较远。虽然量刑建议只是建议，但只要涉及精准量刑、确定刑期，就需要经过完整的程序和稳定、精确的事实、情节和证据。因此，幅度刑量刑建议与控辩协商的性质和司法实践具有契合性。

（二）符合量刑活动的复杂性特征

如前所述，量刑活动从来都是复杂的。确定刑量刑建议的提出，应以所站立场的客观性、量刑信息的充分性、量刑情节的稳定性、量刑标准的明确性、量刑程序的公平性为前提。鉴于检察机关与被追诉人在控辩协商过程中的实体和程序状况，检察机关不具备提出精准量刑建议的基础和条件。但是，检察机关可以提出幅度刑量刑建议，如前所述其具备该基础。幅度刑量刑建议本身也体现了量刑活动的复杂性，其可以留给人民法院更多的裁判空间。人民法院可以在公平、公开、互相制约的庭审基础上，最大限度地了解案件的所有事实、证据和影响量刑的各种因素，并考虑天理、国法、人情，合理发挥刑罚的报应和预防功能，最终运用审判权进行自由裁量，选择其认为合适的刑罚。总之，量刑活动是复杂的，是需要裁判的，检察机关提出幅度刑量刑建议，符合量刑活动的复杂性。

（三）有利于司法权力的协调与制约

如前所述，确定刑量刑建议是司法实践中检察权和审判权冲突的集中地带。量刑建议权在本质上属于求刑权，在认罪认罚案件中，检察机关通过具有一定机制的控辩协商活动，以及对案件事实和证据的把握，向人民法院提出幅度刑量刑建议。人民法院经过严谨的审理程序，通过对案件的事实、证据和各种量刑情节进行更完善、更高要求的审查，辅之以公平、公正的审判程序，再发挥法律赋予其的裁量权，从而作出最终判决。在此过程中，检察机关和人民法院应当是互相配合、互相制约的。量刑建议与量刑裁判之间，本质上也是配合和制约的关系，量刑建议可以为量刑裁判提供参考，表明控方的态度，并在幅度范围内对量刑裁判形成制约；量刑裁判应当对量刑建议进行审查，充分考虑控辩双方的态度，对合理合法的量刑建议应当积极采纳，反之则应不予采纳并依法裁判。由于检察机关提出的是幅度刑量刑建议，人民法院只要在幅度内裁判，就不会产生反复沟通、抗诉等司法实践中常见的"检法冲突"。对于被告人来讲，检察机关提出幅度刑量刑建议，人民法院择中裁判，能够在最大程度上促使被告人认罪悔罪，积极接受教育改造，而不必对是否罚当其罪产生疑虑。这种和谐、互相制约、互相配合的司法关系，是提高司法效率，集聚打击犯罪动能的必然需求。

（四）有利于辩护权的充分行使

幅度刑量刑建议因为具有一定的幅度，能够包容各种复杂多变的案件情况，既可以为检察机关的指控留出余地，同时也为辩护人的辩护留出空间。对于辩护人来讲，面对确定刑量刑建议，除非其全盘接受，否则只能推翻认罪认罚协议，独立行使辩护权，对定罪量刑提出完全不同于量刑建议的辩护意见，甚至只能"迫使"辩护人选择无罪辩护。这种结果不利于控辩协商价值目标的实现。而幅度刑量刑建议可以为辩护权留下辩护空间，有利于辩护人根据审判阶段出现的足以影响量刑的情节展开辩护，也有利于被告人为了获得从轻处罚，而在审判阶段进一步退赃退赔，从而更大程度地保护被害方的利益。

二、幅度刑量刑建议的弊端

（一）有可能降低被追诉人认罪认罚的意愿

幅度刑量刑建议虽然更能兼顾量刑事实和情节的复杂性，与量刑裁判权的专属性也更加匹配，有利于量刑建议权与量刑裁判权的彼此协调，但幅度刑量刑建议必然会削弱对被追诉人的激励效果。被追诉人对于从宽处罚的结果仍然处于一种不稳定的预期，在一定程度上弱化了控辩协商的效果，也会影响被追诉人认罪认罚的积极性，影响认罪认罚从宽制度的适用。

（二）对检察机关量刑建议的改革进程形成掣肘

认罪认罚从宽制度施行以来，检察机关在量刑建议问题上进行了大刀阔斧的改革。两高三部《认罪认罚指导意见》第 33 条规定，办理认罪认罚案件，人民检察院一般应当提出确定刑量刑建议。犯罪嫌疑人认罪认罚没有其他法定量刑情节的，人民检察院可以根据犯罪的事实、性质等，在基准刑基础上适当减让提出确定刑量刑建议。有其他法定量刑情节的，人民检察院应当综合认罪认罚和其他法定量刑情节，参照相关量刑规范提出确定刑量刑建议。建议判处罚金刑的，参照主刑的从宽幅度提出确定的数额。自此以后，检察机关大力开展确定刑量刑建议工作，并提出了很多内部考核指标，甚至为了维护其精准刑量刑建议而动用抗诉的法律手段。在此问题上，虽然理论界和司法实务界均有争论，但我们还是应当站在有利于司法进步的高度看待检察机关的执念与追求。如此一来，幅度刑量刑建议显然对检察机关量刑建议的改革进程形成掣肘。

第三节　量刑建议制度的合理化构建

通过上文的分析，我们赞同检察机关量刑建议应以幅度刑量刑建议为主，以确定刑量刑建议为必要补充，量刑建议工作应循序渐进，待条件完善和认识统一以后，再逐步扩大确定刑量刑建议的范围的观点。同时，在司法实践中还应当努力克服量刑建议考核所造成的溢出效应，着眼于司法职能的充分发挥和和谐司法关系的构建，防止量刑建议政策对诉讼效率和司法公信力造成负面影响。为此，我们需要探讨如何构建合理化的量刑建议制度的问题。

一、量刑建议的效力问题

（一）正确理解量刑建议的性质

在认罪认罚从宽制度的框架下，对于确定刑量刑建议与幅度刑量刑建议的争议，首先就是对量刑建议本质的理解。从法理角度而言，量刑建议本质上应当是求刑权，是一种程序性权利，属于公诉权框架范围内，仍是建议性质的。[9] 即便是在认罪认罚案件中,亦不应当以案件适用程序的特殊性而突破此框架。控审分离原则是刑事诉讼法中的基本原则,如果认为量刑建议对于人民法院的最终判决具有司法拘束力,相当于将人民法院的量刑权让渡给检察机关,造成求刑权与裁量权的混同。对此问题,前文已经论述,量刑建议对人民法院来讲,不具有当然的约束力,最直观的理由就是人民法院并非控辩协议的缔约主体。

当然,在认罪认罚案件中赋予量刑建议一定的刚性能够激励被追诉人积极认罪认罚。但是应当明确的是这种激励机制并不应当以牺牲程序正义和实质正义为前提。在认罪认罚案件中,检察机关基于尚未经过法庭审理确定的案件事实与证据提出量刑建议,将其赋予拘束力后无疑是对我国关于未经法院依法判决对任何人不得确定有罪原则的侵犯。因此,对认罪认罚案件中的量刑建议,不能也不应当赋予其对人民法院量刑权的强制力,应当严守人民法院独立行使审判权的司法底线。

(二)合理看待量刑建议的效力

在本书"审查控辩协商的效力"一节中,我们已经就控辩协议及检察机关的量刑建议的性质、效力问题进行了初步探讨。我们认为,控辩协商的效力对检察机关、被追诉人均有法定约束力,但对于人民法院来讲,量刑建议并不具备法定约束力,其只是人民法院作出判决时的参考,其不具备裁判性的司法文件性质,人民法院是否采纳量刑建议的内容,均属于依法行使裁判权,并非对量刑建议的司法确认;刑事诉讼法要求人民法院对量刑建议进行实质审查后,除非出现法定情形,一般应当按照量刑建议的内容作出裁判,此系实现认罪认罚从宽制度价值目标的考虑,绝不是代替检察机关遵守国家信用。在此问题上,我们应当进一步认识到,量刑建议仅具有建议的效力,对人民法院的裁判权不具备强制拘束力。但是就认罪认罚案件而言,人民法院对于检察机关的量刑建议应当给予充分的尊重。认罪认罚从宽制度在设计之初就希望通过构建控辩协商机制实现犯罪人与国家的合作,并通过给予犯罪人一定程度的从轻处罚,促使其能够真诚认罪悔罪,尽快修复被破坏的社会关系。从性质上看,量刑建议是控辩双方进行协商的结果。人

---

〔9〕 参见卞建林、陶加培:《认罪认罚从宽制度中的量刑建议》,载《国家检察官学院学报》2020年第1期。

民法院在实质性审查案件的事实、证据以及各类量刑情节的基础上，结合被告人的认罪认罚意愿，对应予采纳的量刑建议予以采纳，对不应采纳的量刑建议依法不予采纳，并作出最终裁判。无论是基于独立行使审判权，还是顺应以审判为中心的刑事诉讼制度改革，人民法院对于案件的事实认定、证据采信、定罪量刑等问题均具有不受干涉的最终裁判权。人民法院中立裁判者的地位和作用也能够支撑法律赋予的这种最终裁判权。

(三)正确理解“一般应当采纳”的规定

明确量刑建议的本质后，还有一个重要的问题是如何理解2018年《刑事诉讼法》第201条所规定的“一般应当采纳”，该规定与确定刑量刑建议制度相结合，迅速引起了广泛讨论和质疑。有观点认为，该规定体现的是对控辩双方合意的尊重，但是法院有最终的决定权，应当进行严格的审查并作出最终的处理。〔10〕 也有观点认为，该规定在一定程度上就是法官将自由裁量权部分让渡于检察机关，实现司法资源的优化配置。〔11〕 我们认为，要充分认识量刑建议权与量刑权的本质区别，控审分离原则要求不能将控诉权和裁量权混同，更不能混为一谈。一方面，通过量刑建议实现对人民法院自由裁量权的规范，是量刑建议的应有之义。从这个意义上来讲，对于检察机关在认罪认罚案件中提出的量刑建议，人民法院无正当理由不得置之不理，“应当”二字恰如其分地表现出检察机关量刑建议所具备的必要刚性，人民法院应当给予充分尊重。另一方面，在理解“应当”的同时，绝对不能忽视“一般”的规定。所谓“一般”是相对于“特殊”情况而言的，人民法院应当充分考虑全案事实，尤其是法定或酌定的各类特殊情形，同时还应当考虑自由裁量权的行使，对检察机关的量刑建议作出正确回应。对此，有学者指出：2018年《刑事诉讼法》第201条在一定程度上明确了认罪认罚案件中指控权对裁判权的限制，但该条文并未改变人民检察院和人民法院分工、配合、制约的基本格局。无论是在罪名选择、事实认定，还是在量刑方面，“一般应当采纳”的要求意味着法院需要奉行有所侧重的实质审查理念，从宽进行实体性判断，尽量尊重得到辩方认可的控诉意见，避免检、法冲突。而

---

〔10〕 参见胡云腾：《正确把握认罪认罚从宽，保证严格公正高效司法》，载《人民法院报》2019年10月24日，第5版。

〔11〕 参见陈国庆：《量刑建议的若干问题》，载《中国刑事法杂志》2019年第5期。

当冲突不可避免时，法院只宜在案件不符合认罪认罚从宽制度基本适用条件或者指控意见明显不当时，才可以不受量刑建议的限制，依法作出判决。2018年《刑事诉讼法》第201条适用中检、法冲突的形成，与二者不适应认罪认罚从宽制度改革带来的角色转变，以及二者对认罪认罚及其认定权的认识差异和对量刑标准或从宽幅度的不同理解等因素有关。[12]

二、人民法院对量刑建议应坚持全面审查

鉴于检察机关在认罪认罚案件中的量刑建议权具有求刑权性质，人民法院在认罪认罚案件中只是"一般应当采纳"检察机关的量刑建议，必然涉及对量刑建议的审查问题。有观点认为，从节约司法资源的角度来看，对于认罪认罚案件中检察机关提出的确定刑量刑建议，法官只需确认犯罪嫌疑人、被告人认罪认罚是不是基于充分告知基础上的自愿，即可直接决定是否采纳量刑建议并作出判决，无需重复审查案件事实和证据，也无需对量刑问题进行二次考量。[13] 我们认为，这种观点有待商榷，其实质上忽视了量刑建议权的求刑权性质，将人民法院对量刑建议的采纳视为司法确认。如前所述，在认罪认罚案件中，人民法院应当落实庭审实质化的要求，着重审查认罪认罚的自愿性、合法性，并坚守证据裁判原则，根据案件的事实和证据，依法作出公正裁判。因此，人民法院对量刑建议应坚持全面审查，无论是否采纳量刑建议，均不能理解为人民法院对量刑建议的确认或者不确认。人民法院作出判决并非依据量刑建议，而是依据经庭审程序查明的案件事实和证据。

坚持对量刑建议的全面审查，主要体现在三个方面：

（一）对案件事实和证据应进行全面审查

人民法院办理认罪认罚案件，可以适用速裁程序、简易程序或者普通程序，无论采用哪种审理程序，均不能忽视对案件事实和证据的调查、举证、质证，即使事实调查、举证、质证仅仅是方式和繁简程度有所不同。那种认为认罪认罚案件的审理程序只是对认罪认罚自愿性、合法性的调查和确认，对

---

〔12〕 参见闫召华：《"一般应当采纳"条款适用中的"检""法"冲突及其化解——基于对〈刑事诉讼法〉第201条的规范分析》，载《环球法律评论》2020年第5期。

〔13〕 参见陈国庆：《量刑建议的若干问题》，载《中国刑事法杂志》2019年第5期。

于合法、自愿的认罪认罚结论，人民法院就应当照单全收的观点，实际上误解了认罪认罚从宽制度的价值。在认罪认罚案件中，人民法院对事实、证据的审查，有些看似十分简单，甚至在很多速裁案件中将本应在法庭审理过程中进行的审查活动转移至开庭之前进行，这种做法会导致未审先判、先入为主等弊端，本不应提倡。但这种现象恰恰说明，法官在审理认罪认罚案件时，无论如何也不敢不审查案件的事实和证据，亦不敢对自愿、合法的控辩协商结果照单全收。况且，办案责任制也要求法官必须对自己办理案件的质量终身负责。

（二）对认罪认罚的自愿性、真实性、合法性应进行全面审查

根据两高三部《认罪认罚指导意见》的规定，人民法院办理认罪认罚案件，应当告知被告人享有的权利和认罪认罚的法律规定，听取被告人及其辩护人或者值班律师的意见。庭审中应当对认罪认罚的自愿性、具结书内容的真实性和合法性进行审查核实。重点审查被告人有无受到暴力、威胁、引诱而违背意愿认罪认罚，认罪认罚时的认知能力和精神状态是否正常，是否理解认罪认罚的性质和后果，值班律师是否提供了有效法律帮助或者辩护，有无现场见证认罪认罚具结书的签署等。在上述过程中，人民法院应当围绕案件事实、证据，有针对性地对被告人进行发问，以确认其认罪认罚的真实性、自愿性。

（三）对案件定性和量刑问题进行全面审查

在认罪认罚案件中，庭审活动应始终围绕案件事实、证据以及认罪认罚的自愿性、真实性、合法性开展，最终目的是解决案件的定性和量刑问题。根据 2018 年《刑事诉讼法》第 201 条的规定，人民法院除了正向审查上述内容以外，还应注意审查被告人的行为是否构成犯罪，是否应当追究刑事责任，起诉罪名与审理认定的罪名是否一致，是否存在其他影响公正审判的情形，是否存在被告人违背意愿认罪认罚或者被告人否认指控的犯罪事实，从而导致量刑建议不能采纳的情形等。上述规定表明，法官在审理认罪认罚案件过程中，应当对案件的定性和量刑进行实质性的全面审查。另外，从认知逻辑来讲，法官要判断检察机关的量刑建议是否适当，必须先根据自己查明的事实、证据和影响量刑的诸多因素，形成自己的判断结论，然后两相对比，才能得出是否采纳量刑建议的最终结论。如果法官缺乏自主判断的思

维过程，就无法形成两种结论的对比，也就无法得出量刑建议是否恰当的对比结论。而法官的自主判断过程，恰恰是对案件的定性和量刑进行全面审查的过程。

三、规范人民法院对量刑建议的处理方式

在量刑建议问题上，人民法院的处理结果有三种：依法采纳、建议调整、依法裁判。

（一）依法采纳

2018 年《刑事诉讼法》第 201 条规定："对于认罪认罚案件，人民法院依法作出判决时，一般应当采纳人民检察院指控的罪名和量刑建议，但有下列情形的除外：（一）被告人的行为不构成犯罪或者不应当追究其刑事责任的；（二）被告人违背意愿认罪认罚的；（三）被告人否认指控的犯罪事实的；（四）起诉指控的罪名与审理认定的罪名不一致的；（五）其他可能影响公正审判的情形。"两高三部《认罪认罚指导意见》第 40 条规定，对于事实清楚，证据确实、充分，指控的罪名准确，量刑建议适当的，人民法院应当采纳。根据上述规定，人民法院在确定案件事实清楚，证据确实、充分，可以排除合理怀疑，被告人自愿认罪认罚，且量刑建议没有明显不当的情况下，一般应当采纳检察机关的量刑建议。我们认为，人民法院对于认罪认罚案件的量刑建议应当进行实质性审查，并适用互相印证的审查机制，无论案件的类型、标的、社会危害性大小、刑罚轻重，均应当对检察机关提出的量刑建议进行实质审查，并作出是否采纳的结论。立法对认罪认罚案件提出了"一般应当采纳"的要求，但并不意味着对认罪认罚案件的裁判标准有所降低。

（二）建议调整

2018 年《刑事诉讼法》第 201 条第 2 款规定，人民法院经审理认为量刑建议明显不当，或者被告人、辩护人对量刑建议提出异议的，人民检察院可以调整量刑建议。两高三部《认罪认罚指导意见》第 41 条规定，人民法院经审理，认为量刑建议明显不当，或者被告人、辩护人对量刑建议有异议且有理有据的，人民法院应当告知人民检察院，人民检察院可以调整量刑建议。适用速裁程序审理的，人民检察院调整量刑建议应当在庭前或者当庭提出。根据上述规定，在对量刑建议的审查过程中，存在建议调整量刑建议

的工作程序。需要注意的是,法律并未对何为“明显不当”进行细化规定。一般来讲,所谓的“明显不当”应包括但不限于刑罚的主刑选择错误,刑罚的档次、量刑幅度畸重或者畸轻,适用附加刑错误,适用缓刑错误等。[14] 对于此类量刑建议“明显不当”的情形,人民法院应当告知人民检察院,司法实践中一般应当建议其进行调整。人民法院建议调整量刑建议和检察机关决定调整量刑建议的具体形式可以相对灵活,以适应认罪认罚案件审判效率的需求。但是,调整量刑建议是否需要征求被告人的意见,法律未作出明确规定。我们认为,经过庭审后的量刑建议调整,并非以被告人同意调整为必要条件,是否征求被告人意见以及以何种形式征求被告人意见,可以灵活掌握,但不应要求控辩双方重新签订认罪认罚协议。实践中,人民法院可以通过庭审讯问被告人的方式听取其对调整量刑建议的意见。另外一种调整量刑建议的情形是辩护人和被告人提出异议,这也可以看作刑事诉讼法在认罪认罚案件中对于被告人设置的一种特别救济程序,以保障被告人的合法权益。当然,辩方提出异议应当遵循两高三部《认罪认罚指导意见》第 41 条之规定即“有理有据”。被告人提出异议时应当有正当合理的理由,并提供相应的证明,如积极赔偿、取得被害人的谅解,与被害人达成和解或主动退赃等可以进一步从宽处理的情况。

需要明确的是,关于人民法院不采纳检察机关量刑建议之前,是否必须先行建议检察机关调整量刑建议的问题,有观点认为检察机关有再度调整量刑的权利,此调整亦作为法院最终改判的前置性程序。[15] 我们认为,人民法院建议人民检察院调整量刑建议,只是一种工作程序,目的是最大化实现认罪认罚从宽制度的价值目标。其并非一种诉讼程序,即使人民法院并未建议检察机关调整量刑建议,而是径直作出了判决,也不构成程序违法。如前所述,这种观点的主要理由是根据证据裁判原则,人民法院作出判决的依据是经过庭审查明的事实和证据,这些事实和证据均经控辩双方通过举证、质证等法庭调查程序查证属实,并听取了控辩双方的辩论意见,控辩双

〔14〕 参见李寿伟主编:《中华人民共和国刑事诉讼法解读》,中国法制出版社 2018 年版,第 502 页。

〔15〕 参见卞建林、陶加培:《认罪认罚从宽制度中的量刑建议》,载《国家检察官学院学报》2020 年第 1 期。

方对定罪和量刑均已充分阐明自己的观点，人民法院据此作出判决符合实质公平原则，并未剥夺控辩双方的任何权利。量刑建议仅是检察机关求刑权的具体表现形式，人民法院作出判决的根据并非检察机关的量刑建议，而是已查明的事实和法律，量刑建议对于人民法院的判决来讲，并非不可或缺。

（三）依法裁判

2018年《刑事诉讼法》第201条规定，具有被告人的行为不构成犯罪或者不应当追究其刑事责任的，被告人违背意愿认罪认罚的，被告人否认指控的犯罪事实的，起诉指控的罪名与审理认定的罪名不一致的以及其他可能影响公正审判等五种情形的，人民法院不应采纳检察机关的量刑建议。此时，人民检察院可以调整量刑建议。人民检察院不调整量刑建议或者调整量刑建议后仍然明显不当的，人民法院应当依法作出判决。除此之外，两高三部《认罪认罚指导意见》还规定了人民法院对于人民检察院起诉指控的事实清楚，量刑适当，但指控的罪名与审理认定的罪名不一致的，可以听取人民检察院、被告人及其辩护人对审理认定罪名的意见，依法作出裁判。需要指出的是，人民法院是否采纳检察机关提出的量刑建议，应当建立在对案件进行全面审查的基础上，还应当构建不采纳量刑建议的说理机制，充分阐述不采纳的理由，并通过裁判文书释法说理等形式向公诉机关、被告人、辩护人进行阐释，从而增加判决的公正性和透明度，也有利于被告人服判息诉，安心接受教育改造。

四、提高量刑建议科学性的探索

（一）研究制定有助于提高量刑精确化的“量刑指南”

2017年3月，最高人民法院出台的《关于常见犯罪的量刑指导意见》将15种犯罪纳入其中，规范了量刑的规则和方法。当年5月，最高人民法院推出《关于常见犯罪的量刑指导意见（二）（试行）》，又增加了8种常见犯罪的量刑标准。[16] 两个量刑指导意见对于指导司法实践，促进量刑规范化和适法统一起到了很大作用。但是很显然，现行的量刑指导意见还难以满足

〔16〕 参见董坤：《认罪认罚案件量刑建议精准化与法院采纳》，载《国家检察官学院学报》2020年第3期。

司法实践的需要，尤其是在认罪认罚案件大量增加，检察机关需要提出具体量刑建议的情况下，更有必要联合检法两机关的力量，制定共同的“量刑指南”。[17] 具体可以由最高人民法院、最高人民检察院会签一份完整的量刑指导意见，着重解决实践中常见的认罪认罚案件的量刑标准化问题。通过制定统一规范、达成共识的量刑指导意见，可以为各司法机关提供可供执行的客观标准，也可以提高社会公众对犯罪后果和认罪认罚从宽的可预见性，还可以提高检察机关量刑建议的科学性和可采纳度，最终推动认罪认罚从宽制度的发展。

(二)完善认罪认罚案件的控辩协商机制

如前所述，在认罪认罚案件中大力推行具有准裁判性的量刑建议制度，面临的一个重要问题是控辩双方的地位不会因为认罪认罚从宽制度的推行而变得更加平等，至少在实践中很多被告人还是被动地接受量刑建议，且大多数案件的被告人都处于羁押状态，其法律帮助权和辩护权的保障还处于不完善的阶段，在此基础上的控辩协商很难保障其结果的公平性和自愿性。构建科学合理的量刑协商制度也是保障量刑建议科学化的重要方面，既要包括协商时间节点、程序设置，又要包括如何保障律师的辩护权及值班律师的有效帮助等。[18] 因此，实践中需要对量刑协商程序进行细化，既要保障控辩协商的平等地位，又要保障协商结果的客观性、公平性。控辩协商过程中，首先可以由检察机关结合案件事实、证据、情节以及被追诉人的认罪认罚态度，提出相对明确的拟量刑建议；其次检察机关向被追诉人和辩护人进行证据开示并对量刑建议进行释明；再次听取被追诉人和辩护人对量刑建议的意见；最后控辩双方针对双方的主张进行细化磋商和量刑建议微调，以确保量刑建议是控辩双方平等协商的结果。

在控辩协商过程中，也要健全各项权利保障机制，尤其是值班律师和辩护人的实质参与权，其中包括允许值班律师、辩护人全面阅卷，建立标准化的证据开示程序，确保辩方的知情权，并将控辩协商程序进行司法化改造

---

〔17〕 参见刘占勇：《认罪认罚从宽制度中量刑建议问题研究》，载《中国检察官》2017 年第 11 期。

〔18〕 参见刘辰、周健：《认罪认罚量刑建议的几个理论问题》，载《法治现代化研究》2020 年第 1 期。

等。另外,还要进一步探索值班律师向辩护律师过渡的有效机制,确保被追诉人在认罪认罚过程中全程获得律师的有效帮助,以进一步提高量刑建议的科学性、代表性。

(三)进一步形成针对量刑建议的科学共识

如前所述,量刑建议问题是认罪认罚从宽制度中最具争议性的问题,理论界和司法实务界对此均产生大量争论,甚至一度打破了检法机关之间的相互配合、相互制约关系,破坏了司法和谐和司法公信力。认罪认罚从宽制度若要稳健施行,必须针对量刑建议中的各种问题进一步凝聚理论共识、检法共识。各司法机关应当通过联合培训、理论研讨、信息沟通等方式,转变思想认识,优化各自的立场,站在认罪认罚从宽制度"一盘棋"的高度正确认识量刑建议的性质、作用和程序,在认罪认罚从宽制度基础上再次形成新的相互配合、相互制约关系,以进一步推动认罪认罚从宽制度的科学发展。

第十六章　认罪认罚案件中的上诉权与抗诉权

认罪认罚案件中的上诉与抗诉问题，也一度成为制度运行中的热点议题，与作为更核心议题的精准刑量刑建议一道，被理论界和司法实务界广泛讨论。上诉权与抗诉权的设置，本是通过赋予被告人和检察机关以发动二审诉讼的权利，充分保障控辩双方的法定救济权利，并防范冤假错案的出现。但是，在认罪认罚案件中，有关上诉权和抗诉权的问题却始终是争议的焦点，原因在于认罪认罚案件的控辩协商特征及控辩协商效力问题使得被告人的上诉和检察机关的抗诉产生了与普通刑事案件不同角度的法理解读，进而导致分歧的出现。

第一节　认罪认罚案件中的上诉权

一、被告人行使上诉权的类型

我国 2018 年《刑事诉讼法》第 15 条规定了认罪认罚从宽制度，第 227 条赋予了被告人上诉权，并禁止以任何理由剥夺被告人的上诉权。但刑事诉讼法未对认罪认罚案件中被告人的上诉权作任何特殊的规定或限制。因此，认罪认罚案件中被告人享有上诉权是毋庸置疑的。值得思考的是，既然是在控辩协商的基础上形成的量刑建议，为何还存在不少的上诉案件。2022 年最高人民检察院工作报告明确认罪认罚案件的一审服判率为 96.5%，换句话说，仍有部分被追诉人没有认可与检察机关之前的控辩协商。单就考察实践中出现的被告人上诉案件，我们就能够发现很多上诉现象并非对判决本身的不满，也不是对认罪认罚协议的违反，而是出于很多现实考虑。

（一）拖延下监服刑的时间

有些被告人的上诉目的是拖延下监服刑的时间，[1]这类似于轻罪案件中的取保候审被告人，为了选择“良辰吉日”下监服刑而提出上诉，甚至在二审诉讼阶段与司法机关协商结案的时间、送监的时间等，一旦能够达到满意结果，则主动申请撤回上诉。这种现象不仅是对司法资源的极大浪费，降低了刑事诉讼的效率，而且是对刑事诉讼程序严肃性的无视甚至亵渎。

（二）尝试获得更轻的处罚

实践中，有些被告人在一审中积极认罪认罚，并因此获得了从宽处理，但仍然以莫须有的理由提出上诉，甚至无故翻供试图“碰运气”获得进一步从轻处罚。支撑其上述心理的最根本原因就是上诉不加刑原则。对于这部分被告人来讲，其行使上诉权可以说无本万利，最坏的结果就是维持原判，一旦其提出的理由被司法机关采纳，则可以获得更轻的刑罚。还有些被告人在量刑协商的过程中对于退赃退赔等可以减轻其刑罚的情节故意不作为或者隐瞒，在获得从宽处罚后又以这些从轻处罚情节为由提出上诉，或者又以进一步退赃退赔为由提出上诉，试图在已经获得从轻处罚的基础上进一步获得上诉利益。上述不诚信的投机心理，反映的是被追诉人认罪认罚的动机和真实性存在怀疑之处，以及被追诉人对控辩协商协议的违反，这正是实践中关于认罪认罚从宽制度上诉权争论的原因所在。应当说，这种投机心理对认罪认罚从宽制度的破坏性相当大，其根本背离了认罪认罚从宽制度的宗旨和价值。

（三）未正确理解量刑建议的性质

实践中，还有些被告人考虑到自己享有绝对的上诉权，在量刑协商的时候即存在不正确认识，其只关注量刑建议的下限，而选择性地忽视量刑建议的区间，一旦法院的判决未达到其心理预期，或者法院否定了量刑建议，被告人就提出上诉要求降低刑期。在其看来，量刑建议的下限即是其应当承受的刑罚，突破下限就属于量刑过重，突破量刑建议的上限更是不可接受。这种对量刑建议的不正确理解，也是司法实践中大量存在上诉的原因。

---

[1] 参见臧德胜、杨妮：《论认罪认罚从宽制度中被告人上诉权的设置——以诉讼效益原则为依据》，载《人民司法（应用）》2018 年第 34 期。

二、认罪认罚案件上诉权问题的分歧

2018年《刑事诉讼法》正式确立了认罪认罚从宽制度，但并未对认罪认罚案件中被告人的上诉权问题予以特别明确的规定，上诉权仍然是被告人的基本诉讼权利。理论界与司法实务界对该问题出现了一些争议，涉及认罪认罚具结书的性质与被追诉人的反悔权问题，认罪认罚从宽制度与上诉不加刑原则存在的冲突问题。[2]

（一）保留被告人上诉权的观点

上诉权是被告人最基本的诉讼权利之一，不能被限制甚至剥夺，且限制被告人的上诉权不符合我国"无因上诉"的诉权保障模式，在完全实现审前正当程序保障、一审庭审实质化之前，对于认罪认罚的被告人仍需发挥二审程序"职权主义自我修正"功能。[3] 况且，适用认罪认罚从宽制度不意味着被告人放弃了自己的上诉权，在认罪认罚案件中引入一审终审制度，其可能带来负面效果，对降低诉讼成本、提高诉讼效率没有太大的益处。[4] 因此，不宜限制被告人的上诉权，至于由此带来的"虚假认罚"和"不当得利"问题，可以通过检察官行使抗诉权得以解决。[5] 应当说，保留认罪认罚案件被告人绝对的上诉权具有其积极意义。

1. 保障被告人获得救济的权利。上诉权作为被告人享有的基本诉讼权利，在认罪认罚从宽制度中亦得到了认可，是我国两审终审下被告人所享有的重要的救济权利，有利于维护司法的公正，不应当因为认罪认罚而受到限制。[6] 无论是普通刑事案件还是认罪认罚案件，都应当为被告人建立畅通的权利救济机制，这种救济机制可以不使用，但必须存在并保持高效、畅通。由于认罪认罚案件的特征，案件的证明标准有时不可避免地低于普通刑事案件，在此情况下更应当畅通冤假错案的纠错机制。对于被告人来讲，上诉

---

〔2〕 参见葛钰莹：《认罪认罚案件中被告人的上诉权问题研究》，载《〈上海法学研究〉集刊》2021年第2卷。

〔3〕 郭烁：《二审上诉问题重述：以认罪认罚案件为例》，载《中国法学》2020年第3期。

〔4〕 参见陈瑞华：《认罪认罚从宽制度的若干争议问题》，载《中国法学》2017年第1期。

〔5〕 参见熊秋红：《比较法视野下的认罪认罚从宽制度——兼论刑事诉讼"第四范式"》，载《比较法研究》2019年第5期。

〔6〕 参见胡云腾：《正确把握认罪认罚从宽，保证严格公正高效司法》，载《人民法院报》2019年10月24日，第5版。

权甚至是其不可剥夺的人权。

2. 维护司法公正。对于保留上诉权的必要性,也有学者从认罪认罚案件的特征方面进行解读,认为虽然认罪认罚从宽制度所构建的是一种协商性司法精神,但是本质上而言,由于被追诉人对于法律的理解,对于量刑建议的认知仍然存在知识鸿沟,而值班律师制度尚需进一步完善,尤其是其在认罪认罚案件中尚未完整地享有阅卷权与会见权,不具备辩护人的地位,对于被追诉人签署具结书的参与更多的是流于形式,所以在这种力量悬殊背景下若再禁止被告人提出上诉,则显然有违公正司法的要求,难以保障认罪认罚案件的质量。

3. 消除程序简化对实体公正的负面影响。认罪认罚案件的处理程序相较于普通程序而言更为简化,尤其是法庭调查和法庭辩论的省略以及办理案件时对诉讼效率的过分强调,致使对被告人的诉讼权利的保障和重视程度不够,甚至有些法院采用"批发式"集中审理的形式,这样的庭审很难对案件进行有效审查,对认罪认罚的自愿性、真实性、合法性的审查与把关也非常有限。[7] 因此,通过强化对被告人上诉权的保障,可以在一定程度上消解简易程序给案件质量和被告人权利带来的负面影响,保障案件处理的公平公正。

(二)取消被告人上诉权的观点

有的观点认为,出于诉讼经济的考量,应当限制认罪认罚从宽被告人的上诉权,对适用速裁程序的案件实行一审终审。[8] 对这类案件不应再允许被告人上诉,以免浪费国家司法资源。[9] 建议取消认罪认罚案件中被告人的上诉权也有一定的现实原因。

1. 有利于节约司法资源,提高诉讼效率。主张取消认罪认罚案件被告人上诉权的观点认为,对于上诉权来讲,其最大的功能在于通过启动二审程序对原审判决的错误予以纠正。所以从上诉程序的功能来看,上诉程序本身就是追求司法公正的产物。然而,这一程序必然会导致诉讼程序的延长,

---

〔7〕 参见梁健、鲁日芳:《认罪认罚案件被告人上诉权问题研究》,载《法律适用》2020 年第 2 期。

〔8〕 参见陈卫东:《认罪认罚从宽制度研究》,载《中国法学》2016 年第 2 期;汪建成:《以效率为价值导向的刑事速裁程序论纲》,载《政法论坛》2016 年第 1 期。

〔9〕 参见汪建成:《以效率为价值导向的刑事速裁程序论纲》,载《政法论坛》2016 年第 1 期。

直接影响着诉讼的效率，这一设置与原本追求诉讼效率优先的认罪认罚从宽制度在价值目标上存在矛盾。[10]

2. 认罪认罚案件的错误成本较低。主张取消认罪认罚案件被告人上诉权的原因，在实践中恐怕还有一层更加重要的功利性考虑，即认罪认罚案件相较于一般刑事案件而言，其案件事实比较简单，证据数量较少，判决结果较轻，尤其是对于适用简易程序或速裁程序审理的认罪认罚案件，在被追诉人自愿认罪认罚的基础上，产生冤假错案的概率很小，即使一审中出现错误判决，其错误成本也相对较低。这种观点是一种功利性心理，追求的是普遍的正义而非个案的公平，其试图用最小的代价优先保障效率价值的实现。应当说，这种观点难以立足。虽然认罪认罚从宽制度追求优化司法资源配置、提高诉讼效率的目标，但这并非唯一目标，也不是最优先的价值目标。认罪认罚从宽制度同样要求做到公正为本，任何效率的提高都应当建立在对公平正义的保障基础之上。即便是罪轻案件，一旦产生错案，其纠错成本都会相当高，尤其是对于被告人来讲，其所受到的伤害往往是不可逆的，难以用金钱弥补。

（三）限制被告人上诉权的观点

基于认罪认罚案件的特点，实务界也有人主张对认罪认罚被告人的上诉权进行严格限制，只有在例外情况下，才应当赋予被告人上诉权。[11] 有观点还提出，应当参照英美法系，严格限制上诉理由，仅符合法定条件才得以上诉；[12] 还有观点认为，认罪认罚后适用速裁程序的被告人不享有上诉权，但是可以事后提出异议。[13] 因此，对于所有认罪认罚案件不加区分全面肯定被告人上诉权的观点，与认罪认罚从宽制度的初衷相悖，会导致诸多不利后果，既不公正，也无效率。在司法实践中常有为了“留所服刑”拖延

---

〔10〕 参见臧德胜、杨妮：《论认罪认罚从宽制度中被告人上诉权的设置——以诉讼效益原则为依据》，载《人民司法（应用）》2018 年第 34 期。

〔11〕 参见山东省高级人民法院刑三庭课题组、傅国庆：《关于完善刑事诉讼中认罪认罚从宽制度的调研报告》，载《山东审判》2016 年第 3 期；颜世征、张楚昊：《认罪认罚案件被告人上诉应对机制》，载《人民检察》2017 年第 15 期。

〔12〕 参见樊崇义、徐歌旋：《认罪认罚从宽制度与辩诉交易制度的异同及其启示》，载《中州学刊》2017 年第 3 期。

〔13〕 参见魏晓娜：《完善认罪认罚从宽制度：中国语境下的关键词展开》，载《法学研究》2016 年第 4 期。

时间而采取的“技术性上诉”，认罪认罚案件中上诉率过高，显然有悖于认罪认罚从宽制度的设计初衷，看似是对被告人权利的一种保护，实则可能会适得其反，还会造成有限司法资源的浪费，进而影响检察官适用该项制度的积极性，长久看来也会影响认罪认罚从宽制度的生命力。[14] 这种主张主要基于以下考虑：

1. 符合认罪认罚从宽制度的内在要求[15]。适用认罪认罚从宽制度的重要前提是被追诉人自愿认罪认罚，依据是检察机关与被追诉人充分协商并达成认罪认罚协议，进而提出相应的量刑建议，人民法院经审查对控辩协商的结果予以采纳，从而对被告人作出最终的定罪量刑，整个过程反映的是控辩双方合意的结果。被上诉人倘若为了获取更低的刑罚而恶意上诉，直接导致了司法资源的浪费和司法程序的拖延，无疑与认罪认罚从宽制度的价值追求相矛盾。为防止认罪认罚被告人滥用反悔的程序权利而导致浪费司法资源和破坏契约诚信精神，应对其上诉权进行限制。[16]

2. 符合刑事诉讼的客观规律。赋予被告人以上诉救济的权利，目的在于防止被告人权益受到侵犯，利益受侵犯可能性的大小决定了救济权利存在的必要性程度，当利益越容易受侵犯时，就越需要从程序层面赋予被告人救济权利，保障被告人上诉权。[17] 在认罪认罚案件中，控辩双方已经对量刑问题进行了充分协商，协商结果已经体现了被追诉人的自由意志，因此在案件处理过程中侵犯被告人权益的可能性相对较小。当被告人权益受侵害的可能性降低时，赋予其上诉权的必要性也相应降低，而适当限制其上诉权的必要性相应提高。尤其是在轻罪案件中，分情况限制被告人的上诉权，既能达到案件裁判本身所需的正当性，又未弃被告人救济权于不顾，实现了公平正义与效率价值的双重增益功效。值得注意的是，将限制被告人的上诉权限定在轻罪领域后，还要回归到问题产生的本源，即认罪认罚案件中，被

---

〔14〕 参见叶青、韩东成：《轻罪刑事政策下认罪认罚从宽制度的司法适用程序若干问题研究》，载《中国刑事法杂志》2020 年第 5 期。

〔15〕 参见梁健、鲁日芳：《认罪认罚案件被告人上诉权问题研究》，载《法律适用》2020 年第 2 期。

〔16〕 参见马明亮、张宏宇：《认罪认罚从宽制度中被追诉人反悔问题研究》，载《中国人民公安大学学报（社会科学版）》2018 年第 4 期。

〔17〕 参见梁健、鲁日芳：《认罪认罚案件被告人上诉权问题研究》，载《法律适用》2020 年第 2 期。

告人系通过诉讼合意放弃了包括上诉权在内的部分公正审判权，而不应以罪行轻微、适用程序不同的表象剥夺或限制被告人的上诉权。此外，司法机关还应按照“是否违背自愿性”“是否超出诉讼合意”两个层面设置允许被追诉人上诉的特殊情形，从而促进认罪认罚从宽制度在公正前提下的追求效率的制度价值之实现。[18]

3. 保留被追诉人寻求救济的机会。如果取消认罪认罚被告人的上诉权，那么这类被告人将难以获得有效且充分的救济权，不利于从根本上保障被告人认罪认罚的自愿性、真实性与合法性，更难以纠正可能产生的冤假错案。而保留上诉权，但对上诉权作出必要限制，则既能满足司法公正的需求，又能避免对上诉权的滥用。

限制被告人的上诉权可以减少不正当上诉再次浪费司法资源的现象，如果不对被告人的上诉权进行一定限制，那么上诉可能成为认罪认罚被告人的“必经程序”，认罪认罚从宽制度形同虚设。同时，部分被告人滥用上诉权也会减损正当行使权利的被告人的权益。适当限制被告人的上诉权，是完善认罪认罚从宽制度的必然要求。[19]

但是关于如何限制认罪认罚被告人的上诉权，理论界也存在不同主张。有的主张依据案件适用的程序来进行划分，[20] 也有的主张通过对最终可能科以的刑罚轻重来进行区别。[21] 两高三部《认罪认罚指导意见》第 45 条规定，速裁程序中的被告人以原审法院认定事实不清、证据不足为由提起上诉启动刑事二审程序的，第二审人民法院应当裁定撤销原判，将案件发回原审法院适用普通程序重新进行审理。该条突破了刑事诉讼法的规定，刑事诉讼法中规定二审法院在审查后发现事实不清、证据不足的，可以发回重审。也就是说，发回重审必须基于二审法院对于事实证据的认定，而不是依据被告人的上诉理由。依照两高三部《认罪认罚指导意见》的规定，如果速裁程

---

〔18〕 参见叶青、韩东成：《轻罪刑事政策下认罪认罚从宽制度的司法适用程序若干问题研究》，载《中国刑事法杂志》2020 年第 5 期。

〔19〕 参见葛钰莹：《认罪认罚案件中被告人的上诉权问题研究》，载《〈上海法学研究〉集刊》2021 年第 2 卷。

〔20〕 参见陈卫东：《认罪认罚从宽制度研究》，载《中国法学》2016 年第 2 期。

〔21〕 参见臧德胜、杨妮：《论认罪认罚从宽制度中被告人上诉权的设置——以诉讼效益原则为依据》，载《人民司法(应用)》2018 年第 34 期。

序中被告人以事实不清或证据不足为由提起上诉的,应当发回重审,且不再适用认罪认罚从宽制度。可见,一审适用速裁程序的被告人有可能因为提起上诉而丧失认罪认罚从宽制度的量刑优惠,这实质上限制了认罪认罚案件中的被告人的上诉权。但是上述这些划分标准都逃不出对认罪认罚案件进行类型化的思维,也未从根本上解决认罪认罚案件上诉权易于被滥用的问题。因此,对于认罪认罚案件的上诉权限制问题,需要进一步探索。

(四)被告人享有反悔权

认罪认罚从宽制度是具有中国特色的协商性司法制度,它同样秉持意思自治、控辩协商的理念,在意思自治的语境内,同样需要探讨被告人的反悔权问题。权利可以行使,也可以放弃,当被追诉人出于维护自身利益而请求撤回认罪认罚时,应当允许其撤回认罪认罚,并由人民法院依法裁判。《认罪认罚从宽制度试点办法》虽然对于被追诉人反悔权没有明确作出规定,但在第19条、第20条和第21条中实际上默认了辩方的反悔权,制度构建层面规定反悔权,不仅能够排除被告人被迫有罪供述的法律风险、填补被告人签署认罪协议所造成的权利缺位,而且有助于增加被告人与控方进行磋商的能力,确保其认罪认罚的自愿性。实践中,被追诉人的反悔大多都是"正当且合理"的,比如被追诉人非自愿认罪认罚的、被追诉人没有犯罪事实或者不应当追究刑事责任的、在签署具结书后发现有足以影响定罪或者量刑的新证据的,等等。[22] 当然也存在少部分被告人滥用反悔权的情况,有些人是基于"利益算计"而认罪反复谋求自身的最大好处,有些人是为了延长定罪前羁押时间留所服刑等。我们认为,反悔理由的正当合理与否,不能成为是否剥夺被追诉人反悔权的合法性支持。法学理论界和实务界的主流观点对认罪认罚协商中的控辩双方的反悔权均持肯定立场。[23]

犯罪嫌疑人、被告人认罪认罚后,根据自由意志和诉讼进程中出现的新情况,其可能会表示反悔,从而撤回认罪认罚表示,对此司法机关应保障其反悔权。但是,需要明确被追诉人反悔权行使中的几点问题:首先,不同阶段被追诉人反悔权行使产生的程序效果不同。在审前程序中,犯罪嫌疑人

---

〔22〕 参见朱孝清:《如何对待被追诉人签署认罪认罚具结书后反悔》,载《检察日报》2019年8月28日,第3版。

〔23〕 参见陈卫东:《认罪认罚从宽制度研究》,载《中国法学》2016年第2期。

可以随时、无条件地撤回认罪认罚申请或者具结书，根据案件情况选择适用普通程序或者简易程序；在第一审程序中，被告人即使审前与检察机关达成认罪认罚协议并且签署具结书，亦可向法院表明其反悔的态度和理由。〔24〕若案件适用的是普通程序，那么案件需要回流到初始状态重新开始；若案件适用的是速裁程序或者简易程序，此时法院应当及时终止案件的审理，转为普通程序后再行审判，不能径行依法判决。不过，被告人因为反悔产生的程序回流"诉累"以及丧失认罪认罚从宽的"福利"等法律后果需要自行承担。〔25〕一审判决作出后的反悔，可以视为被告人独有的上诉权利，这在下文中将做进一步的探讨。

其次，在被追诉人反悔后"供述证据"适用的问题上，实务界和理论界存在一定争议。根据最高人民检察院2017年颁布的《人民检察院认罪认罚案件法律文书格式样本（试行）》中关于"认罪认罚从宽制度告知书内容"，在犯罪嫌疑人、被告人撤回具结书的情况下，认罪认罚具结书仍然可能作为其曾经做过有罪供述的证据。而现在很多地方的实践细则中对此却作出相反的规定，认为犯罪嫌疑人、被告人、辩护人反悔的，可以主张撤回认罪认罚供述，被告人认为其在认罪认罚从宽协商程序中作出自认的对自己不利的事实，不得作为指控自己构成犯罪的证据使用。〔26〕我们认为，对于被告人行使反悔权而撤回认罪认罚具结书的，其上记载的认罪供述内容不能作为检察机关进行指控的法律证据，法院也不应该再考虑认罪认罚具结书中的内容，而是结合控辩双方提供的所有证据以及被追诉人认可的全部供述和辩解进行综合审查。

最后，司法机关需要区分"定罪反悔"和"量刑反悔"。在被追诉人对指控的量刑建议表示异议的时候，此时"量刑反悔"和"认罪反悔"有着很大的区别。在被追诉人存在"量刑反悔"的时候，某种程度上并不影响普通程序和简易程序的适用，但是只要反悔或者异议就显然已经不再满足速裁程序适用的条件，法院需要根据情况具体考虑决定应当回转到普通程序还是简

〔24〕 参见闵春雷：《回归权利：认罪认罚从宽制度的适用困境及理论反思》，载《法学杂志》2019年第12期。

〔25〕 参见张宁：《认罪认罚案件中被追诉人反悔问题分析》，载《汕头大学学报（人文社会科学版）》2020年第1期。

〔26〕 参见张吉喜：《论认罪认罚协商机制的构建》，载《法治论坛》2018年第4期。

易程序。同时,出于诉讼经济的考量,法院在可以协商的前提下建议控辩双方庭下重新协商并予以调整,在这种情况下并非必须进行程序的转换。只有在被追诉人不同意调整建议构成量刑协议破裂的时候,才需要及时进行程序转化。

第二节　认罪认罚案件中的抗诉权

一、检察机关行使抗诉权的类型

抗诉权是检察机关法律监督权的重要组成部分,是纠正错误司法裁判的必要工具。但在认罪认罚案件中,尤其是在认罪认罚从宽制度运行初期,检察机关在行使抗诉权时也出现了很多异化现象。

(一)利用抗诉权对抗被告人的上诉权〔27〕

抗诉权的设定在于防止人民法院作出错误的审判,在错误审判业已作出的情况下,可以通过抗诉程序予以纠错,保障案件的公平、公正。但在认罪认罚案件中,检察机关有时行使抗诉权单纯是为了对抗被告人的上诉权。检察机关在抗诉时,并非依法对确有错误的判决提起抗诉,而是为了对抗被告人提出的上诉主张。〔28〕其目的就在于打破被告人上诉不加刑的幻想。产生抗诉权对抗上诉权的原因,理论上还有一层更深的考虑,即被告人上诉代表其对认罪认罚协议的违反,认罪认罚从宽制度适用的基础不复存在,因此有必要通过抗诉程序予以纠正。

(二)利用抗诉权促使量刑建议被人民法院采纳〔29〕

司法实践中,还有一种抗诉是因为人民法院未采纳检察机关与被追诉人达成的认罪认罚协议及未采纳检察机关提出的量刑建议。无论是出于对认罪认罚协议的尊重与保护,还是出于内部考核等案外因素的影响,在认罪

〔27〕 参见杨扬、王平:《对认罪认罚案件量刑建议若干问题的认识与把握》,载《人民司法》2020年第1期。

〔28〕 参见胡云腾:《正确把握认罪认罚从宽,保证严格公正高效司法》,载《人民法院报》2019年10月24日,第5版。

〔29〕 参见孙长永、冯科臻:《认罪认罚案件抗诉问题实证研究——基于102份裁判文书的分析》,载《西南政法大学学报》2020年第4期。

认罚从宽制度的司法实践中，人民法院改变了量刑建议，检察机关很多情况下就会提出抗诉。由此也引发了检法之间的激烈争论，甚至将争论的重心偏向了检察权与审判权的关系问题上。应当说，站在理性角度分析，在人民法院未采纳检察机关量刑建议的时候，可能涉及对量刑建议的性质和效力如何认识的问题，这些问题需要观念的碰撞与磨合，但若一味地以抗诉权来保障量刑建议的效力，则未免陷入司法义气的泥淖，最终损害的还是司法公信力。

二、认罪认罚案件抗诉权问题的分歧

关于认罪认罚案件中抗诉权问题的分歧，主要涉及两方面，即检察机关能否以抗诉权来对抗被告人的上诉权；检察机关能否以抗诉权来保障其量刑建议的效力。理论和司法实践中，对这两个问题各有不同理解。

（一）能否以抗诉权对抗上诉权

1. 允许对抗上诉权。在认罪认罚从宽制度试点运行过程中，不同地区的司法机关对于检察机关能否针对被告人的上诉提起抗诉的问题具有不同的认识。如大连市中级人民法院、大连市人民检察院 2017 年 5 月发布的《刑事案件认罪认罚从宽制度试点工作实施办法（试行）》第 29 条规定："原审依照认罪认罚从宽制度办理的案件，被告人不服判决提出上诉的，因被告人不再符合认罪认罚条件，原公诉机关可提起抗诉。"[30] 也就是说，对于被告人在一审判决后因对判决不服而提出上诉的，司法机关认为这是一种不认罚的表现，违背了认罪认罚从宽制度的适用前提，故允许检察机关以提起抗诉的形式进行对抗。

2. 允许在一定情形下对抗上诉权。山东省司法机关对于认罪认罚案件中上诉权与抗诉权关系问题的协商意见认为，人民法院采纳检察机关量刑建议对被告人依法从宽处罚后，被告人又否认指控的犯罪事实，不积极履行具结书中赔礼道歉、退赃退赔、赔偿损失等义务而提出上诉，符合抗诉条件的，人民检察院可以提出抗诉。[31] 这一规定实际上允许检察机关在一定情

---

〔30〕 2017 年 5 月 29 日大连市中级人民法院、大连市人民检察院联合发布《刑事案件认罪认罚从宽制度试点工作实施办法（试行）》。

〔31〕 2019 年 11 月 13 日山东省高级人民法院、山东省人民检察院、山东省公安厅、山东省司法厅、山东省国家安全厅联合下发了《关于适用认罪认罚从宽制度办理刑事案件的实施细则（试行）》。

形下利用抗诉权对抗被告人的上诉权,但对抗诉权的行使进行了必要限制。

3. 不得利用抗诉权对抗上诉权。除上述司法实践以外,理论界更多主张在认罪认罚案件中应当依法保障被告人的上诉权,不应试图以检察机关的抗诉权粗暴对抗被告人的上诉权,否则将产生超出预期的后果。2018 年《刑事诉讼法》并未对认罪认罚案件被告人的上诉权进行任何限制。[32] 在刑事诉讼中,二审终审制是原则,在基本诉讼制度未改变的情况下,不应仅因认罪认罚案件具有一定特殊性即否认被告人的上诉权,更不应当在法律并未否认被告人上诉权的情况下,通过某些变通形式来对上诉权进行实质限制。

我们认为,检察机关行使抗诉权是为了保障刑事法律的正确实施,以契合检察机关作为国家法律监督机关的定位,也符合刑事诉讼中公、检、法三机关互相制约的制度设计。但是,检察机关的抗诉权和被告人的上诉权,虽然均可以达到使案件进入二审程序的效果,但抗诉权是一种权力,上诉权是则是一种权利,权力和权利对比,二者在理念、依据和内容等方面均存在重大差别。抗诉权和上诉权,因存在本质差别,故不存在互相对抗的合理解释。将二者的关系理解为对抗,或者有条件的对抗,均扭曲了其本质特征。无论在何种情况下,即使因为检察机关的抗诉,使被告人的上诉行为“无功而返”,甚至招致更加不利的后果,也不能得出抗诉权对抗上诉权的结论。

（二）能否以抗诉权来保障量刑建议的效力

2019 年两高三部《认罪认罚指导意见》第 40 条规定,对于事实清楚,证据确实、充分,指控的罪名准确,量刑建议适当的,人民法院应当采纳,人民法院不采纳量刑建议的,应当说明理由和依据。该意见第 41 条又规定,人民法院经审理认为量刑建议明显不当,或者被告人、辩护人对量刑建议有异议且有理有据的,人民法院应当告知人民检察院,人民检察院可以调整量刑建议。人民法院认为调整后的量刑建议适当的,应当予以采纳;人民检察院不调整量刑建议或者调整后仍然明显不当的,人民法院应当依法作出判决。在上述背景下,检察机关究竟能否以量刑建议未被采纳为由提起上诉,关键要解决两个问题:一是量刑建议调整权的规范性使用;二是厘清认罪认罚案

---

〔32〕 参见孙长永:《比较法视野下认罪认罚案件被告人的上诉权》,载《比较法研究》2019 年第 3 期。

件中量刑建议权和量刑裁判权的关系。相比之下,关于量刑建议权的性质问题更容易产生争论。对此问题,本书前面章节已经多次论述,在此不予赘述。基于此,我们着重从求刑权与让渡的裁判权角度进一步阐述理论界和司法实务界的认识分歧。

1. 量刑建议权是一种求刑权。这种观点认为,从本质上讲,无论是非认罪认罚案件,还是认罪认罚案件,量刑建议权都属于求刑权的范畴,与确认性的量刑裁判权有别。[33] 国家刑罚权是由制刑权、求刑权、量刑权和行刑权构成的,并分别配置给了立法机关、检察机关、审判机关、刑罚执行机关。各机关之间通过相互配合、相互制约实现司法的公正,以及司法资源的合理配置,这是各机关权力的固有属性。故无论是在认罪认罚案件中还是非认罪认罚案件中,量刑建议的求刑权属性并不能进行变更,这一建议权仍应当服从于量刑裁判权。[34]

2. 量刑建议权是一种让渡的裁判权。这种观点认为,在认罪认罚案件中,之所以检察机关能够与被追诉人就定罪量刑问题进行有限协商,形成的量刑建议会对法官量刑产生法定约束力,是因为法官定罪量刑的裁判权已经提前全部或部分让渡给了检察机关,因此检察机关的量刑建议权实质上具有了裁判权的属性。[35] 这种观点最重要的依据源于两高三部《认罪认罚指导意见》第 40 条和第 41 条的规定,尤其是对于"应当采纳"的优先理解,以及对"明显不当"的限制理解,更加强化了量刑建议的权威性和准裁判性。根据上述规定,在认罪认罚案件中,除非量刑建议明显不当,否则人民法院应当采纳;即使出现明显不当,人民法院也应先征求检察机关意见,不能径直作出判决。因此,法律规范的要旨就是要强化量刑建议权的刚性特征,充分保障控辩协商的效力,量刑建议权实际上具备准裁判权的性质。

我们认为,量刑建议权在性质上应当属于求刑权,是求刑权的具体表

---

〔33〕 参见孙长永:《认罪认罚案件"量刑从宽"若干问题探讨》,载《法律适用》2019 年第 13 期;胡云腾:《正确把握认罪认罚从宽,保证严格公正高效司法》,载《人民法院报》2019 年 10 月 24 日,第 5 版。

〔34〕 参见孙长永、冯科臻:《认罪认罚案件抗诉问题实证研究——基于 102 份裁判文书的分析》,载《西南政法大学学报》2020 年第 4 期。

〔35〕 参见胡云腾主编:《司法体制综合配套改革与刑事审判问题研究——全国法院第 30 届学术讨论会获奖论文集》,人民法院出版社 2019 年版,第 949 页;陈国庆:《量刑建议的若干问题》,载《中国刑事法杂志》2019 年第 5 期。

现。量刑建议权不具有裁判性质，也不属于准裁判权，根本原因在于量刑建议不具有裁判属性。它仅是控辩双方量刑协商结果的法律表现形式，体现了公诉机关对案件事实、证据和定罪量刑的看法和建议，以及被追诉人的认罪悔罪态度，但其不具备国家审判权的权威性、专属性。裁判权对量刑建议具有审查、评判的职能，可以决定是否采纳量刑建议。回归检察机关能否以抗诉权来保障量刑建议的效力问题，我们认为，抗诉权的正确行使可以保障法律的正确实施，如果人民法院的裁判结果确有错误，检察机关可以通过抗诉予以纠正。但检察机关行使抗诉权的目的是纠正错误，并非维护其自身的量刑建议，否则会将抗诉权的作用狭隘化。

第三节　认罪认罚案件上诉权和抗诉权的辩证

一、保留上诉权、抗诉权的必要性

从基本价值取向上看，我国的认罪认罚从宽制度与英美法系国家的有罪答辩制度和大陆法系的认罪协商制度具有较大的相似性，但是我国的认罪认罚从宽制度运行的现实条件与域外存在较大差异，现阶段切实保障被告人的上诉权确有必要。〔36〕 具体来讲有以下五个方面的原因：

第一，在认罪认罚案件办理中，侦查机关容易过分依赖口供定罪。以往在刑事案件的侦查阶段，公安机关需要耗费大量精力来侦破案件，随着认罪认罚从宽制度的引入，被告人自愿认罪认罚虽然减轻了一定的侦查难度和压力，但是也容易导致过分依赖口供定罪的趋势出现。因为认罪协商机制的存在，虽然有利于侦查机关获得犯罪嫌疑人的有罪供述，但是也可能致使侦查人员产生证据收集上的惰性，降低对犯罪事实的侦查深度和犯罪证据的收集、固定、保存以及移交的标准。〔37〕

第二，证明标准不可避免地在认罪认罚案件中发生松动。如前所述，关

---

〔36〕 参见梁健、鲁日芳：《认罪认罚案件被告人上诉权问题研究》，载《法律适用》2020 年第 2 期。

〔37〕 参见胡铭、张传玺：《认罪认罚从宽制度中的法律监督》，载《昆明理工大学学报（社会科学版）》2017 年第 2 期。

于认罪认罚案件的证明标准,存在两种主要观点:一是证明标准降低说,认为有罪证明的标准可以适当低于刑事诉讼法规定的标准;二是证明标准等同说,认为应当坚持“事实清楚,证据确实、充分”的证明标准。[38] 而我国刑事诉讼法关于证明标准的规定依旧是“案件事实清楚,证据确实、充分,排除一切合理怀疑”,并没有区分认罪认罚与否的情况。但是在实践中,认罪认罚案件庭审简化,适用速裁程序的案件甚至并不需要严格遵循直接言词原则,法官可以在庭前通过阅卷将判决文书制作好,出庭只是进行关键要素的审查工作。这种情况下,庭审亲历性缺失,虽然有开庭程序,但是法官无法通过这种简化的庭审和事前的阅卷获得足够的心证以达到诉讼法要求的证明标准,法官所形成的心证程度难以达到严格证明标准的要求。

第三,认罪认罚案件被告人的有效辩护权尚未得到充分保障。从《认罪认罚从宽制度试点办法》到两高三部《认罪认罚指导意见》,再到 2018 年《刑事诉讼法》,虽然扩大了值班律师适用范围,但是值班律师所能提供的法律帮助终究是有限的,相较于辩护律师,值班律师没有单独会见权、阅卷权以及独立收集证据的权利,无法全面客观地把握案件事实,因而值班律师很难提供“有效的”法律帮助。有学者尖锐地提出,值班律师的法律帮助职能在实践中正在逐步虚化,值班律师扮演的角色更多的是被追诉人认罪认罚的见证人。[39]

第四,检法之间量刑争议导致被告人对量刑意见的理解出现偏差。检察机关对于指控犯罪理由和认罪协商结果的告知不明确、不完整,具结书记载的量刑建议不够精确,以至于被告人对于刑罚的预测和实际判决中确定的刑罚出现出入。司法实践中,检法两家对于量刑规范的理解和掌握各有差异,检察机关在精准量刑方面的经验相对不足,因此幅度刑量刑下一旦法院最终判处的刑罚不符合协商预期,被告人可能就无法接受。更不用说在部分案件中,法院的判决并未采纳检察机关的量刑建议,这在前文提到的“余金平交通肇事案”中体现得淋漓尽致。

第五,抗诉权和上诉权是一体两面,不可偏废其一。在未调整检察机关

---

〔38〕 参见陈光中、马康:《认罪认罚从宽制度若干重要问题探讨》,载《法学》2016 年第 8 期。

〔39〕 参见王中义、甘权仕:《认罪认罚案件中法律帮助权实质化问题研究》,载《法律适用》2018 年第 3 期。

抗诉权的前提下,单方面为了追求效率而取消被告人上诉权的做法不合时宜。检察机关与被告人作为刑事诉讼控辩双方,是平等对抗的诉讼主体,各自应该享有对应的诉讼权利,上诉权和抗诉权是控辩双方对第一审判决不满的程序性表达,如果只取消了其一方的权利,明显是对另一方的不公。

二、保留上诉权、抗诉权的重要意义

(一)有利于保障认罪认罚案件的公平公正

从法理角度而言,任何刑事案件的当事人均应享有法定救济权利。对于被告人来讲,其最重要的救济权利就是毫无限制的上诉权,对于检察机关来讲就是抗诉权。认罪认罚从宽制度作为刑事诉讼制度的重要一环,在基本诉讼理念方面应当坚持统一标准,不应当仅以被告人已经认罪认罚为由而剥夺其上诉权。同样,对于检察机关来讲,其作为法律监督机关,不但对案件的实体处理进行监督,对案件的程序合法性也应当进行监督,从这一点来看,保留其抗诉权尤为必要。认罪认罚案件中保留当事人的上诉权和抗诉权,对于促进案件公平审理,杜绝冤假错案,健全案件的纠错机制,都具有重要意义。

(二)有利于保障被告人的自由意志表达

在认罪认罚案件中,被告人选择认罪认罚应当体现其自由意志和真实意愿,同样其对案件处理结果的态度甚至对认罪认罚的反悔,也属于其自由意志的范畴。现代刑事诉讼以保障人权为基本理念,若在制度设计上就否定了被告人表达自由意志的权利和渠道,则在实践操作中这种对被告人不利的情况通常仅会进一步恶化而不会自动好转。被告人应当具有是否接受判决结果、是否继续认罪认罚、是否返回乃至是否通过合理程序表达自身诉求的权利。而上诉权恰恰就是被告人表达上述自由意志的重要路径,被告人可以通过上诉要求对案件重新审理,要求不再适用认罪认罚程序等,以确保认罪认罚从宽程序适用的正当性与自愿性。对于检察机关来讲,道理同样如此,而且其行使抗诉权通常并不是对已有诉讼过程的反悔,而是行使法律监督职能。

(三)有利于契合刑事诉讼的司法实践

无论是上诉权还是抗诉权,均有对一审判决结果进行审查、纠偏纠错的重要功能。保障被告人的上诉权以及公诉机关的抗诉权,能够有效避免案件结果错误造成冤假错案的出现,以保障案件的公正审理,维护司法的权威性。实践中,主张取消认罪认罚案件中的上诉权与抗诉权的观点认为,二审程序的适用会影响案件的诉讼效率,违背认罪认罚从宽制度的价值。但是从现实层面来讲,认罪认罚案件上诉与抗诉的比例整体较低,而且认罪认罚案件上诉的理由较为集中,大多系技术性上诉,部分认为原判量刑过重,部分有一些实质性上诉理由。因此,即使允许这类案件启动二审程序,也不会明显增加司法机关的工作量,尤其是两害相权取其轻,在权利保障和工作量之间,显然不能仅凭工作量的增加就轻易否定当事人的正当权利。

三、上诉权、抗诉权必要限制的合理性

有观点认为,"一次审理完全可以实现最低限度的公正标准,刑事速裁一审终审制度有助于回归认罪认罚从宽制度试点初期践行的刑事政策"[40]。也有观点认为,应当区分上诉理由,对允许上诉的特殊情况进行规定,建立上诉许可制度。[41] 上述观点实际上均提出应对这类案件中的上诉权和抗诉权进行必要限制。合理限制认罪认罚案件中的上诉权和抗诉权,具有一定的现实意义。

(一)契合刑事诉讼的客观规律

无论是英美法系国家,还是大陆法系国家,在认罪协商、有罪答辩等案件中都对上诉权进行了必要的限制。虽然我国刑事诉讼制度与域外国家存在差别,对上诉权、抗诉权进行限制的法律背景可能也与域外国家不同,但结合实践中对上诉权、抗诉权异化行使的现象,适当限制上诉权与抗诉权也具有现实需求。科学规范上诉权、抗诉权,既能保障司法公正的实现,又能进一步节约司法资源,同时也符合以审判为中心的刑事诉讼制度改革的趋势,符合刑事司法的客观规律。

---

[40] 最高人民法院刑一庭课题组、沈亮:《关于刑事案件速裁程序试点若干问题的思考》,载《法律适用》2016 年第 4 期。

[41] 参见牟绿叶:《认罪认罚案件的二审程序——从上诉许可制展开的分析》,载《中国刑事法杂志》2019 年第 3 期;樊崇义、李思远:《认罪认罚从宽程序中的三个问题》,载《人民检察》2016 年第 8 期。

（二）有利于维护司法公信力

认罪认罚案件的判决结果一般是基于案件的事实以及检察机关和被告人之间的量刑协商结果所作出的，尊重双方的合意。然而，在未对上诉权、抗诉权进行限制的情况下，出现了不少利用认罪认罚获得从宽处理后，又利用上诉不加刑原则谋求进一步从轻处理的情况。这无疑是对司法契约诚信原则的一种挑战。〔42〕从本质上讲，认罪认罚具结书是检察机关与被告人基于案件的事实与证据所签署的代表被告人为获得实体上从宽处理而对犯罪事实与量刑建议的一种认可。即使被告人具有反悔权，但是对于正常的刑事诉讼制度而言，除非具有事实认定出现错误、出现新的证据等情况，被告人不得轻易推翻该认罪认罚具结书，否则就会影响判决的稳定性和公信力。对于检察机关而言，若仅因审判结果与量刑建议不一致，利用抗诉权捍卫其量刑建议，则也容易使公众对司法公权力的"出尔反尔"产生怀疑，〔43〕影响司法的公信力。

（三）有利于实现程序正义

从二审程序的功能看，二审程序本身就是追求司法公正的产物或者司法公正的体现。但是，二审程序的启动必然导致诉讼期限的延长，再次审理亦需要投入更多的审判资源，直接影响诉讼效率。所以，为了实现公正与效率的统一，认罪认罚案件上诉权的设置应该以诉讼效益原则为依据，实现效益的最大化。〔44〕一方面不能将上诉权与抗诉权的设置过于泛化，影响诉讼效率与司法公信力；另一方面也应当保障被告人及检察机关对案件审理结果的程序性救济权利。

四、规范上诉权、抗诉权的合理路径

对于上诉权、抗诉权进行必要限制的方式，理论界有不同的主张。有观

〔42〕参见梁健、鲁日芳：《认罪认罚案件被告人上诉权问题研究》，载《法律适用》2020 年第 2 期。

〔43〕参见骆锦勇：《认罪认罚案件的上诉和抗诉问题》，载《人民法院报》2019 年 8 月 8 日，第 6 版。

〔44〕参见臧德胜、杨妮：《论认罪认罚从宽制度中被告人上诉权的设置——以诉讼效益原则为依据》，载《人民司法（应用）》2018 年第 34 期。

点认为适用速裁程序的案件可以不允许被告人上诉,实行一审终审。[45] 也有观点认为重置上诉权应当结合被告人利益大小、受侵概率以及交易关系等因素综合考虑。[46] 我们认为,在刑事诉讼中对被告人权利的保障应做到基本公平,不能仅因适用不同的诉讼程序而差别对待当事人的权利,也不应因判决结果的轻重而忽视当事人的权利,更不能估摸当事人权利受到侵害的可能性以及纠错成本而对当事人的权利予以差别化。在保障案件公平公正,保障当事人权利合理行使的基础上,可以对认罪认罚案件上诉、抗诉范围进行必要限制。

(一)违反法定程序的判决可以上诉、抗诉

刑事诉讼法本质上是程序法,正当程序理论已经深入人心。对于一审过程中违反法定程序的事项应当允许上诉、抗诉,如认罪认罚违背本人的自由意志,签署认罪认罚具结书违反法定程序,剥夺被告人的辩护权、陈述权、质证权等,均属于较为严重的违反程序的事项,对此应当积极通过二审程序或者再审程序纠正,以确保程序的正当性。

(二)事实不清、证据不足的判决可以上诉、抗诉

认罪认罚案件同样应当坚持证据裁判原则,应当坚持事实清楚,证据确实、充分的证明标准。事实和证据是一起刑事案件的定案前提,是刑事诉讼中的根本性问题。若一审判决在事实和证据方面出现错误,则应当通过上诉、抗诉予以纠正。

(三)超出指控范围的判决可以上诉、抗诉

刑事判决应以检察机关的指控为限,法官不能扮演指控者和审判者双重角色。对于一审判决认定的事实超出起诉书的指控范围、判处的刑罚违反法律规定或者超出认罪认罚的范围等,[47] 都可以通过上诉、抗诉予以纠正。这主要是基于对案件最终判决的合法性与适当性的考量。

---

〔45〕 参见最高人民法院刑一庭课题组、沈亮:《关于刑事案件速裁程序试点若干问题的思考》,载《法律适用》2016 年第 4 期。

〔46〕 参见臧德胜、杨妮:《论认罪认罚从宽制度中被告人上诉权的设置——以诉讼效益原则为依据》,载《人民司法(应用)》2018 年第 34 期。

〔47〕 参见孙长永:《比较法视野下认罪认罚案件被告人的上诉权》,载《比较法研究》2019 年第 3 期。

(四)应明确若干限制性事项

第一,对于检察机关而言,不能仅因被告人提出上诉而进行抗诉,上诉权是被告人应当享有的权利,反悔权也是被告人的自由选择权,检察机关不能利用抗诉权对抗被告人的上诉权。

第二,控辩双方均不能因为量刑建议未被采纳而作为当然的上诉或抗诉理由。本质上来讲,法院承担着最终定罪量刑的法定职责,量刑建议本身只是参考,并不具备强制约束力,案件最终的审判权也不能因认罪认罚协商结果而受到当然制约,所以单纯因未采纳量刑建议作为理由而提出的上诉和抗诉并不具备合理性。

第三,对于没有明确事实依据而以量刑过重为由提出的上诉应予限制。如果人民法院根据认罪认罚结论作出了判决,被告人若无明确的事实和法律依据,仅笼统地提出量刑过重,企图碰运气获得进一步从轻处罚,这种情况应进行必要限制。这种情况下,被告人行使的并不是正常的反悔权,而是一种投机心理。

五、探索符合认罪认罚案件特点的上诉审程序

对于认罪认罚案件的二审程序,既应当考虑对案件的实体和程序保障,也应当考虑诉讼效率的提高,因此应积极探索符合认罪认罚案件特点的上诉审程序。

(一)严格立案审查程序

对于认罪认罚的上诉案件,二审法院应当严格立案审查程序。除了刑事诉讼法规定的立案审查内容以外,还应当查明案件的一审程序、上诉的具体理由、是否属于法定允许上诉的范围等。对于符合法定上诉范围的案件,裁定予以受理,否则裁定不予受理。同时,针对不同上诉理由,对案件进行归类,以适应专业化审判的要求,提高诉讼效率。

(二)以书面审理为主要原则

对于进入二审程序的案件应当将书面审作为主要审理方式,以阅卷的形式审查认罪认罚的事实、证据基础,如果有证据证明一审案件事实确有重

大错误的，再正式开庭审理。[48] 倘若仅就案件的量刑问题进行上诉，则可以直接以书面审的形式进行最终的判决。被告人在一审判决后上诉的原因复杂多样，但是主要是以量刑过重为由提出上诉。我们需要对此进行严格区分，对于出现新的事实和证据导致量刑出现出入而上诉的，二审理应按照普通程序进行审理，保障被告人的上诉权；对于抱着侥幸心理而单纯上诉的被告人，我们可以借鉴澳大利亚的司法实践中的做法，对于认罪认罚从宽处理后的上诉，由法院对上诉理由进行初步审核，如果明显不符合常情常理的，直接书面审理，在较短时间内裁定驳回上诉。[49] 在不影响被告人正常行使上诉权的前提下，可以由二审法院根据2018年《刑事诉讼法》第234条的规定采取不开庭审理的方式，因为单纯上诉事由中并没有新增的证据和事实，二审法院有权通过书面阅卷方式进行审理，以此引导被告人正确行使上诉权，减少没有实际价值的上诉和不必要的二审程序。

（三）合理把握发回重审的适用

一审判决后，被告人如果认为出现新的事实或者证据影响量刑，认为其行为不构成犯罪或者构成其他罪名的，在此情况下的上诉，法院需要通过二审程序进行全面核实，监督一审判决的合法性和合理性，同时还需要对被告人在一审阶段认罪认罚的自愿性、真实性与合法性进行审查。但是如果被告人上诉只是为了谋求“投机利益”或者拖延时间留所服刑，事实上代表着被告人撕毁了认罪认罚协议。对此，能否以一审判决依据的认罪认罚具结书所认定的事实不清及证据不足为由，根据2018年《刑事诉讼法》第236条的规定，裁定撤销原判、发回重审，需要慎重考虑。应当说，这种情况下发回重审具有正向引导作用，不仅可以进一步查清案件事实，排除案件存在的认罪不自愿或者量刑认知不清楚的合理怀疑，也可以打破上诉不加刑原则的禁锢，引导被告人正确行使上诉权，有效消解被告人心中存在的利用程序谋求利益的侥幸心理。但是，同样基于上诉不加刑原则，二审审查的应当是一审时被告人的认罪认罚情况与最终量刑结果是否相符，而不应当根据二审的认罪认罚态度来评价一审的既判力问题。况且，通过发回重审来加重对

---

〔48〕 参见陈光中、马康：《认罪认罚从宽制度若干重要问题探讨》，载《法学》2016年第8期。

〔49〕 参见蔡福华、范志鸿：《认罪认罚案件上诉问题的对策研究》，载《海峡法学》2020年第3期。

被告人的刑罚，也与2018年《刑事诉讼法》相悖，不能因为认罪认罚案件的特殊性，就突破这一底线，也不能通过检察机关抗诉的方式加重被告人的刑罚，否则又陷入前述以抗诉权对抗上诉权的怪圈。因此，我们对此持否定态度。

（四）规范案件的审查规则

对于认罪认罚案件的二审审理，应当明确审查的规则与重点。鉴于认罪认罚案件的特殊性，二审法院首先应当对上诉人的上诉理由进行审查，看是否存在新的事实和证据；其次对认罪认罚的自愿性进行审查，以及对签署认罪认罚具结书等程序性问题进行全面的审查，以查明一审认罪认罚的自愿性。若上诉人一审自愿认罪认罚，二审又翻供或提出量刑过重的，则应重点查明翻供或提出量刑过重的原因。另外，二审法院在查明上述事实的基础上，还应对一审认罪认罚协议和一审判决的合法性、合理性进行审查，避免出现徇私舞弊、“权力寻租”的空间，对于从宽处罚的幅度与认罪认罚的情况进行全面审查，有利于保障案件处理的公正性。

第十七章　认罪认罚案件中的法律帮助与辩护

第一节　法律帮助与辩护的规范与现状

现代刑事诉讼正不断走向更高层次的司法文明、司法民主。我国刑事诉讼法顺应依法治国和诉讼民主化的发展趋势，早已从以前的纠问式诉讼模式向对抗制诉讼模式转变，控、辩、审三角结构基本确立。尤其是党的十八届四中全会以来，新一轮刑事诉讼体制改革不断走向深入，以审判为中心的刑事诉讼科学理念和制度措施逐步成熟和完善。在此背景下，作为法律职业共同体的控、辩、审三方，应当树立控辩平等、审判居中、互相监督制约的职业理性，共同维护刑事诉讼的公平正义。在认罪认罚从宽制度中，为充分实现制度的价值目标，控、辩、审三方更应共同扶正刑事诉讼的"正三角形"结构，尤其是要保障控辩双方实现真正、实质的平等协商，以及辩方真正有效的实质性辩护。

一、法律帮助与辩护的政策与法律规定

自原中央全面深化改革领导小组通过《关于认罪认罚从宽制度改革试点方案》之初，就明确要求完善法律援助制度，发挥好律师作用。《关于授权最高人民法院、最高人民检察院在部分地区开展刑事案件认罪认罚从宽制度试点工作的决定》（以下简称《认罪认罚从宽制度试点决定》）提出要保障犯罪嫌疑人、被告人的辩护权。最高人民法院院长周强在对《认罪认罚从宽制度试点决定》进行说明时，进一步提出为确保犯罪嫌疑人、刑事被告人在获得及时、充分、有效法律帮助的前提下自愿认罪认罚，防止无辜者受到错误追究，法律援助机构在人民法院、看守所派驻法律援助值班律师，为

没有委托辩护人的犯罪嫌疑人、刑事被告人提供法律咨询、程序选择、申请变更强制措施等法律帮助。随后发布的《认罪认罚从宽制度试点办法》更加详细地规定了办理认罪认罚案件,应当保障犯罪嫌疑人、被告人获得有效法律帮助,确保其了解认罪认罚的性质和法律后果、自愿认罪认罚的具体措施。试点期间的上述文件和政策,为认罪认罚从宽制度勾画了明确的法律帮助与辩护制度的轮廓。

试点过程中,司法机关已经充分认识到在认罪认罚案件中完善法律帮助与辩护制度的重要性。各地在试点过程中,也十分重视对法律帮助与辩护问题的规定。如北京市在其《关于开展刑事案件认罪认罚从宽制度试点工作实施细则(试行)》中规定,法律援助机构应当在人民法院、看守所、公安机关执法办案管理中心设立法律援助工作站,并根据实际工作需要安排值班律师,为犯罪嫌疑人、被告人提供法律帮助。司法机关应当为法律援助工作站及其值班律师提供便利工作场所和必要办公设施,简化会见程序,保障值班律师依法履行职责。同时规定值班律师可以参照刑事诉讼法的规定,查阅、摘抄、复制本案的案卷材料,办案部门应予配合并免收费用。犯罪嫌疑人、被告人自愿认罪认罚,没有辩护人的,司法机关应当通知法律援助工作站,安排值班律师为其提供法律咨询、程序选择、申请变更强制措施等法律帮助。符合应当通知辩护条件的,依法通知法律援助机构指派律师为其提供辩护。天津市在其《关于开展刑事案件认罪认罚从宽制度试点工作的实施细则(试行)》中规定,法律援助机构可以根据人民法院、看守所实际工作需要,通过设立法律援助工作站派驻值班律师、及时安排值班律师等形式提供法律帮助。同时规定了法律援助工作站每周至少确定两个固定半天工作日提供法律帮助。上海市在其《刑事案件认罪认罚从宽制度试点工作实施细则(试行)》中规定,办理认罪认罚从宽案件,应当通知值班律师为犯罪嫌疑人、被告人提供法律帮助,并详细规定了例外情形,但规定签署具结书时值班律师必须到场见证。其他地区公布的认罪认罚从宽制度试点工作实施细则,同样对律师帮助和辩护问题进行了规定。

在试点经验的基础上,2018 年《刑事诉讼法》正式确立了认罪认罚从宽制度,对认罪认罚过程中的法律帮助与辩护权问题也进行了明确规定。其中第 35 条规定了指定辩护制度,即犯罪嫌疑人、被告人因经济困难或者其他原因没有委托辩护人的,本人及其近亲属可以向法律援助机构提出申请,对符合法律援助条件的,法律援助机构应当指派律师为其提供辩护。又规定了应当通知法律援助机构指派律师提供辩护的若干情形,包括犯罪嫌疑人、被告人是盲、聋、哑人,或者尚未完全丧失辨认或者控制自己行为能力的精神病人,以及可能被判处无期徒刑、死刑的犯罪嫌疑人、被告人,没有委托辩护人等情形。2018 年《刑事诉讼法》第 36 条规定了法律帮助制度,即犯罪嫌疑人、被告人没有委托辩护人,法律援助机构没有指派律师为其提供辩护的,由值班律师为其提供法律咨询、程序选择建议、申请变更强制措施、对案件处理提出意见等法律帮助,司法机关应当为此提供便利。该法第 173 条进一步规定律师提供法律帮助的保障问题,即人民检察院审查案件,应当听取辩护人或者值班律师意见,并记录在案,提出书面意见的,应当附卷。尤其在认罪认罚案件中,人民检察院应当就涉嫌的犯罪事实、罪名、法律适用、从宽处罚的建议、认罪认罚后案件审理适用的程序等事项听取辩护人或者值班律师意见,并应当提前为值班律师了解案情提供必要便利。

两高三部《认罪认罚指导意见》对认罪认罚案件中被追诉人的法律帮助权、辩护权进行了明确规定,并详细规定了派驻值班律师、值班律师的职责和权利、法律帮助的衔接、拒绝法律帮助的处理、辩护人的职责、人民检察院和人民法院审查和审理案件过程中值班律师和辩护人的作用发挥等问题。

2020 年两高三部《值班律师工作办法》进一步完善了值班律师制度。其中规定,值班律师在认罪认罚案件中履行的职责包括:提供法律咨询,提供程序选择建议,帮助犯罪嫌疑人、被告人申请变更强制措施,对案件处理提出意见,帮助犯罪嫌疑人、被告人及其近亲属申请法律援助,向犯罪嫌疑人、被告人释明认罪认罚的性质和法律规定,对人民检察院指控罪名、量刑建议、诉讼程序适用等事项提出意见,犯罪嫌疑人签署认罪认罚具结书时在场,法律法规规定的其他事项。

二、认罪认罚案件中法律帮助与辩护的不足之处

认罪认罚从宽制度在司法实践中涉及的法律帮助与辩护权的保障,虽然不断取得新的进步,但仍存在一些问题。这些问题,有的在认罪认罚从宽制度试点阶段已经充分暴露,但仍未得到很好的解决。

（一）值班律师定位不清影响其作用发挥

在认罪认罚试点总结过程中，北京、天津、山东、郑州等省市均提到值班律师的定位不清，尤其是将值班律师的法律帮助权与辩护权分立，导致值班律师是否享有辩护人权利难以明确。法律援助值班律师，由于不具备辩护人身份，其在案件处理过程中的法律地位、职责权限模糊，其应当如何参与控辩协商的问题在实践中尤为困惑。且值班律师仅能从形式上见证协商过程和自愿性，无法提供实质性的帮助和监督，影响了法律帮助的有效性。[1]无论是两高三部《认罪认罚指导意见》，还是 2018 年《刑事诉讼法》的规定，抑或两高三部《值班律师工作办法》，均将值班律师的作用定位成法律帮助，而非辩护，且只规定值班律师可以查阅案卷材料，了解案情。根据 2018 年《刑事诉讼法》的规定，辩护人享有查阅、摘抄、复制案卷材料的完整阅卷权，以及调查权、申请调取证据权、完整的会见权和向被追诉人核实证据权等。司法实践中，提供法律帮助的值班律师难以享有这些权利，导致被追诉人难以获得实质、有效的帮助。

（二）值班律师权利未得到实质保障导致其作用虚化

司法实践中，值班律师"见证人化"的倾向较为普遍。据笔者在参加某市的学术讨论会时所获知的信息，该市律师协会主任发言时介绍，值班律师普遍反映，检察机关在认罪认罚案件中经常临时通知值班律师到场见证，且批量签署认罪认罚具结书，值班律师常常并不知道案件基本情况，也不参与检察机关与被追诉人之间的协商过程，其作用仅在于见证被追诉人当时的签字是自愿的。因此，其希望检察机关在认罪认罚案件中，进一步健全工作程序，与值班律师充分沟通签署具结书的时间，并事先简要介绍案情，以方便值班律师做必要的准备工作。由此可知，值班律师普遍存在"见证人化"现象，其了解案情、查阅案卷材料、会见被追诉人、提供法律帮助和建议，以及就案件事实、罪名、法律适用、从宽处罚建议、审理程序等问题向检察机关发表意见并参与控辩协商等事项，均处于严重缺位状态。值班律师的作用虚化现象严重。实际上，类似问题在认罪认罚从宽制度试点阶段即有充分显露，如山东省在介绍试点经验时指出，值班律师仅在犯罪嫌疑人签署具结

---

〔1〕参见胡云腾主编：《认罪认罚从宽制度的理解与适用》，人民法院出版社 2018 年版，第 297 页。

书时起到见证作用,无法保障犯罪嫌疑人在明确认罪认罚从宽制度内涵的前提下与检察机关进行量刑协商并签署具结书,个别地区甚至无法保障值班律师为被追诉人提供法律帮助。郑州市在介绍试点经验时指出,通过调研发现,审查起诉和审判阶段值班律师的作用均存在一定问题。有的检察机关仅向律师口头介绍案情,允许查阅起诉书;有的检察机关仅向值班律师提供证据目录;值班律师不参与量刑协商,仅在签署具结书时允许在场见证;被羁押的犯罪嫌疑人,仅在签署具结书时由值班律师当场向其分析认罪认罚可能带来的后果,之前其并未获得法律帮助;审判阶段,一般在开庭当日,指派值班律师为被告人提供法律帮助,允许查阅卷宗,但时间因素导致律师无法查阅卷宗,仅能根据被告人陈述提供有限的帮助。[2] 有关调研数据也显示,在163份对犯罪嫌疑人、被告人的有效问卷中,有51.5%的被追诉人表示在案件中没有获得律师帮助,其中50.9%的被追诉人表示不需要提供法律帮助。[3] 可见,律师帮助的现状确实值得重视。

(三)法律帮助和辩护率在司法实践中仍然偏低

2018年《刑事诉讼法》规定,犯罪嫌疑人、被告人没有委托辩护人,法律援助机构没有指派律师为其提供辩护的,由值班律师为其提供法律咨询、程序选择建议、对案件处理提出意见等法律帮助。司法机关应当告知犯罪嫌疑人、被告人有权约见值班律师,并为约见值班律师提供便利。该规定实际上将是否约见值班律师作为一项权利赋予犯罪嫌疑人、被告人来行使,对司法机关则未提出明确要求,仅在签署认罪认罚具结书时,法律规定必须有辩护人或值班律师在场。有调研资料显示,犯罪嫌疑人主动咨询值班律师的比例仅占40%,60%的案件中的犯罪嫌疑人未咨询值班律师。[4] 在辩护人规定中,仅规定对于犯罪嫌疑人是盲、聋、哑人,或者是尚未完全丧失辨认或者控制自己行为能力的精神病人,以及可能被判处无期徒刑、死刑的人,没有委托辩护人的,司法机关应当通知法律援助机构指派律师为其提供辩护。

---

〔2〕 参见胡云腾主编:《认罪认罚从宽制度的理解与适用》,人民法院出版社2018年版,第350~362页。

〔3〕 参见李洪杰:《认罪认罚自愿性实证考察》,载胡卫列等主编:《认罪认罚从宽制度的理论与实践》,中国检察出版社2017年版。

〔4〕 参见许世兰、陈思:《认罪认罚从宽制度的基层实践及思考》,载胡卫列等主编:《认罪认罚从宽制度的理论与实践》,中国检察出版社2017年版。

对于其他犯罪嫌疑人、被告人,只能由其或近亲属向法律援助机构提出申请,对符合法律援助条件的,由法律援助机构指派律师为其提供辩护。

虽然早在2017年,司法部已经联合最高人民法院开展了刑事案件律师辩护全覆盖试点,全国各省市也相继推出刑事案件律师辩护全覆盖的具体措施,但直至目前,刑事案件中律师帮助与律师辩护的比例仍有待进一步提升。有实证研究显示,在基层法院,律师辩护率低的在10%左右,稍好的在20%左右,简易程序独任制审判案件的律师辩护率在10%左右,诉讼程序越复杂、可能判处的刑罚越高,辩护率相应也会有所提高。相比之下,中级人民法院一审案件的辩护率在70%以上,明显高于基层法院。[5] 造成上述现象的原因是多方面的,但归根结底属于发展中的问题。随着刑事诉讼人权保障理念的进一步深化,以及律师服务资源的进一步充足,相信刑事案件律师辩护全覆盖的目标一定能够实现。但目前律师参与不足的问题,确实为认罪认罚从宽制度带来诸多不利因素。

第二节　法律帮助权的保障及实现

对于法律帮助权的保障和实现问题,目前更多的是需要尽快完善值班律师制度。因为在认罪认罚从宽制度最重要的控辩协商过程中,值班律师本应当发挥重要作用。

一、值班律师定位问题的争议

对于值班律师的角色定位,在理论界和司法实务界都存在较大争议,争议焦点主要在两个方面:一是值班律师是否具有辩护人的法律地位;二是在现行法律规范下能否实现值班律师辩护人化。主要存在以下观点:(1)值班律师就是辩护人,值班律师只是介入案件的一种方式,一旦介入诉讼后,其法律地位或者诉讼地位就是辩护人,不可能有其他身份。[6] 也有人认

---

〔5〕 参见孙道萃:《认罪认罚从宽制度研究》,中国政法大学出版社2020年版,第274页。

〔6〕 参见顾永忠、肖沛权:《"完善认罪认罚从宽制度"的亲历观察与思考、建议——基于福清市等地刑事速裁程序中认罪认罚从宽制度的调研》,载《法治研究》2017年第1期。

为,认罪认罚从宽制度中的值班律师承担着部分辩护人的职能,即可以视为“缩小版”的辩护人。[7] (2)值班律师不是辩护人,但是应当将其辩护人化,在人民法院、人民检察院和看守所设置值班律师办公室,为犯罪嫌疑人、被告人提供法律帮助,未来中国的认罪认罚从宽制度在辩护权保障方面应当推动值班律师的辩护人化。[8] (3)值班律师不是辩护人,目前也不宜将其辩护人化,这种改革思路是当下提出来的一种理想化的方案,在当下充分保障值班律师法律帮助权都难以实现、值班律师有效辩护的现状堪忧的情况下,如果在全国范围内铺开,有可能给法律援助体系带来难以承受之重。[9]

对此问题,北京市在其试点经验总结中也提出,值班律师所提供的法律帮助的内容实质上属于刑事诉讼法关于辩护规定的应有之义。2012 年《刑事诉讼法》修改时,将辩护人的责任修改为“维护犯罪嫌疑人、被告人的诉讼权利和其他合法权益”,与前面规定的“提出犯罪嫌疑人、被告人无罪、罪轻或者减轻、免除其刑事责任的材料和意见”并列,构成实体辩护与程序辩护并重、审判辩护与审前辩护并存的新格局。在此情况下,就不能只把出庭为被告人提出定罪量刑的辩护理解为辩护,审判前以及庭审中律师在定罪量刑之外维护犯罪嫌疑人、被告人诉讼权利和其他合法权益的行为,同样也是辩护。基于此概念,目前值班律师的工作当然属于辩护的范畴。[10]

我们认为,就应然来讲,值班律师应当逐步辩护人化。但就实然来讲,目前的法律规定仍然保留了法律帮助权与辩护权的分立格局。虽然从维护被告人合法权益的角度出发,似乎可以把法律帮助权称为辩护权,但是,站在某个侧面看待整体的问题,就可能失之偏颇。如前所述,根据 2018 年《刑事诉讼法》的规定,辩护权权利范围包括完整的阅卷权、会见权、向被追诉人核实证据权、调查取证权、申请调查取证权、申请出庭作证权、代理申诉控

---

〔7〕 参见谭世贵、赖建平:《“刑事诉讼制度改革背景下值班律师制度的构建”研讨会综述》,载《中国司法》2017 年第 6 期。

〔8〕 参见陈瑞华:《认罪认罚从宽制度的若干争议问题》,载《中国法学》2017 年第 1 期;闵春雷:《认罪认罚案件中的有效辩护》,载《当代法学》2017 年第 4 期。

〔9〕 参见熊秋红:《审判中心视野下的律师有效辩护》,载《当代法学》2017 年第 6 期。

〔10〕 参照顾永忠、李逍遥:《论我国值班律师的应然定位》,载《湖南科技大学学报(社会科学版)》2017 年第 4 期。

告权等,这些实质性权利,均不包含在法律帮助权的范畴之内。因此,就权利范围来讲,辩护权比法律帮助权要宽泛很多。内容决定形式,就当前的法律规定来讲,法律帮助权还不能称为辩护权。

二、值班律师权利保障和法律帮助实质化的实现

在目前的司法实践中,快速实现值班律师辩护人化的现实可能性并不高。除了法律已经将法律帮助和辩护分立以外,司法实践中的种种不足之处也对值班律师辩护人化形成掣肘。但是从长远来讲,我们应当逐步推进值班律师权利保障工作,完善值班律师的法律帮助权,保障被追诉人的合法权益,不断推动法律帮助实质化,以及加快实现法律帮助权向辩护权靠拢,值班律师向辩护律师跨进的目标。

(一)建立值班律师有效法律帮助的保障体系

刑事诉讼法的立法初衷,是要实现值班律师法律帮助的实质化和有效性。但是,获得律师帮助并不等于一定获得了有效的、实质性的帮助。在某些案件中,律师偏重通过案件和舆论来提高自己的知名度,有的值班律师并不愿意在认罪协商过程中得罪需要长期打交道的司法机关而选择配合,避免对抗和冲突的出现,最终沦为认罪认罚的见证人和配合人,背离了维护委托人利益的基本立场。[11] 造成这一现象,是因为值班律师和被追诉人并未成为真正的利益共同体,值班律师的工作也缺乏激励和约束机制。因此,有必要以实现有效法律帮助为目标,探索建立一套完善的值班律师有效法律帮助的评价和保障体系。一是从完善值班律师选任制度入手,借鉴域外的法律援助制度有益经验,不断拓宽值班律师选任渠道,提高值班律师的补贴标准;二是以加强值班律师培训为关键,对于主要承担法律帮助职责的新任执业律师,要加强业务机能、执业能力、职业道德,尤其是与检察机关进行控辩协商的能力等方面的培训;三是完善值班律师考评机制,建立符合值班律师工作特征的浮动补贴制度,值班律师的补贴标准需要和其负担的有效工作量成正比,核定值班律师在认罪认罚案件中完成的实际有效工作量,以时间和精力换取等价的工作报酬,不仅能够提高法律服务的质量,而且可以激

〔11〕 参见秦宗文:《认罪认罚从宽制度实施疑难问题研究》,载《中国刑事法杂志》2017 年第 3 期。

发值班律师的工作积极性和主动性。同时,应当建立对应的惩罚机制,督促值班律师认真履职。

(二)赋予值班律师更宽的诉讼权利,推动法律帮助的实质化

如果只让值班律师承担繁重的法律帮助职责,但是不赋予其履行职责所需的诉讼权利,结果只能是“巧妇难为无米之炊”。值班律师的法律帮助不能仅仅停留在形式上的见证和配合,而需要真正发挥其应有作用,这就需要充分保障值班律师的各项权利,并适当拓宽其权利范围,最终实现值班律师享有包括会见权、知情权、阅卷权、调查取证权、量刑协商权在内的关键性诉讼权利。根据2018年《刑事诉讼法》的规定,审查起诉阶段辩护律师享有阅卷权、会见权、调查取证权,律师只有通过会见了解被追诉人的内心想法和实际情况,及早发现其中的误会和冤错,与犯罪嫌疑人充分沟通后才可及时提供法律建议和辩护策略;律师只有充分阅卷后,才能够全面了解案件的事实和证据情况,为被追诉人提供更为合适的定罪量刑意见,才能与检察机关、人民法院进行充分有效的量刑协商;律师只有享有调查取证、申请调查取证等权利,才能发挥主观能动性,弥补侦查、公诉机关偏重追诉犯罪的“天性”所带来的潜在风险。虽然2018年《刑事诉讼法》以及两高三部《认罪认罚指导意见》中并没有明确规定值班律师享有这些权利,但是在诸如福清市等地方出台的实施细则中,值班律师已经在法律规范层面享有会见、阅卷并与检察机关进行量刑协商的权利和空间。现实中,赋予值班律师阅卷、会见、调查取证等诉讼权利,并不意味着每一件案件中值班律师都需要进行这些活动,我们需要在法律规范层面对值班律师所需的必要诉讼权利予以保障,才能克服司法实践中的各种障碍,最大限度上实现法律帮助的实质化。

(三)进一步推动证据开示制度的有效落地

两高三部《认罪认罚指导意见》明确提出,人民检察院可以针对案件具体情况,探索证据开示制度,保障犯罪嫌疑人的知情权和认罪认罚的真实性及自愿性。之所以探索证据开示制度,是因为无论对于值班律师还是辩护人来讲,在认罪认罚案件中若要实现为被追诉人提供实质性和有效的法律帮助,并有意义地参与控辩协商,弄清楚案件的事实和证据是必要前提。对于被追诉人来讲,其是否选择认罪认罚,以及对认罪认罚后果的合理预期,

也需要以相对明确的事实和证据作为前提。而证据开示制度,就是实现这些必要前提的最有效方式。

就证据开示制度而言,域外刑事诉讼中其实早已有之,且普遍用于保障简易程序审理的公平和公正。英美法系国家通过一系列判例和成文法,建立了双向开示的证据开示制度。证据开示使控辩双方能够拥有大致相等的证据信息,从而保证被追诉人认罪的自愿性和平等性,解决被追诉人认罪的盲目性问题。检察官在辩诉交易中应当进行有关证据的展示,以使被告人有罪答辩的作出具有明智性。被告人在答辩之前对庭审所可能产生的结果进行有效预测,需要建立在证据展示的基础之上。〔12〕 既然在简易程序中普遍有证据开示的需求,处于审查起诉阶段的认罪认罚犯罪嫌疑人,在作出关系其命运的认罪认罚决定之前,就更应当知悉其被追诉的事实和相应证据,为其提供法律帮助的值班律师或者辩护人亦有此需求。

我们认为,探索符合我国认罪认罚控辩协商特点的证据开示制度,关键是明确证据开示的主体、内容、方式、法律后果等要素。

1. 证据开示的责任主体是检察机关,权利主体是被追诉人、值班律师或辩护人。在认罪认罚案件中,检察机关履行追诉犯罪职能,其主导了控辩协商和量刑建议全过程,在认罪认罚过程中处于优势地位,且其掌握了全部案件材料,为实现控辩协商的平等性和实质化,检察机关有义务、有责任向被追诉人和辩护人开示证据,因此,检察机关是证据开示的责任主体。被追诉人是刑事案件法律责任的承担者,其享有刑事诉讼法规定的各项诉讼权利,虽然法律并未规定被追诉人享有阅卷权,其仅能通过辩护人向其核实案件事实和证据,侧面了解检察机关掌握的案件情况和证据情况,但是在认罪认罚案件中,出于控辩协商平等性的考虑,同时保护被追诉人认罪认罚的积极性和自愿性,实现控辩双方彼此的坦率和真诚,应当赋予被追诉人证据开示的权利主体地位。至于辩护人或者值班律师,因其要为被追诉人提供实质性法律帮助,需要向检察机关就案件事实、证据、定性、量刑、审理程序等出具明确法律意见,且法律规定其有权了解案情、查阅案件材料,其当然属于证据开示的权利主体。需要注意的是,由于辩护人具有调查取证的权利,因

〔12〕 参见韩旭:《认罪认罚案件中证据开示制度的构建》,载《检察日报》2021年9月8日,第3版。

此在一定情况下,其也可能成为证据开示的责任主体。对此,2018 年《刑事诉讼法》第 42 条也明确规定,辩护人收集的有关犯罪嫌疑人不在犯罪现场、未达到刑事责任年龄、属于依法不负刑事责任的精神病人的证据,应当及时告知公安机关、检察机关。

2. 证据开示的内容应当足以反映案件整体事实和情节。鉴于认罪认罚从宽制度对提升诉讼效率的价值追求,为避免过分加重检察官的办案负担,检察官不必全面开示证据,只需对影响被追诉人定罪量刑的关键证据负有强制开示的义务。〔13〕 这些证据一般应当包括案发经过方面的证据、犯罪方法和手段方面的证据、造成的危害后果方面的证据,以及必要的鉴定、审计意见等。检察机关开示证据,不能仅开示对指控犯罪事实有利的证据,也要开示对指控犯罪事实不利的证据;不能只开示证据效力完好的证据,也要开示用于指控犯罪事实的有辩论余地的证据;不能只开示作为最终结果的证据,还要视情况开示取得证据的过程,以提示辩方对证据能力给予充分重视。例如,有学者提出对于各方诉讼参与人不一致的陈述需要开示,对于与案件有利害关系的"污点证人"提供的证言需要开示,对于非法证据包括已经排除的非法证据需要开示,对于技术侦查措施以及讯问录音录像资料等,亦需要开示。〔14〕 在证据开示过程中,检察机关还负有说明和提示义务。

3. 证据开示的方式需要视案件繁简程度而定。一般来讲,为实现诉讼效率,并保证证据开示的有效性,检察机关应制定证据开示的提纲。具体操作中,可以先向被追诉人、值班律师或辩护人展示证据目录,并对照目录进行说明。然后对与案件定性、量刑有关的必备证据,通过口头宣读、出示照片或实物、PPT 辅助展示、播放录音录像、交由值班律师或辩护人查阅等方式,进行证据开示。至于证据是否可以交由被追诉人查阅,考虑当前的法律规定和证据安全,宜由检察机关向被追诉人展示证据,暂不宜交由其直接查阅。对于证据目录中的证据材料,以及被追诉人、值班律师、辩护人获悉并要求查阅的其他材料,检察机关一般均应根据请求进行开示。证据开示的

〔13〕 参见刘泊宁:《认罪认罚案件中证据开示制度的构建》,载《潇湘晨报》2021 年 6 月 9 日,https://baijiahao.baidu.com/s?id=1702077599965266885&wfr=spider&for=pc。

〔14〕 参见韩旭:《认罪认罚案件中证据开示制度的构建》,载《检察日报》,2021 年 9 月 8 日,第 3 版。

时间应该在控辩双方正式进行协商之前完成，地点可以根据实际情况选定，以有利于实现证据开示的目的为原则。

4. 明确证据开示的法律后果。证据开示制度对于实现控辩协商的平等性、实质性、有效性来讲至关重要，因此应当建立必要的保障机制。我们认为，证据开示的形式、内容与效果，应当作为人民法院审查认罪认罚自愿性、合法性、真实性以及最终是否采纳检察机关量刑建议的重要考量内容。如果在审理过程中被告人、辩护人对证据开示的效力问题提出异议，人民法院应当组织查明，人民检察院应当提供证据材料予以证明。如果证据开示不符合要求，对认罪认罚的自愿性、合法性、真实性造成实质不利影响的，人民法院应当将认罪认罚案件转为普通程序审理，并且原则上不再采纳之前的控辩协商结论。但是，为了保障被告人认罪认罚并获得从宽处理的权利，人民法院应当在充分的法庭事实调查、举证、质证基础上，再次查明被告人对认罪认罚的态度，并视情况征求检察机关量刑意见，最终作出公正判决。

（四）加快实现法律帮助和律师辩护的有效衔接

2018 年《刑事诉讼法》、《认罪认罚从宽制度试点办法》以及两高三部《认罪认罚指导意见》均没有明确规定值班律师参与认罪认罚案件后被追诉人又委托辩护律师，值班律师已经参与的诉讼程序是否有效以及值班律师能否转化为指定或委托的辩护律师的问题。两高三部《认罪认罚指导意见》在法律帮助衔接部分，仅规定在不同诉讼阶段可以由同一值班律师为犯罪嫌疑人、被告人提供法律帮助。司法实践中，审查起诉阶段值班律师介入认罪认罚具结书的签署后，审判阶段被追诉人自行委托其他辩护人或者法律援助机构指定其他法律援助律师的情况较为普遍，主要原因在于值班律师的作用虚化，并不能为被追诉人带来实质利益，且能否转化为辩护人、如何转化为辩护人也没有明确的法律依据。但是，新委托的辩护律师需要重新阅卷、会见以及调查取证等，这无疑是重复性工作，徒增司法成本，降低诉讼效率。实际上，值班律师作为合格的法律帮助提供者，在审前阶段与被追诉人密切接触的基础上，有条件在审判阶段成为被追诉人委托的辩护律师，也有条件优先成为法律援助机构指派的法律援助辩护律师。具体来讲：（1）对于被告人审前阶段自行委托辩护律师的，法律援助机构和司法机关不再指派值班律师为其提供法律帮助；（2）对于符合法律援助条件的被追诉人，法律援助机构应优先考虑指派之前参与认罪协商的值班律师作为被追诉人的辩护律师;(3)建立公平、公正的值班律师推荐制度,在被追诉人不符合法律援助条件的情况下,若其及其家属在后续诉讼过程中有意为被追诉人聘请律师,且均对参与控辩协商的值班律师的工作表示满意,则可通过律师推荐制度将值班律师推荐为被追诉人或家属聘请的辩护律师;(4)对于被告人审判阶段自行委托辩护律师的,值班律师在审前阶段参与的控辩协商工作,应继续有效,且应及时做好交接工作,以便于审判阶段的辩护律师继续开展工作。

第三节 辩护权的保障及实现

一、认罪认罚案件中辩护权的相对独立性

关于刑事诉讼中辩护权的独立性问题,理论上存在很大争议,但主流观点仍认为律师在刑事诉讼中享有独立的辩护权。在此问题上,英美法系刑事诉讼理念与大陆法系刑事诉讼理念存在明显差别,前者否定辩护权的独立性,后者赞成辩护权的独立性。尤其是德国的刑事诉讼理论,极力主张辩护权具有独立性。其立论基础主要包含三个方面:第一,在职权主义的诉讼构造之下,对客观真实的追求和检察官所具有的客观公正义务决定了辩护律师应具有独立的诉讼地位。第二,辩护律师与被告人之间的关系兼具公法和私法双重性质,辩护律师对法院的真实义务应当优先于其对当事人的忠诚义务。第三,辩护律师基于专业法律素养作出的独立判断有利于维护被告人的最大利益。[15]

虽然上述观点对辩护权的独立性问题具有很强的解释力,但仍有可辩驳之处。一是虽然在职权主义诉讼模式下,法官和检察官均有查明客观事实的法定义务,但作为"控、辩、审"三角形诉讼结构的一角,甚至作为法律职业共同体的一员,辩护人若完全脱离被告人的立场而独立发表意见,转而加入指控甚至裁判的立场,则诉讼三角形必然失衡。二是辩护人与被告人之间系委托代理关系,从商业逻辑上来讲是雇主与雇员关系,辩护人很难一

〔15〕 参见陈虎:《独立辩护论的限度》,载《政法论坛》2013 年第 4 期。

方面接受被告人给予的利益，另一方面完全在自我陶醉的环境中发表意见，而不顾及被告人的感受，甚至转向被告人的对立面。此时，被告人可以接触代理关系。三是辩护律师的法律素养与其是否能够切实站在被告人立场上维护被告人的合法权益没有必然关系。因此，对于辩护权的独立性问题，确实应当辩证看待，并为这种独立性设置必要的护栏。

在认罪认罚从宽制度中，讨论辩护权的独立性问题，除了具有诉讼制度和当事人利益的意义以外，还涉及辩护人独立行使辩护权是否影响认罪认罚从宽制度的适用问题。在认罪认罚从宽制度试点运行过程中，关于辩护人对认罪认罚有异议是否影响认罪认罚从宽制度的适用问题，曾有不同看法。《认罪认罚从宽制度试点办法》第 2 条规定，未成年犯罪嫌疑人、被告人的法定代理人、辩护人对未成年人认罪认罚有异议的，不适用认罪认罚从宽制度。山东、天津、沈阳、长沙等地在试点阶段也规定辩护人对未成年人认罪认罚有异议的，不适用认罪认罚从宽制度。北京市《关于开展刑事案件认罪认罚从宽制度试点工作实施细则（试行）》第 5 条规定，辩护人作无罪辩护的，不适用认罪认罚从宽制度。2018 年《刑事诉讼法》第 174 条规定，未成年犯罪嫌疑人的法定代理人、辩护人对未成年人认罪认罚有异议的，不需要签署认罪认罚具结书。对此，两高三部《认罪认罚指导意见》第 31 条重审了 2018 年《刑事诉讼法》的规定，但同时规定“上述情形犯罪嫌疑人未签署认罪认罚具结书的，不影响认罪认罚从宽制度的适用”。在试点阶段，我们认为对未成年认罪认罚案件，应积极贯彻对未成年人合法权益的保护原则，其辩护人若对认罪认罚有异议，不再适用认罪认罚从宽制度，避免诉讼程序的简化导致对未成年人合法权益的侵害。但 2018 年《刑事诉讼法》将未成年人的辩护人对认罪认罚有异议的情况归为不需要签署认罪认罚具结书的情形，其与犯罪嫌疑人是盲、聋、哑人以及尚未完全丧失辨认和控制自己行为能力的精神病人等情况并列，目的是确保签署认罪认罚具结书体现被追诉人的自由意志，否则不能强行要求这类主体签订具结书。两高三部《认罪认罚指导意见》再次明确，上述情形下不签署认罪认罚具结书，不影响认罪认罚从宽制度的适用。故在未成年人认罪认罚案件中，辩护人对认罪认罚有异议，并不影响认罪认罚从宽制度的适用，此处体现了辩护人辩护权的独立性。至于除未成年人以外的其他案件，是否参照上述规定处理，除了北京市在试点阶段有明确的否定意见以外，其他地方并无明确规定。

2020 年两高三部《值班律师工作办法》规定,犯罪嫌疑人签署认罪认罚具结书时,值班律师对犯罪嫌疑人认罪认罚自愿性、人民检察院量刑建议、程序适用等均无异议的,应当在具结书上签名,同时留存一份复印件归档。值班律师对人民检察院量刑建议、程序适用有异议的,在确认犯罪嫌疑人系自愿认罪认罚后,应当在具结书上签字,同时可以向人民检察院提出法律意见。犯罪嫌疑人拒绝值班律师帮助的,值班律师无需在具结书上签字。该规定直接体现了值班律师在认罪认罚案件中可以独立于被追诉人提出不同意见,甚至是反对意见。虽然法律帮助权和辩护权在具体权能方面存在差别,但在律师可以独立发表意见问题上,应具有同一性。

我们认为,在认罪认罚案件中辩护人的辩护权具有相对独立性。只要被追诉人自愿认罪认罚,符合认罪认罚从宽制度的适用条件,就可以适用认罪认罚从宽制度。在此过程中,辩护人可以根据事实和法律,相对独立地发表自己的意见,即使其不同意检察机关的量刑建议及程序适用,也不影响认罪认罚从宽制度的适用。但辩护人在此情况下仍应履行律师见证义务,确保检察机关和被追诉人签订的认罪认罚具结书是被追诉人自由意志的表示。

值得注意的是,若辩护人作无罪辩护,是否仍不影响认罪认罚从宽制度的适用。我们对此持否定观点,即使被追诉人自愿认罪认罚,但辩护人若对检察机关认定的事实、证据提出意见,或作无罪辩护,也不应再适用认罪认罚程序处理案件。理由是:(1)根据 2021 年《刑事诉讼法解释》的规定,辩护人作无罪辩护的,不适用简易程序或速裁程序审理,即对于无罪辩护的案件,应当作为疑难、复杂案件进行精细化审理,充分发挥控辩双方对抗、法庭居中裁判的作用,确保办案质量。对这类案件适用认罪认罚从宽制度,无法发挥繁简分流的功能。(2)认罪认罚从宽制度的精髓是通过控辩双方的充分协商,在达成一致意见的基础上由检察机关向人民法院提出量刑建议。法律规定无需签署具结书的情形,是为了保障相关被追诉人的合法权益,并不涉及控辩双方存在根本分歧的情况。法律规定值班律师对量刑建议和程序适用有异议,可以向人民检察院提出,但不影响被追诉人签订认罪认罚具结书,并不涉及律师对案件事实、证据和有罪无罪等根本问题提出反对意见的情形。如果对于这种实质否定性意见均可忽略,将从根本上违背认罪认罚从宽制度中控辩协商的精神。(3)认罪认罚从宽制度的适用前提是案件事实清楚,若辩护人作无罪辩护,或者对事实和证据提出异议,意味着该案并非事实清楚,证据确实、充分,不符合认罪认罚从宽制度的适用条件。

二、认罪认罚案件中辩护权的行使

在认罪认罚案件中,辩护权与法律帮助权相辅相成,虽然辩护人和值班律师享有的具体权利不同,但履行的职责和为被追诉人提供法律帮助的内容存在重叠之处,法律帮助权属于广义辩护权中的一种类型。2018 年《刑事诉讼法》规定,犯罪嫌疑人自被侦查机关第一次讯问或者采取强制措施之日起,有权委托辩护人。故辩护权在刑事诉讼中贯穿侦查、审查起诉、审判全过程。

(一)侦查阶段辩护权的内容

在认罪认罚案件的侦查阶段,辩护人主要为犯罪嫌疑人提供以下帮助:

1. 提供法律咨询。两高三部《认罪认罚指导意见》规定,公安机关在侦查过程中,应当告知犯罪嫌疑人享有的诉讼权利、如实供述罪行可以从宽处罚和认罪认罚的法律规定。在此过程中,辩护人可以向犯罪嫌疑人了解有关情况,并向其提供刑事诉讼权利、认罪认罚从宽制度等方面的法律咨询,也可以劝导犯罪嫌疑人积极认罪悔罪。

2. 提出程序适用建议。辩护人可以根据了解到的案情,结合犯罪嫌疑人提供的情况、犯罪嫌疑人是否具有认罪认罚意愿等,向其确认认罪认罚的自愿性,并提出是否适用认罪认罚从宽制度等法律建议。

3. 代理申诉、控告。辩护人根据了解到的案情,以及犯罪嫌疑人提供的情况,认为犯罪嫌疑人的合法权益受到侵害,或者犯罪嫌疑人涉嫌的犯罪事实与实际情况不符,有可能被诬告陷害等,可以代为申诉、控告。

4. 帮助申请变更强制措施。辩护人根据犯罪嫌疑人的要求,并结合案件事实和法律规定,可以代为向司法机关申请变更强制措施。

5. 向侦查机关提出法律意见。辩护人可以向侦查机关了解犯罪嫌疑人涉嫌的罪名和案件有关情况,并结合事实、法律向侦查机关提出专业的法律意见。辩护人收集到的有关犯罪嫌疑人不在犯罪现场、未达到刑事责任年龄、属于依法不负刑事责任的精神病人等证据材料,使案件出现罪与非罪等重大原则问题时,可以提出撤销案件等法律意见。

6. 帮助犯罪嫌疑人积极弥补犯罪造成的危害。辩护人可以告知犯罪嫌疑人有关刑事和解、自愿和解以及积极赔偿被害人经济损失并获得谅解后可以获得从轻处罚的法律规定,并根据犯罪嫌疑人的意愿,帮助其积极退赃退赔。

(二)审查起诉阶段辩护权的内容

1. 行使阅卷权、调查取证权,全面掌握案情。辩护人在审查起诉阶段可以查阅卷宗材料,摘抄、复制案卷材料,申请人民检察院调取证明犯罪嫌疑人无罪或者罪轻的证据材料;可以收集有关犯罪嫌疑人无罪、罪轻的证据材料;可以经同意向证人、被害人、被害人近亲属收集有关材料。

2. 向犯罪嫌疑人核实证据、提供法律咨询、提出程序适用建议。辩护人可以向犯罪嫌疑人核实证据,帮助犯罪嫌疑人更加深刻、准确地认识自己的行为性质、后果;可以向犯罪嫌疑人提供有关诉讼权利、认罪认罚从宽制度等方面的法律咨询;劝导犯罪嫌疑人积极认罪悔罪;核实犯罪嫌疑人的认罪认罚意愿,提出是否适用认罪认罚从宽制度,是否适用简易程序、速裁程序方面的建议。

3. 参与控辩协商,见证认罪认罚具结书的签署过程。辩护人应当根据了解到的案件事实、证据,向检察机关提出犯罪嫌疑人在事实、罪名和法律适用方面的意见;提出从轻、减轻、免除处罚等从宽处罚建议;提出有关案件审理程序的建议;对检察机关的量刑建议、适用程序的建议进行评估并提出意见;核实犯罪嫌疑人是否自愿认罪认罚,帮助人民检察院对认罪认罚的自愿性、合法性进行审查,并见证认罪认罚具结书的签署过程。案件属于法定或酌定不起诉范围的,辩护人应向检察机关提出不起诉的建议。

4. 代理申诉、控告。辩护人根据了解到的案情,以及犯罪嫌疑人提供的情况,认为犯罪嫌疑人的合法权益受到侵害,或者犯罪嫌疑人涉嫌的犯罪事实与实际情况不符,有可能被诬告陷害等,可以代为申诉、控告。

5. 帮助申请变更强制措施。辩护人根据犯罪嫌疑人的要求,并结合案件事实和法律规定,可以代为向检察机关申请变更强制措施。

6. 帮助犯罪嫌疑人积极弥补犯罪造成的危害。辩护人可以告知犯罪嫌疑人有关刑事和解、自愿和解以及积极赔偿被害人经济损失并获得谅解后可以获得从轻处罚的法律规定,并根据犯罪嫌疑人的意愿,帮助其积极退赃退赔，就退赃退赔对犯罪嫌疑人量刑的影响向检察机关提出建议。

（三）审判阶段辩护权的内容

1. 对认罪认罚的自愿性、合法性提出意见。审判阶段，人民法院审查的重点应当是认罪认罚的自愿性、合法性。辩护人应当基于辩护职责履行相应的辩护义务，询问被告人是否自愿认罪认罚，并告知相应的法律后果，保证被告人认罪认罚的真实性。如果辩护人根据询问的内容或者在审前阶段掌握的情况，认为认罪认罚协议的真实性、自愿性、有效性存在问题，应当及时向法庭提出相应证据并发表意见，视情况可以要求法庭启动非法证据排除等程序，切实维护被告人的合法权益。若辩护人认为被告人确系自愿认罪认罚，认罪认罚具结书签署过程合法有效时，应当向法庭发表意见，或就自己参与认罪认罚协商的过程向法庭进行说明。

2. 对量刑建议的合理性提出意见。审判阶段的另一个重要环节是审查检察机关量刑建议的合法性、合理性，并决定是否采纳量刑建议。在此过程中，辩护人应当再次实质性审查案件的事实、证据及量刑建议的合法性、合理性，并向法庭发表意见。如果辩护人认为量刑建议不当的，应当要求法庭对案件的事实、证据及量刑情节进行审理，并提出辩护意见。辩护人认为案件存在足以影响量刑的事实未查清、证据未收集或者其他情况，应当向法庭申请调取、核实相关证据，也可以申请检察机关对案件进行补充侦查等。辩护人认为案件事实清楚，证据确实、充分，但出现了审判阶段退赃退赔、被害人谅解等情形，足以导致原量刑建议不当的，可以申请检察机关调整量刑建议，或建议人民法院依法裁判。

3. 对被告人反悔或检察机关不同意继续适用认罪认罚从宽制度等情形提出法律意见，做好辩护准备。审理过程中，被告人有可能基于种种原因，如出现新的事实、证据，被告人有新的检举揭发材料，被告人申请退赃退赔，或者被告人思想出现波动等，均可能导致其对业已达成的认罪认罚协议表示反悔。辩护人在被告人反悔时，应当及时了解原因，询问被告人的真实想法，向被告人阐明法律规定，积极与检察机关和法庭沟通，确保被告人的反悔是其真实意思表示。同样，在检察机关基于种种原因而决定不再适用认罪认罚从宽制度时，辩护人应及时沟通了解情况，对出现的新情况作出法律判断，并及时了解被告人的意见，在此基础上向法庭发表自己的意见，维护被告人的合法权益。需要重新阅看材料、准备辩护的，可以向法庭申请休庭。

4. 其他辩护工作。代理申诉、控告，帮助被告人向人民法院申请变更强制措施，帮助被告人与被害人达成和解协议等，属于辩护权的重要内容，贯穿于审判活动的始终。

第十八章　认罪认罚从宽制度的司法适用

第一节　未成年人犯罪案件认罪认罚从宽制度的适用

未成年人是担当民族复兴重任的后备军,对未成年人合法权益的保护,牵涉到国家和民族的未来,历来备受党和政府以及全社会关注。1991 年 9 月 4 日,第七届全国人民代表大会常务委员会第二十一次会议通过了《未成年人保护法》,提出对未成年罪犯实行教育、感化、挽救的方针。1999 年 11 月 1 日施行的《预防未成年人犯罪法》再次重申对犯罪的未成年人追究刑事责任,实行教育、感化、挽救方针,坚持教育为主、惩罚为辅的原则。2018 年《刑事诉讼法》第 277 条规定,对犯罪的未成年人实行教育、感化、挽救的方针,坚持教育为主、惩罚为辅的原则。2017 年 3 月,最高人民检察院出台的《未成年人刑事检察工作指引(试行)》确立了特殊、优先保护的基本要求。2017 年 4 月,中共中央、国务院印发了《中长期青年发展规划(2016－2025 年)》,围绕维护青少年合法权益和预防青少年违法犯罪的发展目标,提出了一系列发展措施。目前,我国已成为世界上未成年人犯罪率最低的国家之一,这证明未成年人保护工作卓有成效,未成年人刑事司法制度应继续坚持并不断完善。

自认罪认罚从宽制度试点工作开展以来,理论界和司法实务界的目光多聚焦于普通刑事案件,对未成年人犯罪如何适用认罪认罚从宽制度关注较少,甚至否定未成年人犯罪案件适用认罪认罚从宽制度的可行性。即使两高三部《认罪认罚指导意见》对未成年人认罪认罚案件的办理进行了原则规定,也只不过是杯水车薪。当前,对于未成年人犯罪案件适用认罪认罚从宽制度的研究相对滞后,如果简单套用成年人刑事案件的办案模式与经验,难以适应未成年人犯罪的特征。为建立更高效的未成年人刑事司法保护体系,亟待加强该领域的研究和探讨。

一、未成年人犯罪案件适用认罪认罚从宽制度的正当性依据

对于未成年人犯罪案件是否可以适用认罪认罚从宽制度,学界曾有质疑,认为在未成年人犯罪案件中过分追求效率并不妥当,在未成年人从宽处理的基础上,再适用认罪认罚从宽制度,有违罪刑相适应原则。然而,结合未成年人犯罪自身的特点和司法实践的现实需要,认罪认罚从宽制度确有其适用空间。

(一)认罪认罚从宽制度符合未成年人犯罪的特征

司法实践中,未成年人犯罪从案件数量方面分析,盗窃罪高居榜首,抢劫罪和故意伤害罪紧随其后,寻衅滋事罪和聚众斗殴罪有所上升;从犯罪年龄角度切入,16 周岁以上为高发期。[1] 主要呈现以下特征:一是从罪名上看,未成年人犯罪类型较为集中,主要涉及财产犯罪和冲动型的暴力犯罪,案情一般较为简单。出于逆反与争强好胜心理,未成年人易因受挫而误入歧途,或被教唆挑拨而意气用事,较少形成成熟的团伙组织与作案计划,所犯罪行的社会危害性相对较小。且未成年人犯罪所涉罪名有多个量刑幅度,典型的如盗窃罪有 3 个量刑幅度,可以同时为认罪认罚从宽制度和其他制度中的“从轻、减轻或者免除处罚”提供空间。[2] 二是未成年犯罪分子主观恶性小,可挽救性强。16 周岁以上的未成年人虽然生理上较为成熟,但心智发育尚不健全,辨认能力与控制能力仍然较弱,价值观尚在塑造阶段,可塑性强,经正确教育后大多能够真诚悔过,再犯可能性较低,适用认罪认罚从宽制度可降低对未成年人健康成长的负面影响,其并非放纵未成年人犯罪,而是采取适当的干预手段,助其回归社会,实现良好的法律效果和社会效果。

司法实践中,失足未成年人经教育感化后步入正轨的案例不胜枚举。

---

〔1〕 参见《数据告诉你:我国未成年人权益司法保护和未成年人犯罪特点及其预防》,载今日头条网 2018 年 6 月 1 日,https://www.toutiao.com/article/6562000232400290317/? channel = &source = search_tab。

〔2〕 参见韩旭:《认罪认罚从宽制度研究》,中国政法大学出版社 2020 年版,第 307 页。

如于某抢劫案：于某系中学生，持刀抢劫他人手机和少量现金，未造成其他严重后果，且认罪、悔罪态度较好，积极赔偿被害人经济损失，得到被害人谅解；在校期间表现良好，此次犯罪与家庭关系紧张有一定关系，主观恶性及社会危害性相对较小，法院综合考虑后决定对于某依法适用缓刑。承办法官针对于某做了详细的背景调查报告，积极帮助其与父母重归于好，及时疏导人生困惑。于某在取保候审期间以优异成绩顺利考入大学。[3] 这正体现了教育、感化、挽救方针的必要性，给误入歧途的未成年人一个改过自新的机会，不再自暴自弃，认罪认罚从宽制度也能进一步实现少年审判的独立司法价值。

（二）符合司法实践的现实需要

虽然我国未成年人犯罪率较低，但人口基数大，因此未成年人犯罪案件的绝对数量不容小觑。面对案多人少的矛盾，为缓解司法资源的紧缺程度，有必要将认罪认罚从宽制度扩展到未成年人犯罪领域，充分发挥繁简分流的效率价值。强调效率价值，并不意味着损害未成年人的合法权益。未成年人在被收押之后，面对陌生环境极易产生不良情绪，若过分追求程序的完整性，则可能因小失大，耽误未成年人回归社会的时机，也会对其健康成长造成不可逆的伤害。因此，实践中应尽可能缩短案件周期，舒缓未成年人的心理压力。《未成年人刑事检察工作指引（试行）》第20条亦规定，在保证教育、挽救和保护救助效果的前提下，人民检察院办理涉及未成年人的案件，应当快速办理，不得有任何不必要的拖延，尽可能减少未成年人的诉讼负累。此外，认罪认罚从宽制度并不会为了片面追求效率而忽视未成年人特殊保护规则。2018年《刑事诉讼法》在速裁程序的适用、认罪认罚具结书的签署等方面，均对未成年人犯罪案件作出了特别规定。在适用认罪认罚从宽制度时，同样应当遵守这些规定。而且，认罪认罚从宽制度与未成年人特殊保护政策一脉相通，与少年司法规律相契合，可以进一步保障未成年人的基本人权和被害人的合法权益，减少社会对抗，修复社会关系，满足司法实践的现实需要。

总之，认罪认罚从宽制度对于未成年犯罪人的特殊处遇措施，不仅能够

---

〔3〕 参见《最高法发布七个未成年人权益司法保护案例情况》，载中国新闻网，http://www.chinanews.com/gn/2021/03-02/9422272.shtml。

提高案件办理效率,还能最大限度地缓解矛盾、解决争议,从而实现司法资源的优化配置和各方利益平衡,进一步完善刑事诉讼体系。认罪认罚从宽制度坚持的宽严相济刑事政策,也符合未成年人犯罪的特征和司法实践中对未成年人犯罪从宽处理的需求。

二、未成年人犯罪案件认罪认罚从宽制度的适用规范

(一)自愿认罪的把握

未成年人的认知能力有限,认罪不苛求未成年人对自己行为的法律性质有明确认识,只要未成年人对自己的罪行进行了较为清楚完整的供述,对指控的犯罪事实无异议,即可认定其认罪。鉴于未成年人的特殊性,对于其认罪自愿性的考察,需要更加谨慎,即使未成年人认罪,也要结合相关证据形成完整的链条,不能忽略对事实以及证据的严格审查判断,以防出现冤假错案。人民法院在对未成年人认罪认罚案件进行审查时,应遵循"告知权利—询问是否认罪—形成内心确信"的思维过程,在充分告知诉讼权利、法律后果的基础上,认真听取控辩双方及未成年人的法定代理人的意见,最终得出正确结论。

(二)自愿认罚的把握

未成年人真诚悔罪,愿意接受刑罚处罚即为认罚,具体表现为同意司法机关对其犯罪行为的处理意见。量刑建议一般包括主刑、附加刑以及刑罚执行方式,而未成年人犯罪一般不适用财产刑,且和解作为认罪认罚的重要量刑因素,所以认罚不应包括数额因素。[4] 需要注意的是,未成年人因缺乏相应的法律知识和社会阅历,可能对刑罚的后果理解不深刻,考察其认罚的自愿性应更加谨慎,要严格执行法律规定的权利告知、法律帮助、法定代理人或辩护人在场见证等规定。另外,对于附条件不起诉的处理结果,法定代理人或辩护人同意作出附条件不起诉,但对考验条件或者考验期限存在异议的,不能成立认罚。考验期限或者所附条件本身是附条件不起诉的组成部分,牵一发而动全身,不认可部分即不能接受整体。严格把握认罚的认定规则,有利于更好地保护犯罪未成年人的合法权益。

---

〔4〕 参见史卫忠、王佳:《未成年人刑事案件适用认罪认罚从宽制度的思考》,载《人民检察》2017年第22期。

（三）从宽幅度的把握

从宽的内容主要包括强制措施从宽，贯彻少捕慎诉司法理念，可捕可不捕的不捕，可诉可不诉的不诉；办案时间从快，避免拖延；刑罚适用从轻，尽量从轻或减轻处罚。而从宽的标准还需要追根溯源，适当参考未成年犯罪嫌疑人的年龄、教育背景、成长环境、有无犯罪前科等，应对未成年犯罪嫌疑人进行详细的背景调查，形成调查报告。此外，还要考虑到未成年人犯罪的动机、手段以及立功、认罪悔罪态度等要素，听取被害人的意见，综合心理测评结果确定最终的从宽幅度。但是，对于犯罪手段极其残忍、社会影响十分恶劣、屡教不改的未成年人应严格限制从宽幅度；对于认罪悔罪态度良好的初犯，积极赔偿并获得谅解者适当提高从宽幅度。考虑到被害人合法权益的保护，在对未成年人从宽处理时应考虑弥补损失的情况，但不能因此而产生被害人要挟或者被追诉人花钱买刑等现象，如果出现确因家庭困难无力赔偿，或者被害人漫天要价等情况，那么应充分考虑未成年犯罪嫌疑人及法定代理人、辩护人的意见，适当决定从宽处罚的幅度。原则上来讲，在未成年犯罪嫌疑人具有认罪认罚表现的前提下，双方未达成和解协议，并不影响认罪认罚从宽制度的适用，虽然取得被害人谅解是对犯罪嫌疑人从宽时必须考虑的关键因素，但不能成为适用认罪认罚从宽制度的前提条件，以防被害人漫天要价带来负面影响。〔5〕

举例来说，犯罪嫌疑人王某鹏（未成年人）因涉嫌协助组织卖淫罪被逮捕。审查起诉阶段，辩护人向检察机关提交羁押必要性审查申请书、取保候审申请书，认为王某鹏犯罪时未成年，且系初犯，到案后自愿认罪认罚，不需要继续羁押。检察机关经羁押必要性审查，同意辩护人申请，变更强制措施为取保候审。检察机关审查全案后认为，王某鹏协助组织卖淫行为已构成犯罪，符合起诉条件，但具有犯罪时未成年、坦白、自愿认罪认罚情节，可能判处一年有期徒刑以下刑罚，考虑其悔罪表现，检察机关就是否适用附条件不起诉听取了侦查机关、犯罪嫌疑人及其法定代理人、辩护人的意见。结合社会调查评估情况，依法对王某鹏适用认罪认罚从宽制度，作出附条件不起

〔5〕 参见刘金生、王长青：《故意伤害类案件取得被害人谅解不是适用认罪认罚从宽制度的必要条件》，载《中国检察官》2020 年第 16 期。

诉决定,考验期6个月。[6]

三、未成年人犯罪案件适用认罪认罚从宽制度的完善

目前,认罪认罚从宽制度在未成年人犯罪案件中的适用仍存在一些问题。未成年人作为特殊主体,所犯罪行和处遇政策都有其自身的特点,而有关未成年人认罪认罚从宽制度的立法规定较为笼统与模糊,在此探讨以下几个问题。

(一)未成年被害人的权益保护

未成年人犯罪所侵害的对象大多亦为未成年人。在对未成年犯罪人适用认罪认罚从宽制度的过程中,不能忽视对未成年被害人合法权益的保护。但是在《认罪认罚从宽制度试点办法》、2018年《刑事诉讼法》、两高三部《认罪认罚指导意见》中,关于被害方权益保障问题并未特别涉及未成年被害人,且关于被害人在认罪认罚从宽制度中具有何种诉讼地位、享有哪些诉讼权利、受到损害时该如何救济都未作具体规定。在被害人是未成年人的情况下,如何平衡未成年犯罪人认罪认罚从宽与未成年人被害人合法权益保护,确实需要进一步探讨。我们认为,可行的路径是依据《未成年人保护法》等规定,结合认罪认罚从宽制度中有关被害方权益保护的规定,在听取意见、促进和解谅解、被害方异议的处理方面,开展更加扎实的工作。一是进一步完善辩护与代理制度,不但要求未成年人享有完善地获得法定代理人和辩护人帮助的权利,对于未成年人被害人同样要求法定代理人全程参与,并获得律师或未成年人保护机构的法律援助;二是尽量促成和解谅解,多方运用赔礼道歉、适当赔偿、国家救助、社会捐助、未成年人保护机构救助等机制,切实保障未成年被害人的利益得到弥补,在此基础上促成双方的和解;三是对于未成年被害人对适用认罪认罚从宽制度提出的异议,应积极了解原因,分类施策,要充分依靠未成年人的法定代理人、辩护人、诉讼代理人及社会机构的力量,合理平衡双方的权利、义务。通过动之以情、晓之以理的细致工作,促进未成年人犯罪案件认罪认罚从宽制度的合理适用。

---

[6] 参见最高人民检察院:《关于人民检察院适用认罪认罚从宽制度情况的报告有关案例说明》,载《检察日报》2020年10月17日,第3版。

（二）控辩双方认罪认罚协议合法性审查

为避免检察机关的优势地位对控辩协商自愿性、合法性产生影响，人民法院应对控辩协商的结果进行审查。首先，应审查控辩协商的前置程序是否完善、规范，如在侦查和审查起诉阶段，是否向犯罪嫌疑人充分告知诉讼权利，是否及时通知值班律师或辩护人为犯罪嫌疑人提供法律帮助，是否充分保障未成年人法定代理人和值班律师、辩护人的会见权、表达意见权、见证权，具结书的签署程序是否规范等。其次，应审查认罪认罚具结书的内容是否齐备，是否有关于听取相关方面意见的记录，是否向未成年人、其法定代理人、辩护人告知了案件的全部情况，开示了关键证据，对拟起诉的事实进行了完整记载，是否记录了控辩协商的情况，是否提出了明确的量刑建议等。最后，审查形式要件，如未成年犯罪人的法定代理人、辩护人是否全程参与、提供帮助、见证，并签字确认等。

（三）法庭教育的完善

在庭审环节，要格外注意对未成年犯罪嫌疑人的教育。2021 年《刑事诉讼法解释》第 576 条规定，法庭辩论结束后，法庭可以根据案件情况，对未成年被告人进行教育；判决未成年被告人有罪的，宣判后，应当对未成年被告人进行教育。如果只判不教，则法庭审理的功能就会打折扣，也可能使未成年人对庭审产生强烈的逆反心理，无法接受司法教育，不利于其改过自新、重归正轨。法官要注意与被告人进行互动交流，耐心解释、悉心聆听，结合所犯罪行进行有针对性的教育，做到对症下药。同时，要加强判决书的说理性、教育性，力求起到普法和预防再次犯罪的规诫作用。审理过程中，还要充分照顾不同年龄段未成年人的身心特点，注意营造信任、宽松的沟通氛围，做到理性引导，实现惩教结合的目的。此外，充分发挥检察建议、司法建议功能，督促家庭、学校要特别加强对未成年人金钱观、法治观的教育，要更加关注未成年人的心理健康、法治教育，做好犯罪预防工作。

（四）体制机制的衔接

处理未成年人认罪认罚案件，除了进一步完善认罪认罚从宽制度以外，还要注意与其他未成年人保护机制互相配合。如要注意与成年人检察工作衔接，与未成年人刑事诉讼程序衔接，与刑事诉讼中的自首、坦白、简易及速裁程序衔接，与附条件不起诉制度、犯罪记录封存制度等衔接，进一步落实社会调查、合适成年人参与、当事人和解、法庭教育等特殊保护制度。始终贯彻未成年人利益保护最大化原则,提升未成年人犯罪案件办理的法律效果和社会效果,最大限度地保护未成年人合法权益,最大限度地教育、挽救涉罪未成年人。

第二节 职务犯罪认罪认罚从宽制度的适用

自古以来,公职人员对于国家和社会治理都至关重要,公职人员的贪腐、渎职等行为会对统治阶级及全社会利益造成重大损害,故对公职人员职务犯罪的打击历来十分严苛。举例来说,“监临自盗”旧指官吏盗窃自己监管的财物的行为,汉律主守盗值 10 金者弃市;唐律窃盗无死罪,止于加役流,而监临自盗 30 匹绞;明律常人盗窃 80 贯绞,监管官吏盗窃贯斩;清律亦同,但计赃改贯为两。中华人民共和国成立后,对贪腐行为的惩治力度仍然很重,具体可参考 1952 年《惩治贪污条例》和 1988 年《关于惩治贪污罪贿赂罪的补充规定》。2019 年 10 月 23 日,最高人民法院院长周强在十三届全国人大常委会第十四次会议上作了关于加强刑事审判工作情况的报告,其中披露,2014 年以来,各级法院审结一审贪污贿赂、渎职等案件 19.4 万件 20.7 万人,其中被告人原为中管干部 140 人。依法审理周永康、郭伯雄、孙政才、令计划、苏荣等重大职务犯罪案件。加大对行贿犯罪惩治力度,判处罪犯 1.4 万人。贪污贿赂犯罪数量与惩处力度与日俱增,司法机关也面临着越来越大的办案压力。

同普通犯罪相比,职务犯罪案件的证据链条具有自身特征。根据审判实践反映出来的情况,职务犯罪案件中大多无可供勘察的现场和痕迹,口供等言词证据居多,其证据具有单一性特点。而言词证据主观性强,易发生变化,一旦被告人不认罪或翻供,又缺少物证、书证等证据佐证时,会造成证明犯罪事实较困难。在职务犯罪中,口供不仅是一种最重要的证据,也是获取其他犯罪证据的重要手段。在职务犯罪中,案件的侦破、定罪量刑很大程度上仍依赖口供。认罪认罚从宽制度的建立,可以激励被调查人自愿供述,一定程度上弥补职务犯罪案件证据获取和证据链上的不足。[7] 对公职人员适用认罪认罚从宽制度,能够鼓励其改过自新、将功折罪,调动其主动配合调查的积极性,降低侦查取证的难度和办案成本,提高办案质量与效率,节约司法资源,使办案机关能够集中精力严厉惩治顽固分子,减轻办案压力,也在一定程度上彰显刑事追诉的人文关怀,增强社会效果。

实践中,公职人员职务犯罪后积极认罪悔罪的比例通常较高。例如,在张某受贿一案中,江苏省常州市中级人民法院认为:鉴于张某犯罪以后自动投案,如实供述自己的罪行,系自首;归案后检举揭发他人重大犯罪问题,经查证属实,具有重大立功表现;认罪悔罪,积极退赃,赃款赃物大部分已退缴,依法可对其从轻处罚。在吕某文受贿一案中,吉林省吉林市中级人民法院认为:鉴于吕某文到案后,如实供述自己的罪行……认罪、悔罪,积极退缴全部赃款赃物,具有法定从轻处罚情节,依法可以从轻处罚。[8] 上述案件表明,公职人员在案发后通过积极认罪悔罪,争取组织挽救,获得宽大处理,在司法实践中较为常见。但是,就规范的认罪认罚从宽制度来讲,公职人员职务犯罪,尤其是重大职务犯罪,因存在事实复杂,影响重大,影响定罪量刑的因素较多,存在一些特殊办案程序等,检察机关一般难以通过控辩协商与被追诉人达成协议,并提出量刑建议。故规范的认罪认罚从宽制度在这类案件中的适用比例并不高。此外,职务犯罪中适用认罪认罚最多的案件是行贿案件,由于行贿人的证言对突破案件起着关键的作用,不少行贿人在被追诉以前主动交代罪行,能够被从轻、减轻或免予刑事处罚。对于数额较小的职务犯罪案件,认罪认罚的案件作出相对不诉和判处缓刑的比例也相应增加。[9] 在职务犯罪适用认罪认罚从宽制度过程中,我们需要重点关注《监察法》与2018年《刑事诉讼法》中认罪认罚从宽制度的衔接问题。

一、政策导向:适用条件更加严格

认罪认罚从宽制度经过两年试点后于2018年10月被正式写进刑事诉

〔7〕 参见李世锋:《认罪认罚从宽制度在职务犯罪案件中的适用与控制》,载《新疆师范大学学报(哲学社会科学版)》2019年第3期。

〔8〕 参见高铭暄:《对艾文礼适用认罪认罚从宽体现的法治正能量》,载《人民法院报》2019年4月19日,第3版。

〔9〕 参见付余:《职务犯罪认罪认罚从宽制度的问题及其完善——以G省司法审结的500件职务犯罪案件为样本》,载《法治论坛》2019年第2期。

讼法,2019 年 10 月两高三部《认罪认罚指导意见》第 5 条第 2 款规定,“认罪认罚从宽制度没有适用罪名和可能判处刑罚的限定,所有刑事案件都可以适用,不能因罪轻、罪重或者罪名特殊等原因而剥夺犯罪嫌疑人、被告人自愿认罪认罚获得从宽处理的机会”。由此可见,职务犯罪也可以适用认罪认罚从宽制度。然而,2018 年 3 月实施的《监察法》在此之前已对职务犯罪认罪认罚从宽问题作出规定。该法第 31 条规定,“涉嫌职务犯罪的被调查人主动认罪认罚,有下列情形之一的,监察机关经领导人员集体研究,并报上一级监察机关批准,可以在移送人民检察院时提出从宽处罚的建议:(一)自动投案,真诚悔罪悔过的;(二)积极配合调查工作,如实供述监察机关还未掌握的违法犯罪行为的;(三)积极退赃,减少损失的”。

相比较而言,《监察法》所规定的职务犯罪案件审查调查阶段的“认罪认罚”与 2018 年《刑事诉讼法》所规定的认罪认罚从宽制度,在价值取向、适用范围、适用阶段、适用条件、具体适用程序等方面存在较大差异。《监察法》规定的“认罪认罚”最突出的特点是其通过增加认罪认罚的条件,实际上起到了限制适用认罪认罚从宽处罚的作用。其一,涉嫌职务犯罪的被调查人认罪认罚后,从宽建议需经过本级监察机关领导人员集体研究,并报上一级监察机关批准;其二,将类似自首、重大立功与退赃等情节一并纳入适用条件之中,在普通犯罪中可以作为进一步扩大从宽处罚幅度的情节,但在职务犯罪中只是刚刚达到了认罪认罚的门槛。有学者认为,《监察法》中给予涉嫌职务犯罪的被调查人从宽处理的条件已超出 2018 年《刑事诉讼法》认罪认罚从宽制度的要求,其实质是刑事诉讼法中认罪认罚的要求与刑法中的自首、立功等相关规定的糅合。[10] 对此问题,两高三部《认罪认罚指导意见》中并未作出回应。

2018 年《刑事诉讼法》与《监察法》中的认罪认罚从宽制度所体现的价值理念存在差异。前者以权利供给为导向,倾向于保障被告人的诉讼权利;后者主要体现的是职权便利的价值理念。[11] 对职务犯罪认罪认罚从宽进

---

〔10〕 参见詹建红:《认罪认罚从宽制度在职务犯罪案件中的适用困境及其化解》,载《四川大学学报(哲学社会科学版)》2019 年第 2 期。

〔11〕 参见郝世坤、郭沙沙:《职务犯罪案件中认罪认罚从宽制度适用现状及反思》,载《长江师范学院学报》2021 年第 1 期。

行严格限制的政策导向,不仅在监察法中体现出来,而且在刑事执行中也有所体现。2019 年 4 月 24 日发布的最高人民法院《关于办理减刑、假释案件具体应用法律的补充规定》对国家工作人员贪污贿赂犯罪中减刑、假释问题做了补充规定,其中对财产刑的履行、减刑起始时间、减刑间隔期限、减刑幅度、实际执行刑期等作出了更加严格的规定。职务犯罪的罪犯在减刑、假释问题上的条件比普通犯罪罪犯更为严格。[12] 在政策导向上对公职人员职务犯罪案件适用认罪认罚从宽制度进行严格限定,顺应了从严反腐的趋势。

二、正当性反思:两种法律的相互协调

有学者认为,将限制职务犯罪认罪认罚从宽适用交给监察法来规定的做法,以及通过司法解释来限制职务犯罪执行刑罚过程中的减刑、假释,客观上破坏了刑事立法分配刑罚的协调性,在不同犯罪之间造成了不平等待遇,而这种待遇不具备理论正当性。[13] 我们认为,在职务犯罪认罪认罚问题上,应当进一步促进监察法与刑事诉讼法的平衡与协调。

首先,两法应规范互补,精神互通。《监察法》的规定相较于 2018 年《刑事诉讼法》更为严格,职权色彩更加浓重。一方面,导致在职务犯罪案件中适用认罪认罚从宽制度的条件更加严格,且监察调查活动与后续审查起诉和审判程序若不能形成有效衔接,又可能减损认罪认罚从宽制度改革的成果。另一方面,两法之间的抵牾也背离了法治对“形式理性”的要求。法律的形式化要求法律规范的严格性和法律体系的和谐性,法律体系规范具有周延性、逻辑性且各要素之间相互协调,是法治的形式要求之一。[14] 因此,监察机关在适用认罪认罚从宽制度时,除了遵守《监察法》的规定外,还应遵守 2018 年《刑事诉讼法》的规定,并参考认罪认罚从宽制度的司法实践。

其次,促进认罪认罚从宽制度在职务犯罪中的价值发挥。监察法与刑

---

〔12〕 参见刘用军:《论公职人员职务犯罪的认罪认罚从宽之适用》,载《江苏警官学院学报》2020 年第 4 期。

〔13〕 参见刘用军:《论公职人员职务犯罪的认罪认罚从宽之适用》,载《江苏警官学院学报》2020 年第 4 期。

〔14〕 参见汪海燕:《职务犯罪案件认罪认罚从宽制度研究》,载《环球法律评论》2020 年第 2 期。

事诉讼法之间的冲突不能简单套用“新法优于旧法”的效力规定来处理。因为监察调查与刑事侦查虽然具有基因上的同源性，例如，职务犯罪监察调查权是从检察机关职务犯罪侦查权转隶而来，监察调查与侦查活动具有追诉犯罪的同质性、查明案情措施的相同性或相似性。但是，刑事诉讼中的侦查活动并不包括监察调查活动。〔15〕 相较于普通犯罪，职务犯罪往往更具封闭性与隐蔽性，取证更为困难，所以言词证据远重要于客观证据。〔16〕 而公职人员的知识水平与处变能力一般高于普通罪犯，其可能编造很多借口混淆视听，拒不认罪或随意翻供，甚至可能利用自己的社会地位与资源，掩盖犯罪痕迹，若能通过认罪认罚从宽制度激励其积极认罪悔罪并提供更多线索，则有利于获得有效的言词证据，也能顺藤摸瓜找到其他客观证据，强化证据收集的正当性，从而完善证据链，降低案件证明难度，进一步打击职务犯罪。〔17〕

再次，完善监察机关与检察机关在认罪认罚从宽制度上的沟通协调。《监察法》第 31 条规定，监察机关可以在将案件移送人民检察院时提出从宽处罚的建议，但没有明确规定具体的操作形式。实践中，监察机关多是以“从宽处理建议函”的形式对被调查人的从宽处理问题提出建议，从法律上来讲缺乏约束力。监察机关具有较强的政治属性，其较高的政治地位和较强的权力配置，无形中会对检察机关乃至人民法院产生影响力，故在沟通形式上应当更加规范化、明确化。监察法和刑事诉讼法也未明确检察机关是否可以审查以及如何处理监察机关所提出的从宽处理建议，在无法律授权的情况下，实践中做法各异。而该建议并未经过与被调查人的协商，也体现不出辩护人或者值班律师的意见，具有浓厚的职权色彩。对于监察机关未提出从宽处罚建议，检察机关拟适用认罪认罚从宽制度的案件，如何把握政策、沟通协调，也需要有明确规定。因此，监察机关和检察机关、人民法院加强沟通协调，建立正当法律程序和工作机制，变得十分必要。

最后，除职务犯罪以外，公职人员在其他犯罪案件中事实上也存在认罪

〔15〕 参见汪海燕：《职务犯罪案件认罪认罚从宽制度研究》，载《环球法律评论》2020 年第 2 期。
〔16〕 参见罗猛、邓超：《贿赂犯罪证明模式研究》，载《中国刑事法杂志》2016 年第 4 期。
〔17〕 参见郝世坤、郭沙沙：《职务犯罪案件中认罪认罚从宽制度适用现状及反思》，载《长江师范学院学报》2021 年第 1 期。

认罚适用条件的限制,对此应引起重视。其实不只认罪认罚从宽制度的适用条件,在其他制度中也存在这类差别。如呼和浩特市人民检察院与公安局会签的《关于办理“醉驾”案件适用认罪认罚从宽制度依法作不起诉处理的实施意见(试行)》中,对公职人员和其他人员作不起诉决定的酒精含量存在差异,前者为 110 毫克/100 毫升以下,后者为 130 毫克/100 毫升以下。对此,一种观点认为,区分对待公职人员违反了刑法适用人人平等的基本原则,对公职人员和非公职人员适用相对不起诉标准应当一致;另一种观点认为,《行政机关公务员处分条例》第 17 条第 2 款规定“行政机关公务员依法被判处刑罚的,给予开除处分”,如对公职人员适用相对不起诉,则相当于同时免除了单位的开除处分,实际上降低了公职人员的犯罪成本。因此,对认罪认罚的公职人员适用相对不起诉,并区别规定适用的标准具有合法性和合理性,地区的特殊规定实则是认罪认罚从宽背景下结合当地实际的一次有益实践。[18]

三、完善措施:坚持案件处置的平衡统一

《监察法》与 2018 年《刑事诉讼法》就认罪认罚问题有不同规定,使得在不同的职务犯罪中检察机关的处理方式也存在差异。比如,监察机关在将案件移送人民检察院时建议对被调查人从宽处理的,检察机关的后续处理程序仍有不同。第一种做法是检察机关直接将监察机关移送的与认罪认罚相关的材料递交给法庭,未在审查起诉阶段重新对这些材料、证据进行审查,也未提出量刑建议。第二种做法是检察机关在审查起诉阶段重新适用认罪认罚从宽制度,听取被告人、辩护律师的意见,并与被告人签署认罪认罚具结书,法院依照检察机关的材料与证据进行定罪量刑。[19] 此种情况表明,有必要对公职人员职务犯罪案件适用认罪认罚制度作出进一步规定,力求案件处置的平衡统一。

(一)被调查人的权利保障

在认罪认罚从宽制度实行过程中,从提高诉讼效率角度考虑,对诉讼程

---

〔18〕 参见张忠明:《危险驾驶案件司法实践问题研究》,载《中国检察官》2020 年第 13 期。

〔19〕 参见郝世坤、郭沙沙:《职务犯罪案件中认罪认罚从宽制度适用现状及反思》,载《长江师范学院学报》2021 年第 1 期。

序可适当简化，但不能因此缩减被追诉人的合法权利。2018 年《刑事诉讼法》中规定了被追诉人有获得权利告知、表达意见和律师帮助等的权利。而《监察法》中并未详细规定调查阶段被调查人享有的权利，被调查人往往无法对认罪认罚的后果作出准确预判，从而影响对被调查人认罪认罚的自愿性，以及对认罪认罚合法性的判断。《监察法》最终未对律师介入监察程序作出明确规定，在司法实践中间接否定了律师介入监察调查程序的可能性。浙江省监察委员会原主任刘建超曾指出："律师介入会使我们的调查工作变得非常复杂，会影响调查进程，我们要排除这方面的干扰。"[20] 这也意味着涉嫌职务犯罪的被调查人在认罪认罚时，并不会有律师提供法律帮助和现场见证，被调查人只能在独自面对监察机关的情况下作出认罪认罚的意思表示，认罪认罚的自愿性和真实性无法得到充分的保障。[21] 实践中被调查人事后反悔，否认认罪认罚自愿性的现象时有发生。如在浙江吴某某等贪污案中，吴某某提出，其在监察机关调查期间承认自己贪污科研教育经费是为了得到从宽处罚而作出了与实际情况不符的供述。[22] 这就意味着，如果权利保障不到位，势必会为认罪认罚从宽制度的后续适用埋下隐患。因此，《监察法》不能仅强调认罪认罚从宽制度的职权便利功能，还应当引进权利导向的理念，并以此为基础来完善关于被调查人人权保障的制度设计，强化该制度在调查阶段的正当性，实现惩罚犯罪与保障人权的动态平衡。[23]

对职务犯罪被追诉人合法权益的保障，应当贯穿于审查调查、审查起诉、审判全过程。在法庭庭审阶段，审判长应该告知被告人享有的诉讼权利和认罪认罚的法律规定，审查认罪认罚的自愿性和认罪认罚具结书内容的真实性、合法性。审判人员应当全面审查检察机关移送的认罪认罚材料，审查被告人在调查阶段和审查起诉阶段的供述、辩解以及其他综合表现，并讯

---

〔20〕 谭畅、郑可书：《"我无权单独对一个案子拍板"——专访浙江省监察委员会主任刘建超》，载《南方周末》2018 年 3 月 15 日，第 5 版。

〔21〕 参见詹建红：《认罪认罚从宽制度在职务犯罪案件中的适用困境及其化解》，载《四川大学学报（哲学社会科学版）》2019 年第 2 期。

〔22〕 参见浙江省高级人民法院刑事裁定书，(2018)浙刑终 27 号。

〔23〕 参见郝世坤、郭沙沙：《职务犯罪案件中认罪认罚从宽制度适用现状及反思》，载《长江师范学院学报》2021 年第 1 期。

问被告人,听取辩护人的意见,以此决定是否对案件适用认罪认罚程序,以及如何对认罪认罚案件进行审查,从而确保案件质量。

（二）规范公职人员职务犯罪认罪认罚的程序衔接

由于被调查人或犯罪嫌疑人在案件办理过程中的认罪认罚具有过程性和非终局性,需要接受后续司法程序的层层审查,特别是庭审过程中的调查,故通过严谨的法律程序、规范的法律文书对认罪认罚过程、从宽处理意见、控辩协商结果进行客观翔实的记载,就显得十分必要。[24] 司法实践中,监察机关调查程序与刑事诉讼法规定的侦查程序在形式要件上已经较为接近,对于取证要求、证明标准等问题也逐步达成一致,但由于监察调查程序相对于刑事诉讼程序仍然存在一定特殊性,调查人员的工作经历、职业习惯也与公安机关存在差别,故在文件格式、文书样式、记载内容等方面还存在进一步融合的空间。

由此延伸出的另一个问题是,监察机关的"从宽处罚建议权"究竟具备何种法律效力?监察体制改革应在审判中心主义的框架内运行,认罪认罚从宽制度应适用于包括监察机关管辖案件在内的所有案件。因此,监察机关的从宽处罚建议并不能直接对人民法院产生法律约束力,人民法院对认罪认罚案件的审查,仍应从认罪认罚的自愿性、合法性及量刑建议的适当性着手。也就是说,监察机关移送案件至人民检察院时,所提出的从宽处罚建议对人民检察院是有约束力的,人民检察院对此应当进行审查,如果符合适用认罪认罚从宽制度条件,原则上应当启动规范的认罪认罚法律程序,保障犯罪嫌疑人在认罪认罚案件中的一系列法定权利,开展认罪认罚协商并形成认罪认罚具结书,在提起公诉时应向人民法院提出量刑建议。如果检察机关认为不符合认罪认罚从宽制度适用条件,应决定不适用认罪认罚从宽制度,并及时与监察机关沟通、反馈。随着认罪认罚从宽制度愈加成熟,监察机关与检察机关的沟通协调更加顺畅,认罪认罚从宽制度适用于公职人员职务犯罪的比例也可能提高,有利于充分发挥认罪认罚从宽制度的作用。此外,可以尝试取消《监察法》中的双重审批制度,另设备案制度,由事前审批转换为事后监督,使办案人员有独立提出从宽处罚建议的权力,激发监察

---

〔24〕 参见詹建红:《认罪认罚从宽制度在职务犯罪案件中的适用困境及其化解》,载《四川大学学报(哲学社会科学版)》2019 年第 2 期。

机关主动适用该制度的积极性，同时构建完善的责任追究机制，确保权责统一。[25]

（三）统一认罪认罚从宽制度的适用标准

在同一案件中，即使处在不同阶段，认罪认罚从宽制度也应该有统一的适用标准，这样有利于维护法治的统一和制度的顺畅运行，避免产生断层现象。有学者认为，在审判阶段应当依据《监察法》的相关规定，判断职务犯罪行为人是否符合认罪认罚的条件。[26] 我们认为，在职务犯罪中，对认罪认罚从宽的认定和具体适用应以 2018 年《刑事诉讼法》的制度规范为基础，结合《监察法》的特别规定，力求统一适用标准，将 2018 年《刑事诉讼法》的规定作为人民法院、检察机关和监察机关处理认罪认罚案件时的共同适用规范。对此问题，不应理解为必须对《监察法》进行修改，可以从监察机关"从宽处罚建议"的性质着手，寻求最大公约数。监察机关的从宽处罚建议，具有政策性、方向性特征，其并不能严丝合缝地对接认罪认罚从宽制度，且如前所述，在这类案件中适用认罪认罚从宽制度仍需要检察机关的审查、控辩协商、量刑建议。也就是说，即使监察机关未提出从宽处罚建议，在案件情况确实符合认罪认罚从宽制度适用条件的情况下，原则上检察机关亦可以启动认罪认罚从宽制度。必须强调的是，涉嫌职务犯罪的被调查人在监察机关认罪认罚后，需在审查起诉阶段接受检察机关的审查，由检察机关认定是否符合认罪认罚从宽处理的规范要求。[27]

总之，如何在职务犯罪中适用认罪认罚从宽制度，如何做好认罪认罚从宽制度从监察调查、审查起诉到审判阶段的有机衔接，仍然面临许多具有中国司法制度特色的问题。检察机关在行使职权过程中，其政治性、高位阶特征以及法律规定不明确等现实因素，使得在职务犯罪中适用认罪认罚从宽制度与一般案件中的认罪认罚存在较大差异。因此，在司法实践中不断加强两法融合，才能最大限度地发挥认罪认罚从宽制度的价值。

---

〔25〕 参见郝世坤、郭沙沙：《职务犯罪案件中认罪认罚从宽制度适用现状及反思》，载《长江师范学院学报》2021 年第 1 期。

〔26〕 参见李世锋：《认罪认罚从宽制度在职务犯罪案件中的适用与控制》，载《新疆师范大学学报（哲学社会科学版）》2019 年第 3 期。

〔27〕 参见詹建红：《认罪认罚从宽制度在职务犯罪案件中的适用困境及其化解》，载《四川大学学报（哲学社会科学版）》2019 年第 2 期。

第三节　单位犯罪案件认罪认罚从宽制度的适用

社会经济的发展使得越来越多的公司、企业、社会团体参与到经济活动中,随之而来的是破坏社会主义市场经济秩序案件数量逐年增加。根据最高人民法院公报的统计数据,全国受理的破坏社会主义市场经济罪的案件数量由2008年的21,835件增长到2017年的59,461件。[28] 有学者对上海地区的单位犯罪情况进行了系统的统计分析,得出上海地区的单位犯罪数量呈明显上升趋势的结论。[29] 单位犯罪案件在悄然攀升,单位认罪认罚问题也受到重视。目前,我国涉罪企业认罪认罚从宽制度的实务探索主要涉及四种案件类型,分别是轻微犯罪案件、生态环境犯罪案件、涉疫情犯罪案件和涉及整改的少数犯罪案件。[30] 尤其在新冠肺炎疫情防控期间,涉罪企业认罪认罚、合规不起诉等问题再次迎来讨论高潮。2020年2月,中共中央政法委员会、最高人民法院、最高人民检察院、公安部、司法部印发的《关于政法机关依法保障疫情防控期间复工复产的意见》要求,疫情防控特殊时期,在涉企业案件办理中,应积极推进认罪认罚从宽制度适用,落实少捕慎诉司法理念。因此,有必要加强单位犯罪认罪认罚的适用问题。

一、单位犯罪适用认罪认罚从宽制度的合理性

当前,我国认罪认罚从宽制度的主要适用主体为自然人,单位能否适用此制度在立法上并未明确规定。学界对于单位适用认罪认罚从宽制度的研究也较为罕见,偶现于单位行贿犯罪的附带性研究中,且大多止步于初步建

〔28〕 参见蔡艺:《单位适用认罪认罚从宽问题初探》,载《广西政法管理干部学院学报》2020年第1期。

〔29〕 参见李翔:《单位犯罪司法实证研究》,上海人民出版社2016年版,第210页。

〔30〕 参见赵恒:《涉罪企业认罪认罚从宽制度研究》,载《法学》2020年第4期。

议阶段。[31] 但实践中已出现了不少案例,如无锡某警用器材公司虚开增值税专用发票案。此外,2018 年开始,上海市浦东新区人民检察院、江苏省扬州市广陵区人民检察院都已开始探索单位认罪认罚从宽机制,且都已有具体适用案例。在实体和程序上要求较为严格,既维护司法正义,又注重个案公正,取得良好社会效果。[32] 单位犯罪适用认罪认罚从宽制度,有其合理性。

第一,有利于查处和打击犯罪。单位犯罪的隐蔽性较强,通常难以被及时发现,查处存在较大难度。对单位犯罪适用认罪认罚从宽制度,可以极大地调动涉事单位配合调查处理、自我揭弊的积极性和自愿性,鼓励单位以认罪认罚的形式进行合作,提升司法效率,节约、优化配置司法资源。此外,还可以有效克服因刑事追诉而产生的"安达信效应"。实践中,对单位犯罪量刑较为轻缓,单位犯罪的直接负责的主管人员和直接责任人员被判处缓刑的较多,占 46%;被判处 3 年以下有期徒刑的占 12.4%;被判处 3 年以上不满 5 年有期徒刑的占 14%;被判处 5 年以上不满 10 年的占 6.4%;被判处 10 年以上有期徒刑的占 16.4%;被判处无期徒刑的占 4.4%。[33] 适用认罪认罚从宽制度以后,可以从根本上减轻对单位犯罪的刑事处罚,同时又不会产生放纵犯罪的后果。

第二,可以发挥与刑事合规计划等制度的协同作用。刑事合规计划在理论界和实务界讨论热度较高,其具有保护企业免受刑事诉讼程序"暴力"摧毁的作用,给予企业改过自新的可能性。但刑事合规计划的有效实施,也需要依赖严格的条件,并非所有涉罪企业都具备刑事合规的能力和管理机制。在域外,只有大型企业才能提供足够的人力、财力、物力资源来运行合规计划,盲目推行刑事合规计划,将会不当增加企业的生产经营成本。与之不同的是,认罪认罚从宽制度具有普适性、广泛性的特征,不要求涉罪企业

---

〔31〕 参见范颀华:《单位行贿罪司法实践问题研究》,安徽财经大学 2020 年硕士学位论文,第 27~28 页。在单位行贿罪中,如何适用认罪认罚从宽制度是一项新的课题,需要从理论到实践的不懈研究和磨合。

〔32〕 参见陈萍、罗猛:《企业认罪认罚从宽机制:证成与适用》,载《检察日报》2020 年 11 月 16 日,第 3 版。

〔33〕 参见上海《单位犯罪研究》课题组:《上海法院系统审理单位犯罪情况调查》,载《华东刑事司法评论》2003 年第 2 期。

以过高的成本付出换取从宽处罚结果。该制度可以为主动认罪答辩并且愿意整改、履行特定条件的各类企业，尤其是数量庞大、经济实力有限的中小型民营企业，提供宝贵的“二次机会”。[34]

二、单位犯罪认罪认罚从宽制度的适用规范

在单位犯罪中适用认罪认罚从宽制度，需要考虑的因素很多。企业犯罪行为的严重性，高层人员的参与程度，事后是否积极认罪认罚、配合调查，企业是否存在有效的合规管理系统，事后的及时补救措施，是否有足够的财产处罚、赔偿，对个人责任的追究以及刑事追诉可能产生的负外部效应等，都是需要考察的因素。[35] 因此，应进一步明确认罪认罚从宽制度在单位犯罪中的具体适用。

（一）认罪的具体把握

2018 年《刑事诉讼法》对认罪认罚从宽制度适用条件的规定是以自然人犯罪为立足点，其认罪的把握标准也是以自然人的认知程度为标准，只要求被追诉人自愿如实供述罪行，承认指控的犯罪事实，而对行为性质的辩解不影响认罪认罚的成立。但是，对于单位犯罪来讲，其不仅要自愿如实供述罪行，承认指控的犯罪事实，而且要承认指控的罪名，以此作为控辩协商、具结和确定不起诉考察条件的前提。在单位犯罪治理领域，唯有督促企业知悉其犯罪行为、犯罪后果等方面的内容，才能使其树立正确的违法性认识，进而在将来有针对性地完成整改工作。同时，可以参照单位自首规则，注意区分单位认罪与直接责任人员认罪的异同关系，调动单位、直接责任人员认罪以及认罚的积极性。[36]

（二）认罚的具体把握

2018 年《刑事诉讼法》第 15 条关于认罪认罚的规定是“愿意接受处罚”，该规定在适用于单位犯罪时，尚不能满足刑事合规的需要。一般来讲，检察机关若启动刑事合规计划，应当与涉罪企业达成共识。

---

〔34〕 参见赵恒：《企业附条件不起诉制度的理论前瞻》，载《中国检察官》2020 年第 17 期。

〔35〕 参见李本灿：《认罪认罚从宽处理机制的完善：企业犯罪视角的展开》，载《法学评论》2018 年第 3 期。

〔36〕 参见赵恒：《企业附条件不起诉制度的理论前瞻》，载《中国检察官》2020 年第 17 期。

检察机关应当与涉罪单位就所附整改条件达成明确的、具体的共识,并体现在认罪认罚具结书以及相关整改协议中。这些需要涉罪单位完成的条件主要包括时间规划、预期目标、考察评估等各方面事项。只要求单位笼统地作出"愿意接受处罚"的表示,无法体现单位主动履行整改要求、健全经营管理机制的认罪悔罪态度。认罚以合作为前提,重点突出对单位被追诉后的整改与合作行为的评价,特别是有鉴于单位犯罪的隐蔽性特征以及证据收集的困难程度,要求单位积极配合追诉机关的侦查、审查起诉工作,尽可能地提供单位内部证据材料,以便于办案机关及时、全面地查明案情。进一步细化单位认罚的具体表现形式,形成单位认罚行为有效性的评价标准,内部整改与外部评查双轨制运行,考虑恢复受损关系的情况,如完成生态环境修复工作、被害人的赔偿和解或者救济工作等。[37] 涉罪企业认罪认罚,不起诉是重要处遇措施,即使提起公诉,对涉罪企业和责任人员的整体量刑也较轻。在调查的 231 家犯污染环境罪的企业中,被判处 10 万元以下罚金的企业有 121 家,其中判处 5 万元以下罚金的企业有 55 家。企业涉案人员被判处 3 年以上有期徒刑的仅有 91 人,只占全部涉案人员的 13% 左右;涉案人员被判处有期徒刑 1 年以上至 3 年以下的有 297 人;涉案人员被判处 1 年以下有期徒刑、拘役和单处罚金的人数高达 275 人;还有 7 人由于犯罪情节轻微被免予刑事处罚。这意味着有超过 40% 的被告人有获得不起诉决定的可能。[38]

(三)部分主体不同意认罪认罚时的处理

被告单位和直接负责的主管人员或者其他直接责任人员中的一方不同意适用认罪认罚从宽制度时如何处理,关系到单位犯罪认罪认罚从宽制度的科学适用。单位犯罪与自然人犯罪的差别在于,单位意志要通过自然人意志进行表达,且单位治理体系较复杂,单位意志的表达程序也较复杂。单位犯罪中,除了直接负责的主管人员以外,还有其他直接责任人员,一个单位犯罪往往要同时处理若干自然人。虽然单位犯罪中的自然人刑事责任从属于单位犯罪本身,但并不妨碍自然人根据自己的意愿作出独立的意思表

〔37〕 参见赵恒:《企业附条件不起诉制度的理论前瞻》,载《中国检察官》2020 年第 17 期。

〔38〕 参见杨红云:《企业污染环境罪适用附条件不起诉制度研究——以认罪认罚从宽为视角》,载《河南工程学院学报(社会科学版)》2021 年第 1 期。

达。因此,应允许单位犯罪中不同被告人存在不同的意见。虽然单位犯罪中单位与自然人之间不成立共同犯罪关系,但当单位、不同自然人被告人对认罪认罚问题存在不同意见时,应当参考共同犯罪中部分被追诉人不同意认罪认罚的处理方式。我们认为,最高人民法院 2021 年《刑事诉讼法解释》关于简易程序、速裁程序的规定中已经明确,共同犯罪案件中部分被告人不认罪或者对适用简易程序有异议的,不适用简易程序审理;共同犯罪案件中部分被告人对指控的犯罪事实、罪名、量刑建议或者适用速裁程序有异议的,不适用速裁程序审理。那么,此种情况下只能适用普通程序对单位犯罪案件进行审理。至于在此类案件中是否适用认罪认罚从宽制度,原则上如果符合认罪认罚条件,仍然可以适用,但从政策导向上来讲应提倡审慎适用。即使不适用规范的认罪认罚从宽制度,对于积极表示认罪认罚的被告人或被告单位,因其认罪态度较好,也应作为量刑情节在量刑时充分考虑,体现从宽处罚。

三、单位犯罪适用认罪认罚从宽制度的程序完善

(一)完善暂缓起诉制度

构建针对涉罪企业的暂缓起诉制度确有必要。一方面,暂缓起诉具有提升司法效率的作用;另一方面,它也成为推动企业内部治理,培育企业文化的重要工具。[39] 企业暂缓起诉制度对于惩治企业犯罪引起的负外部效应也具有较好作用。如果将暂缓起诉制度与认罪认罚从宽制度进一步结合,对于预防与惩治单位犯罪具有重要意义。由于暂缓起诉以后,案件中止于检察机关,实际上缺乏了后续诉讼程序,因此在本节对暂缓起诉制度不再进一步讨论。但毋庸置疑的是,在涉罪企业积极认罪认罚,同意履行合规计划,并作出实质性的行动以后,对其暂缓起诉可以起到多方面积极效果。作为单位犯罪适用认罪认罚从宽制度的重要组成部分,有进一步完善的必要。

(二)允许法官提前介入协商机制

有观点指出,应允许法官提前介入部分涉罪企业认罪认罚案件的具结协商活动。因为事后的司法审查基本上以书面审查为主,不能帮助法官及

---

〔39〕 参见李本灿:《认罪认罚从宽处理机制的完善:企业犯罪视角的展开》,载《法学评论》2018 年第 3 期。

时、全面地了解检察机关与涉罪企业的协商过程及其细节。对此,可以借鉴德国刑事协商程序中法官参与模式,强调法官发现实质真实义务,并丰富法官的职权调查方式,从而消解法官审查形式化的尴尬。这种审前诉讼化改造的框架内,法官原则上发挥相对消极的答疑解惑作用,除了获知与具结案件相关的证据材料和其他信息、在场参与协商具结活动以外,还要回应控辩双方提出的法律适用问题。[40] 法官提前介入控辩协商程序,也可以起到对暂缓起诉结论的监督作用。当前学术界和实务界均在大力研究企业合规问题,未来对涉罪企业采用合规制度并暂缓起诉的比例将大幅增加。涉罪企业的犯罪行为及对其的刑事处理如果完全排除人民法院的有效参与,既不符合刑事诉讼法规定的公、检、法三机关相互配合、相互制约原则,也不利于与企业认罪认罚和合规整改制度的行稳致远。

第四节　共同犯罪案件认罪认罚从宽制度的适用

一、共同犯罪适用认罪认罚从宽制度的可行性和政策导向

一般来讲,共同犯罪比单独犯罪案情更加复杂,共同犯罪可以增强内部成员的犯罪意志,各犯罪人相互协作也提高了犯罪的成功概率,造成更大的社会危害性,历来成为各国重点打击的对象。从打击犯罪的角度来看,共同犯罪案件中各犯罪人一旦形成攻守同盟,将会提升案件的侦破难度,因此分化瓦解策略在共同犯罪中尤为有效。只要有合适的激励措施,部分甚至全部共同犯罪人就有可能选择与控方合作。因此,在此类案件中适用认罪认罚从宽制度,除了有利于合理配置司法资源、维护当事人的合法利益之外,还有化解共犯攻守同盟,降低案件证明难度,以及破解共同犯罪治理难题的“溢出”价值。[41] 在实践中,认罪认罚从宽制度已成为共同犯罪案件中分

---

〔40〕 参见赵恒:《涉罪企业认罪认罚从宽制度研究》,载《法学》2020 年第 4 期。

〔41〕 参见汪海燕:《共同犯罪案件认罪认罚从宽程序问题研究》,载《法学》2021 年第 8 期。

化同案人、获取证据的重要策略,并已经获取了可观的成效。[42]

在共同犯罪中适用认罪认罚从宽制度,也具有法律依据。首先,就认罪认罚从宽制度的适用范围来讲,两高三部《认罪认罚指导意见》明确规定,认罪认罚从宽制度没有适用罪名和可能判处刑罚的限定,所有刑事案件都可以适用,不能因罪轻、罪重或者罪名特殊等剥夺犯罪嫌疑人、被告人自愿认罪认罚获得从宽处理的机会。其次,就共同犯罪中不同犯罪人的处罚来讲,两高三部《认罪认罚指导意见》第 2 条规定,对于共同犯罪案件,主犯认罪认罚,从犯不认罪认罚的,人民法院、人民检察院应当注意两者之间的量刑平衡,防止因量刑失当严重偏离一般的司法认知。

虽然在共同犯罪中适用认罪认罚从宽制度具有必要性,也有两高三部《认罪认罚指导意见》的原则依据,但仍有部分观点对共同犯罪适用认罪认罚从宽制度心存疑虑。如在共同犯罪中,很多情况下各共同犯罪人对认罪认罚的态度并不相同,避重就轻、互相推卸责任是共同犯罪案件中的常见现象。因此,有观点就提出,仅有部分被告人认罪在一定程度上预示着控辩双方对案件是否构成犯罪仍存在较大争议,这与一般情形下适用认罪认罚从宽制度的前提——控辩双方对构成犯罪无异议不符;一部分共犯认罪认罚,另一部分共犯没有认罪认罚,从宽的适用可能会产生量刑失衡的问题,尤其是在主犯认罪认罚而从犯不认罪的情况下,量刑结果有可能偏离一般民众的司法认识;部分被告人认罪认罚的案件并不能适用速裁程序、简易程序或者普通程序简化审理,达不到简化庭审、提高诉讼效率的目的。[43]

我们认为,首先,从认罪认罚从宽制度的适用范围来讲,所有共同犯罪案件,只要其符合认罪认罚从宽制度的适用条件,均可适用认罪认罚从宽制度。部分被告人认罪认罚、部分被告人不认罪认罚的,原则上对认罪认罚的被告人,也可适用认罪认罚从宽制度。至于有观点提出部分被告人不认罪认罚,预示着控辩双方对案件仍存有较大争议,恐不具备适用认罪认罚从宽制度的基础,以及有可能导致量刑不均衡,诉讼程序的复杂性也不利于实现认罪认罚从宽制度的效率价值,需要引起我们足够重视,但并不构成否定认

〔42〕 参见龙宗智:《完善认罪认罚从宽制度的关键是控辩平衡》,载《环球法律评论》2020 年第 2 期。

〔43〕 参见汪海燕:《共同犯罪案件认罪认罚从宽程序问题研究》,载《法学》2021 年第 8 期。

罪认罚从宽制度适用于共同犯罪案件的理由。当然,对于第一项担忧,即部分共犯不认罪是否预示着案件事实不清,在实践中应认真进行分析,尤其是主犯不认罪认罚的情况下,要注意是否对全案的事实、证据产生影响。如果部分共犯不认罪认罚,足以导致全案疑难、复杂、定罪量刑存在争议,尤其是对表示认罪认罚的共犯的事实认定和量刑问题也产生实质性影响,则对认罪认罚的共犯也不宜强行适用认罪认罚从宽制度,对其认罪认罚表示,可以作为量刑情节在量刑时充分考虑。如果部分共犯不认罪认罚,对表示认罪认罚的共犯的事实认定和量刑问题没有实质影响,那么对认罪认罚的共犯仍可适用认罪认罚从宽制度,并在确保量刑均衡的情况下,与其签署认罪认罚具结书,并提出量刑建议。

其次,从适用认罪认罚从宽制度的政策导向来讲,对于普通的共同犯罪案件,符合认罪认罚从宽制度适用条件的,均可积极适用认罪认罚从宽制度,以产生分化瓦解犯罪分子、提高诉讼效率的目的。但是,对于重大、复杂的共同犯罪案件,尤其是前述重罪案件和特定类型的案件,因为案情足够复杂、办案机制和程序特殊、量刑平衡难度很大、影响量刑的因素繁多,故不宜再提倡积极适用认罪认罚从宽制度,以防出现“唯指标论”等倾向,反而产生不可预料的后果。对这类案件,本来就应当属于繁简分流政策中“繁”的一类,故从政策导向上应该转入合理适用,或者审慎适用认罪认罚从宽制度。

二、共同犯罪认罪认罚从宽的审查判断

(一)关于认罪的把握

2018 年《刑事诉讼法》第 15 条对认罪的规范表述是:“犯罪嫌疑人、被告人自愿如实供述自己的罪行,承认指控的犯罪事实。”两高三部《认罪认罚指导意见》对认罪问题进行了细化规定:“认罪认罚从宽制度中的‘认罪’,是指犯罪嫌疑人、被告人自愿如实供述自己的罪行,对指控的犯罪事实没有异议。承认指控的主要犯罪事实,仅对个别事实情节提出异议,或者虽然对行为性质提出辩解但表示接受司法机关认定意见的,不影响‘认罪’的认定。犯罪嫌疑人、被告人犯数罪,仅如实供述其中一罪或部分罪名事实的,全案不作‘认罪’的认定,不适用认罪认罚从宽制度,但对如实供述的部分,人民检察院可以提出从宽处罚的建议,人民法院可以从宽处罚。”上述

规定在单独犯罪中较易理解,本书第一编第五章作了详细探讨。但是,在共同犯罪中,认罪的判断应当比单独犯罪更加严格。典型的例子是,在共同犯罪中犯罪嫌疑人、被告人不但要如实供述本人的犯罪事实,还要如实供述同案犯的犯罪事实。对此,可以参照共同犯罪中自首、坦白制度的规定。但问题在于,共同犯罪种类繁多,不同类型的共同犯罪具有不同的特征。简单的共同犯罪,如人数较少的共同故意伤害案件,各共犯之间通常具有意思联络,共同的犯罪预备行为和实行行为,此时具备如实供述同案犯共同犯罪事实的客观条件。若被告人对同案犯的犯罪事实拒不供认,不管出于何种动机,均不能认定其本人系自愿认罪。在复杂的共同犯罪,甚至犯罪集团中,情况开始变得复杂。由于这类犯罪组织往往具备较为复杂的层级网络,涉案人员众多,涉案领域众多,内部分为众多业务模块,甚至各业务模块之间的互相配合也不甚明显。再加上等级制度较为严格,对具体涉案人员来讲,其作为组织体的一员只不过在各负其责地工作,对个人来讲其有时很难看清整个组织的全貌。此时,对于认罪的把握就不能太机械,要区分情况。原则上涉案人员只要把自己负责的领域、与自己发生交集的同案犯的行为交代清楚即可认定为如实供述,不能要求其对整个组织体的行为都作出供述,否则既强人所难,又可能导致被追诉人进行猜测性的供述,反而增加了办案难度。此时就涉及对行为性质的辩解问题,由于具体的涉案人员可能无法了解整个组织体的全貌,其在对自己行为性质的认识上就可能出现偏差,同样对同案犯行为性质的认识也可能出现偏差,这种偏差有时还会导致其对部分同案犯未进行供述,故对具体涉案人员是否认罪的评价,应集中于其是否如实供述犯罪事实本身,而非其对性质的判断,对供述同案犯罪行的要求,也不宜太严苛。

（二）关于认罚的把握

2018 年《刑事诉讼法》第 15 条规定:“犯罪嫌疑人、被告人自愿如实供述自己的罪行,承认指控的犯罪事实,愿意接受处罚的,可以依法从宽处理。”认罚是指“愿意接受处罚”。两高三部《认罪认罚指导意见》第 7 条规定:“认罪认罚从宽制度中的‘认罚’,是指犯罪嫌疑人、被告人真诚悔罪,愿意接受处罚。‘认罚’在侦查阶段表现为表示愿意接受处罚;在审查起诉阶段表现为接受人民检察院拟作出的起诉或不起诉决定,认可人民检察院的量刑建议,签署认罪认罚具结书;在审判阶段表现为当庭确认自愿签署具结书,愿意接受刑罚处罚。‘认罚’考察的重点是犯罪嫌疑人、被告人的悔罪态度和悔罪表现,应当结合退赃退赔、赔偿损失、赔礼道歉等因素来综合考量。”一般认为,犯罪嫌疑人、被告人认罚的内容应当包括主刑、附加刑、退赃退赔、赔偿损失以及由此带来的非刑罚后果。当然,如果犯罪嫌疑人、被告人确实没有退赔能力,或者与被害人确实无法达成赔偿协议等,也可以认为其属于主动认罚,但在从宽处罚的幅度上应有所体现。

在共同犯罪的认罪认罚案件中,共犯人认罚的问题会面临一些复杂情况。首先,共同犯罪中具体行为人刑事责任的判断具有复杂性,影响对认罚的判断。共同犯罪涉及主从犯的认定,犯罪情节和危害后果的认定,个人违法所得的认定等复杂情形,而且不同共犯人的自首、坦白、立功的情节也足以影响对其的量刑。也就是说,共同犯罪量刑中的关键问题是如何充分考虑各种因素,努力做到量刑平衡。实践中,共同犯罪中的上诉案件,大部分是由共犯人之间互相比较刑期,心理失衡引起的。在这种情况下,如果某个行为人表示愿意认罪认罚,但又认为自己应当属于从犯、犯罪情节较轻,作用较小,自己应当排在其他同案犯之后,应当比某个同案犯的量刑更低等,能否认为其属于认罚就需要认真考虑。此时,应当实质把握认罚的要件即愿意接受处罚。愿意接受处罚是被追诉人的主观意愿,至于愿意接受哪些处罚应视情况而定。尤其是对于主从犯的划分来讲,更偏重一种法律判断,有的案件有必要区分主从犯,有的案件则没有必要,但共同犯罪人之间必然有地位、作用的区分。因此,被追诉人只要如实供述自己的犯罪事实,哪怕对作用、地位的排序有一定辩解,也可以理解为其在针对案件的法律问题发表意见,而非对事实问题的否认。在此基础上,只要表示愿意接受处罚,就可以判断其已经认罚。当然,认罚最直接的表现是接受检察机关的量刑建议并签署认罪认罚具结书。因此,在共同犯罪案件中,检察机关的量刑建议一般应当是幅度刑量刑建议。幅度刑量刑建议既有利于与被追诉人达成量刑协议,又照顾到共同犯罪中量刑平衡的难度,留给人民法院一定的裁量空间。

其次,认罚的内容一般包括主刑、附加刑、非刑罚后果以及积极退赃退赔。但在共同犯罪中,对于同意附加刑和退赃退赔的要求不应过于严格。理由是,共同犯罪中涉案人员较多,不同层级、不同岗位、不同作用的涉案人员,其对犯罪结果产生的原因力不同。以重大非法集资犯罪为例,非法集资集团的实际控制人应对造成的全部损失承担责任；但是其他管理人员中，有的负责产品设计，有的负责产品销售，有的负责投资，有的负责以其他方式对外融资，这些人员有的直接接触资金，有的根本不接触资金，有的违法所得数额巨大，有的仅领取相对固定的工资。因此，这些人员即使被认定为主犯，但是其对于造成的损失是承担按份责任，还是连带责任，在理论和实践中分歧很大。被追诉人如果因为对自己的退赔责任有异议，也不应当然否定其认罚意愿。另外，不同共犯人之间的退赃能力，甚至退赃机会也各不相同。实践中，不同共犯人到案有早有晚，若较早到案的犯罪人积极退赃，则较晚到案的犯罪人经常丧失了退赃机会。故退赃退赔及财产刑情况，在共同犯罪中较为复杂，控辩双方进行量刑协商时常难以准确把握，在判断被追诉人是否认罚时需灵活掌握。

（三）关于从宽的把握

两高三部《认罪认罚指导意见》第 8 条规定，"从宽处理既包括实体上从宽处罚，也包括程序上从简处理。'可以从宽'，是指一般应当体现法律规定和政策精神，予以从宽处理。但可以从宽不是一律从宽，对犯罪性质和危害后果特别严重、犯罪手段特别残忍、社会影响特别恶劣的犯罪嫌疑人、被告人，认罪认罚不足以从轻处罚的，依法不予从宽处罚"。共同犯罪认罪认罚案件中的从宽处理，需要考虑能否从宽和如何从宽两个方面。首先，对于能否对某个共犯从宽处理，不但要考虑其认罪认罚情况，还要考虑其在共同犯罪中的实际地位、作用，其犯罪的手段、方法是否残忍，造成的社会影响是否恶劣，对其从宽处罚是否会造成实质上的不公平。例如，某犯罪集团的两个主犯，地位作用相当，按律均应判处无期徒刑。如果二人均认罪认罚，则是否可以对其从轻处罚判处有期徒刑，应着重考量犯罪的严重情况，因为无期徒刑和有期徒刑 15 年相比较，刑罚的轻重差异很大，单凭认罪认罚情节似乎没有充足理由进行大幅度的刑罚减让。若其中一人表示认罪认罚，则对其是否可以判处有期徒刑，除了考虑其犯罪的严重程度，还要考虑两个主犯之间的量刑均衡。另外，若主犯仅因认罪认罚情节而被从轻处罚，则全案其他犯罪人的刑罚一般应整体下调，这势必造成全案量刑偏轻。主犯和从犯之间原则上应当保持合理的量刑梯度，如果主犯因为认罪认罚而与从犯产生刑期"倒挂"，也不符合司法实践中的一般规律。

其次，共同犯罪认罪认罚案件中如何从宽的问题，也需要考虑多种因素。一是应充分利用程序和实体两种从宽措施来体现认罪认罚的从宽效果。对于涉案人员众多的共同犯罪案件，程序从简的优势更加明显。在对涉案人员合理分层的基础上，根据其地位、作用和认罪认罚情况，可以充分利用取保候审、监视居住等非监禁措施体现认罪认罚所带来的“优惠”。二是实体上的从宽幅度需要综合考虑共同犯罪的结构、各共犯人的犯罪情节、认罪认罚的早晚、认罪认罚对查明事实的作用等因素。如前所述，共同犯罪的量刑应实现案件量刑的整体平衡，符合公众的一般认知。共同犯罪容易出现量刑失衡问题，在要求量刑规范化和均衡化的背景下，对于共同犯罪，也需要贯彻认罪认罚从宽理念，尽量使各犯罪嫌疑人的量刑规范化、均衡化。〔44〕因此，认罪认罚从宽制度的控辩协商过程中，检察机关的量刑建议以幅度刑量刑建议为宜，精准刑量刑建议在共同犯罪案件中难以起到应有效果，反而可能损害司法的公信力，提高案件的上诉率、申诉率、信访率。

（四）仅部分共犯认罪认罚的处理

1. 部分共犯同意认罪认罚不影响认罪认罚从宽制度的适用

共同犯罪案件中，部分共犯表示认罪，部分共犯避重就轻，部分共犯否认犯罪的现象十分常见。关于部分共犯认罪认罚是否影响认罪认罚从宽制度的适用，理论上确有反对意见。有观点认为，如果在只有部分被告人认罪认罚的情况下适用从宽制度，有可能导致被告人之间的量刑严重失衡，不利于量刑的规范化和均衡化，故只有部分被告人认罪认罚的场合不适用从宽制度，从而保持刑法既有制度的稳定性。〔45〕即使部分共犯已经签署了认罪认罚具结书，但当部分同案犯拒不认罪认罚时，所签署的具结书作废。〔46〕

我们认为，认罪认罚从宽制度原则上没有适用范围的限制，只要符合认罪认罚从宽制度的适用条件，均可以适用。我们强调在部分案件中不提倡适用，或者不宜适用，仅是从政策导向上进行分类，以符合司法实践中不同类型案件的特征。虽然有些案件提倡不宜适用、不建议适用，但并不能因此

〔44〕 参见王钦颢：《共同犯罪中部分被告人认罪认罚时认罪认罚从宽制度适用》，载《理论观察》2019 年第 10 期。

〔45〕 参见王钦颢：《共同犯罪中部分被告人认罪认罚时认罪认罚从宽制度适用》，载《理论观察》2019 年第 10 期。

〔46〕 参见何涛：《共同犯罪案件如何适用认罪认罚从宽制度》，载《检察日报》2019 年 11 月 24 日，第 3 版。

否定被告人本人享有积极认罪认罚并获得从宽处理的权利。这种权利的实现，可以在量刑过程中充分考虑，并非必须通过规范的认罪认罚从宽程序才能实现。这也说明，认罪认罚从宽制度对于被追诉人来讲，首先是法律赋予其的一项权利，司法机关应当依法保障。其次，关于部分共犯认罪认罚会破坏共同犯罪量刑平衡等，可以通过合理把握共同犯罪中“认罪”“认罚”“从宽”各要素来避免失衡现象。当然，如果某些共同犯罪确实特别复杂，定罪量刑难度大，在政策导向上仍然提倡慎用认罪认罚从宽制度，避免一味地追求认罪认罚率而在司法实践中产生不良后果。

2. 部分共犯同意认罪认罚的程序适用

首先，在是否可以适用简易程序、速裁程序问题上应区别对待。根据2021年《刑事诉讼法解释》关于简易程序、速裁程序的规定，共同犯罪案件中部分被告人不认罪或者对适用简易程序有异议的，不适用简易程序审理；共同犯罪案件中部分被告人对指控的犯罪事实、罪名、量刑建议或者适用速裁程序有异议的，不适用速裁程序审理。因此，如果部分共犯认罪认罚，部分共犯仅认罪不认罚的，原则上仍可适用简易程序审理，但此种情况影响速裁程序的适用；如果部分共犯认罪认罚，部分共犯不认罪认罚的，不能再适用简易程序或速裁程序审理，此时只能适用普通程序。

其次，在办案节奏上可以视情况分案处理，在系列案件内部实现繁简分流。共同犯罪涉及人员较多，不同共犯之间的查证进度不同，可视情况将案情简单、认罪认罚、具备起诉和审判条件的犯罪人进行分案处理，先行起诉和审判，并利用简易程序或速裁程序实现诉审诉判，减少这部分犯罪人的诉累，以体现认罪认罚带来的程序从简。实践中，可遵循先从犯、后主犯的思路进行分案处理，尤其是在涉众型金融犯罪等层级较多的案件中，分案处理的情况较多。但需要注意的是，分案处理本身也可能带来“负效应”，即可能会造成案件处理的不均衡，同案不同判。因此，合理划定分案标准是关键，且分案以后应有整体观，确保量刑均衡。

后　　记

为什么选择这样一个话题？从“坦白从宽”到“认罪认罚从宽”，几个字的差异，却蕴含着一场全方位、深层次、多角度的制度变革，也是“宽严相济刑事政策”的具体化、制度化探索。2014年10月，党的十八届四中全会通过的《中共中央关于全面推进依法治国若干重大问题的决定》指出：“完善刑事诉讼中认罪认罚从宽制度。”2018年10月26日，刑事诉讼法作出修改，认罪认罚从宽制度在国家立法上正式确立成为我国刑事司法发展史上一个不可忽视的坐标。截至目前，认罪认罚从宽制度行疾步稳，效果显著，但该制度在实践运行中仍存在不少问题，有待进一步完善。

任何一项制度从诞生到成熟，从来不是一蹴而就的。我和杰文法官在一次偶然闲谈中提到，作为新时代法院的人民法官，我们既要有研究问题的兴趣和动力，更要有解决问题的责任和担当。现在，有关认罪认罚从宽制度的研究成果并不罕见，但是从法院、从法官审判的视角出发进行系统性研究的成果寥寥无几。责任感和使命感的驱使，使得我们有了开展研究的动力和决心。立足审判职能，准确把握制度定位、适用原则、发展方向，凝聚共识、形成合力，是我们研究的初衷和目标，法学理论和实践经验完美结合是我们研究的思路和方法。衷心希望我们的研究成果能对制度的完善和推进有所裨益，既求教于法律同人，也献计于司法决策。

行文至此，我想说的是，本书的面世，离不开我们上海市第二中级人民法院党组、政治部的关心和鼓励，离不开上海市第二中级人民法院主体同人的支持和帮助。郭伟清院长经常教导我们，要及时发现司法实务中的新型疑难问题和共性问题，着力寻求应对之策，促进审判工作科学发展。

我的博士后合作导师，著名的刑事诉讼法学家、华东政法大学校长叶青教授，对于认罪认罚从宽制度的学术研究造诣深厚、成果斐然。感谢叶老师给予了充分的学术指导，确保了本书正确的政治方向、学术导向和价值取向，让我们受益匪浅。

我的博士生导师，著名的刑法学家、北京师范大学法学院黄风教授，从本书的选题策划到出版，黄老师凡事亲力亲为、关怀备至，似春风化雨、无声润物，师恩如海，衔草难报！

感谢法律出版社中国法律图书有限公司总经理刘旭、法律出版社教育分社分社长吴昉和编辑蒋潆莹，正因为有你们的鼎力支持和精心编辑，使得本书能够顺利问世！

在本书的写作过程中，有过迷茫、有过挫折甚至萌生放弃的念头，我和杰文法官也有过面红耳赤的思辨与交锋，但是最终我们还是坚持到了最后。“道阻且长，行则将至；行而不辍，未来可期。”囿于能力和水平，本书若有不当之处，恳请各位同人批评指正。

黄伯青

2022 年 11 月 5 日于上海